인도유럽사회의 제도·문화 어휘 연구 2

Le Vocabulaire des Institutions indo-européennes, Tome II
by Émile Benveniste

프리즘 총서 013
인도유럽사회의 제도·문화 어휘 연구 2: 권력, 법, 종교

발행일 개정판 1쇄 2016년 3월 10일 | **지은이** 에밀 뱅베니스트 | **옮긴이** 김현권
펴낸곳 (주)그린비출판사 | **펴낸이** 임성안 | **편집** 고태경 | **디자인** 이민영 | **신고번호** 제25100-2015-000097
주소 서울시 은평구 증산로1길 6, 2층 | **전화** 02-702-2717 | **이메일** editor@greenbee.co.kr

ISBN 978-89-7682-414-1 94790   **ISBN** 978-89-7682-412-7(세트)
이 도서의 국립중앙도서관 출판시도서목록(CIP)은 서지정보유통지원시스템 홈페이지(http://seoji.nl.go.kr)와
국가자료공동목록시스템(http://www.nl.go.kr/kolisnet)에서 이용하실 수 있습니다.(CIP제어번호: CIP2015013856)

나를 바꾸는 책, 세상을 바꾸는 책 www.greenbee.co.kr

인도유럽사회의
제도·문화 어휘 연구 2

권력, 법, 종교

에밀 뱅베니스트 지음 | 김현권 옮김

프리즘총서 013

ㅎB
그린비

차례

| 일러두기 |

1 이 책은 Émile Benveniste의 *Le Vocabulaire des Institutions indo-européennes*, Tome.II, Paris: Les Éditions de Minuit, 1969를 완역한 것이다.

2 그리스어나 라틴어 등의 외국어 표기와 관련해서, 해당 단어의 뜻과 동일한 뜻의 다른 외국어를 같이 병기해 줄 때에는 다음과 같이 괄호 속에 쉼표로 구분했다. 더불어 한 단어의 여러 뜻이 병렬될 때에는 ' / '로 구분했다. 예) pōleîn(πωλεῖν, 팔다), hēgéomai(우두머리이다/이끌다).

3 단어의 뜻 및 그 단어에 대한 추가 설명이나 인용출처 등을 표기할 때에는 뜻을 앞 부분에, 관련 설명과 인용출처를 뒷부분에 표기했으며, 이를 세미콜론으로 구분하였다. 예) árnusthai méga kléos(싸움에서 큰 영광을 얻는;『일리아스』6권 446행).

4 원서에서는 인용문헌의 세부 출처가 숫자로 나열되어 있으나 이 책에서는 가능한 한 해당 문헌의 한글번역 관례가 자리 잡혀 있는 경우에는 그 관례에 따라 '권', '장', '절', '행' 등을 표기해 주었다. 예) *l'Odyssée*(18, 358) → 『오디세이아』18권 358행. 하지만 한글번역의 관례가 서지 않은 문헌의 경우에는 원서의 표기 방식대로 숫자만 표시해 주었다.

5 원서에서는 별도의 약어 목록을 책의 서두에 제시하여, 반복해서 등장하는 문헌명 및 각종 고유명들을 약어로 대체했으나, 이 책에서는 해당 명사들을 모두 한글로 번역하면서 약어 목록은 제외하였다. 다만 원서에서 기호 '〈'는 '(어원적으로) ~에서 기원했다'의 의미로, 기호 '〉'는 '~로 변화했다'의 의미로 사용되었는데, 이 기호들은 이 책에서도 그대로 사용했다

6 단행본·정기간행물 등에는 겹낫표(『 』)를, 논문 등에는 낫표(「 」)를 사용했다.

7 외국 인명·지명은 2002년에 국립국어원에서 펴낸 '외래어 표기법'에 따라 표기했다.

제1편

/

왕권과 그 특권

1장_rex

요약

이탈리크어, 켈트어, 인도어 등 인도유럽 세계의 동서 양극 지방에만 확인
되는 rex(왕)는 종교와 법과 관련된 아주 오래된 용어군에 속한다.

라틴어 rego와 그리스어 orégō(직선으로 펴다; 여기에서 어두의 o-는 음
운론적 이유로 첨가된 것으로 설명된다)의 비교와 라틴어 reg-의 고대 의미
(예컨대 regere fines, e regione, rectus, rex sacrorum에서 나타나는 의미)에 대
한 조사를 통해 볼 때, rex는 근대적 의미의 왕보다는 사제에 가까운데, 그
것은 rex가 도시의 입지를 구획짓고 법규를 정하는 권한을 지닌 것으로
생각할 수 있기 때문이다.

인도유럽어의 상태를 간접적으로만 알 수 있는 몇 가지 개념이 있다. 그것
은 이들 개념이 전적으로 사회 현실과 관련되어 있어서 인도유럽어 전체
에 공통된 어휘 사실을 통해서는 드러나지 않기 때문에 그렇다.

그 가운데 하나가 '사회'의 개념이다. 서부 인도유럽어에서 이 개념은
하나의 공통 용어로 지칭된다. 그러나 다른 어군에서는 이 용어가 없는 듯

하다. 그렇지만 그 용어는 실제로 다른 방식으로 표현되는데, 특히 '왕권' (royaume)이란 명칭을 통해 드러난다. 다시 말해 사회의 경계는 권력, 즉 왕권과 일치하므로 왕을 가리키는 명칭의 문제가 제기되는 것이다. 이 문제는 사회와 이 사회를 특징짓는 내적 분화에 대한 연구뿐 아니라 사회 내부의 집단들을 규정하는 계층에 대한 연구와도 관련된다.

어휘로 표현되는 '왕'의 개념을 연구하려고 할 때, rex로 표시되는 명칭이 오직 인도유럽 세계의 양극 지방에만 출현하고, 중부 지방에서는 나타나지 않는다는 점에 놀라게 된다. 한편으로는 서부의 라틴어 rex, 아일랜드의 켈트어 ri, 골어 -rix가 있고, 다른 한편으로는 동부의 산스크리트어 rāj-(an)가 있다. 그러나 이 두 양극 지방 사이에 있는 이탈리크어, 게르만어, 발트어, 슬라브어, 그리스어뿐만 아니라 히타이트어에도 이 용어는 전혀 나타나지 않는다. 이 상관 관계는 이들 언어에 공통된 어휘의 분포를 정확히 판단하는 데 매우 중요하다. 방드리예스 J. Vendryes[1]가 연구한 바가 있는 좀더 광범위한 다음 현상에 대한 가장 괄목할 만한 증거를 rex라는 사례에서 찾아야 한다. 즉 인도유럽 세계의 양극 지방인 인도란 사회와 이탈로켈트 사회에서는 종교와 법제와 관련된 용어들이 왜 아직도 남아 있는가 하는 점이다.

이 현상은 위에 언급한 이들 사회의 구조 자체와 관련되어 있다. 양극의 '중간 지대'의 언어에서 '왕'의 명칭에 대한 흔적이 더 이상 발견되지 않는 것은 단순한 역사적 사건 때문만이 아니다. 이탈로켈트 사회와 인도이란 사회는 둘 다 사회 구조가 오래되었고, 아주 보수적 경향이 있다. 그래서 이들 사회에는 다른 곳에서는 소멸된 제도와 어휘가 오래 지속되었다.

---

1) 『파리 언어학회 논고』*Mémoires de la Société de Linguistique de Paris*, t. xx, 1918, 265 이하.

인도이란 사회와 이탈로켈트 사회에 공통된 잔류 현상을 설명하는 기본적 사실은 신성한 종교 전통을 간직하는 강력한 사제 집단들이 존재했기 때문이다(이들은 이 종교 전통을 형식주의자들처럼 엄격하게 유지해 왔다).

이러한 사제 집단들로는 로마의 아발리스 사제단[2]과 움브리아 이구위움의 아티에두스 사제단(fratres Atiedii)[3]을 들 수 있고, 켈트족의 드루이드교 승려를 들 수 있다. 또 동방에서는 인도의 브라만이나 아타르바 사제(atharvans)와 이란의 아트흐라바 승려(āθravans)나 마술사를 들 수 있다.

인도유럽 민족의 종교적 관념들이 대부분 그대로 남아 현재 우리에게까지 알려진 것은 이러한 종교 제도가 지속적으로 시행되었기 때문이며, 이들 개념은 오늘날 우리에게 최선의 근거 자료를 제공해 주는 위대한 제례 의식에서 규율로 제정된 바 있다.

그렇지만 이러한 자료가 어떤 언어에서는 그대로 보존되었고, 다른 언어에서는 상실된 이유가 단지 그 사회가 아주 오래되었기 때문이라고 생각해서는 안 된다. 사회제도의 구조에서 일어난 변화로 인해 rex의 구체적 개념이 다른 민족들에게는 없었던 것이다. 물론 그리스어와 게르만어에는 '왕'으로 번역되는 단어들이 있다. 그러나 그리스어 basileús는 산스크리트어 rāj와는 아무런 공통점이 없으며, '왕' 또는 '우두머리'를 뜻하는 그리스어 단어가 여럿 존재한다는 것은 왕권 제도가 혁신된 것임을 잘 보여 준다.

라틴어 rēx, rēgis의 명사 어간 *rēg-는 아일랜드어 ri와 골어 -rix의 어간과 정확히 대응하며, 이는 Dumno-rix(둠노릭스), Ver-cingeto-rix(베르킹

---

2) 프라트레스 아발리스Fratres Arvales: 농사와 관련된 축제를 관장하는 임무를 맡은 12명의 사제단. 이들은 농업의 여신 디아Dia를 섬기는 사제들이기도 하다. —옮긴이
3) 본서 제1권 356쪽 참조. 또한 제1권 36쪽 각주 6번 참조. —옮긴이

게토릭스)와 같은 복합 고유명사(인명)의 구성에서 볼 수 있다. 산스크리트어 rāj-에 의해 가정되는 형태도 역시 똑같은데, 고대의 어간 *rēg-이다. 이러한 형태는 트라케의 왕족 명칭 Rhēsos(레소스)에서도 역시 볼 수 있다.

이 용어는 무엇을 의미하는가? 이 개념의 의미적 기저는 무엇인가? 라틴어 rex는 파생동사 rego/regere(인도하다), 중성 파생어 reg-no-m(왕권), 여성 파생어 rēgīna(이것은 산스크리트어 rājñī(여왕)처럼 특이한데, 그것은 접미사 -n을 이용해 형성된 이 두 단어가 '운동', '움직임'을 나타내며, 고대 남성이 여성화한 것이기 때문이다) 등의 단어족을 만들어 냈다. regio(방향/선)와 rectus(똑바른/직선의)는 여기에서 제외되는데, 그 이유는 이들이 이 단어군과는 분리되기 때문이다. 라틴어에서도 rex와 rectus는 이제 아무런 관계가 없다. 그렇지만 형태론적 관계는 분명하고 잘 알려진 유형이어서 regio와 rectus는 rex의 어근과 연결된다. 이들 파생어 가운데 어떤 파생어는 다른 언어에 대응짝이 있다. 예컨대 라틴어 rectus는 고트어 raihts(독일어 recht)와 대응되지만, 게르만어에는 명사적 형태 *rēg-는 없다.

먼저 그 밖의 인도유럽어들이 흔적 상태로도 관련된 형태를 보존하고 있지 않은지를 자문해 보아야 한다. rego와 rex의 단어족과 비교해 볼 수 있는 그리스어 동사가 있지만, 차이가 꽤 커서 형태 비교를 주저하게 된다. 그 동사는 '펼치다'로 번역되는 orégō(ὀρέγω)이다. 이 비교의 기초를 어디에서 찾아야 할지 근거를 잘 모르기 때문에 미심쩍기는 하지만, 일반적으로 한 가지 가능성만 제시되어 있다. 만일 이 비교를 배척하거나 인정 가능한 것으로 받아들일 수만 있다면 '왕권'의 개념을 정의하는 중요한 의미를 한정할 수 있을 것인데 말이다.

우선 음성적인 문제이다. 라틴어 rego의 어기 *rēg-와 그리스어 o-rég-ō의 어기 reg-의 대응은 명확하므로 그리스어의 어두 o-는 합리적으로 설명할 수 있지 않겠는가? 이 세부적 음성 문제는 무의미한 것이 아니다. 그것은 인도유럽 공통조어共通祖語[4]의 가장 오래된 형태론과 관련되기 때문이다. 그리스어에서는 이와 유사한 조건에서, 특히 r 앞에서 a, e, o의 세 모음 가운데 어느 하나가 어두모음으로 첨가되는 것을 확인할 수 있지만, 다른 언어에는 이와 같은 환경에서 어두모음이 전혀 나타나지 않는다. 예컨대 라틴어 ruber(붉은)에 대해 그리스어 eruthrós(ἐρυθρός)는 어두에 모음 e가 첨가되었다. 이 특수한 그리스어 예에서 orégō(펼치다)와 동일한 현상을 목격할 수 있다. 이 특성을 여기에서 자세하게 논의할 수는 없지만, 이것이 일반언어학적 조건이라는 사실을 지적하는 것만으로 그치겠다. 세계의 모든 언어가 유음 r과 l을 반드시 가진 것도 아니고, 이 두 유음을 반드시 구별해야 할 필요성이 있다고 믿어서도 안 되고, 이들을 모든 언어에서 찾아내려고 해도 쓸데없다. 사실상 언어에 따라 두 유음 r, l이 함께 나타날 수도 있다. 중국어와 일본어의 경우는 놀랄 만한 대조를 이룬다. 중국어에는 l은 있으나 r이 없고, 반면 일본어에는 r은 있으나 l이 없다. 또 다른 언어에서 l과 r은 그 언어에 실질적으로 출현하는 것 같지만 별개의 두 음소로는 대립하지 않는다. 프랑스어 roi와 loi는 혼동될 수 없는데, 그 이유는 r과 l은 서로 다른 두 음소이며, 각 음소는 프랑스어 음운체계의 음성 실체이기 때문이다. 그러나 r과 l이 서로 구별되지 않는 언어, 다시 말해서 조음 방식이 가변적이어서 유음이 하나뿐인 다양한 언어(예컨대 폴리네시아어)도 있다.

　　그러면 인도유럽 공통조어는 어떤가? 공통조어의 음운체계에서 물론

---

4) 여기서는 인도유럽어들의 공통조어가 문제시되므로 혼동을 피하기 위해서 '인도유럽 공통조어'로 쓴다. 또 간단히 줄여 '공통조어'로도 쓴다.—옮긴이

두 음소 r과 l의 기능은 같지 않지만 기능적 가치를 지니며, r은 일반적으로 l보다 더욱 다양하고 빈번히 나타난다. 그러나 인도이란어에서 이 두 음소 r과 l은 상당히 광범하게 혼동되고는 있지만 이들은 공통조어 시기부터 이미 존재했다.

그러나 인도유럽 조어에 이 두 유음이 존재했다는 사실을 확인하는 것만으로는 불충분하다. 주지하다시피 한 언어의 모든 음소는 아무 위치에서나 모두 출현하는 것이 아니기 때문이다. 각 음소는 어떤 위치에는 출현이 허용되지만 어떤 위치에는 출현하지 못한다. 그리스어 단어의 어말은 자음 -n, -r이나 -s로만 끝나며, 단지 예외는 부정^{否定} ou(k) 하나뿐이다. 그리하여 각 언어에는 음운체계의 용법을 특징짓는 출현 가능한 음소 목록과 출현 불가능한 음소 목록이 있다.

그런데 많은 언어는 어두에 r이 없는 것을 확인할 수 있다. 피노우그리아어, 바스크어, 그 밖의 언어에 단어의 어두음으로 r이 오지 못한다. 차용어에 어두 r이 있으면, 다른 모음을 선행시켜 r을 어중 위치로 만든다. 이 상황이 '공통' 인도유럽어의 상황이었다. 즉 어두 위치에는 r이 허용되지 않았던 것이다. 예컨대 히타이트어는 어두 r은 없지만 어두 l은 출현한다. 아르메니아어도 마찬가지다. 아르메니아어는 어두에 r을 지닌 차용어를 음운체계에 적합하게 만들기 위해 어두에 e를 첨가시키거나 더욱 후기에 와서는 원래의 r-을 정상적인 r과는 다른 아주 강한 굴림소리 r로 교체했다. 그리스어도 마찬가지인데, '어두 모음'이 r 앞에 첨가되어, 그 결과 어두가 er-, ar-, or-이 되었다.

이 점을 강조해야겠다. 그리스어, 아르메니아어, 히타이트어가 어두 r-이 없는 이유는, 어두음 r-이 없는 인도유럽 조어의 상태가 이들 언어에 지속되었기 때문이다. 이들 언어는 고대의 언어상태를 그대로 보존하고 있다. 라틴어와 인도이란어가 각기 단어의 첫머리에 r을 지닌 것은 음성변화 때문이다. 이와 대조적으로 인도유럽 조어에서 어두 l은 존재했으며, 그대로 보존되고 있다. 공통조어의 어근 *leikʷ-(내버려두다)와 그리스어 leípō(λείπω), 라틴어 linquo(이들은 어두음 첨가가 없다)를 비교해 보라. 그리스어에서 어두에 r-이 나타날 때는 언제나 거친 호기呼氣, 즉 ρ(=rh-)와 함께 출현한다. 이것은 고대의 인도유럽 조어 *sr- 또는 *wr-을 나타내며, 이를 제외하고는 어두 *r-에는 언제나 어두모음이 첨가된다.

그리하여 이론상으로는 rex와 그리스어 orégō의 비교를 반대할 근거가 없다. 어두 o-는 장애물이 아니며, 이는 라틴어에 보존되지 않은 고대의 어두음을 확증해 주는 요소이다. 이제 이 그리스어 형태의 의미를 확정할 때이다. 현재 orégō나 orégnumi(ὀρέγνυμι), 파생어 órguia(ὄργυια; '양팔을 뻗은 길이', '한 발'의 의미로 명사화된 완료분사의 여성형)는 단지 '펼치다'를 의미하는 것만은 아니다. 이 의미는 또 다른 동사 petánnumi(πετάννυμι)의 의미이기도 하다. 그러나 petánnumi는 '넓게 펼치다'를 의미하지만, orégō, orégnumi는 '직선으로 펼치다'를 의미한다. 좀더 명확히 표현한다면, '서 있는 지점으로부터 앞쪽으로 직선을 긋다' 또는 '직선 방향으로 앞으로 향하다'라는 의미이다. 호메로스의 작품에서 orōrékhatai(ὀρωρέχαται)는 말들이 힘껏 달리면서 양다리를 한껏 앞으로 벌린 동작을 묘사한다.

이러한 의미가 라틴어에도 역시 있다. 중요한 단어인 regio는 원래는 '지역', '영역'을 의미하는 것이 아니라 '직선으로 도달한 지점'을 의미한다. 그래서 e regione(정반대로), 즉 '직선상의 지점에', '정면에'라는 의미가 설명된다. 점술가의 언어에서 regio는 '땅이나 하늘에 그은 직선이 이르는 지점'을 가리키며, '여러 방향으로 그은 직선들 사이에 포함된 공간'이란 의미를 가리킨다.

마찬가지로 형용사 rectus를 '사람들이 이처럼 긋는 직선처럼 곧은'으로 해석할 수 있다. 이 의미는 물질적 개념이자 정신적 개념이기도 하다. 즉 '똑바로 곧은 것'은 규범을 가리키고, regula는 '직선을 그리는 도구'(자)로서 règle(규율)를 정하는 것이다. '똑바로 곧은 것'은 도덕적 차원에서 '왜곡된 것', '굽은 것'과 반대가 된다. '똑바로 곧은 것'은 '올바른 것'과 '정직한 것'에 상응하기 때문에 그 반대어 '왜곡된 것', '굽은 것'은 '부패한 것', '허위'와 동일시된다. 이러한 의미표상은 이미 인도유럽어적인 것이다. 라틴어 rectus는 고트어 형용사 raihts와 대응되고, 이 고트어의 의미는 그리스어 euthús(올바른/똑바로 곧은)로 번역된다. 또 고대 페르시아어 rāsta도 라틴어 rectus와 대응되는데, 이 페르시아어 형용사는 '올바른 길을 포기하지 말라'는 가르침에서 '길'을 수식하는 '올바른'이다.

명사 rex와 동사 regere란 형태의 의미를 이해하려면 애초에 이처럼 완전히 물질적 개념에서 출발해야 하고, 이 물질적 개념은 곧 정신적인 의미로 발달했다. 이 양면적 의미는 regere fines라는 중요한 표현에서 나타나며, 이는 건물을 짓기 전에 거행하는 종교적 행위를 가리킨다. 그래서 regere fines는 직역하면 '직선으로 경계를 표시하다'라는 의미이다. 이것은 대제사장이 신전을 건축하거나 도시를 세울 때 땅 위에 신성한 영역을 결정하는 일을 가리킨다. 따라서 이 일의 주술적 특성이 분명하게 드러난다. 즉 신전의 외부와 내부를 경계짓고, 신성 왕국과 세속 왕국의 경계를 구분하고, 자국과 외국의 영토 경계를 획정하는 일이 그것이다. 이처럼 경계선을 긋는 것은 지고한 권력을 지닌 인물인 rex가 하는 일이다.

rex의 의미에는, 지고한 통치자라는 의미보다 선線을 긋는 사람, 즉 사람들이 따라야 하는 동시에 올바른 것을 구현하는 길을 정하는 사람이란 의미를 찾아야 한다. 어근 *reg-가 표현하는 구체적 개념은 우리가 생각하는 것보다 rex가 지닌 원래의 의미에 훨씬 생생하게 나타난다. rex의 성질과 권한에 대한 이러한 개념은 이 단어의 형태 자체와도 일치한다. rex처럼 접미사가 없는 무어간 형태(forme ath matique)는 *deik-(보여 주다/가리키다)에서 파생된 행위자 합성 명사 Iū-dex(재판관)의 둘째 항으로 사용된 -dex와 같은 모습이다. 이 사실은 라틴어 이외의 언어에도 증명된다. 예컨대 -rix가 있는 골어 합성명사 Dumno-rix, Ver-cingeto-rix가 그것이다. 산스크리트어에서 rāj-는 자립 형태보다는 합성 형태로 더 빈번히 나타난다. 즉 sam-rāj-(모든 사람의 왕), sva-rāj-(자기 자신(의)에 대해 왕인 자)가 그렇다. 사실 라틴어조차 rex는 구체적 한정사와 함께 출현하는데, 특히 고대의 고정 성구에서 많이 나온다. 예컨대 rex sacrorum(희생제사의 왕) 같은 것이다. rex는 regere fines(제사를 주관하다)라는 표현이 가진 의미처럼 'regere sacra', 즉 성사를 처리하는 임무를 맡았다.

인도유럽사회의 왕권에 대한 개념은 대강 이처럼 정의할 수 있다. 인도유럽사회의 rex는 정치적이라기보다는 훨씬 종교적이다. 그의 임무는 권력을 지배하고 행사하는 것이 아니라 규율을 정하고, 고유한 의미에서 '똑바로 곧은 것'을 결정하는 일이다. 그리하여 이처럼 정의된 rex는 통치자라기보다는 사제司祭 개념과 훨씬 가깝다. 서부의 켈트족과 이탈리크인, 동부의 인도인은 이러한 왕권의 개념을 보존하고 있다.

이 개념은 제사의식을 거행할 의무를 지닌 대大사제단의 존재와 결합되어 있다. 따라서 오직 권력에만 기반을 두는 고전적 유형의 왕권이 확립되기까지 오랜 기간에 걸쳐 이 개념이 발달되면서 근본적인 의미 변화가 일어났고, 마침내 정치권력이 종교권력으로부터 점차 독립하면서 종교권력은 사제들만의 고유한 권한이 된 것이다.

2장_xšāy-와 이란의 왕권

요약

이란은 제국帝國이며, 통치의 개념은 rex의 개념과 아무런 공통점이 없다. 통치 개념은 페르시아 칭호 xšāyθiya xšāyaθiyānam(그리스어 basileús basilécōn, 페르시아어 šāhān-šāh), 즉 '왕 중 왕'으로 표현된다. 이 칭호는 왕권 xšāy-을 지닌 자로서의 통치자를 가리킨다. 그런데 아케메네스 왕조의 왕을 수식하는 단어 vazraka는 또한 아후라마즈다(Ahuramazda) 신神과 대지大地도 함께 수식할 수 있기 때문에 이 단어는 왕권이 본질적으로 신비스러운 것이라는 점을 드러내 준다.

우리가 앞 장에서 조사한 용어들은 왕권 개념을 표현하는 한 가지 방식에 지나지 않는다. 즉 그것은 인도유럽 세계의 양극 지방인 이탈로켈트어 영역과 인도어 영역에만 공통된 표현이다.

이 기본적 개념에 비추어 볼 때, 이란어와 인도어는 서로 분리된다. 인도어에 특징적인 용어 rāj-는 고대 이란 어휘에는 나타나지 않는다.

거기에 대응하는 이란어 명칭은 코탄(인도와 접경한 이란의 남동부의 끝 지방) 지역의 방언에만 흔적이 남아 있으며, 서기 8세기부터 불교 문학과 특히 그 번역서에서 확인되고 있다. 코탄어에 rri(왕), rris-pru(왕의 아들)란 용어가 있는데, 이것은 산스크리트어 rāja와 rāja-putra와 대응하는 명칭이다. 그렇지만 이 코탄 방언에는 통용되는 많은 차용어가 있는데, 이 방언은 비교적 늦게 알려졌기 때문에 그 차용어들이 인도어에서 차용된 것이 아니라고는 전적으로 확신할 수 없다.

이란어에서 '왕'의 명칭을 가리키는 *rāz-란 용어는 통용되지 않았는데, 그것은 엄밀히 말해서, 왕도 왕국도 없었고, 단지 이란 제국만이 있었기 때문이다. 이러한 이유로 인해 이 어휘는 혁신된 것이다.

특히 그리스인과 로마인의 견지에서 보면, 인도유럽 세계에서 제국 개념을 만들어 낸 것은 이란이었다. 과거에 히타이트 제국이 있기는 했지만, 이 제국은 이웃 민족의 역사적 모델이 되지 못했다. 원래의 제국 체제는 이란 민족이 만든 것이며, 제국과 관련된 새로운 어휘도 이란 용어들로 만들어졌다.

인도와 이란에 공통된 어휘 가운데 둘 다 왕권을 의미하는 용어가 하나 있는데, 산스크리트어에는 kṣatra로 나타나고, 이란어에는 xšaθra로 나타난다. 이 어휘는 kṣā-(xšāy)의 파생어로 '자기 지배하에 두다', '마음대로 처리하다'를 뜻하며, 이란어에서 가장 중요하고도 아주 많은 파생어를 만든 어근이다. 고대 페르시아어는 이 어근에서 파생된 파생어 xšāyaθiya로 왕을 지칭했다(그러나 『아베스타』에서는 그렇지 않다). 이 고대 페르시아어 어휘가 적어도 25세기 이상 사용되다가 규칙적 발달 과정을 거쳐 근대 페르시아어 šāh가 되었다.

이 단어의 형태를 통해 의미를 자세히 분석할 수 있다. 즉 xšāyaθiya-는 추상명사 *xšayaθa에 -ya가 붙어 파생된 형용사이며, 이 *xšayaθa- 자체도 동사 어간 *xšaya-에 -θa가 첨가되어 파생된 파생어이다. 그래서 '왕'은 '왕권을 지닌 자'로 명명된다. 여기에서 주목해야 할 점은 추상적 개념이 일차적이라는 것이다. 이 점은 역시 추상명사인 산스크리트어 kṣatra와도 아주 흡사한데, 이 단어에서 파생어 kṣatriya(전사 계급에 속하는 자)가 생겨났고, 이 파생어의 원래 의미는 'kṣatra-를 지닌'이었다.

그런데 xšāyaθ(i)ya-라는 형태는 페르시아어 음성체계와는 상충된다는 점을 지적하자. 즉 페르시아어 음성체계에서 음성군 -θ(i)y-는 -šy-가 되는데, 예컨대 이란어 haθya(진실한)가 고대 페르시아어 hašiya가 된 것과 같다. 따라서 xšāyaθiya는 고유한 의미의 페르시아어 방언형이 아니라는 결론이 나온다. 이 용어는 광범하게 사용되던 페르시아어에서 생겨난 것이 아니라 -θiy-가 -šy-로 발달하지 않은 어느 이란어에서 생겨났다는 것이다. 이 용어는 언어적 요인과 역사적 이유에서 볼 때, 이란 북서지방에 살던 메디아족[1]이 사용한 언어임에 틀림없다. '왕'이란 페르시아어 명칭은 페르시아 민족이 메디아족에게서 차용한 것이다. 이 결론은 역사적인 관점에서 중요하다.

이 용어는 아케메네스 왕조의 칭호의 특징을 보여 주는 표현 xšāyaθiya xšāyaθiyānam(왕 중 왕)에 들어 있다. 페르시아가 최초로 이 칭호를 나타내는 표현을 확정 지었고, 이것을 곧 그리스인이 basileùs basiléōn(βασιλεύς βασιλέων)이란 형태로 받아들여 페르시아 민족의 왕을 지칭하는 명칭이 되었다. 이 표현은 '왕들 가운데 있는 왕'을 의미하는 것이 아니라 '다른 왕들을 지배하는 왕'을 의미하는 신기한 표현이다. 이것은 초왕권超王權으로

---

1) 메디아족Média: 기원전 9세기경 이란 고원에 정착한 인도유럽의 유목 민족. 왕 우바크샤하트라 Uvakshatra는 기원전 7세기경 아시리아 제국을 멸망시키고, 동맹국들과 이 제국을 분할하였고, 아나톨리아를 정복했다.—옮긴이

모든 사람이 왕으로 간주하는 자들에게 행사하는 제2단계의 더 높은 왕권
이다. 그런데 이 표현에는 비정상적인 점이 드러나는데, 그것은 우리가 기
대하는 어순語順이 아니라는 점이다. 근대적 표현 šāhān šāh의 어순은 도치
되어 있다. 이 어순은 한정요소(déterminant)가 전치되는 이란어 명사군의
통사법이다. 바로 이 점이 이 칭호가 페르시아어가 아니라 외국어에서 유
래했음을 보여 주는 이차적 지표이다. 이 표현은 페르시아어에 그대로 수
용되었음에 틀림없으며, 아케메네스 왕조의 왕권과 더불어 생겨난 것이
아니다. 아마도 이 표현은 이전에 메디아족이 만든 것 같다.

　　이 어근에서 다른 용어가 이란어에 여럿 파생되었다. 우선 아베스타
어 xšaθra이다. 이것은 산스크리트어 kṣatra와 대응하며, 또 다른 페르시아
어 형태는 xšassa이다. 그것은 왕의 권력과 이 왕권이 행사되는 영역, 즉 왕
권과 왕국을 가리킨다. 다리우스 왕이 신에게 바치는 찬사讚辭에서 '아후라
마즈다²⁾가 내게 이 xšassa를 내려 주셨다'고 말할 때, 그것은 이 두 가지, 즉
왕권 자체와 왕국을 함께 의미한다. 이 단어는 중요한 고대 페르시아 합성
어 xšassapāvan(satrape, 지방 왕국의 통치자)을 만들어 내었다. 인접하는 방
언의 형태 ──이오니아어 ἐξαιθραπεύω(eksaithrapeúō, 지방 왕국의 통치자
의 권한을 행사하다)에는 거의 그대로 나타난다── 로 그 단어는 지방 왕국
의 통치자를 지칭하는 칭호가 되었고, 그리스어에는 satrápēs가 되었으며,
여기에서 프랑스어 satrape(태수)가 유래한다. 이 칭호는 '왕국을 지키는'
을 의미한다. 이 칭호를 지닌 귀족층은 큰 지방을 다스리는 임무(satrapies)
를 맡았으며, 제국을 수호하는 직무를 수행했던 것이다.

---

2) 아후라마즈다Ahuramazda: 아베스타어로 '현명한 주님'이란 뜻으로 마즈다교의 주신主神이다. 그는
　우주의 창제자이자 인간을 행복과 선으로 인도하는 신이다. 이 종교의 후기에 와서 이 선신善神
　은 악의 신인 아흐리만Ahriman과 투쟁을 벌인다. ─옮긴이

제국으로 형성된 세계에 대한 이 개념──이란에서 이 개념이 고정되었다──은 정치적일 뿐만 아니라 종교적이다. 말하자면 지상과 천상의 통치 체제는 페르시아 통치자의 왕권을 모델로 하고 있다. 페르시아 제국이 아닌 곳, 즉 이란인의 영적 세계와 특히 조로아스터교의 종말론에서 신자들이 죽어서 가는 곳은 xšaθra(왕국)나 xšaθra vairya(바라는 왕국 또는 왕권)로 지칭된다. 의인화된 Xšaθravairya(중기 이란어 šāhrēvar)는 이른바 '불멸의 성녀들'로 불리는 천사 가운데 하나이며, 이들 각 천사는 세상의 어떤 요소를 상징하면서 물질적 역할과 종말론적 역할을 이중으로 담당한다.

바로 이것이 선지자적 유대교와 기독교의 종말론에 나오는 '하늘 왕국(천국)'의 원형인데, 이 모습은 이란의 왕국 관념을 그대로 반영한다.

왕권을 가리키는 이란어 어휘에는 어근 xšā-로 구성된 다른 형태도 있다. 아케메네스 왕조 시기의 고유한 용어만 있는 것이 아니라 새로운 칭호도 만들어졌다. 이 사실은 xšā- 개념의 중요성과 통일된 이란 세계를 잘 보여 준다. 가장 눈에 띄는 형태는 xšāvan(통치자)으로서 이것은 코탄 방언에서 사용되던 칭호이다. 이 칭호는 인도·스키타이의 소왕권小王權을 가리키는 칭호에도 다시 나온다. 이곳의 동전銅錢에는 왕의 이름과 함께 ÞAONANO ÞAO라는 칭호가 새겨져 있는데, 이것을 음성적으로 전사하면 šaunanu šau이다. 이것은 šāhān šāh의 대응어가 아니라 이와 동일한 유형에 기초해 xšāvan에서 파생된 형태에 šau를 이용해 재구성한 표현이다.

또 지역적으로 사용되는 칭호도 있다. 이란의 북동 지방──사마르칸트 지방까지 포함되는 듯이 생각된다──의 중기 이란어 방언인 소그디아나어에는 xwt'w란 형태로 구성된 '왕'을 가리키는 또 다른 명칭이 있다. 그것은 xwatāw로서 이는 고대의 xwa-tāw-(ya)의 표현형으로, '스스로 권력을 가진 자', '오직 자신으로부터 권력을 취하는 자'를 의미한다. 이 단어 구성은 아주 괄목할 만하다(메이예가 최초로 이 점을 알아차리고 지적한 바 있다). 이 단어는 그리스어 auto-krátōr(αὐτοκράτωρ)와 정확히 대응되는 짝이다. 이 이란어가 그리스어에서 번역된 단어인지는 확정할 수 없다. 그 이유 중 한 가지는 이 소그디아니어 합성어가 훨씬 고형古形일 수 있기 때문이며, 그 증거는 베다 산스크리트어의 수식어 sva-tava(스스로 권세가 있는)이다. 또 다른 이유는 그리스어 칭호 auto-krátōr가 5세기 이전에는 출현하지 않는다는 점 때문이다.

이 칭호 xwatāwa-가 이란어 자체 내에서 구성된 것이든 그렇지 않든, 그것은 다른 관점에서도 주목할 만하다. 그것은 중기 페르시아어로 전해 내려와 xudā란 형태가 되었고, 현대 페르시아어에서 '신', 즉 절대 주권을 지닌 것으로 간주되는 '신'의 명칭이 되었다.

그리하여 이 이란의 왕권 관념과 라틴어 rex 및 산스크리트어 rāj로 번역되는 왕권의 개념 사이의 거리가 얼마나 먼지를 가늠할 수 있다. 그것은 '지배자'의 특성을 지닌 왕권도 아니고, 인도유럽 세계의 이데올로기처럼 통치자의 역할이 '길을 똑바로 긋는' 것도 아니다. 고전적인 서구인의 눈에는 이란에 세워진 아케메네스 왕권처럼 보이지만, 실제로는 왕권에 육화肉化된 신의 절대 권력의 도래를 관찰할 수 있다.

페르시아의 아케메네스 왕권의 전통이 보여 주는 이러한 독창적 면모는 왕의 명칭뿐만 아니라 왕의 명칭을 수식하는 수식어에도 나타난다.

페르시아의 이란어는 왕권과 관련되는 용어가 여러 가지로 나타나는 유일한 언어이다. 여기에는 고대 페르시아어 형용사 vazraka(위대한/큰)도 포함되는데, 이는 근대 페르시아어 buzurg가 되었다. 이것은 오직 페르시아어에만 속하는 형용사이다. 다른 어떤 이란 방언에도 나타나지 않고, 이것에 대응하는 인도어 단어도 전혀 없다. 이 형용사는 아케메네스 왕조의 문헌, 예컨대 왕의 포고문에서 특수한 구체적 개념을 수식하는 단어로 출현한다.

ⓐ baga vazraka(위대한 신)는 아후라마즈다를 가리키는 명칭이며, 오직 그만을 가리킨다. 어떤 문헌은 다음 칭송으로 시작한다. baga vazraka ahuramazdā(위대한 신은 아후라마즈다십니다).

ⓑ vazraka를 왕에 적용하면 xšāyaθiya vazraka이다. 이는 왕을 가리키는 세 가지 칭호에서 왕의 명칭 뒤에 항상 출현하며, 왕에 대한 의전儀典으로 이용된다. 즉 xšāyaθiya vazraka(위대한 왕), xšāyθiya xšāyaθiyānam(왕 중 왕), xšāyaθiya dahyunām(국가들의 왕)이 그것이다. 여기서 왕의 지위를 세 가지로 규정하고 있다. '왕'의 칭호에 첨가된 '위대한'이란 수식어는 그리스인에게는 아주 낯선 것이다. 페르시아 왕을 가리키는 basileùs mégas(βσιλεύς μέγας)는 여기에서 생겨났다. 둘째 칭호인 '왕 중 왕'은 다른 모든 왕권을 포괄하는 제국의 주권자로서 그가 지고至高의 통치자라는 것을 나타낸다. 마지막 칭호 '국가들의 왕'은 아케메네스 제국의 모든 속국屬國들, 예컨대 페르시아, 메디아, 바빌로니아, 이집트 등도 역시 '국가'이기에 이들 속국에 대한 왕의 권위를 확립시킨다.

ⓒ vazraka는 또한 bumi(땅)에도 적용되어 넓은 의미의 왕의 통치 영역을 가리킨다.

형용사 vazraka에 대한 분석은 아직 부분적으로는 가설로 남아 있다. 그것은 어근 *vaz-(힘이 센, 활력으로 가득 찬; 라틴어 uegeo(활기를 불어넣다) 참조) ──베다 산스크리트어 명사 어근 vāja-(세력/전투)와 대응한다──의 파생어로서, 미확인된 -r 어간 형태 *vazar나 *vazra-에 -ka가 첨가되어 파생된 파생어라는 것이 거의 정설이다. 『베다』의 '영웅'을 가리키는 용어에서 vāja는 그 파생어와 함께 중요한 위치를 차지하며, 일차적 의미 외에도 다양한 의미가 있다. vāja는 신, 영웅, 말言語이 지닌 고유한 힘을 가리키며, 이 힘으로 승리가 확실히 보장된다. 그것은 또한 제사의 신비한 효력과 제사가 가져다주는 모든 축복, 즉 번영, 민족, 세력을 가리킨다. 나아가 증여贈與를 통해 드러나는 위세를 가리키기도 하는데, 이 개념에서 관용, 부富의 의미가 나온다.

이러한 개념이 vazraka가 사용된 페르시아어의 용법에 그대로 반영된 것을 엿볼 수 있다. 아후라마즈다 신神이 vazraka로 묘사되는 이유는, 그가 이 신비한 힘(인도어 vāja-)을 지니고 있기 때문이다. 왕 역시 이 신비스런 힘을 지닐 자격이 있는 자이다. 그리고 대지大地도 또한 모든 것을 부양하며 먹여 살리는 자연적 요소로서 이 신비한 힘이 있다.

그래서 vazraka-가 수식하는 이러한 의미 한정은 세 계급으로 구성된 도식에 따라 분류되는 것 같다. 즉 종교 권력의 원천으로서의 신과, 군사력을 지배하는 주권자로서의 왕, 풍요의 원형으로서의 대지가 그것이다. 이처럼 단순한 하나의 형용사가 개념 내용을 얼마나 풍부히 담고 있는지를 잘 알 수 있다.

3장_그리스의 왕권

요약

왕에 대한 인도이란어의 개념과 이탈리크어의 개념을 비교해 볼 때, '왕'을 가리키는 그리스어 명칭 basileús와 wánaks가 암시하는 개념은 훨씬 진화되고 분화된 개념——여러 가지 점에서 게르만어의 관념과 가깝다——이다.

    이 두 그리스어 용어의 어원은 알려져 있지 않으나 둘 다 미케네어 텍스트로부터 확인되며, 둘째 용어만이 권력의 소지자를 가리킨다는 점에서 두 용어는 서로 대립된다. basileús는 인도어 rāj-처럼 신은 아니지만 주술적, 종교적 유형의 기능——이들은 앞서 연구한 삼분체계에 따라 원래부터 구조화되었다——을 행사한다. 자기 권위의 상징인 왕홀王笏(이는 원래 그리스에서 기원한다)은 처음에는 권위자의 말을 소지한 사자使者의 지팡이에 지나지 않았다.

원시 그리스의 제도 어휘보다 인도유럽사회의 정치구조의 변화를 더 잘 가늠할 수 있는 것은 없다. 역사의 여명기로부터 왕권과 이와 관련된 모든 개념이 그리스어에 새로운 명칭으로 출현하는데, 이는 다른 언어에는 찾아볼 수 없고, 지금까지 어떤 것으로도 이들 명칭을 설명하지 못하고 있다.

그리스어에는 왕을 가리키는 두 가지 명칭 basileús(βασιλεύς)와 wánaks(ϝάναξ)가 있다. 이 두 용어는 동일한 차원에 있지 않을 뿐 아니라 어원론적으로도 엄밀한 해석을 전혀 할 수 없다. 이 용어들은 다른 언어에는 대응어가 없고, 그리스어에서조차 부분적으로도 친근관계를 찾아볼 수 없다.

basileús의 기원에 대한 논의는 무성했지만, 성과가 전혀 없었다. 어기 radical의 의미 확인은 불가능하나 형태 구성은 어느 정도 그럴싸하게 분석할 수 있다. basileús란 형태는[어기 bas-에] -il-이 후행하고, 그 뒤에 접미사 -eús가 첨가된 파생어다. 형태소 -il-은 소아시아의 인명에 고유한 파생 요소이다. 예컨대 Tro-íl-os, Murs-íl-os(히타이트어 Muršiliš는 여기에 대응한다) 같은 단어이다. 이 사실이 우리가 지적할 수 있는 전부이다.

어기 bas-를 살펴보면, 어원사전에 등재된 수많은 가설 중 어떤 것도 오늘날 논의의 대상이 될 수 없다. basileús란 용어는 실제로 미케네 점토판에서 qa-si-re-u란 형태로 발견되었다. 그 여성 파생어는 qa-si-re-wi-ya로서, 아마도 basileús에 해당하는 단어일 것이다. 기호 qa-의 음성적 가치가 확실하다면, basileús의 첫 음성 b-는 고대의 연구개 순음 gʷ-를 나타낼 것이다. 따라서 미케네 그리스어[이하 미케네어] 형태는 gʷasileús로 표시해야 할 것이다. 언젠가 이들은 비교할 기회가 생긴다면, 여기서 출발해 비교해야 한다. 현재로는 단지 그 재구과정의 초입 단계에 와 있을 따름이다.

wánaks의 경우도 사정이 비슷하지만, 위 경우와 다른 점이 있다. basileús처럼 그것은 호메로스 그리스어와 미케네어의 용어다. 그렇지만 이것은 훨씬 광범위하게 방언 영역에서 사용되며, 그리스어 외에는 단 한 번 나

타난다.

고대의 많은 비문碑文에서 이 칭호는 포세이돈과 디오스쿠로이[1] 같은 신이나 지고한 권력자에게 붙었다. 예컨대 비문에서 키프로스의 그리스어-페니키아어의 이언어병용二言語併用의 비문에서 wánaks는 페니키아어 ádon(주군)을 번역하는 용어이다. 기원전 약 600년에 유래하는 고古 프리기아어로 쓰인 헌사에서 미다스 왕[2]이 wánaks로 수식되고 있다는 점은 흥미롭다. 그렇지만 이 단어가 프리기아어에 고유한 토착어인지 그리스어에서 차용된 용어인지는 확실히 말할 수 없다.

그러나 가장 중요한 자료는 미케네어 자료인데, 여기서 그 용어는 여러 형태로 출현한다. 즉 wa-na-ka(wánaks), wa-na-ke-te, wa-na-ka-te(wanáktei; 단수 여격), wa-na-ka-te-ro(wanákteros; 비교의 접미사를 지닌 형태), wa-na-sa-wi-ya, wa-na-so-i 또는 wa-no-so-i(해석이 불확실하다) 등의 형태다.

나아가 미케네어에서 이 용어가 사용된 문맥들은 basileús(실제로는 gʷasileús)와 wánaks라는 두 칭호의 관계에 빛을 던져 준다. basileús는 한 지역의 우두머리, 즉 유력자일 뿐이며, 결코 왕이 아닌 것 같다. 그는 정치적 권위는 전혀 없는 듯하다. 반대로 wánaks는 통치 영역의 규모는 정확히 규정할 수 없지만 왕권의 소지자로 간주된다. 그렇다면 이 칭호는 신이나 사제의 전유물인가? 이를 확증하기란 어렵지만 확증할 가능성은 있다.

---

1) 디오스쿠로이Dioscouroi: 제우스와 레아의 쌍둥이 아들인 카스토르와 플리데우케스를 가리킨다.—옮긴이

2) 미다스 왕Midas: 프리기아의 왕으로서 미다스 왕이 통치할 무렵(기원전 8세기) 프리기아는 황금과 철 덕택에 가장 번성한다. 그러나 기원전 7세기 직후 키메로이족에게 멸망한다. 아주 유명하고 대중화된 전설의 주인공으로 자주 등장하는 왕이다.—옮긴이

호메로스 서사시에서 basileús와 wánaks 두 칭호가 갖는 지위는 미케네 사회에서 이 두 인물이 차지하는 특정 지위와 부합한다. 단지 wánaks는 가장 지고한 신에게 부여하는, 신을 가리키는 수식어라는 점만을 기억하면 된다. 트로이아인들의 신神인 아폴론이 이 wánaks의 전형이다. 제우스도 역시 wánaks이지만 그는 이 칭호로 그리 빈번하게 불리지 않는다. 또한 디오스쿠로이도 wánake(어간 wanakt-에 기초해서 구성된 굴절과 대조되는 쌍수 형태이다)로 특정하게 지칭된다.

basileús와 wánaks의 의미관계는 적어도 가장 중요한 특징으로 좀더 명확히 기술하는 편이 유익할 것이다. 아리스토텔레스에 따르면, 왕의 형제와 아들이 wánaks란 칭호를 가졌다고 한다. 그래서 basileús와 wánaks의 관계는 '왕'과 '왕자'의 관계였던 것으로 추정된다. 이 관계는 wánaks란 칭호가 디오스쿠로이 Διόσκουροι, 즉 왕의 세손에게 부여된 이유를 설명해 준다. 그렇지만 wánaks가 왕자와 왕의 형제에게만 국한된 칭호라는 점은 인정할 수 없다. 왜냐하면 호메로스에서조차 한 인물이 basileús가 되기도 하고, 동시에 wánaks가 되기도 하기 때문이다. 그래서 어느 한 칭호가 다른 칭호를 배제하는 관계는 아니다. 이는 『오디세이아』 20권 194행에서 볼 수 있다. 더욱이 오직 wánaks만이 신을 수식하는 용어로 사용된다. 예컨대 『일리아스』에 나오는 가장 장엄한 텍스트의 하나인 제우스 도도나이오스(Zeus Dodonaios)에 대한 기원은 Ζεῦ ἄνα(Zeú ána)……(16권 233행)로 시작한다. 신은 결코 basileús로 불리지 않는다. 반면에 basileús는 인간 사회에 널리 퍼져 있다. 아가멤논뿐만 아니라 수많은 일반 사람들도 이 칭호를 부여받는다. 비교급 basileúteros와 최상급 basileútatos로 미루어 보면, basileîs 사이에는 등급과 위계 같은 것이 있다. 반면 호메로스 작품에서 wánaks는 이와 같은 형태 변동이 전혀 없다. 의미가 아직 불확실한 미케네어 wanaktero-를 잠시 보류한다면, wánaks란 칭호는 절대적 자질을 가리킨다. 나아가 basileús는 거의 대부분의 경우, 한정사가 없다는 사실에 주목해야 한다. 그냥 basileús만이 사용된다. 속격으로 한정된 basileús의 사례는 두세 개뿐이다. 이와 반대로 wánaks는 일반적으로 wánaks andrôn(남자들의 wánaks)처럼 공동체 집단의 명칭이 한정사로 사용되거나 wánaks Lukies(리키아의 wánaks)처럼 국가 명칭이 한정사로 사용된다. 마찬가지로 동사 wánasso(wánaks이다; ~가 되다)는 특정 장소나 지역 명칭과 함께 구문을 형성한다.

　그 이유는 wánaks만이 왕권의 실체를 가리키기 때문이다. 반면 basileús는 génos(종족)의 우두머리가 지닌 전통적 칭호지만, 영토상의 통치권 개념은 없고, 다수의 사람들이 같은 지역에서 소지할 수 있는 칭호에 지나지 않는다. 이타케에는 많은 basilêes가 살고 있었다(『오디세이아』 1권 394행). 단 한 도시, 예컨대 파이아케스[3]에만 13인 정도의 basilêes가 있었다(『오디세이아』 8권 390행). 존경받는 인물인 basileús는 집회에서 특권은 있지만, 이 권한은 오직 그것을 행사할 수 있는 wánaks에게만 있다. 이것이 동사 wanássō가 의미하는 바이다. 고유명사, 예컨대 아가멤논의 딸 이름 Iphi-ánassa(권세로 다스리는) 같은 고유명사에 보존된 표현도 역시 이를 증거한다. 여성 (w)ánassa는 데메테르, 아테나 여신 같은 명사를 수식하는 부가 형용사이다. 또 오디세우스가 나우시카를 처음 보았을 때, 그녀가 여신女神인 줄 알고 그녀를 이처럼 불렀다.

---

3) 파이아케스Paíakes: 스케리아 섬에 사는 족속. 파이아케스인의 왕 알키노스는 오디세우스에게 환대를 베풀고 접대 선물을 주고, 그에게 배를 주어 고향인 이타케로 가도록 한다. —옮긴이

*   *   *

호메로스의 왕권 개념에는 과거의 의미표상이 남아 있는데, 이것은 다른 인도유럽사회에서도 어떤 방식으로든 나타난다. 특히 왕이 정의의 규율과 신의 가르침을 따르는 경우, 그는 자기 백성을 위해 번영을 이룩하는 주체이자 수호자라는 관념이 그것이다. 『오디세이아』(19권 110행 이하)에서 나무랄 데 없는 왕(basileús)에 대한 다음의 찬사를 읽을 수 있다. 즉 "신들을 경외하고, 정의에 따라 살며, 수많은 용감한 사람들을 다스리고(anássōn), 검은 대지는 그를 위해 밀과 보리를 생산하며, 나무는 열매를 주렁주렁 맺으며, 가축떼는 헤아릴 수 없이 늘어나며, 바다는 물고기로 가득하지요. 왕의 선정 덕택에 백성은 그의 치하에서 태평성대를 누리지요".

이러한 내용의 글은 고전 문학에서 오랫동안 계승되었다. 작가들은 정의에 따라 다스림을 받는 백성의 행복과, 거짓과 죄악으로 인해 닥친 불행을 즐겨 대립시켰다. 하지만 이것은 도덕적 교훈을 위한 상투어구가 아니다. 실제로 선왕善王 자신을 에워싸는 생물과 자연의 풍요와 번영을 증진시키는 힘을 지닌 왕의 신비하고 생산적인 덕망을 칭송하는 것이다.

이 관념이 훨씬 나중에 게르만 사회에서도 다시 출현하는 것은 사실이며, 거의 같은 용어들을 통해 확증된다. 스칸디나비아인들의 왕은 대지와 바다의 번영을 보증한다. 그의 치세治世의 특징은 풍요한 결실과 여자들의 다산多産이다. 백성은 관례적으로 사용하는 고정표현 àr ok friðr(풍요와 화평)에 따라 왕에게 이를 요구한다. 이것은 마치 사람들이 아테네의 부포니아 제祭[4]에서 '화평과 풍요를 위해' 제사드리는 것과 같다.

---

4) 부포니아Bouphonía 제: 소牛를 희생제물로 사용하여 드리는 제사.─옮긴이

이것은 아무 쓸모가 없는 관례적 고정표현이 아니다. 암미아누스 마르켈리누스[5]는 부르군트족이 패배하거나 재난을 당한 뒤에는 왕을 잡아 죽이는 의식을 거행하곤 했는데, 이는 그 왕이 백성을 잘 되게 하고 번영시킬 수 있는 능력이 없었기 때문이라고 보고한다. 여기에서도 형식은 다르지만 아케메네스 왕조의 페르시아 왕이 기도에 혼을 불어넣는 개념을 재발견할 수 있다. 다리우스 왕은 "아후라마즈다 신이여, 다른 신들과 같이 나를 구원해 주시고, 이 나라를 적과 흉년과 거짓으로부터 보호하소서"라고 기도한다.

우리는 앞(제1권 352쪽 이하)에서 이 기도문을 언급했다. 이 기도에는 사회의 삼분三分 구조와 각 계층의 활동에 상응하는 악惡이 나타난다. 종교 정신(drauga, '거짓말'), 땅의 경작(dušiyára, '흉작'), 군대의 활약(hainā, '적군')이 그것이다. 다리우스 왕은 자기 왕국이 불행을 겪지 않게 해달라고 신께 간구하는데, 이 모든 불행은 자신이 몸소 백성에게 베풀어야 할 선행과는 대립된다. 더욱이 아후라마즈다 신의 총애를 받는 한, 다리우스 왕은 왕국의 번영, 적군의 격퇴, 진리를 구하는 정신의 승리를 확보할 수 있다.

이러한 번영과 부의 공급자로서 왕에 대한 이미지로부터 앵글로색슨어에서 '주군'主君을 가리키는 명칭이 만들어졌다. 영어 용어 lord主君는 고대의 복합어 hlāford를 계승하는데, 이 단어의 첫 요소는 hlaf(빵; 영어 loaf(빵 덩어리))이다. hlāford에서 *hlāf-weard(빵을 지키는 자)를 재구할 수 있는데, 이 재구형은 음식물로 부양하는 군주, 먹을 것을 제공하는 자, 빵 덩어리의 주인을 뜻한다. 마찬가지로 lady(부인/숙녀)는 고대 영어 hlaef-

---

5) 암미아누스 마르켈리누스Ammianus Marcellinus(330~400년): 로마의 가장 위대한 마지막 역사가. 그의 역사서는 타키투스의 『역사』를 계승한다. 그가 최초로 지은 13권의 역사는 상실되고 없다.―옮긴이

dīge, 즉 '빵을 반죽하는 여자'이다. lord의 하인들, 즉 그에게 복종하는 자들은 '빵을 먹는 자들'이다. 중세 경제체제에서 영국의 소小 '영주'는 영지에서 인도유럽사회의 관념에 따라 호메로스에 나오는 '왕'의 역할과 동일한 역할을 했다.

이와 같은 왕의 기능에 대한 모든 민족의 개념이 동일한 것은 아니었다. 베다 왕권과 그리스 왕권은 차이가 있는데, 이 차이로부터 이제 우리가 비교, 논의하려는 두 가지 정의가 나온다.

『마누의 법전』*Lois de manu*[6]에 왕의 특성은 단 한 문장으로 규정된다. 즉 "왕은 인간 형상을 한(nararūpena) 위대한 신적 존재(Mahatī devatāhi)이다". 이 정의는 다른 표현으로 확인된다. 즉 "여덟 가지 신성한 것, 즉 경의와 숭배와 순례의 대상이 있다. 그것은 브라흐만, (신성한) 암소, 불, 금, ghṛta(녹인 버터), 태양, 물과 (8번째의 것으로) 왕이다".

이것과 대립되는 정의는 아리스토텔레스의 정의(『정치학』1권 1259행)이다. "왕과 신하와의 관계는 가장家長과 자식의 관계와 같다." 한마디로 왕은 despótēs, 즉 어원적 의미로 집안의 주인이며, 분명히 절대적 주인이지만 신은 아니다.

호메로스의 어법으로 basileús는 확실히 diogenés(제우스에게서 태어난)와 diotrphés(제우스에게 양육된)이다. basileús는 제우스가 내린 특권과 상징, 예컨대 왕홀 같은 것을 가지고 있다. 왕이 된 것과 그가 가진 모든 것, 예컨대 상징이나 권세는 신이 부여한 것이지만, 신의 후예이기 때문에 그것을 소지한 것은 아니다.

---

6) 마누Manu 또는 Mānava: 인도 신화에 따르면 마누는 인류의 시조이자 최초의 왕이며 법의 제정자이다. 그는 후세에 법전을 남겼는데, 그것이 『마누의 법전』*Mānavadharmaśāstra*이다. 종교 문제에는 아직도 이 법전이 권위를 행사하고 있다. ―옮긴이

그리스 세계와 게르만 세계에만 고유한 이처럼 본질적인 개념 변화로 인도나 로마의 왕의 관념과 대립되는 왕권이 부각된다. 즉 로마의 rex는 실제로 인도의 rāj와 동일한 차원에 있고, 이 두 왕의 역할과 명칭에는 공통점이 있다.

그리스 사회와 게르만 사회에서 드러나는 더욱 '근대적'이고, 더욱 '민주적인' 왕에 대한 이 관념은 독자적으로 구현된 것임에 틀림없다. 이 개념을 지칭하는 공통된 명칭은 없다. 이러한 점에서 인도와 로마는 아주 보수적이다. 용어상의 일치는 매우 유익하다. rēg-란 용어가 인도유럽어 영역의 두 양극 지방인 이탈리크어와 인도어에 남아 있는 까닭이다. 이곳에는 가장 전통적 제도와 아주 오래된 고대 개념이 그대로 보존되어 있고, 사제단司祭團에 의해 계승된 종교조직과 밀접히 연계되어 유지되었다(앞의 18쪽 참조).

이와 반대로 중부 유럽에는 민족의 대이동으로 고대 사회의 구조가 전복되었다. 그래서 그리스와 게르만 사회뿐만이 아니라 이와 동일한 사회조직을 가진 듯이 간주되는, 별로 알려지지 않은 다른 민족들, 예컨대 일리리아족과 베네치아족도 고려해야 하지만, 이들에 대한 증거는 거의 남아 있지 않거나 간접적인 증거만 있을 따름이다.

*　　　*　　　*

왕과 왕권에 관련된 일련의 용어에는 왕의 기능을 고유하게 상징하는 표지인 왕홀의 명칭도 포함시켜야 한다. 이 명칭은 그리스어 skêp-tron(σκῆπτρον)이다. 이것은 인도유럽어의 용어가 아니라 사실상 그리스어에만 국한된 것이다. 이 점이 참 이상하게 생각되는데, 그것은 왕홀 제도가 이미 오래전에 많은 인도유럽 민족에게 퍼졌기 때문이다. 실제로 이 용어는 그리스어에서 라틴어와 슬라브어로 계승되었으며, 그 후 라틴어로부터 게르만어로 계승된 후 대부분의 유럽 지역에 퍼졌다. 이 점 때문에 인도이란어에 이 개념이 없다는 사실은 더욱 두드러지게 부각된다.

인도나 마즈다교 시기의 이란에는 왕홀을 가리키는 명칭이 없었다. 이러한 의미를 지닌 어떤 단어도 『리그베다』나 『아베스타』에는 나타나지 않는다. 이는 부정적 사실이지만 중요한 의의를 지닌다. 어떤 학자들은 아케메네스 왕조의 부조浮彫에 나오는, 왕의 시종이 지니고 다니는 물품에 이 왕홀이 새겨진 것으로 생각하는데, 이 유물에 왕홀의 소지자가 vassa-bara(vassa를 가진 자)로 기록되어 있기 때문이다. 그렇다면 왕의 홀을 가지고 다니는 자가 시종인가? 오늘날 이 왕홀이 활이라는 것에 모두 동의한다. 따라서 그 용어는 왕의 궁수弓手거나 활을 가지고 다니는 자를 가리킬 것이다. 그러나 아케메네스 왕조의 페르시아뿐만 아니라 이란 전체와 인도에 대한 자료조사는 부정적이다.

호메로스의 왕권 개념에서 왕홀이 지니는 중요성은 잘 알려져 있다. 그것은 왕이 '홀을 지닌 자', 즉 σκηπτοῦχοι βασιλῆες(skēptoükhoi basilêes)로 규정되기 때문이다. 호메로스와 일상 그리스어에서 나타나는 왕홀의 명칭 자체는 skêptron이며, 이것이 라틴어 sceptrum이 되었다. 그러나 그리스어로 쓰인 핀다로스 작품에는 skâpton(σκᾶπτον)도 나온다. 한 걸음 더 나아가 모음계제[7]는 다르지만, 라틴어 scīpio와 그리스어 skípōn(σκίπων)도 있다.

---

7) 모음계제: 단어들의 모음 교체가 형태음운적 기능을 가질 때 모음이 그 문법적 기능과 의미에 대해 삭제(영계제), 단모음(약계제), 장모음(강계제)으로 교체되는 현상.─옮긴이

호메로스에서 skêptron은 왕, 선지자, 사자使者, 재판관과, 본질적으로나 어떤 계기로 권위를 부여받는 모든 인물이 지니는 상징이다. skêptron은 웅변가가 연설을 시작하기 전에 이 연설이 권위를 갖도록 그에게 건네진다. '홀' 자체는 지팡이, 예컨대 여행객이나 거지의 지팡이에 지나지 않지만, 왕과 같은 인물의 손에 쥐어지면 위엄을 당당히 지니는 물건이 된다. 예컨대 아가멤논의 홀 같은 것이다. 호메로스는 제우스까지 거슬러 올라가 제우스에게서 홀을 전해받은 모든 자의 이름을 열거한다. 이 신성한 홀은 숭배와 경배의 물건으로 카이로네아8)에 보관되었고, 파우사니아스9)에 따르면, 매년 제사 때 보관 임무를 맡은 제관祭官이 간수하도록 했다. 그렇지만 그것은 skêptron이 아니라 dóru로 불렸고, 이 명칭의 문자적 의미는 '나무'이다(파우사니아스, 『그리스 안내기』 IX, 40, 11). 따라서 그것은 긴 지팡이, 창대였다. 그런데 로마 초기에 왕홀은 hasta로 명명되었는데, 예컨대 유스티누스10)의 『보편사』 43, 3에 따르면, hastas quas Graeci sceptra dicere……(그리스인들이 sceptrum으로 부르는 hasta)라고 기록한다. 그래서 라틴어 hasta는 창대로서의 '홀'에 해당하는 용어이다. 게르만인의 홀은 라틴 역사가들이 '창'槍, 즉 contus로 불렸다. 홀을 가리키는 게르만어 명칭은 고대 고지 독일어 chunin-gerta, 고대 영어 cyne-gard(왕이 막대기/지팡이)이다. 한편 고대 고지 독일어 gerta(막대기/지팡이; 고트어 gazds(가시))는 라틴어 hasta와 대응한다.

skêptron의 고유한 의미작용을 찾아내어, 이로부터 이 표지에 대해 사

---

8) 카이로네아Kaironea: 테베 근처의 케피소스에 건설된 고대 그리스 도시.—옮긴이
9) 파우사니아스Pausanias: 2세기 리디아 출신의 그리스 여행가이자 지리학자.—옮긴이
10) 유스티누스Marcus Junianus Justinus: 2세기의 라틴 역사가로 44권으로 된 『보편사』Historia universalis가 있다.—옮긴이

람들이 가졌던 관념을 추론해 보면 흥미가 있다. 이 왕권의 상징인 홀은 단순한 장식 이상의 의미가 있었기 때문에 그것은 왕권의 개념 자체에서 출발한다는 것을 알 수 있다. 더욱이 왕홀과 왕관은 왕권 자체이다. 통치하는 것은 왕이 아니라 왕관인데, 그것은 왕관이 왕을 만들기 때문이다. 이 왕관이 지속적으로 계승되면서 왕권의 기반으로 사용된다. 오늘날에도 사람들은 '왕관王冠의 재산'(왕실 재산)이라고 말한다. 왕의 아들은 '왕관의 세자'(독일어 Kronprinz)라고 한다. 그래서 왕은 왕관에서 권력을 취하고, 이 왕관을 보관하고 소지하는 자일 뿐이다. 이와 같이 신비한 개념이 또한 호메로스의 skêptron에도 있다. 예컨대 사람은 자기 손에 skêptron이 있을 때만 통치하고, 심판하고 연설한다.

그러나 이 그리스어 용어의 구성과 그 일차적 의미는 전혀 신비한 것이 아니다. skêptron은 동사 sképtō-(-에 기대다)의 도구 명사이다. 그것은 사람들이 몸을 기대는 물건인 지팡이다. 그러나 이 어원적 의미는 이 표지와 결부된 권력의 기원에 대해서는 아무것도 말해 주지 않는다. 번역 자체도 너무 간단하다. '기대다'는 다른 방식으로도 표현되는데, 예컨대 klínō 같은 동사이다. skepto-의 원래 의미는 '자신의 전 체중을 어디에 의지하다, 거기에 지지하다'이다. 호메로스는 동료의 부축을 받는 부상자의 거동을 묘사하면서 걷도록 부축을 받는 사람들에게 '자신의 전 체중을 의지한다'고 말한다. 『오디세이아』에 나오는 거지는 자기 지팡이에 '의지한다'. 여기에서 동사 skêptō-의 파생 의미인 '핑계를 갖다 대다', '변명하다', 즉 기존의 사실에 '의지해서 자신을 변호하다'가 생겨났다.

때로 비극 작가들의 예에 따라 이 동사를 '날다', '비약하다'로 번역하기도 하는데, 이는 교정해야 할 번역이다. 아이스킬로스의 『아가멤논』[11]에서 신호로 사용하는 횃불을 어느 다른 기지로 전달하는 것을 묘사하는 곳에 연속적으로 나오는 네 예문에서 이 동사가 사용되고 있다(302, 308~310행). 횃불들이 연쇄를 이루면서 화덕에 불을 붙인다. 횃불이 멀리 떨어진 곳까지 날아가서 불빛이 고르고피스 호수를 넘어 어느 지점에 '쏜살같이 떨어지자'(éskēpsen) 그다음 횃불이 지체 없이 연달아 다시 환히 불을 밝힌다. "보라, 횃불이 덤벼들 듯이 떨어져(éskēpsen), 아라크나이온 산⁽ᴵᴵ⁾ 꼭대기에 이른다." 뒤이어 "보라, 횃불이 아트레이다이의 지붕 위에 쏜살같이 떨어진다(skēptei)"가 나온다. 그 불길이 어느 산 꼭대기에서 시작해서 다른 산꼭대기로 옮겨 가면서 "스스로에 의지한다". 여기에서 묘사되는 동작은 언제나 동일하다.

소포클레스는 재앙을 내는 신에 대해 얘기하면서(『오이디푸스왕』 28) 그 신이 도시에 덤벼들 듯이 떨어지고, 쏜살같이 내려온다(skēpsas)고 말한다. 끝으로 어느 비문(『그리스 비문집』 I. G. II2, 1629)에 폭풍우가 삼킬 듯이 쏟아져 내리는, 다시 말해서 '쏜살같이 떨어지는' 3단 노를 가진 배의 얘기가 나온다.

이 모든 곳에서 이 동사는 '몸으로 짓누르다', '전 체중을 기대다'를 의미한다. 따라서 skēptron은 넘어지지 않도록 몸을 기대는 떠받치는 지팡이이다. 그런데 이러한 용도로 사용되는 유일한 지팡이는 바로 '걷는 데 사용하는 지팡이'이다.

그러면 그 명칭이 정의하는 바와 같은 이 지팡이라는 도구가 어떻게 왕권과 같은 지고한 권위를 보장해 주는가?

지금껏 제시된 여러 설명을 무시할 수도 있다. 그것은 지팡이 자체

---

11) 아이스킬로스Aiskhylos의 『아가멤논』 *Agamemnon* 은 그의 3부작 『오레스테이아』 *Oresteia* 가운데 제1부로서 아가멤논의 귀환과 죽음을 이야기한다. 아이스킬로스에 대해서는 본서 제1권 27쪽 각주 2번 참조.—옮긴이

는 권력이나 권위를 나타내는 표지가 아니며, 웅변가의 지팡이도 권력이나 권위의 표지가 아니기 때문이다. 요술 지팡이는 더욱 아니다. 마법의 지팡이는 rhábdos로 표현되기 때문이다. 또한 skêptron은 결코 마법사의 표지도 아니다. skêptron은 '몸을 의지하는 지팡이', '걷는 데 사용하는 지팡이'를 의미하므로 이것을 지닐 자격이 있는 여러 부류 사람들의 손에서 skêptron이 갖는 여러 가지 기능을 어떤 방식으로 조화롭게 통일시키느냐를 물어 보아야 한다.

최초로 드러나는 skêptron의 모습은 '사자'使者의 지팡이이다. 그것은 순례자의 상징이다. 사자의 특성은 행위를 하는 것이 아니라, 말을 전달하려고 권위를 가지고 나아가는 것이다. 걷는 사람, 권위 있는 사람, 전언을 지닌 사람으로서 세 가지 조건은 사자의 단 한 가지 기능을 의미한다. 이 사자의 기능은 이 세 가지 조건 모두를 만족시키며, 그 기능만이 이를 설명할 수 있다. skêptron은 전언을 지닌 사자에게 필요한 까닭에 그것은 그가 지닌 기능의 상징이며, 당당하게 신임받은 자의 신비한 표시가 되는 것이다. 그리하여 skêptron은 전언을 지닌 인물, 즉 권위 있는 전언의 전달을 임무로 하는 신성한 인물로 묘사되었다. 예컨대 제우스로부터 받은 skêptron은 계속적으로 여러 사람의 손을 거쳐 마침내 아가멤논의 손에 들어왔다. 제우스는 자기 이름으로 말하는 자들을 지명하고, 정당하게 신임을 받은 표지로서 그들에게 지팡이를 준다.

따라서 인도유럽 세계에 이 왕홀이 불균형하게 분포된 것은 왕권 개념이 가변적이라는 것을 나타내 준다. 인도이란인에게 왕은 신이다. 그래서 그는 왕홀 같은 표지로 합법성을 부여받을 필요가 없다. 그러나 호메로스에 나오는 왕은 인간이며, 그렇기 때문에 제우스로부터 왕의 칭호와 그것을 증명할 상징인 홀을 받는 것이다. 게르만족의 왕은 극히 인간적 권위를 행사하는 반면, 로마의 rex는 인도의 rāj와 본질적으로 같으므로 동일한 신적 권한을 부여받는다.

그리스의 영향으로 왕이 왕의 상징으로 sceptrum을 갖게 된 때는 로마 초기였다. 왕홀처럼 이 단어도 그리스 문명을 통해 로마인에게 계승되었다. 로마의 rex가 차지한 최초의 지위가 무엇인지는 후기에 차용된 차용어에 근거해서 추론할 수는 없다. 이 모든 과정은 이차적 현상으로 일어난 역사적 전파 과정을 통해서 최초의 근본적 의미 차이가 어떤 방식으로 은폐되고 감추어졌는지를 잘 보여 준다고 하겠다.

4장_왕의 권위

요약

그리스어 kraínein(kraínō는 kár(머리)란 명사에서 파생되었다)은 고개를 끄덕이는 표시로써 허락을 내리는 신divinité에 대한 표현이며, 나아가 신적 권위를 모방하여 계획이나 제안을 집행할 수 있는 권한을 주는 왕——그 자신은 이를 실행하는 자가 아니다——에 대해 사용된다. 따라서 kraínō는 말을 행동으로 실현시키는 권위의 행위를 나타내는 구체적 표현으로 나타난다. 이 권위의 행위는 원래는 신의 행위였지만, 그 후 왕의 행위가 되었고, 문맥에 따라서는 분화된 확장 의미를 지니기도 한다.

그리스의 왕권에 속하는 어휘를 연구하면, '지배하다', '다스리다'라는 개념과 관련된 동사와 명사의 관계가 일방적이라는 사실을 관찰할 수 있다. 주요 동사들은 명사로부터 파생된 것이지 그 반대 관계는 아니다. 예컨대 동사 basileúein은 명사 basileús에서 파생된 명사 파생동사이고, 동사 anássein은 명사 ánaks에서 파생된 명사 파생동사이다. 이들 동사 자체만 본다면, 이들은 기어基語 명사에 포함된 요소 외에 특별한 것을 알려 주는 것이 없다고 결론지을 수 있다.

그렇지만 현존하는 명사에서 파생된 것으로 볼 수 없는 중요한 동사가 하나 있다. 적어도 호메로스 그리스어라는 공시적 관점에서 본다면, 이 동사는 일차적 형태로 드러난다. 이 서사시의 언어에 나오는 동사는 kraiaínō이며, 축약 형태는 kraínō이다.

오직 시어詩語에만 나타나는 이 동사는 호메로스 작품에서 꽤 빈번히 출현하지만, '지배하다', '다스리다'의 의미로도 비극 작품에서 널리 확인된다. 그러나 호메로스에 나오는 대부분의 용법에서 kraínō는 '실행하다', '수행하다'를 의미한다. 모든 용례에서 이 동사를 대체로 이처럼 번역한다. 호메로스 그리스어에서 이 동사가 갖는 의미 편차를 알아 보기 위해 다음 두 표현을 비교해 보자. kréēnon eéldōr는 '소원을 성취하다'로 번역되는 반면, basilêes kraínousi는 '왕들이 다스린다'로 번역된다. 이 두 의미를 어떻게 조화시킬 수 있을까? 이를 위해 왕권과 관련된 특정 개념이 어떤 기본 관념에서 형성되었는지를 살펴보는 것이 더 중요하다.

형태론적 관점에서 볼 때, kraínō는 '머리'란 명사에서 파생된 명사 파생동사이다. 호메로스에 나오는 현재형 kraiaínō은 *krās°n-yō에 기초해서 형성된 것이고, 이 형태 자체는 그리스어 kára, 산스크리트어 sīrṣan(머리) 등으로 나타나는 인도유럽어 어간에 기초해서 형성된 것이다. 그러면 이 기저 명사와 파생동사의 의미관계는 어떤 것인가? 프랑스어 chef(우두머리〈머리)와 achever(이룩하다/달성하다)의 관계와 동일한 관계일 것이다. 그리스어에서도 이와 동일한 의미적 평행관계를 지적할 수 있는데, 동사 kephaloióō가 그렇다. 고대 그리스인들이 kraínein, 즉 '머리를 어디에 두다'라고 말할 때는 이와 같은 관념을 이미 염두에 두었던 것이다.

그러나 이와 같은 비교로는 문제가 전혀 해결되지 않는다. 위의 프랑스어 비교와는 차원이 전혀 다르다. achever는 '머리 끝에 이르다'를 의미한다. 'chef'는 물론 머리를 뜻하지만 행동의 최종 단계란 의미가 있다. 여기에서 '행동의 끝에 이르다', '극한까지 이르다'라는 의미가 나온다. 그런데 그리스어에서 '머리'는 kephalé이든 kára이든 이와 반대의 은유적 의미만을 가리킨다. 즉 출발점, 출처, 기원의 은유를 가리킨다. 따라서 이것을 '끝점', '극한'을 가리키는 후기 라틴어 caput나 프랑스어 chef와 동일시할 수 없다. kephaloióō는 '이룩하다', '달성하다'의 의미가 아니라 '요약하다', '귀결하다', '근본으로 되돌아가다'(kephalé)라는 의미이거나 흔히 말하듯이 '책의 장에 **머리**를 달다'라는 의미이다.

그러므로 이러한 평행 사실은 kraínō의 형태 구성에 아무 해결책을 제시하지 못하고, 고대인들의 설명은 쓸모없게 된다. 호메로스가 사용한 용법들을 완벽하게 연구해야만 거기에 대한 설명을 얻을 수 있다.

이들 용법을 모두 조사하여 이 동사가 사용된 문맥에 위치시켜 보자. kraiaínō와 epikraiaínō가 사용된 호메로스의 거의 모든 용례의 목록을 여기에 제시해 보자.

『일리아스』(1권 41행 = 504행.『오디세이아』20권 115행 참조)에서 tóde moi kréēnon eéldōr는 신께 드리는 기도문이며, 이는 '내 소원을 이루어 주시어'로 번역된다.

『일리아스』2권 419행, ὣς ἔφατ', οὐδ' ἄρα πώ οἱ ἐπεκραίαινε Κρονίων (hōs éphat' oud' ára pó hoi epekráine Krovíōn(이렇게 말했으나 크로노스의 아들은 그의 청을 들어주기는커녕)을 읽어 보면, 신이 이 소원을 반드시 '이루어 주는' 것이 아님을 알 수 있다. 신 자신은 소원을 성취하지 않는다. 그는 이 소원을 받아들일 뿐이고, 오직 신의 허락만으로 소원은 성취된다. 그 동사가 나타내는 행위는 언제나 위에서 아래로 이루어지는 신적 권위의 행위이다. 신만이 kraínein할 수 있는 자격이 있으며, 그것은 실제적 행위의 수행을 의미하는 것이 아니라 ① 인간이 바라는 소원을 신이 받아들이는 것과 ② 소원 성취를 허락하는 신적 권위의 행위를 가리킨다.

이것이 이 동사의 의미를 구성하는 두 요소이다. 이 동사가 표현하는 과정에는 언제나 행위자로서의 신, 왕의 신분과 관련된 인물이나 초자연적 세력이 있다. 그 과정은 '승인', 즉 어떤 조치를 실행하도록 하는 유일한 방도인 승낙의 행위이다. 따라서 위의 인용 구절(2권 419행)에 나오는 신은 이 승낙을 거부했고, 신의 승인 없이는 소원은 내용이 없고, 아무 효력이 없는 말로만 끝난다. 『일리아스』 5권 508행의 τοῦ δ'εκραίναινεν εφετμάς Φοίβου Ἀπόλλωνος(toû d'ekraíainen ephetnàs Phoíbou Apóllōnos, 그리하여 그는 황금칼을 가진 포이보스 아폴론의 명령을 이행하였으니)에서 아폴론의 명령을 아레스Arès가 수행한 것으로 이해할 수 있을까? 그러나 이 동사는 오직 신에게 적용된다는 점을 다시 강조하자. 사실상 아레스는 명령을 받들지 않는다. 문맥이 이를 증명한다. 그는 전사들 위로 구름을 덮어 포이보스[1]의 소원이 이루어지도록 한다. 그렇지만 그 소원의 수행 자체는 전사들이 맡아서 한다. 만일 그 소원을 실행하라는 승인이 나지 않으면 그들은 그 일을 수행할 수 없다. 소원 성취를 허락하는 승인은 신적 권위를 지니기 때문이다. 이러한 설명은 문제의 이 상황과 인물들을 고찰하기만 하면 분명해진다.

이미 고대 주석가들의 관심을 사로잡은 구절(9권 100행 이하)도 있다.

τῷ σε χρὴ περὶ μὲν φάσθαι ἔπος, ἠδ' ἐπακοῦσαι,

---

1) 포이보스Phoibos: 아폴론의 별칭. '빛나는 자'라는 뜻이다. —옮긴이

κρηῆναι δὲ καί ἄλλῳ, ὅτ᾽ἄν τινα Θυμὸς ἀνώγῃι

εἰπεῖν εἰς ἀγαθόν.

(Tō se khrḗ perì mèn phásthai épos, hēd᾽ epakoûsai,

krēênai dè kaì álloi, hót᾽ án tina thumos anógēi

eipeîn eis agathón.)

이것은 네스토르[2]가 아가멤논에게 자기 앞에서 한 충고를 잊지 말도록 그에게 촉구하는 말이다. 왕의 권위 때문에 수많은 사람들을 책임지고 있는 아가멤논으로서는 자신에게 전하는 슬기로운 충고를 들어야만 한다. "그대는 다른 사람들보다도 더욱 말을 많이 하고, 귀를 기울여 더욱 많이 들어야 하며, 필요한 경우 타인이 마음에서 우러나서 모든 사람의 안녕을 고할 때는 그 조언을 실천해야 할 것이오." 이 구절에 대한 마종P. Mazon의 번역[3]은 수정되어야 한다. 우선 krēênai dè kaì álloi란 구문을 해명해야 한다. 이 구문은 직접 목적어 épos가 생략된 것으로 설명되는데, 이 목적어는 앞 행의 "말(épos)을 발화하고, 듣는다"뿐만 아니라 그다음 행의 eipeîn(발화하다)에서도 끌어낼 수 있다. 따라서 이 구문은 krēênai (épos) álloi로 이해되며, krênon kaì emoì épos(내가 하는 말을 이루어 주소서;『오디세이아』 20권 115행)와 정확히 평행을 이룬다. 따라서 위의 구절은 다음처럼 번역할 수 있다. "그대는 어느 사람보다도 말을 훨씬 많이 하고, 그 말에 귀를 기울이고, 다른 사람이 선을 위해 마음에서 우러나는 말을 하면 그 말까지 수긍해야(krēênai) 할 것이오."

---

2) 네스토르Nestor: 넬레우스의 아들이자 필로스Pylos의 전설적 왕이다. 아폴론 덕택에 3세대나 오래 살았다. 트로이와의 전쟁에서 유익한 충고와 중재를 하는 뛰어난 장수이다.—옮긴이
3) 『일리아스』*Iliade*, 마종P. Mazon 옮김, Paris, Belles-Lettres, 4 vols., 1937~1938.—옮긴이

아킬레우스의 대답(9권 310행), ἥπερ δὴ κρανέω τε καὶ τετελεσμένον ἔσται(hêper dḗ kranéō te kaì tetelesménion éstai)에서 두 동사 kraínein과 teleîn이 등위 접속되어 있다. 마종은 "내가 그 일을 어떻게 하려는지, 그 일이 어떻게 이루어지는지를 그대에게 숨김없이 드러내어 알려야 하겠소"로 번역한다. 이 번역은 kraínein(수행하도록 승인하다)과 teleîn(수행하다) 사이의 논리적 관계를 강조하지 않는다. 그래서 우리는 다음과 같이 번역한다. '나는 내 의도를 정확히 알려야 하겠소. 그래서 그 일을 확인하고, 그것이 어떻게 수행될 것인지를 보겠소.'

아킬레우스가 아카이아인들을 구하는 것을 거부한 뒤에 아이아스[4]는 "떠납시다! 이번 여행에서 우리 계획을 성공적으로 수행하는 것을 승인받은(kranéesthai) 것으로 생각되지 않으니 말이오"(9권 626행)라고 말한다. 따라서 아킬레우스에게 보내는 사절은 아무 성과가 없다는 것이다. 그것은 실패했다.

『오디세이아』(5권 169행)에 나오는 noesai와 kraínein의 대립을 고려하면, 이제 분석은 새로운 단계에 들어간다. 칼립소는 "무엇을 구상하는(noêsai) 것이나 실행하는(krênai) 것이 나보다 뛰어난 신들이 원하는 것이라면", 오디세우스가 자기 집으로 돌아가도록 전력을 다해 노력할 것이다.

눈에 띄는 사실은 kraínein의 절대적 용법과, kraínein의 행위가 또한 신들에게 맡겨져 있다는 점이다. 신들은 '수행한다'. 그렇지만 언제나 자신의 고유 영역 내에서 행위를 수행한다. kraínein은 결코 인간 개인의 일을 수행하는 것을 나타내는 표현이 아니다. 이제 동사 구문에 따라 이 동사의

---

4) 아이아스Aias: 살라미스 왕 텔라몬의 아들로 그리스인 가운데 체격이 가장 건장하고 아킬레우스 다음으로 용감한 영웅이다.—옮긴이

용법들이 분화되면서 의미가 변화하는 것을 목격할 수 있다. 이미 위의 예(특히 éldōr와 함께 사용된 예)에서 살펴보았듯이 타동 구문이 있고, 자동 구문도 있다. 이제 이 자동 구문의 예들을 인용해서 설명해 보자.

『오디세이아』에 이 자동 구문이 출현하는데, kraínein은 '지고한 권위로 결정하다'란 의미를 갖는다. 여기에서 알키노스는 파이아케스인들에게는 "12명의 탁월한 왕들이 kraínousi한다"(8권 390행)고 말한다. 이 동사는 '다스리다', '지배하다'와 같은 의미이지만, 반드시 왕의 직책을 행사하는 것과 관련 있는 것은 아니다. 그것은 언제나 권위에 의거해서 결정할 수 있는 능력을 의미한다. 호메로스 이후에 kraínein의 자동 구문은 이와 같은 의미로 계속 사용되었다. 예를 들어 아이스킬로스의 épraksan hōs ékranen(제우스가 지고한 권위로 결정한 바대로 그 일이 그들에게 일어났다, 『아가멤논』 369) 같은 것이다. 또한 에페보스[5]의 서약문——이는 비문 텍스트의 종류로는 유일한 자료이기 때문에 특별히 관심을 끄는 증거이다——에도 나타난다.[6] 즉, 도시의 최고 집정관들을 향해 "본인은 지혜로 권위를 행사하는 자들(tôn krainóntōn)에게 복종할 것입니다"라는 선서에 나온다.

비극 작가들에게서 kraínein의 타동 구문은 특히 수동태로 나타난다. 이 수동 구문은 지고하고 위대한 권세에 의해 이루어지는 일을 표현하는 데 이용된다. 예컨대 "어머니는 제게 미래가 어떻게 실현될 것인지(kraínoito)를 여러 차례 예언했지요"(아이스킬로스, 『사슬에 묶인 프로메테

---

5) 에페보스éphēbos: 18세 청년이 되면 시험을 거쳐 시민으로 자기 행정구역의 명부에 등록되는 그리스 청년들.—옮긴이
6) 루이 로베르Louis Robert가 밝히고 출간한 텍스트, 『비명 및 문헌학적 연구』Etudes épigraphiques et philologiques, 1938, p. 302.

우스』*Prom.*, 211), "모이라⁷⁾가 이 일들을 그런 방식으로 수행하는(kranai) 것은 확정된 것이 아니오"(같은 책, 592), "그의 부친 크로노스의 저주가 그때 완전히 이루어질(kranthésetai) 것이오"(같은 책, 911). "그리하여 시민들에 의해 표결이 이루어지고(kékrantai) 만장일치로 결정되었다"(아이스킬로스, 『탄원하는 여인들』*Suppl*, 943).

또한 호메로스의 부정否定 형용사 akráantos(실행되지 못한; 고전 그리스어로는 ákrantos, 『일리아스』 2권 138행; 이것은 나중에 '헛된', '무익한'을 뜻하게 되었다)와 관련된 행위는 언제나 초인적 힘에 의해 이루어지는 행위이다. 『오디세이아』에 나오는 두 구절에서 이 형용사는 그 의미를 완전히 나타낸다. 한 구절(2권 202행)은 실현되지 못한 예언에 적용되고, 다른 구절(19권 564행)은 유명한 꿈의 설명에서 나온다. 여기에서 호메로스가 환상에 지나지 않는 꿈 ónar와 '곧 실현되는 길몽'(húpar; 19권 547행)을 구별했다는 점을 기억해야 한다. 꿈은 인간 현실과는 상관 없이 그 자체의 고유한 세계에 존재하는 현실이다. 이 두 유형의 꿈의 관계는 꿈의 현실 차원에서 제기해야 한다. 즉 어떤 꿈(여기서는 그리스어 원문의 모음압운의 작용을 무시한다)은 상아문象牙門을 통해서 나타나며, "실현될 수 없는(akráanta) 말들을 하며" 속인다. 반면 또 다른 꿈들은 뿔의 문을 통해서 나타나며, 진실한 것들(étuma)이 실현되도록 허락한다(kraínousi). 꿈이 지고한 권세를 갖는 것은 진실성의 여부에 대한 조건이다. 이 진실은 내적인 까닭에 오직 예언자만 감지하며, 인간사人間事를 통해서 진실성 여부가 확인된다. 이처럼 이 두 형용사는 서로 상응한다. 즉 akráanta는 실행되지 않을 일을 가리키

---

7) 모이라Moira: 의인화된 그리스의 운명의 여신. 거역할 수 없는 어쩔 수 없는 종국으로 사람을 이끈다. 복수는 모이라이Moirai다. —옮긴이

고, 반대로 étuma는 진실로 입증되는 일을 가리킨다.

이제 이 조사를 끝내기 전에 좀더 난해한 kraínein의 용법을 살펴보자. 이들은 『헤르메스에게 바치는 호메로스의 찬가』*Hymne homérique à Hermès*에 나오는 세 예문으로, 차례로 인용해 보자. "헤르메스는 자기 목소리에 맞추어 듣기 좋은 노래가 나오는 시타르[현악기]를 아름답게 연주하면서 목청을 높여 흑암의 대지뿐만 아니라 불멸의 신들을 **찬양한다**(kraínōn)"(427행). 엥베르J. Humbert가 선택한 '찬양하다'라는 번역[뷔데Budé 판]은 고대의 주석가들에게서 차용한 것이다. 이 동사의 용법은 호메로스가 보여 주는 용법과는 아주 차이가 나며, 또한 그 후에 볼 수 있는 용법과도 차이가 있다. 관례적인 번역으로 보기에는 불가능한 것으로 판단된다. 학자들은 kraínōn을 '경배하다', '찬양하다'(timôn geraírōn)로 번역한 헤시키오스의 주해[8]에 만족했다. 이 주해가 이 구절에도 적용되었을 가능성이 크다. 이 주해는, 겉보기에는 아주 이상한 용법에 고대의 주석가들이 당혹감을 느꼈다는 것을 보여 준다. 다른 주석가들은 kraínōn을 apotelôn(노래를 끝까지 불러 끝맺다)으로 번역하려고 했지만, 이것은 아주 인위적인 번역이다. 우리 견해로는 여기 나오는 kraínō는 『오디세이아』에서 정의된 것과 같이 정의된다. 오디세우스 신은 만물의 기원을 찬양하고, 그 노래로 신들을 "존재의 지위로 격상시킨다". 은유가 무모한 것 같지만 그 자신 역시 신神이기도 한 이 시인의 역할과 일치한다. 시인은 만물을 존재하게 만들고, 만물은 그의 노래 안에서 탄생한다. 이 예는 이 용어의 역사를 단절시키는 것이 아니라 지속성을 나타내 준다.

이 텍스트의 여러 조건으로 인해, 이 문제는 559행에서 좀더 복잡하

---

8) 헤시키오스에 대해서는 본서 제1권 257쪽 각주 1번 참조.—옮긴이

게 된다. 그러나 문제의 성격은 동일하다. 이 시인은 모이라이|Moîrai를 언급하는데, 모이라이는 예언 능력을 갖추고 점성술을 가르치는 운명의 여신들이다. 이들은 트리아이,[9] 즉 벌의 형상을 한 여자들(fammes-abeilles)이다. 아폴론은 헤르메스[10]에게 자기 예언의 비밀을 알려 주기를 거절하고, 어린애였을 때 예언술을 조금 가르쳐 준 트리아이를 그에게 선물로 준다. "……처녀 자매들 셋이 태어나면서부터 내게 예언술을 가르쳐 주었고, 나는 어린 시절 소에게 그것을 시험했소. 부친은 말리지 않았소. 덕택에 이 처녀들은 이곳저곳으로 날아가서 밀랍을 잔뜩 먹고는 모든 것을 실현시켰소(kraínousim). 이들이 황금빛 나는 꿀을 잔뜩 먹고, 예언의 열정에 사로잡히면 기꺼이 진리를 밝히려고 하지요. 반대로 신들의 달콤한 음식을 빼앗기면 그대를 해하려고 할 것이오. 이제 그대에게 이들을 넘겨주겠소"(엥베르의 번역).

벌의 형상을 한 여자들이 날아가서 밀랍을 잔뜩 먹고 나면 kraínousin hékasta(모든 것이 실현되게 할 수 없을 것이다). 이 여신들은 이 모든 것을 실현시키는 데 필요한 예언 능력 이상의 초능력이 있는 것이 아니다. 천부적 예언 재능이 단지 유일한 능력이다. 여기서 사용된 kraínein의 의미는 앞 구절의 의미와 동일하다. 예언을 실행시키는 능력이자 예언 차원에서 갖는 실행 능력이다. 일을 '실행시키는' 것이 아니라 그것을 '예언한다'. 또는 kraínein을 설명하는 뒤의 구절(561행)에서 말하듯이 그것은 aléthein

9) 트리아이Thriái(Moîrai): 파르나스 산의 세 운명의 처녀들로 삼위일체이다. 이들은 아폴론이 거주하던 이 산에서 그에게 운명을 맞히는 도구(klēroi)로 점술을 가르쳤다고 한다. 헤시오도스는 이들을 제우스와 테미스의 딸들로 묘사하고 있다.
10) 헤르메스Hermes: 그리스 신으로 올림피아인들의 전령이다. 제우스와 마이아의 아들이다. 여행자들의 안내자이자 사자死者들의 군대의 안내자이기도 하다. 수완과 계략이 뛰어난 신이다.

agoreúein(진리를 말하다)의 의미이다. 예언의 말은 사물을 존재하게 만든다. 『호메로스의 찬가』의 529행에 나오는 마지막 예문은 해석하기가 가장 어렵다. 아폴론은 제우스의 독점적 특권이자 자기에게만 허용된 천부적 예언 능력을 거부한다. 그러나 아폴론은 헤르메스를 실망시키지 않으려고 그에게 몇 가지 보잘것없는 능력과 다음에 기술되는 권한을 부여한다. "잎이 세 개 달린 황금으로 만든 풍요와 부의 놀라운 지팡이가 그대를 모든 위험에서 보호하며, 선한 신의神意, 말과 행위를 실현시킬(epikraínousa) 것이오. 나는 이것을 제우스의 입을 통해 안다고 확실히 말해 두겠소"(엥베르의 번역).

이 텍스트는 사실상 확실하지 않다. 필사본에는 epikraínousa의 목적어로 대격 theoús(신들)가 제시되어 있지만, 이것은 의미가 전혀 통하지 않는다. 그래서 학자들은 이를 thémoús(신탁/신의)로 교정했다. 이 교정 덕택에 이 구절은 이해할 수 있게 되었고, epikraínein은 호메로스의 서사시에서 그 의미를 되찾았다. 지팡이는, 아폴론이 제우스의 입을 통해 들었던 조언, 즉 그의 신탁을 "실현하도록 하는 승인"을 내린다. 여기서도 kraínein을 다른 곳에서 번역했던 것과 다르게 해석할 이유가 전혀 없다.

그리하여 우리는 kraínō의 의미작용을 다음과 같이 요약할 수 있다. 첫번째 개념은 인간이 바라는 계획의 성취를 권위로 승인함으로써 그 계획이 실제로 실현되게 한다는 의미이다. 여기에서 앞에서 검토한 용법이 생겨난다. 즉 '권위를 가지고 정치적 결정을 내리다', '내린 결정을 승인하고, 실행되도록 권위를 행사하다', 좀더 일반적으로는 '실행력 있는 권위를 부여받다'라는 의미가 그것이다.

이와 같이 일정한 한 가지 의미에 기초해서 kraínein과 kára(머리)의 관계를 밝혀 본다면, 기존의 학자들이 해석한 것과는 다르게 이 두 단어의 의미 관계를 고찰할 수 있다. 즉 그것은 머리를 끄덕이며 표시하는 승인이다. 이 승낙은 신이 머리를 끄덕이는 신호로 표명된다. 그리스어 neúō, 라틴어 ad-nuo((승인의) 표시를 하다), in-nuo(몸짓을 하다), nutus(머리 끄덕이는 표시). 『아프로디테에게 바치는 호메로스의 찬가』*Hymne homérique à Aphrodite* 222행에서 다음 글을 읽을 수 있다. "제우스는 고개를 끄덕였고(epéneuse) 그의 소원이 성취되도록 승인했다(ekréēnen)."

이 시인이 의도했건 의도하지 않았건, 그것은 이처럼 kraínō의 고유 의미로 생각되는 의미를 밝히는 역할을 한다. 후에 소포클레스는 kraínein을 나라에 대한 지배권[통치권]을 가리키는 의미로 사용했다(κραίνειν γᾶς, χωρας(땅, 영토를 지배하다)). 이 인간의 권력은 신의 동의를 가리키는 수긍의 제스처로 정의되는 것을 알 수 있다.

이러한 신의 승낙, 신이 승낙하는 표시로 고개를 끄덕이는 행위는 말이 현실 차원에서 실행되게 한다. 이러한 이유로 동사 kraínein이 가리키는 왕권은 승낙의 제스처에서 유래하고, 신의 승낙의 제스처는 말 이외의 어떤 것으로도 실현시킬 수 없는 일을 실현시킨다.

5장_명예와 명예의 표시

요약

그리스어 *géras*는 신들이 때때로 왕에게 부차적으로 부여하는 명예의 몫이자 그의 존엄을 별도로 나타내는 표시이다. 이것을 *gérōn*(늙은이)과 비교하는 것은 민간어원을 찾는 것에 지나지 않는다.

　*géras*처럼 *timé*도 왕의 특성과 관련되고, 또 명예로운 물질적 급부가 포함되는 경우 그것은 신에게서 유래하는 영원한 존엄의 표시이며, *géras*와는 구별된다. *timé*는 신들은 운명으로부터 받고, 인간은 제우스에게서 받는 명예로운 할당(자기 몫)을 가리키기 때문에, 그것은 법적 의미를 지닌 그리스어 *tínō*(지불하다), *poiné*(몸값/징벌)의 단어군과 일관되게 구별해야 한다.

호메로스의 왕권이 갖는 특권은 '명예'와 '명예의 표시'와 관련되는 다수의 용어로 표현된다. 이들 용어는 고대의 제도와 연관된 특수 의미를 지닌 어휘이며, 텍스트 분석을 통해 이 어휘들을 찾아보아야 한다.

　그러면 호메로스 서사시에서 중요한 위치를 차지하는 한 단어를 분석하면서 이 조사를 시작해 보자. 이 단어는 géras(γέρας)인데, 이는 보통 '명예', '명예에 의한 몫', '명예의 표시'로 번역되며, 이 번역은 실제로 모든 용례에서 적절한 것으로 여겨진다.

이 단어가 사회의 여러 상황에 대해 알려 주는 바와는 별개로 이 단어에 각별히 관심을 갖는 이유는, 그것이 필수적 원리가 되는 어원 비교에 기초해 설명되기 때문이다. 보통 géras가 gérōn(늙은이)과 관련이 있는 것으로 가르치고 있다. 따라서 이 개념을 나이와 연관된 특권으로, 늙은이들에게 바치는 존경, 명예로 정의한다. 그래서 사회적 지위나 정치적 권능보다는 어느 연령층에 고유한 권한으로 정의된다.

형태론적 관점에서 본다면 géras는 중성이며, 형태 구조 자체는 그것이 고형古形임을 보여 준다. -as(-ας)로 된 형태는 사실상 중성 범주 가운데 가장 오래된 형태이다. 예컨대 σέλας(밝은 빛), κρέας(살/고기), τέρας(신이 보내는 전조) 같은 형태이다. 이들은 어간 모음 e(이것은 인도유럽어의 고대 중성에 고유한 특징이다)와 접미사 -as(변이형도 있다)로 그 기능이 특별히 명시된다. 미케네어 ke-ra에서 géras의 어원을 확인하려는 제안도 있었다.

géras에서 형용사 gerarós(γεραρός, 존경을 받는)가 파생되었고, 이 형용사에서 다시 명사 파생동사 geraírō(γεραίρω, 존경하다)가 파생되었다. 이것은 곧 géras와 대응되는 고형 *gerar를 상정한다. géras는 -s- 어간인데, 이것은 부정형 agérastos(ἀγέραστος)로 확인된다. 이처럼 -as형의 중성은 인도유럽어 중성의 옛 유형에 따라서 -ar형의 어간과 나란히 이웃해 있다.

géras의 의미는 특히 『일리아스』 제1권의 중심부에 나오는 몇몇 용법에서 밝혀진다. 정확히 말해서 géras는 아가멤논과 아킬레우스가 분쟁에 빠져, 서로 소유권을 다투는 대상이다.

이 장면은 잘 알려져 있다. 신탁은 아가멤논이 포로로 잡고 있는 크리세이스[1]를 돌려주라고 요구한다. 그러자 그는 한 가지 조건을 달아 그 말에 동의한다. "하지만 지체 없이 다른 명예의 몫(géras)을 마련하여 아르고스인들 가운데 나만이 그 몫(agérastos)을 빼앗기지 않게 해주시오. 결례가 될지 모르지만 말이오. 여러분 모두가 보다시피 내 명예의 몫(géras)이 다른 곳으로 가 버리니 말이오"(118~120행). 물론 여기서 géras는 포로로 잡힌 처녀를 가리킨다. 그것은 물론 명예의 몫이다. 하지만 아가멤논은 어떤 자격으로 그 처녀를 받았을까?

아킬레우스는 활기차게 대답한다. "기상이 늠름한 아카이아인들이 어떻게 그대에게 그러한 명예의 몫을 줄 수 있겠소? 내가 아는 한 우리에게는 보관하고 있는 공통의 재산이 없소. 함락한 도시에서 우리가 약탈한 것은 모두 나누어 가졌소. 백성에게서 그것을 다시 거두어들인다는 것이 합당하겠소?"(123~126행). 그러므로 géras는 본질상 [전리품을] 먼저 취하는 특권으로서, 도시를 약탈해서 빼앗은 전리품을 나누는 과정에 사회집단의 전체 구성원이 주는 몫이다. 즉 약탈한 모든 전리품에서 우두머리의 몫으로 géras를 먼저 제외하고 그 나머지 약탈품을 함께 나누어 가진다.

아킬레우스는 계속 말한다. "아무튼 그 여인을 신에게 내 주시오. 하지만 언젠가 제우스께서 트로이아 성을 함락하도록 허락해 주신다면, 우리 아카이아인은 그녀를 준 대가로 그대에게 세 배, 네 배를 보상해 줄 것이오"(127~129행). 따라서 상황에 따라 새로운 géras를 하사하는 것이 유리하면 그렇게 할 것이다.

---

1) 크리세이스Chryséis: 트로이 전쟁 때 아가멤논에게 사로잡힌 포로. 그녀의 아버지이자 아폴론의 사제인 크리세스에게 크리세이스의 반환을 거절하자 화가 난 신은 그리스 군대에 페스트를 전염시킨다.—옮긴이

이 논쟁이 계속되자 아가멤논은 화를 낸다. 따라서 그가 보상으로 받을 몫을 받으러 갈 자는 아킬레우스, 아이아스가 아니면 오디세우스이다.

그리하여 아가멤논, 아이아스, 오디세우스 그리고 아킬레우스 이 네 영웅에게 모두 géras를 받을 권리가 있다. 이들은 모두 basilées, 즉 왕족이기 때문이다.

이 모티프는 여러 번 반복해서 나온다. 그래서 géras는 『일리아스』 제1권 전체의 핵심 단어이다. 앞으로 전개될 사건의 흐름이 모두 이 단어에 달려 있다. 아가멤논이 아킬레우스에게서 브리세이스를 탈취한 순간부터 자기 géras를 빼앗긴 아킬레우스는 스스로를 átimos(ἄτιμος), 즉 불명예스럽다고 여긴다. "아트레우스의 아들이자 막강한 권력을 지닌 아가멤논이 나를 모욕하고 내 명예의 몫(géras)을 몸소 빼앗아 가져갔으니 말이오. 자신이 직접 말이오"(355~356행). 아킬레우스의 원한은 이 때문에 생겨났고, 후에 아가멤논은 아킬레우스에게서 géras를 빼앗은 날이 미친 듯한 발작이 일어난 것 같았다고 말하게 된다.

『일리아스』의 노래 9권 334행에 이 보상의 몫을 주는 조건이 명세되어 있다. 언제나 아가멤논이 ἀριστήεσσι(aristéessi)와 βασιλεῦ-σι(basileûsi), 즉 귀족과 왕에게 그들의 géras, 즉 그들의 명예의 몫을 배당해 준다.

다른 곳에서 아킬레우스는 자기에게 다가오는 트로이아인 아이네이아스에게 질문한다. "그대는 무슨 일로 나와서 나를 맞서는가? 그대는 트로이인들을 지배하고, 프리아모스의 자리를 얻기를 바라는가? 그대가 나를 죽일지라도 프리아모스는 그대 손에 그의 géras를 주지 않을 것이오. 그는 아들이 여럿 있고, 그렇게 어리석지 않으니 말이오. 그렇지 않고 그대가 만일 나를 죽일 수 있다면 트로이인들이 이미 그대에게 témenos를 주었을 것이오"(『일리아스』 20권 178행 이하).

géras는 무훈에 대한 대가로도 줄 수 있다. 거기에는 실제의 왕국도 포함되는데, 예컨대 아킬레우스의 말에 따르면, 아이네이아스가 권력을 행사하는 주권자 프라이모스로부터 받기를 바라는 왕국이다. 프리아모스의 아들에 대한 언급으로 미루어 보아 이 특권은 세습적일 수도 있고, 또 세습적인 것이다. 이 géras를 줄 때는 영지(témenos)도 함께 배당하지만, 이 둘은 별개의 것이다.

트로이 점령 때 네오프톨레모스[2]는 용맹이 뛰어난 인물이었다. 그리하여 그는 자기 몫(moîra)——모든 전사가 이 몫에 권리가 있다——과 함께 훌륭한 géras를 받는다. 이 géras의 성질은 구체적으로 적시되어 있지 않지만, 그것은 『일리아스』 찬가 제1권에 나오는 크리세이스 같은 여자이거나 또는 알키노스 왕이 géras로 받은, 파이아키아 궁에서 하녀로 있던 에우리메두사 같은 여자일 수 있다(『오디세이아』 7권 10~11행).

『오디세이아』의 제4권에서 왕인 메넬라오스[3]가 손님들에게 이미 대접한 고기(57~59행) 외에도 자기 géras, 즉 소고기의 등심($\nu\hat{\omega}\tau\alpha$)을 추가로 하사받아 접대하는 것을 볼 수 있다(65~66행).

지옥에서 오디세우스가 자기 소유물과 가족의 현재 운명을 알려고 했을 때, 자신의 géras가 어떻게 되었는지 묻는다. "내 부친과 아들은 어떻게 되었는지 말해 주시오. 그들은 아직도 내 géras를 가지고 있나요?"(『오디세이아』 11권 174행). 사람들이 대답한다. "아무도 그대의 géras를 가지고 있지는 않네. 텔레마코스가 그대의 témenos를 관리하고 있소." 이 두 개념은 서로 관련이 없다. témenos는 왕위의 특권인 géras와는 구별된다. 이러한

---

2) 네오프톨레모스Neoptólemos: 아킬레우스의 아들이자 트로이를 함락한 자.——옮긴이
3) 메넬라오스Menelaos: 신화에 나오는 스파르타의 왕으로서 아트레우스의 아들이자 아가멤논의 형제이다. 헬레나와 결혼하여 그녀 아버지의 왕국을 계승한다.——옮긴이

이유로 구혼자들은 각자 페넬로페[4]와 결혼해서 오디세우스 왕의 전유물인 géras를 얻으려고 하는 것이다.

이 예들은 géras가 어떤 의미를 표상하는지를 보여 준다. 그것은 원칙적으로 왕의 권한에 고유하게 속하는 특별한 하사품, 특히 전리품으로 받은 별도의 몫과 백성이 획득하여 수여하는 물질적 특권이다. 예컨대 명예로운 상석上席을 차지하거나 가장 맛있는 고기를 배당받거나, 포도주 잔을 받거나 하는 등이 그에 해당한다. 리키아의 왕인 사르페돈이 왕의 특권을 열거하는 것을 들어 보자(『일리아스』 12권 310행 이하). "대체 무엇 때문에 우리는 수많은 특권, 최귀빈의 자리, 고기, 술잔으로 존경을 받는가? 왜 그들이 우리 모두를 신으로 우러러보는가? 무엇 때문에 큰 영지(témenos méga)를 받는 권리를 향유하는가?…… 그렇다면 우리가 할 일은 사람들이 우리 얘기를 이렇게 말하게 대열의 선두에 서서 싸워야 되는 것이 아닌가.…… '우리 왕들은 명예가 없는 자들이 아니라 선두 대열에서 싸우는 용감한 자들이다.'"

이것은 시인들의 비유가 아니다. 우리는 제도制度의 실물을 다루고 있다. 역사가들은 이들에 대한 기억을 보존하고 있다. 투키디데스(『펠로폰네소스 전쟁사』 1권 13장)는 원시 그리스에 대해 이야기하면서 간결한 표현으로 말한다. "일정한 gére를 포함하는 세습적 왕권이다." 따라서 gére는 basileía, 즉 왕권의 정의定義를 구성하는 요소이다.

헤로도토스(『역사』 VI, 56 이하)는 고대 스파르타 왕의 특권을 상세히 이야기한다. 왕은 두 가지 신성한 권리가 있는데, 자신이 원하는 전쟁을 치

---

4) 페넬로페Penelopē: 오디세우스의 아내이자 텔레마코스의 어머니. 그녀는 자기 남편이 없는 20년 동안 궁에 있는 많은 구혼자들의 끈질긴 구혼을 거절했다. 그래서 정절을 지킨 아내의 상징이 된다.―옮긴이

를 권리와, 전장에서 원하는 만큼 가축을 취하고, 제물로 바치는 동물의 털과 등심고기($\nu\hat{\omega}\tau\alpha$; 앞의 『오디세이아』 4권 65행 참조)를 갖는 특권이다.

평화 시에 왕들의 권리를 열거해 보면 그 수는 훨씬 많다. 즉 공식 연회에서 최상석의 자리를 차지하는 것, 만물의 첫 산물을 진상받는 것, 다른 회식자보다 몫을 두 배로 접대받는 것(각 항목은 호메로스의 텍스트라는 것을 나타내기 위해 고안된 것 같다) 등이다. 또한 왕들은 희생제사에 바치는 희생제물의 허가권이 있으며, 경기에서 귀빈석을 차지한다(앞의 『일리아스』 12권 311행 참조). 왕들이 회식에 오지 않으면 이들의 몫은 따로 챙겨 주며, 회식 때마다 다른 사람의 두 배나 많은 몫을 받는다. 또한 왕들은 주어진 신탁도 보관한다.

이 역사적 증거는 다시금 『헤르메스에게 바치는 호메로스의 찬가』의 구절(128~129행) 해석에 빛을 던져 준다. 이것은 헤르메스가 아주 어릴 때 거행한 제사 이야기이다. 그는 가축 가운데 암소를 두 마리 잡아 제사에 바친다. 그는 암소를 쇠꼬치로 찔러 굽고는 구운 고기를 넓게 편다. 그리고는 그 고기를 열두 조각으로 나누고 제비를 뽑는다. 그러고 나서 그는 "각 moîra에 géras를 추가한다".

헤르메스는 요리할 수 있도록 살코기를 미리 다듬었다. $\sigma\acute{\alpha}\rho\kappa\alpha\varsigma$ …… $\kappa\alpha\iota\ \nu\hat{\omega}\tau\alpha\ \gamma\epsilon\rho\acute{\alpha}\sigma\mu\iota\alpha$(sárkas …… kaí nôta gerásmia; 122행). 이 구절에서 nôta gerásmia(왕이 취할 부분인 등심)만 뽑아 보면, 향연에서 접대하는 géras는 언제나 등심이다.

이처럼 열두 조각으로 나눈 쇠고기에 추가해서 헤르메스는 규정상 géras로 사용되는 nôta를 한 조각 더 얹는다. 그는 틀리지 않게 그것을 열두 번 반복한다. 그는 각 신들에게 géras를 선사하는데, 이것은 결국 단 한 가지로 귀착된다. 여기에서 사용된 용어는 아주 구체적이다. 즉 "고기를 취하는 특권"이다.

우리가 얻은 이 정의는 아주 일관되며, 텍스트 곳곳에서 계속해서 분석해 낸 특징들이 포함되어 있다. 이제 géras의 어원과 géras와 géron(늙은이)의 비교 문제를 재론할 수 있다.

1906년에 오스토프[5]가 이 두 단어의 비교를 제안했고,[6] 그 후 이 제안은 모든 곳에서 인정되었다. 오스토프는 호메로스의 간단한 표현에서 이 비교를 시작한다. Τὸ γάρ γέρας εστὶ γερόντων(tò gár géras estí geróntōn, 그것은 연장자들의 특권이니까). 이 표현은 『일리아스』에서 두 번(4권 323행, 9권 422행) 출현하는데, 여기서 géras는 늙은이들(gérontes)에게 고유하게 속한 특권이라는 결론을 내린 것 같다. 이는 단어의 형태 자체가 보여 주는 어원에 대한 예시가 될 것 같다. 그러나 이 표현이 정확히 의미하는 바는 무엇인가? 이 표현을 문맥 내에 넣어 읽어 보자.

『일리아스』4권 323행에서 네스토르는 다음과 같이 선언한다. "나는 싸우기에는 너무나 늙었소. 하지만 전사들 사이에 섞여 조언과 목소리로 그들을 인도하겠소. 그것은 늙은이들의 géras, 즉 그들만의 특권이니까." 다른 예(9권 422행)에서 아킬레우스는 아가멤논이 보낸 장로들을 다음과 같이 말하면서 내쫓는다. "그러니 그대들은 가서 아카이아인의 장수들에게 내 말을 전하시오. 그렇게 하는 것이 늙은이들의 특권(géras)이니까요."

오스토프가 비교의 단서로 판단한 이 표현은 단지 은유적 용법에 지

---

5) 헤르만 오스토프Hermann Osthoff(1847~1909년): 독일의 비교 역사 언어학자. 고전 그리스어와 라틴어를 전공하고, 그 후 산스크리트어를 연구했다. 라이프치히에서 소장문법가로서 활약했다. 칼 브루크만Karl Brugmann과 함께 여섯 권으로 된 『형태론 연구』Morphologische Untersuchungen를 지었다.―옮긴이
6) 『인도게르만어 연구』Indogermanische Forschung, XIX, 1906, p. 217 이하.

나지 않는다. 즉 géras는 구체적 의미를 넘어서 비유적으로 사용되는데, 충고를 하는 것, 권력자들을 화해시키기 위해 중재하는 것이 늙은이의 géras, 즉 연로한 나이 때문에 전장戰場에 나가지 못한 자들의 특권이라는 것이다. 여기서는 이 단어의 어원에 필요한 사실을 끌어낼 것이 전혀 없다. 이와 동일한 구조를 가진 다른 표현으로 이 점을 확신할 수 있다. 이 표현은 두 번이 아니라 여섯 번 읽을 수 있는데, 오스토프는 이 표현을 몰랐던 것이다. 즉 Tò γάρ γέρας εστί θανόντων(tò gár géras estí thanóntōn, 그러한 것이 죽은 자들의 특권이다)라는 표현이다. 죽은 자들이 재물을 받는 것은 이들에게만 귀속된 특권(géras)이다. 여기에서 géras가 죽음과 관련이 있는 것으로 결론지으려는 생각은 할 수 없다.

그러므로 géras(특권)와 gérōn(늙은이)을 연관 지을 만한 의미가 전혀 없다. 이 두 가지 용어가 나란히 이웃해 나타나는 이 표현은 이 두 단어 사이의 어원 관계를 보여 주지 않는다. 더욱이 géras가 늙은이의 몫이라는 사실은 어디에서도 볼 수 없다. 분명히 연로하다는 것은 존경을 받을 만한 일이다. 그리고 늙은이들은 고대인의 협의체인 원로원을 구성하는 성원이다. 그러나 왕의 명예에 대한 보상은 늙은이들에게 주는 것이 아니며, 이 용어의 정확한 의미에서 늙은이들은 왕과 같은 특권을 받아 본 적이 없다. 오스토프는 민간어원(étymologie populaire)으로 인해 잘못 생각했으며, 모든 것을 설명하려는 의도에서 이것을 고대의 『일리아스』 주석가들에게 제안했던 것이다. "geraiós(γεραιός, 늙은)는 géras에서 유래하는데, 그것은 gérontes, 즉 연장자들이 명예와 존경을 받을 자격을 지닌 geraioí이기 때문이다."

이러한 스콜라학파적인 환상은 이들 문제의 형태에 의해 반박된다. 왜냐하면 géras(γέρας, 특권)에 대해 -as형의 별도의 단어가 있기 때문이다.

그것은 gêras(γῆρᾰς, 늙음)이며, 아오리스트 égēra(ἐγήρᾰ)의 모음(e-ē)이 들어 있다. 그래서 문제는 두 가능성 가운데 어느 한 가지를 선택하는 것이다. 즉 gêras(늙음)가 고대의 장계제[7) 형태여서 géras(특권)가 gêras(늙음)와 동일 어근에서 유래하지 않는 것으로 생각하거나 또는 gêras(늙음)의 장계제가 동사 '늙다'의 아오리스트 어간에서 차용되었고, 이로 인해 gêras(늙음)와 géras(특권)가 구별된 것이라고 보든가 하는 것이다. 이 모든 사실은 이 두 용어를 별개의 것으로 간주해야 한다는 것을 확인해 주며, 이들의 어떤 관계도 인지되지 않는다.

또한 주지하다시피 gérōn(늙은이)과 gêras(늙음)는 산스크리트어 jarati(늙게 만들다), jarant-(늙은이), 아베스타어 zarvan(늙음)과 어원적으로 관계가 있다. 이 어근에서 파생된 형태들은 육체적 노쇠 이상의 어떤 것도 의미하지 않으며, 명예의 개념과도 전혀 관계가 없다. 이 점은 오래되고 낡아 못쓰게 된 방패를 가리키는 호메로스의 표현 sákos géron(『오디세이아』22권 184행)으로 판단할 수 있다.

따라서 géras와 gérōn를 비교하는 것은 피해야 한다. 이렇듯 비교를 오도하는 어원적 친근성에서 벗어난다면, géras란 용어는 의미가치와 고대성古代性을 회복한다. 그것은 왕의 특권 가운데 한 가지이며, basileús에서 유래하는 급부이자 왕의 존엄성을 구성하는 요소이다. 아킬레우스에게서 그의 géras를 철회시킨다면, 그는 더 이상 아킬레우스도 될 수 없고, 지위도 상실하게 된다.

호메로스 시대의 고대 사회에서 이 개념의 특성은 이처럼 정의된다. 이 개념을 인도유럽어의 선사先史에서 발견할 수 없다면, 적어도 이 제도가

---

7) 본서 36쪽 각주 7번 참조. —옮긴이

그리스의 가장 오래된 왕권 형태에 속하는 것으로 확신할 수 있다.

우리가 연구해 온 어휘 가운데 많은 용어가 제도와 관련이 없는 것으로 보인다. 이들 단어는 아주 일반적인 의미작용만 갖는 듯이 짐작된다. 용법의 특정 면모만이 그 제도사의 특성을 드러내 준다.

géras는 시詩에서 빈번히 볼 수 있고, 고대 그리스어에만 국한되는 반면, 이제 고찰하려는 단어 timé(τιμή)는 그리스어의 모든 시기와 모든 장르의 글에서 확인된다. 그리스어에서 이 단어가 차지하는 위치는 이와 동일한 단어족에 속하는 형태들의 수로 이미 판가름 난다. 더욱이 이 단어는 아주 명료하고 일관되게 사용되어서 timé(명예/존엄; 여기에서 동사 timáō가 파생되었다)는 고대의 동사 tíō(τίω, 존경하다)의 추상명사라는 사실을 환기하는 것으로 충분할 것이다.

사실상 timé는 사회적 조건(신분)을 드러내는 가장 구체적 용어 가운데 하나이다. 따라서 이것을 분석해야 하고, 이 문제의 중요성을 최대한 부각시키기 위해 우선 timé와 관련되는 어원 전체를 고찰해야 한다. 이 단어는 아주 광범하고 다양한 단어족을 구성하므로 그 형태 때문에 때로 어려움이 초래된다. 우선 주요한 형태를 모두 제시해 보자. tíō, timáō, timos(timé가 없는) 외에도, tínō(τίνω, 지불하다), tínumai(τίνυμαι, 지불하게 하다/죄가를 치르게 하다), tísis(τίσις, 벌/보복), átitos(ἄτιτος, 지불하지 않은/벌을 받지 않은) 등의 어근을 들 수 있다. 잘 아다시피 이들 용어는 부채의 변제, 죄과의 대가와 관련이 있다. 또한 죄과를 갚는 데 지불해야 하는 벌금인 poiné(ποινή), 라틴어 poena, pūnīre와도 연관이 있다.

그리스어 외에도 산스크리트어 cáyate(지불하다/지불하게 하다/벌하다/징계하다), cāyati(존경하다), cāyu(존경스러운), 아베스타어 kāy, čikay-(벌하다), kaēθā, kaênā(복수, 증오) ——이 끝 단어는 그리스어 poiné와 대응한다——등을 대응어로 제시할 수 있다.

이처럼 어근 *kʷei-에서 실질적으로 파생되어 조직되는 인도이란어와 그리스어의 형태 전체를 제시할 수 있다.

그러나 이들의 의미 차이로 난점이 야기된다. 즉 여기에서 드러나는 우세한 관념은 '벌하다'인가 아니면 '존경하다'인가? '벌을 받다', '복수하다'란 개념에서 '존경하다', '존경하게 만들다'란 개념으로 의미가 전이될 수 있는가? 이 두 가지 의미작용을 통합하기에는 의미적 연관성이 너무 막연하다. 그래서 이미 오래전에 슐츠W. Schulze가 『서사시의 문제』*Quaestiones epicae*(1892)에서 이 두 단어족의 어원을 별개로 구별할 것을 제안했다.

먼저 ē형의 형태 *kʷei-가 있다. 여기에서 파생된 tíō, timé와 '존경'의 의미를 지닌 산스크리트어 형태가 있다. 또 한편 e형의 형태 *kʷei-가 있고, 여기에서 파생된 형태인 tínō, tínumai, tísis와 '벌주다'의 의미를 지닌 산스크리트어의 형태가 있다.

일반적으로 학자들은 이 두 가지 선택사항 중에서 어느 것을 취할지 입장을 분명히 밝히지 않는다. 슐츠는 단일 기원을 설정하기에는 어려움이 있다는 점을 강조한 공적이 있고, 어원을 밝힐 수 있는 수단을 제공했다. 문제는 timé와 관련된 단어들의 의미가 poiné의 단어족과 비교할 수 있는 것인지 아니면 이들과의 비교를 금지시키는 것인지를 아는 것이다. 그래서 timé를 '명예', '공경'으로 번역하는 것으로는 불충분하다. 연관되는 비슷한 의미를 지닌 용어들과 관계 지어서 그 정의를 더욱 상세히 규명해야 한다. 가장 의미가 분명한 예들 가운데 몇몇 예를 뽑아 보자.

우선 géras와 timé가 상호 관련된 개념으로 연계된 구절을 예로 들어 보자. 그것은 『일리아스』 제1권의 아가멤논과 아킬레우스의 논쟁이다. 아가멤논이 아킬레우스로부터 그의 몫으로 받을 전리품을 제외시키려고 하자 아킬레우스는 그에게 비난을 퍼붓는다. "내가 여기에 찾아올 개인적 관심은 아무것도 없소. 우리가 그대를 따라온 것은 그대를 기쁘게 하기 위해서, 트로이아인들을 이긴 timé(τιμήν ἀρνύμενοι, 159행)를 그대와 메넬라오스에게 주기 위해서요"(1권 158~160행).

timé를 '보상'으로 번역한 것(마종의 번역)은 부적당하다. 아가멤논이 왜 보상을 받는지 그 이유를 알 수도 없고, 또 그가 정복했던 자들에게 보상을 어떻게 받을 것인지도 알 수 없다. 이 구절에서는 사람들이 어떤 인물의 존엄과 지위 때문에 그에게 수여하는 명예의 몫과 물질적 이권이 문제시된다. 아가멤논은 대답한다. "그래, 생각이 그렇다면 가시오. 내 곁에는 내게 timé(timésousi)를 가져다줄 사람들이 얼마든지 있고, 특히 사려 깊은 제우스께서 계시오"(174행 이하). 바로 이것이 중요한 특징이다. 따라서 사람과 신들이 그에게 주는 배려로서의 timé는 왕적 지위의 속성이다. 사람들과 신들에게 받는 timé에는 존경, 경의의 표시와 함께 물질적 특혜가 동시에 포함된다.

이 정의는 다수의 다른 증거로 보완된다. 네스토르는 아가멤논에게 언쟁을 만류하려고 애쓰면서 말한다. "아카이아인들이 (아킬레우스에게) 주었던 géras를 그에게 넘겨주시오." 그러고는 아킬레우스에게 "왕과 다투지 마시오. 제우스께서 kûdos(영광)를 내려 준 왕(6장 참조)은 똑같은 timé를 나누는 법이 아니오. 그는 더 많은 사람들을 거느리니 그가 더욱 위대하오"(1권 276행 이하)라고 말한다. 여기서 géras와 timé의 중요한 차이가 드러난다. 즉 géras는 사람이 주는 것이지만, timé는 운명이 내려 준다. 다시 말해서 그것은 사람의 운명에 속한다.『일리아스』(15권 189행) 같은 텍스트는 이 점을 확증한다. 크로노스의 세 아들인 제우스, 포세이돈, 하데스는 모든 것을 서로 분배한다. 세상을 세 부분으로 나누고, 각자 자기의 운

(élakhen)에 따라 주어진 timé를 몫으로 가졌다. 그래서 인간이나 신에게 똑같이 운명이 timé의 할당을 결정한다. 따라서 핵심 단어인 moîra(운/운명)와 lakheîn(운/운수)이 여기서 결정적 증거의 역할을 한다. 그 누구도 이 전유물의 정당성을 의심할 수 없을 것이다.

만일 timé와 왕권의 관계를 조금이라도 의심한다면, 그 의심은 『일리아스』 6권 193행에 의해 사라질 것이다. 리키아의 왕은 벨레로폰테스를 붙잡아 두기 위해 그에게 딸과 "자신의 모든 왕적 timé의 절반"(tìmes basilēídos hémisu pásées)을 준다. 이미 인용한 (géras에 대한) 구절에서 아킬레우스는 자기에게 오는 아이네이아스를 놀린다. "이 싸움이 그대에게 트로이아인을 지배하는 패권과 프리아모스의 timé를 줄 것으로 바라는가?"(『일리아스』 20권 180행 이하). 이 표현은 timé를 왕권의 행사와 관련짓고 있다. 왕들(basilêes)의 특권 가운데는 물론 timaí도 포함된다. 즉 명예로운 자리와 최고의 상석을 차지하고, 고기를 융숭하게 접대받고, 포도주가 흘러넘치는 잔을 받는 것 등(『일리아스』 12권 310행)이다. 그것은 명예뿐만 아니라 basileús의 지위와 관련하여 운명이 내리는 물질적 이권이다. 그러면 timé의 기원은 무엇인가? 호메로스는 이를 분명한 용어로 말한다. "(왕의) timé는 제우스께서 주신 것이며, 제우스께서 그들을 사랑하시기 때문이오"(『일리아스』 2권 197행). timé는 신에게서 기원한다. 이 확언을 다른 곳에서도 찾아볼 수 있다. 또한 timé를 지배하는 동사는 증여를 의미하는 동사 διδόναι(didónai, 주다), οπάζειν(opázein, 부여하다), φέρειν(phérein, 수여하다)이거나 철회를 의미하는 동사들이다. 예컨대 아킬레우스에게 포로로 잡힌 여자를 뺏으면서 그의 timé의 몫을 빼앗는 경우에도 사용된다. timé의 개념은 운명이 왕위에 있는 자에게 내리는 신적 기원의 권위로 정의되며, 권력뿐만 아니라 존경을 받는 특권과 물질적 공납의 의미도 포함된다. 따라서 timé는 사람들이 최고 통치자나 영웅에게 때에 따라 주는 물질적 공여와는 다르다.

그러면 timé에 종교적 의미작용이 있는가? timé가 hosíē(ὁσίη)와 연관된 구절이 나오는 『헤르메스에게 바치는 호메로스의 찬가』(172행)를 인용하면서 학자들은 종교적 의미가 있다고 주장하기도 한다. 이것은 호메로스의 시에서 timé의 종교적 의미를 암시하는 유일한 예이다.

헤르메스는 자기를 나무라는 모친에게 그처럼 멸시를 받으면서 어둠에 있기를 바라지 않는다고 대답한다. 어두운 동굴 속의 집에 웅크리고 있기보다는 불멸의 신들과 사는 것이 훨씬 낫다. 그래서 그는 덧붙여 말한다. "그래서 나는 명예(timés)의 대가로 아폴론과 같은 신성한 특권들(tês hosíês)을 가질 것이며, 곧 그 일에 착수할 것이오."(엥베르의 번역)

따라서 timé와 hosíês가 신성 특권으로서 서로 관계가 있다면, 이로 인해 timé가 신의 특권이 될 수 있을까? 그렇다면 이 의미는 지금까지 살펴본 모든 의미에서 벗어난다. 그것은 권세를 지닌 인물에 대한 단순한 경외만을 지칭하는 것이 아니다.

그렇다면 이것은 hosíês의 의미인가? 찬가의 다른 구절에서 헤르메스는 자신이 원하는 소망이 성취되기를 바라면서 아폴론에게 소망했던 바를 모두 자백한다. "그대는 제1인자요. 불멸의 신들 가운데 거하고 있소. 제우스께서는 그대를 사랑 가운데(ἐκ πάσης ὁσίης, ek pásēs hosíês, 470행) 두고——이것은 '당연한 일'이다——빛나는 선물을 하사하셨소."

hosíês를 '공정한 일'[당영한 일]justice로 번역한 것(엥베르의 번역)은 종교적인 의미가 없기 때문에 의외이다. 뒤의 hósios에 대한 연구(3편 1장)에서 이 형용사의 의미는 hierós와 같은 의미가 아니라는 점을 살펴볼 것이다. '성스러운' 것과 '세속적인' 것이 대립되듯이 그것은 hierós와 대립된다.

따라서 『헤르메스에게 바치는 호메로스의 찬가』(173행 이하)의 첫 구절은 다음처럼 해석해야 한다. "timé로 말하자면, 나 역시 아폴론이 누리는 hosíē에 권리를 가지고 싶소." 여기서는 신성한 특권이 아니라 세속적 이득이 문제시된다. 이것을 잘 보여 주는 증거는 다음 구절이다. "내 부친께서 그것들을 하사하지 않으시면 나는 스스로 도적들의 왕이 될 것이오. 누가 나를 벌준다면 퓌톤에 가서 삼발의 향로, 황금, 솥을 빼앗을 것이오." 이는 신성(종교)의 영역 밖에서 신이 누리는 이권이다. 따라서 여기서 timé에 특별한 의미를 부여할 이유가 없다. 이 단어는 일상적인 뜻으로 해석되며, 종교적 개념을 가리키는 것은 아니다.

이제 남아 있는 나머지 문제를 살펴보자. 여기서 관련되는 개념은 tìnumai, tísis, poiné와 다른 언어에서 이와 대응하는 형태들이 표현하는 개념으로서, 다음처럼 기술될 수 있다. '보상금을 지불하게 하다', '죄과, 특히 극악무도한 범죄에 대한 벌금을 요구하다'. 이 개념은 timé와 관계가 있는가?

우선 형태 자체를 고찰하여 어기 모음의 차이를 보자. 한편으로는 τῑμή(tîmé), τίω(tíō)가 있고, 다른 한편으로는 τίνυμι(=τεινυ-, 벌주다/누구를 위하여 지불하게 하다; 5세기 크레타의 비문에 나오는 αποτεινύτω를 참조)가 있다. 이 형태 차이는 이들 개념의 차이를 드러내 준다.

학자들은 호메로스 시의 어느 구절에서 timé는 poiné와 동일한 가치를 지닌 의미라고 주장했다. 다음 텍스트에 근거해서 이 두 단어족의 친근관계를 주장했는데, 그것을 다시 읽어 보자. 아가멤논은 아카이아인과 트로이아인을 맺어 줄 엄숙한 동맹 서약을 하고, 모든 신들에게 증인으로 서줄 것을 부탁한다. "알렉산드로스가 메넬라오스를 죽이면, 그로 하여금 자신을 위해 헬레네와 그녀의 보물을 차지하게 하소서. 우리는 바다를 향해

하는 배를 타고 떠나겠나이다. 그러나 금발의 메넬라오스가 알렉산드로스를 죽이면, 트로이인들로 하여금 헬레네와 그녀의 모든 보물을 우리에게 돌려주게 하시고, 후세에 이득을 가져다줄 걸맞은 보상(timén apotínemen)을 아르고스인에게 지불하소서. 프리아모스와 프리아모스의 아들들이 보상을 지불하기(timén tínein)를 거절한다면, 죗값(poiné)을 받아 내기 위해 내가 나서서 싸울 것이며, 전쟁을 끝낼 때까지는 이 자리를 떠나지 않을 것이오"(『일리아스』3권 275행 이하; 마종의 번역).

여기서 한편으로는 tínō, apotínō(지불하다), timé 사이의 어원 관계를 고찰하고, 또한 timé와 poiné 사이의 어원 관계도 찾아보려고 했다.

그렇다면 사실상 이 두 어원 관계 모두가 검토 대상이 된다. 이 동맹 서약은 메넬라오스가 승리하는 경우 트로이인은 헬레나와 그녀의 모든 보물을 돌려주고, 또 아가멤논과 아르고스인에게는 별도로 timé를 치를 것이라는 점이 예상된다. 이것은 단순히 재물의 변제를 넘어서는 공물供物이다. 즉 그것은 안정된 왕권과 이 왕권에 수반되는 명예를 부여하는 것을 함축한다. 이 사실과 동맹의 서약이 이루어지는 조건으로 미루어 보면, timé는 트로이인이 돌려준 재물에 추가해서 이들이 치른 보상과 같은 것임이 드러난다. 오직 이 예에서만 timé가 우연히도 '대신 값을 치르다'란 동사와 연관된다. 그렇다고 해서 호메로스가 timé를 apotínō의 형태론적 상관어로 생각한 것으로 결론지을 수 없다. 오히려 그 반대로 이 동일 텍스트는 timé와 poiné의 차이를 보여 준다. 트로이인이 timé를 거부하면, 아가멤논은 poiné를 받기 위해 싸울 근거가 생긴다. 여기에서 poiné는 전혀 별개의 것이라는 사실이 드러난다. poiné는 서약을 어긴 대가로 치르는 처벌과 속죄에 대한 보상이다.

그리스어 외의 언어에서도 이와 비교의 대상이 되는 형태들 역시 경외나 명예의 관념과는 상관이 없으며, 모두 처벌과 관련된다. 예컨대 라틴어 poena의 경우이다. 이 단어는 그리스어 형태 poiná에서 차용한 고대의 차용어로, 형법 용어이다. poena, punire가 honos(명예)의 개념과 공통점이 없다는 것도 분명하다. 아베스타어 동사 kāy-와 파생어 kaēnā-, kaēθ-a-는 '복수하다', '가벼운 죄나 피해의 보상을 받다'라는 개념과 관계 있다. 아베스타어에서 이 단어군에 속하는 어떤 용어도 산스크리트어 cāyati(존경하다)와 대응하지 않는다.

요컨대 그리스어 이외의 언어에서 '존경하다', '명예롭게 하다'란 의미와 비교할 수 있는 형태는 오직 소수의 인도어 형태 동사 cāya-, 형용사 cāyu-(영예로운)뿐이다.

그렇지만 그리스어에서 이 두 단어족이 이차적으로 밀접하게 접촉했고, 여기서 특히 timōreîn(구원하다/도와주다/벌하다), timōros(보호자/복수자)가 생겨났다. 이를 문자적으로 직역하면, 'timé를 감시하는자'(tima-oros)이다. 그것은 두 개념이 섞인 혼합어이다. 마찬가지로 가장 고형인 tínō, tinúō는 방언상으로 확인된 ι와 ει의 변동이 보여 주듯이 tim에서 모음 i를 차용한 형태인 것으로 짐작된다.[8]

---

8) 이 용어의 모음체계와 음량에 대한 세부적인 문제는 슈비처E. Schwyzer, 『그리스어 문법』*Griechische Grammatik* I, p. 697과 각주 4 참조.

6장_마법적 힘

요약

kúdos는 거의 서사시에만 나오는 용어로 고대와 근세의 모든 전통을 통해 kléos(영광)와 거의 동의어가 되었지만 아주 특수한 의미를 지니고 있다. 즉 그것은 거역할 수 없는 마법적 힘을 가리키며, 때로 신들이 선택한 영웅에게 부여하여 영웅이 승리를 확보하게 하는 신의 전유물이다. kûdos arésthai를 전사戰士에 적용할 때는 엄밀히 '(신들에게서) kûdos를 탈취하다'를 뜻하며, 그 결과 '부적의 효력으로 영광에 둘러싸이다'라는 뜻이다.

이와 같은 의미의 kûdos와 고대 슬라브어 čudo(기적/경이)의 형태적 대응은 자연스럽다. 다시 말해서 이 두 용어에 공통된 '초자연적 힘'이라는 개념으로 이 대응이 완전히 이해된다.

이 어휘를 연구할 때는 용어들의 관계에 주의를 기울여야 한다. 이들 용어 각각을 개별적으로 취하면, 그 의미가 항상 분명한 것은 아니다. 그 이유는 용어들의 의미는 연관 관계에서 밝혀지기 때문이다. 이 경우 의미적 한정을 통해 완전한 의미가 드러나고 새 의미가치가 나타나는 것을 목격할 수 있다. 호메로스 작품에서 아주 은밀하게 작용하는 의미가치를 밝히려면 때로는 연속된 긴 텍스트를 읽어야 한다. 다시 말해서 어떤 중요한 용어가 관련되는 의미관계로 인해 관심을 다소 끌지 못하던 용어에도 빛을 던져 줄 수 있다.

géras, timé에 이어 이제 이들 개념과 관련되면서 눈에 띄는 또 다른 한 가지 개념을 살펴보자. 이 개념은 kûdos(κῦδος)이다. 한결같이 '영광'으로 번역되는 이 중성명사와 그 명사 파생어와, 동사 파생어 kudrós, kudálimos, kudánō, kudaínō, kudiáneira 등에 대한 수백 가지의 예들을 호메로스에서 찾아볼 수 있다.

이 '영광'이라는 전통적 의미는 호메로스의 몇몇 구절이 사용된 문맥에서 필요한 의미로, 이미 고대의 주석가들이 제시한 것이다. 이 의미는 이미 고대에 고정되었으며, 그 후 고전학의 전통에 속해서 전해 내려왔다.

하지만 호메로스의 이 어휘에 대한 우리 지식은 아직도 초보 단계에 머물러 있다는 점을 지적해야겠다. 우리는 고대로부터 해석 체계를 물려받아 이것을 아직 고수하고 있고, 여기에 근거해서 어휘를 해석하고 번역하고 있다. 텍스트를 확실하게 복원하고, 또 이 서사시의 여러 방언적 특징을 규명하기 위해 상당한 노력을 기울인 반면, 우리의 해석 수준은 아직 대부분 정확성보다는 심미적 관례가 더욱 존중되는 시대의 해석 수준에 머물러 있다. 호메로스의 텍스트를 더욱 깊이 연구할수록, 이러한 개념들의 실제적 성질과 이들 개념에 대해 전통 학문이 가진 모습의 괴리를 다소 느끼게 된다.

이러한 면에서 최근의 몇몇 연구는 아무 실질적 진보를 보여 주지 못하고 있다. 예컨대 다섯 개의 그리스어 단어 kléos, kûdos, timé, phátis, doxa를 연구한 그라인들Greindl의 박사학위 논문(Munich, 1938)은 자료를 편리하게 수집하였지만, 연구의 근본 성질은 문학적이고 심리적이다. 이 저자는 kûdos가 위풍당당한 외모와 전쟁에서 승리나 다름없는 이득을 가리키는 것으로 판단한다. 따라서 그 의미는 'Ruhm'(영광/권위)을 뜻한다고 한다. 이 의미가 모든 곳에서 인정받는 번역이다.

그런데 kûdos가 '영광'을 의미하지 않는다는 이유가 즉각 나타난다. 그것은 호메로스의 작품에서 '영광'은 이미 kléos로 표현되기 때문이다. 우리는 kléos의 개념이 인도유럽 세계에서 가장 오래되고도 영속적인 개념 가운데 하나라는 점을 확신한다. 즉 베다 산스크리트어 śravas, 아베스타어 sravah-는 이 단어와 정확히 대응하며, 의미가 완전히 같다. 더욱이 그리스어와 산스크리트어의 시어詩語에서 이와 동일한 형식의 표현이 그대로 보존되어 있다. 즉 호메로스 그리스어 kléwos áphthiton, 베다 산스크리트어 śravas akṣtam(영원 불멸의 영광)이다. 이것은 전사戰士가 받는 최고의 보상을 가리키며, '영원 불멸의 영광'은 인도유럽사회의 영웅이 가장 바라는 것이자 이것을 위해 죽음도 불사한다. 아주 드물기는 하지만 이것이 한 가지 증거이며, 이로부터 서사시가 아니라 적어도 공통 인도유럽어 시대부터 이 시적 표현이 사용되었던 것으로 추론할 수 있다.

이 사실로부터 kûdos는 '영광'이란 의미를 가질 수 없는 것으로 추정된다. 호메로스 서사시에 사용된 용어법에서 주요 용어들은 아주 특수하며, 동의어가 없다. 선험적으로 볼 때, kléos(영광)와 kûdos는 의미가치가 동일하지 않으며, 차후에 살펴보겠지만 실제로 kûdos는 결코 '영광'을 의미하지 않는다. 모든 곳에서 받아들이는 이 번역을 사용해서는 안 된다. 이 두 개념 사이에는 특별한 관계도 없다. 이들 두 개념은 각기 수식받는 수식어의 수와 성질도 다르다. kléos는 esthlón(아름다운), méga(위대한; 비교사인 meîzon과 mégiston(더 위대한/아주 위대한)과 함께 사용), eurú(큰),

ásbeston(꺼지지 않는), áphthiton(불멸의), hupouránion(하늘 아래의)으로 수식받고, 복수형 kléa가 있으며, 한정사('인간의 영광' 등)가 사용되고, 과장법('하늘 끝까지 치솟는 그의 영광')으로 잘 사용된다. 반면 kûdos는 두 개의 부가 수식어 méga(위대한/큰), hupérateron(보다 우수한)만 사용되고, speton(거대한)이 단 한 번 사용된다. 또 이것은 복수형이 없고, 통사구(syntagme)에 한정이 없으며, 아무 수식도 없다. 이와 같은 차이로 보아 kûdos는 별개의 개념이며, 그 자체로 별도로 정의해야 한다는 점을 벌써 예측할 수 있다.

따라서 kûdos의 의미는 사전과 주석서가 제시하는 '영광'의 의미가 아니다. 오직 문맥에 의거해서 그 용법으로부터 정의에 필요한 요소를 분석해서 그 의미를 다시 밝혀야 한다. 이번에도 전통적인 호메로스 주해를 근본적으로 수정해야 한다.

kûdos의 구문은 그리 다양하지 않다. 속격과 처격 형태 kúdeï gaíōn을 제외하고, 유일하게 사용된 격 형태는 주격과 대격 kûdos이다. 전체 60회 이상의 용례들은 크게 두 가지로 분류된다. 한 용례군에서 kûdos는 동사 '주다'의 목적어로 사용되고, 문법적 주어는 신의 명칭이다. 다른 용례군에서 kûdos는 동사 '얻다'의 목적어로 사용되고, 문법적 주어는 사람의 명칭이다. 그래서 이 둘을 별도로 분석해야 한다.

첫째 범주의 용법에서 kûdos는 신이 '주는'(dídōsi/opázei), '선사하는'(orégei) 것을 가리키거나, 반대로 '빼앗아 가는'(apéúrā) 것을 가리킨다. kûdos를 주는 것은 그것을 받는 자의 승리를 약속한다. 이것이 전쟁에서 나타나는 kûdos의 근본 특성이다. 그것은 패권의 부적符籍으로 작용한다. 물론 부적이라고 말하는 이유는 신이 kûdos를 하사함으로써 주술적 힘처럼 거부할 수 없는 승리를 즉각 거두고, 신이 자기 뜻대로 어떤 때는 이 사람에게, 어떤 때는 저 사람에게 kûdos를 주면서 전쟁이나 싸움의 결정적 순간에 언제나 승리를 보장해 주기 때문이다.

마차 경기에서 여신 아테나는 디오메데스[1]를 돕기 위해 경쟁자 에우멜로스가 탄 마차의 연결 부분을 부수어 버린다. 결국 에우멜로스는 땅에 나뒹굴고, 디오메데스는 그를 추월한다. 그 이유는 "아테나 여신이 그의 말에게 힘을 가득 불어넣어 그에게 kûdos를 주었기(ep'autói kûdos éthēke) 때문이다". 그러자 곧 다른 사람들은 누가 이 승리를 디오메데스에게 준 것인지를 깨닫고서 그것을 문제 삼지 못했다. 그의 등 뒤에서 안틸로코스는 말들을 격려하며 소리를 지른다. "내 너희들더러 저 디오메데스의 말들과 다투라고는 하지 않겠다. 지금 아테나 여신이 그 말들에게 속력을 더해 주었고, 그에게는 kûdos를 주었으니(동일 형식의 표현이다) 말이다"(『일리아스』 23권 400~406행). 이제 모든 사람들에게 사태가 분명히 드러났다. 신이 어느 사람에게 kûdos를 주면 그는 승리를 확신하고, 그의 적대자나 경쟁자는 그에게 대항해 봤자 아무 소용이 없다는 것을 안다(또한 5권 225행 참조). 이러한 이유로 아킬레우스는 파트로클로스가 자기 대신에 헥토르를 대적하려는 순간에 제우스에게 간청한다. "그에게 kûdos를 내려 주소서. 그리고 그의 마음을 강하게 하소서"(16권 241행). 이것 역시 네스토르가 요청하는 것이기도 하다. 아킬레우스는 아가멤논에 대항해서 고집을 부려서는 안 된다. "왜냐하면 제우스께서 kûdos를 준 홀을 가진 왕에게는 timé가 결코 같지 않기 때문이오"(1권 279행). 디오메데스와 네스토르의

---

1) 디오메데스Diomédês: 원래는 트라케의 전설적인 왕으로 사람 고기로 자신의 말을 키웠다. 헤라클레스가 그를 죽여 자신의 말들의 먹이로 삼았다. 『일리아스』에서는 오디세우스를 도와 중요 임무를 달성하는 천사로 나온다. 아테나 여신의 보호를 받아 아레스를 공격하고, 아프로디테에게 상처를 입힌다.—옮긴이

전차가 헥토르를 바짝 추격하고 그에게 가까이 붙어 위협을 가했을 때, 제우스는 이들 앞에 큰 천둥을 내린다. 놀란 네스토르는 즉시 동료에게 경고한다. "고삐를 돌려 달아나는 일만 남았소. 그대는 모르는가. 오늘 제우스께서 우리 적대자에게 kûdos를 허락하셨다는 것을. 그가 원하시기만 한다면 우리에게도 그것을 내려 주실 것이오." 그렇지만 디오메데스는 저항한다. 비겁하다고 비난을 받지 않을까? 그는 네스토르의 충고를 무시하고 헥토르와 대적하기를 고집한다. 그러자 제우스는 "트로이아인들에게 그들의 복수를 미리 알려 주면서" 천둥을 세 번 울린다. 그러자 헥토르는 몹시 기뻐한다. "나는 잘 알고 있다. 제우스 신께서 나에게 승리와 큰 kûdos를 약속하지만, 다나오스인들에게는 파멸을 내리신다는 것을"(8권 140~160행). 그리하여 그는 급히 돌진하여 다나오스인들이 저항할 수 없도록 맹공격을 한다. "제우스께서 kûdos를 주셨기에"(8권 216행). 위험에 직면해서 아가멤논은 전사들에게 호령과 조소로 용기를 북돋우고 제우스에게 말한다. "그대는 일찍이 어느 강력한 왕에게서 큰 kûdos를 빼앗아 그를 이처럼 눈멀게 한 적이 있나이까?"(8권 237행)

특징적 용법들을 나열한 이 긴 이야기에서 새로운 조건 하나가 kûdos의 정의에 추가된다. 우리는 이 특권이 신에게서 유래하고, 왕 또는 영웅에게 하사되며, 신이 승리를 보장해 준다는 것을 이미 알고 있다. 그렇지만 전쟁의 혼란 가운데서 신이 그에게 와서 kûdos를 주는 것을 어떻게 알며, 또 그의 적도 그것을 어떻게 깨닫는가? 이들은 각자 신이 선택한 것을 보여 주는 놀라운 징후로 그것을 안다. 전쟁 중에 번개가 훨씬 더 빈번하게 번쩍거리며 내리치거나, 질주하던 적의 마차가 부서지거나 헥토르를 겨누던 테우크로스²⁾의 활의 줄이 끊어지거나, 활이 목표물을 빗나가 엉뚱한 곳을 맞추거나 하는 징후가 그것이다. 헥토르가 활을 피한 것이 아니라 제우스가 그의 편에 있기 때문에 화살이 빗나간다. "나는 가장 용감한 전사의 활이 제우스의 힘으로 빗나가는 것을 두 눈으로 보았다. 사람들은 제우스의 도움을 참으로 쉽게 안다. 그는 어떤 자들은 우세한 kûdos를 선사하고, 또 다른 자들은 기를 꺾고 도움을 거절한다. 그는 아르고스인의 용기를 꺾고 우리를 도우려고 왔다"(15권 488행 이하). 여기에서 kûdos hupérteron의 의미가 나온다. 제우스가 개입하지 않는다면, 양쪽 진영은 힘의 균형을 이룰 것이다. "트로이아인이 아카이아인과 싸우면, 아버지 제우스는 이 둘 중 어느 편에 kûdos를 내릴 것이다"(5권 33행). 제우스가 헥토르를 좋아하여, 헥토르가 큰 위험에 처하면 그에게 "우세한 kûdos"(12권 437행)를 내려 힘의 균형을 되찾게 한다. 이 모습은 이 두 진영의 세력 관계를 다른 형태로도 고쳐시킨다. 다시 말해, 제우스는 총애하는 자에게는 kûdos를 내리고, 마침내 적수는 패배했다. 이 자는 트로이아인들이 "제우스의 명령을 받들어" 덤벼든다는 사실을 알았다. 신들의 주인인 제우스는 "그들의 용기를 크게 불러일으키고, 아르고스인의 마음을 현혹케 하여 이들에게 kûdos를 거부하는 한편, 이들의 적들은 힘을 불어넣어 주었다. 왜냐하면 그는 헥토르에게 kûdos를 주려고 했기 때문이다"(15권 593행 이하).

    kûdos가 지닌 힘은 일시적이다. 제우스나 아테네 여신은 kûdos를 영웅에게 주어 전투에서 승리하게 하거나 어느 정도까지 전황을 유리하게 이끌고 가도록 한다. 이 신들은 그에게 "죽이는 kûdos"(5권 260행; 17권 453행; 이것은 "죽이는 krátos"(11권 192행과 207행)와 비교되는 표현이다)를 주기 때문이다. 서로 대치하는 상대방 중 어느 편이 이 특권을 받느냐 하는 것

---

2) 테우크로스Teukros: 트로이 전쟁의 영웅으로 텔라몬과 헤시오네의 아들. 아카이아 군대의 최고 궁수로 유명하다.—옮긴이

은 언제나 유동적 전황에 따라 즉각 결정된다. 그것은 이 특권 덕택에 위기의 순간에 전황이 유리하게 바뀌기 때문이다. 그래서 신들은 자신만의 고유한 선택권을 행사하며, kûdos를 아카이아인과 트로이아인에게 번갈아가며 주면서 각자의 상대 적수를 조정한다. 제우스가 이것을 사용하여 아킬레우스가 승리하게 한 뒤에 신들의 진영에서 일어난 분쟁을 어떻게 조정했는지 알 수 있다. 어떤 신은 아킬레우스가 헥토르의 몸에 입힌 상처에 분노를 느껴 아르게이폰테스를 보내어 그에게서 헥토르를 빼앗아 오기를 원한다. 또 다른 신은 거기에 반대한다. 그 이유는 헥토르와 아킬레우스의 timé가 같지 않기 때문이다. 헥토르에게는 죽은 몸이었고, 아킬레우스에게는 여신의 아들이었다. 이때 제우스가 개입한다. "안 된다. 이들에게 timé가 동일하지 않으므로 시신을 빼앗으려고 하지 마라." 그는 아킬레우스의 어머니인 테티스를 오게 하여 그녀에게 말한다. "어떤 신들은 아르고스의 살해자 아르게이폰테스를 부추겨 헥토르의 시신을 훔치려고 하오. 허나 나는 앞으로도 그대의 aidôs와 philótēs를 잃지 않기 위해 아킬레우스에게 kûdos를 내리기로 했소"(본서의 제1권 3편 4장 참조). 바로 이것이 제우스의 계획이다. 아킬레우스가 헥토르의 시신은 돌려주지만, 프리아모스가 몸소 와서 몸값을 지불하되 아킬레우스에게 멋진 선물을 가져오는 경우에만 그러한 것이다(24권 109행 이하). 이리하여 아킬레우스는 헥토르의 시신을 되돌려 주면서도 승리는 훼손되지 않는다.

　몇몇 예문에서 영웅에게 kûdos를 주는 것은 신이 아니라 적수이다. 이 경우에 그것은 순전히 문체상의 비유이다. 전사가 운이 나빠 위험에 빠지거나 무모한 나머지 위험에 빠져 적의 공격을 받으면, 그 자신이 상대방 적수에게 kûdos를 '제공한다'. 예컨대 페리페테스가 자기 방패에 부딪혀 헥토르 앞에 넘어졌을 때, 그는 헥토르에게 'kûdos를 준다"(15권 644행). 헤카베[3]는 아들 헥토르에게 트로이 성에 머물기를 간청하고 아킬레우스를 대적하러가면서 "그에게 큰 kûdos를 주지" 말 것을 간청한다(22권 57행). 그래서 그가 스스로 자기 무덤을 파는 무모한 사람이라고 말하는 것이다.

　　이제 둘째 부류의 예문들로 넘어가면, 여기서는 kûdos arésthai(kûdos를 탈취하다)란 표현이 압도적으로 많이 나오는데, 이 표현은 전장의 전사에 대해 사용된다(그러나 결코 신에게는 사용하지 않는다). 이 어구가 그처럼 빈번하게(20여 회) 출현한다는 사실로 미루어 그것은 일정한 의미가치를 지닌 것으로 생각된다. 그래서 이 용법으로 kûdos가 사용되면 이는 신이 부여하는 것이 아니라 인간이 '탈취하는' 것이라는 점은 새로운 의미이므로, 주의할 필요가 있다. 신의 동의 없이 kûdos를 '빼앗는' 것이 어떻게 인간의 권한에 속할 수 있는가? 이미 살펴보았듯이 오직 신만이 그것을 인간에게 부여하는 것이 아닌가? 이 특권은 단 한 곳에서 신의 선물로 제시된다. 헥토르는 "제우스께서 내게 함선 옆에서 kûdos를 탈취하고, 아카이아인을 바다로 쫓아내게 해주셨다(édōke)"라고 트로이아 군중에게 외친다(『일리아스』 18권 293행). 하지만 아주 극히 드문 예들을 제외하고, 전사가 "kûdos를 탈취하는" 상황에는 신이 언급되지 않는다. 더욱이 이 표현법에는 흔히 수혜자를 지시하는 여격이 수반된다. 즉 '누구에게(누구를 위해서) kûdos를 탈취해 주다'란 의미이다.

　　여기에서는 이 특정 구문이 문제되는데, 이것이 사용되는 정황과 동시에 형식적 연결 구조의 통사적 특성을 연구해 보아야 한다. 이처럼 분석하면 이 구문에는 두 유형의 용법이 있다는 사실을 발견할 수 있다.

---

3) 헤카베Hekab: 트로이의 왕 프리아모스의 아내. 19명의 어린아이를 낳은 여자로 모성애의 상징이다.—옮긴이

첫째 용법은 특출한 공적을 단독으로 세운 전사에게 주는 선물이다. 그가 싸움에 성공하는 경우, 그는 왕이나 백성 또는 자신을 위해 "kûdos를 탈취할 것이다". 그러면 크나큰 보상이 그에게 약속된다.

이 때 이 어구는 전망적前望的 문맥에 위치하며, 미래로 표현되고, 흔히는 수혜자 여격 명사가 수반된다.

우리는 일련의 에피소드에 나오는 이 도식을 추적하려고 한다. 변장한 아테나가 판도라에게 대담한 행위를 해보라고 부추긴다. 다시 말해서 화살로 메넬라오스를 쏘아 보라고 부추긴다. "그대는 모든 트로이아인을 위해, 그 중에서도 특히 알렉산드로스 왕을 위해 kháris와 kûdos를 빼앗게 될 것이오. 용감한 메넬라오스가 그대의 화살에 쓰러지면, 그대는 그에게서 영광스러운 선물을 받을 것이오"(『일리아스』 4권 95행). 아킬레우스에게 특사로 파견된 오디세우스는 싸움을 재개할 것을 요구한다. "아카이아인들은 그대를 신처럼 받들 것이오. 그대가 그들을 위해 큰 kûdos를 탈취할 테니까. 이제야말로 헥토르를 죽일 수 있을 테니까"(9권 303행). 헥토르는 아카이아인에게 가서 야간 정찰을 위한 자원자를 진영에서 찾는다. 이 모험을 감행하는 자는 큰 보상을 받을 것이고, "그는 자신을 위해 kûdos를 탈취할 것이다"(10권 307행). 포세이돈은 다나오스인을 부추긴다. "그대들은 이번에도 헥토르에게 승리를 양보하여 그가 우리 함대를 빼앗고 kûdos를 탈취하도록 할 작정인가?"(14권 365행). 아킬레우스는 파트로클로스를 헥토르와의 전투에 보내면서 이른다. "그러나 내가 계획을 일러두겠으니 이것만은 명심하여 잘 거행토록 하라. 그래야만 그대는 나를 위해 모든 다나오스인에게서 큰 timé와 kûdos를 빼앗게 될 것이다.……그대는 함선에서 그들을 몰아내는 대로 돌아오라. 설사 제우스께서 그대에게 kûdos를 빼앗는 것을 다시 허락하더라도 나 없이는 호전적인 트로이아인과 싸우려 들지 않도록 하라"(16권 84~88행). 트로이아인의 군대는 "파트로클로스의 주위를 맴돌며 그의 시신을 그들의 도시로 끌고 가서 kûdos를 빼앗으려는 거만한 속셈을 가지고 있었다"(17권 286행 이하). 헥토르가 말하기를 "제우스께서 내게 함선 옆에서 kûdos를 빼앗고, 아카이아인을 바닷가로 내쫓게 허락하셨다"(18권 293행). 아킬레우스는 "kûdos를 뺏으려는 열정에 불타서" 달려들어 적들을 쳐부순다(20권 502행; 12권 407행; 21권 543행 참조). 그러나 "아폴론은 그가 kûdos를 빼앗도록 내버려 두지 않고"(21권 596행), 아게노르로 변장한 아폴론은 아킬레우스에게 추격을 받자 그를 전장에서 멀리 떨어지게 한 뒤 자신의 본래 모습인 신으로 되돌아온다. 화가 난 아킬레우스는 그에게 말한다. "모든 신들 가운데 가장 잔혹한 이여, 그대는 나를 속여 성벽에서 이리로 향하게 했구려. …… 지금 그대는 나에게서 큰 kûdos를 빼앗고, 트로이아인을 구해 주었구려"(22권 18행). 헥토르를 쫓아가던 아킬레우스는 자기 백성에게 화살을 쏘지 못하게 신호를 보냈으니 "다른 자가 헥토르를 맞혀 kûdos를 빼앗고, 자신은 두번째가 되는 일이 없도록 하기 위해"(22권 207행) 제우스의 저울은 헥토르에게 운명의 날을 표시했다. 그러자 아테나 여신이 아킬레우스에게 이야기하러 왔다. "이제야말로 우리는 헥토르를 죽이고 아카이아인을 위해 큰 kûdos를 그들의 함선으로 가져갈 수 있을 것 같구나"(22권 217행).

이 표현법이 완료 행위를 지시하는 과거시제라는 것은 의외이다. 여기에 대한 유일한 예가 있는데, 거기에는 또 하나의 예외적 특징으로 복수 주어가 사용된다. 그 예는 승리한 아르고스인이 우렁차게 부르는 찬가이다. "우리는 큰 kûdos를 빼앗았소. 고귀한 헥토르를 죽였으니 말이오"(22권 393행).

kûdos arésthai의 두번째 유형은 조건법 과거의 용법이다. 즉 만일 신이 적대자를 구하기 위해 개입하지 않았다면, 영웅은 'kûdos를 탈취했을 것이다'. 그 예는 훨씬 적다. 메넬라오스는 알렉산드로스와의 단신 싸움에서 투구의 가죽끈으로 그의 목을 조른다. "그리하여 아프로디테가 그 광경을 보지 않았더라면 메넬라오스는 그를 끌고 가서 엄청난 kûdos를 탈취했으련만." 아프로디테 여신은 가죽끈을 끊고, 알렉산드로스를 빼앗아 버렸다(3권 373행). "만일 아폴론이 몸소 아이네이아스를 격려하지 않았더라면 아르고스인은 그들의 힘과 세력으로 제우스가 정해 놓은 운명을 넘어서 kûdos를 탈취했을 것이다"(17권 321행). 만일 헤라가 보낸 날쌘 이리스가 아킬레우스에게 알리지 않았더라면 헥토르는 파트로클로스의 시신을 끌고 가 말할 수 없이 큰 kûdos를 탈취했을 것이다(18권 165행).

이 전망적(미래) 측면과 회고적(조건법) 측면의 양면을 지닌 'kûdos를 빼앗다'라는 것은 일반적으로 한 사람이 하는 행위이며, 때로 아주 드물기는 하지만 집단적 사람들의 행위이다. 반면 우리가 살펴보았듯이 'kûdos를 주다'라는 것은 언제나 신의 행위이다. 또한 두번째 차이는 'kûdos를 주다'는 승리에 선행하는 조건인 반면, 'kûdos를 빼앗다'는 공적의 결과로 나타난다. 예컨대 "제우스께서 우리에게 오디세우스를 쳐부수고 kûdos를 빼앗게 허락하신다면"(『오디세이아』22권 253행)과 같다. 따라서 다음과 같이 결론지을 수 있다. 원래 승리의 부적이라는 의미인 kûdos가 'kûdos를 빼앗다'라는 표현에서 '승리'의 의미로 의미가 전이되었고, 중간 과정으로 공을 엄청나게 세운 영웅이 그 덕으로 신만이 줄 수 있는 kûdos를 탈취해 가는 것으로 생각할 수 있다. 어떤 면에서 이 영웅은 신에게서 그것을 빼앗는다. 그리하여 kûdos arésthai란 표현 방식은 kléos arésthai(영광을 빼앗다;『일리아스』5권 3행)라는 표현과 마찬가지로 영웅 찬가의 목록에 속한다. 더욱이 이처럼 영웅이 획득한 kûdos는 흔히 왕을 위한 것이다. 디오메데스가 말한다. "나는 아가멤논이 아카이아인이 싸우도록 격려한다고 해서 그에게 화를 내지는 않네. 아카이아인이 트로이아인을 이겨 신성한 일리오스를 함락하는 날 kûdos는 그에게 돌아갈 테지만, 아카이아인이 지는 날에는 그에게 큰 슬픔이 돌아갈 테니 말이네"(4권 415행). 그리하여 kûdos와 timế는 둘 다 왕의 권한이라는 것과 두 명사가 동일한 동사로 구성된다는 점에 둘의 유사성이 있다. "우리가 그대를 따라 이곳에 온 목적은 그대를 기쁘게 하고, 메넬라오스와 그대를 위해 트로이아인의 timế를 얻게(arn menoi) 하려 함이오"(1권 159행). kûdos는 또한 민족 전체 공동체에도 해당될 수 있다(13권 676행).

kûdos의 의미가 새로이 전이되어 사람의 특성을 가리키는 데에도 사용된다. 영웅들이 아카이아인의 '큰 kûdos'라고 말하기도 하고(아가멤논, 네스토르, 오디세우스), 트로이아인의 '큰 kûdos'라고 말하기도 한다(헥토르). 승리의 부적은 이들 영웅에게만 따라다닌다.

여기에서 제시된 kûdos의 정의, 성질과 그것이 신과 인간의 관계와 또한 전황을 나타내는 것 등으로 kûdos에서 파생된 파생어의 의미를 더욱 분명히 한정할 수 있다. 다시 말해서 형용사 kudrós(영광스러운)에서 파생된 파생어의 의미를 더욱 분명히 한정할 수 있다. 형용사 kudrós는 특히 최상급 형태인 kûdistos로 가장 지고한 신, 특히 제우스와 인간 가운데는 유일하게 아가멤논을 수식한다는 것과 또한 kudálimos는 영웅과 백성에게 준다는 것이다. kûdos에서 파생된 동사 가운데 특히 kudaínō가 있는데, 이것은 축자적으로는 'kûdos로 채우다'란 뜻이다. 예컨대 구체적 의미로는 'kûdos를 갖게 하다', '승리의 부적을 갖게 하다'(13권 348행; 14권 73행)이며, 여기에서 레토와 아르테미스가 간호하는 아이네이아스에게 하듯이(5

권 448행) '상처 입은 몸에 악을 이길 수 있는 힘을 불어넣다'란 의미가 파생된다. 또한 비유적 의미로 '지고의 권한으로 명예롭게 하다', '지고의 권한을 주다'(10권 69행; 『오디세이아』 14권 438행)를 의미한다. kûdos의 외시적 의미dénotation가 아주 강해서 비유 용법으로 수없이 사용되더라도 그 근본적 의미가치는 드러난다. 그런데 이 의미가치의 기원은 물론 주술적인 성질을 띠고 있다. 이 사실은 이 의미가치에 의해 생기는 대립 관계에 나타난다. kûdos는 마법처럼 작용한다. 즉 제우스가 그것(kûdos)을 허락하는 전사나 진영의 승리를 보장하기도 하지만, 상대방의 팔과 가슴이 마술에 걸린 것처럼 '굳어지거나', '묶이게' 된다. 이는 모티프가 많은 에피소드에 나오며, kûdos의 힘을 나타낸다. 아가멤논이 퇴로하는 군대 앞에 서서 말하기를 "지금 제우스께서 축복받은 신들에게처럼 어떤 사람들에게(toùs mèn kudánei)는 kûdos를 허락하시지만 우리에게는 가슴과 팔을 묶으신다(édēsen)는 것을 알고 있소"(14권 73행). "제우스께서 아카이아인의 마음에 현혹됨(thélge)을 일으키고, 트로이아인과 헥토르에게 kûdos를 허락하신다"(12권 255행). "트로이아인은 날고기를 먹는 사자떼와도 같이 제우스의 명령에 함대를 향해 쳐들어갔다. 그는 언제나 그들에게 큰 용기를 불러일으켰으나 아르고스인의 마음을 현혹시켜(thélge) kûdos를 주시기를 거절하고, 이들의 적수는 격려했다. 그분의 마음은 프리아모스의 아들 헥토르에게 kûdos를 베풀기를 결심했으니, 그래야만 그가 부리처럼 생긴 함선 위에 사나운 불을 던져……"(15권 595~596행). 아폴론은 다나오스인들 앞에서 방패를 흔들며 큰소리를 지르며 "그들의 마음에 현혹을 일으켰다(éthelxe). 그러자 그들은 싸움에서 열화 같은 분노를 잊었다. …… 아카이아인은 기세가 꺾여 달아났다. 아폴론은 그들에게는 공포를 던져 보냈고, 트로이아인과 헥토르에게는 kûdos를 허락했기 때문이다"(15권 327행).

kûdos의 용법을 모두 자세하게 살피고, 그들의 결합, 대립, 파생 관계 내에서 그 특성을 규정짓고, 그처럼 잘못 이해되었던 이 용어의 정확하고 올바른 의미를 찾아야 했다. 왕 또는 영웅의 kûdos는 신들이 선호에 따라 전투하는 두 진영 가운데 어느 한 진영에 부여하기도 하고, 이를 곧장 거두기도 하면서 전쟁의 균형을 꾀하고, 헌납물을 바쳐 자신들을 경배하는 영웅을 구하고, 경쟁을 유지시키는 강력한 마력이다. 이와 같이 변동하는 은총은, 제우스가 중재 역할을 하는 신들의 차원에서 일어나는 파벌의 역학 작용을 반영한다. 따라서 kûdos는 이 편에서 저 편으로, 아카이아인에게서 트로이아인에게로, 헥토르에게서 아킬레우스에게로 옮겨 다니는, 보이지 않는 마법적 특권으로서, 기적에 둘러싸인 기적 자체이자 승리의 도구이다. 제우스만이 이를 영원히 간직하고 있다가 어느 날 왕이나 영웅에게 내려 준다.

이러한 의미 기술은 이 용어의 어원에 새로운 길을 열어 준다. 오래 전부터 그리스어 kûdos와 슬라브어 čudo(기적/경이로운 일)의 형태 일치가 지적되어 왔다. 그러나 전통적으로 kûdos의 '영광'이라는 의미는 이 비교에는 부적합했다. 지금 이 문제는 새로운 용어로 제기된다. 즉 kûdos는 결코 '영광'을 의미하는 것이 아니라 승리를 보장하는 마법적 특권이다. kûdos의 기적과도 같은 특성, 즉각적이고 엄청나게 큰 효력, 적대자에게 일어나는 혼란, 이 모든 것으로 미루어 슬라브어 čudo와 kûdos의 비교가 가능하기 때문에 이들의 어원이 일치한다는 것을 완전히 인정할 수 있다. 더욱이 이 두 용어는 각기 공통된 동사 어근, 즉 슬라브어 čuti(느끼다)와 그리스어 koeîn(알아보다/주목하다)과 연결되며, 고유의 의미는 '새로운 별난 것을 알아채다', '새롭거나 이상한 것을 깨닫다'임이 틀림없다. 이것은 그리스어 kûdos와 슬라브어 čudo에 공통적으로 나타나는 중심적 의미가치와도 잘 부합한다.

우리가 인용한 대부분의 예문이나 모든 예문은 『일리아스』에서 따온 것인데, 이 예문들은 이 단어가 사용된 거의 모든 용례이다. 『오디세이아』에는 kûdos가 나오는 예문이 거의 나타나지 않는데, 특히 가필한 것으로 짐작되는 용례를 제외하면 그렇다. 어떤 용례(『오디세이아』 4권 275행; 22권 253행)는 이미 연구되었고, 그 밖의 용례(3권 57행; 19권 161행)는 왕과 가장의 권위와 관련된 것이다.

살펴본 모든 예문에서 kûdos는 성공이든 어느 영역에서 나타나는 우세성이든, 언제나 성공과 우세에 선행하는 조건이다. 우리는 kûdos를 본질적으로 마법적 승리로 실현되는 지고의 패권으로 정의할 근거가 충분하다. 이 패권이 제우스의 수중에 있을 때는 영원하고, 신들이 인간에게 줄 때는 일시적이다. 어떤 상황에서도 왕, 장수, 용감한 전사에게 패권을 보장하고, 결국 그들에게 승리를 보장하는 것은 신적 총애로 이들이 받은 부적 때문이다. kûdos가 없는 승리란 없지만, kûdos가 반드시 승리와 직결되는 것은 아니다. 기술된 바는 없지만, 이것을 물질적인 모습으로 그려볼 수 있다. 이것을 지닌 자들에게 빛나는 광채를 부여하는 모습과도 같다. 부가 형용사 kûdrós가 신과 관련되면, 존엄과 광채의 관념이 있는데, 이것은 kûdos를 소유하면 그것이 외부로 드러나기 때문이다.

우리가 애당초 출발했던 개념으로 다시 돌아오면, 이제 이들 개념이 어떻게 서로 구별되는지를 깨닫게 된다. géras는 오직 물질적 재물만을 가리키며, 인간의 몫에 속하고, 최고의 인물에게 주는 급부이며, 헌납물로 표시되는 그의 지위와 패권에 대한 인정이다. timé는 신에게 바치는 명예이며, 때로는 인간의 공적功績을 존경과 선물의 형태로 보상하기 위해 신이 인간에게 주는 명예이다. 마지막으로 kûdos는 신적 존재의 전유물로서 인간에게 달린 문제가 아니라 오직 신의 손에 달린 것이고, 마법적 힘이며, 이 것을 받는 사람은 신의 지위에 앉게 된다. 그것을 소유하게 되면 일정 상황 에서 패권을 넘겨받는데, 흔히는 전장에서 거두는 승리에 대한 보장을 가리킨다.

kûdos란 용어의 분석을 통해 우리는 그리스어 용어에는 거의 알려진 바 없는 새로운 영역, 즉 왕권의 마법적 힘이라는 영역에 새로운 길을 개척 했다. 고대 상태의 인도유럽어의 개념에서 나타나는 왕은 정치적이고, 동 시에 종교적 역할을 가지고 있었다. 그는 인간관계뿐만 아니라 인간과 신 의 관계를 지배하는 전권全權이 있었다. 이 사실로부터 그는 법과 주술을 함 께 지닌 가공할 만한 권위를 가지고 있었다.

kûdos 같은 개념이 호메로스의 시 세계처럼 마법적 의미가치가 전혀 없는 세계에 살아남았다는 것은 놀라운 일이다. 그것은 아마도 대부분의 용법이 형식화된 표현으로 남아 있었기 때문일 것이다. 이미 고대인들은 이 용어를 제대로 이해하지 못했기에 그것을 kléos(영광)나 níkē(승리)와 동일시했던 것이다. 이러한 합리화하는 해석을 뛰어넘어 그 용어의 힘과 진정한 가치를 밝혀야 한다.

7장_krátos

요약

krátos는 '육체적 힘'(iskhús sthénos), '영혼의 힘'(alké)을 의미하는 것이
아니라 전쟁이나 집회에서 차지하는 '우위', '우세'를 의미한다. krátos의
일관된 의미는 파생어 kraterós의 일부 용법에서 확인된다. 이 파생어는
특히 전쟁에서 '무적의', '대적할 자가 없는'을 뜻한다.

그러나 또 다른 용법에서 kraterós가 갖는 의미는 krataiós(단단한/잔
인한), kratús(단단한/거칠은)와 비교된다.

이 특이한 상황은 어원으로 설명된다. 즉 krátos는 '전사의 (마법적)
힘, 용기'를 가리키는 인도이란어 kratu-와 비교해야 한다. 또 kratús는 전
혀 다른 어군, 즉 오직 '단단한', '거친'의 의미를 지닌 고트어 hardus의 어
근과 관련된다. 이 두 어근의 의미는 그리스어에서 중첩되었는데, 이 사실
은 특히 kraterós의 일련의 용법을 통해서 볼 수 있다.

우리가 살펴본 용어들을 통해 호메로스 시대의 사회의 몇몇 이상적 개념
경계를 구분하게 된다. 이들 용어 덕택에 왕의 지위가 규정되고, basileía,

즉 왕권의 속성을 규정할 수 있었다. 그 중 세 용어, 즉 kûdos, timé, géras를 분석하였다.

또 다른 한 가지 특성이 문헌에 나타나는데, 이는 세 용어와 밀접하게 연관되기 때문에 고찰해야 한다. 이것은 의미작용 자체로 보아 왕권 이해에 핵심적 중요성이 있다. 그 용어는 krátos(κράτος)로서, 일반적으로 아주 잘 알려진 단어이고, 의미가 단순하기 때문에 쉽게 분석될 수 있을 것으로 보인다. 이 용어는 처음부터 '힘', '권력' 이외의 다른 의미는 없었을 것이다. 그 형태는 krátos, kártos로 구별이 없다. 이 고대의 중성형에서, 어간 krat-, kart-에 기초한 일련의 파생어가 생겨났다.

예컨대 형용사 kraterós, karterós와 비교급 kreíssōn, 최상급 kreítistos 나 kártistos, 동사 karteîn이 파생되었고, 또한 -u- 어간에 기초해서 형용사 kratús와 동사 krateîn이 생겨났고, 마지막으로 -ai- 어간에 기초해서 파생어 krataiós와 합성어 krataípous, krataigúalos가 생겨났다.

이 단어를 '힘', '권력'으로 번역하는 것을 모든 곳에서 받아들이는데, 이 번역은 만족스럽지 못하다. 대부분 이미 정식화된 용례를 통해서 이 의미를 더욱 상세히 규명하고, 최초의 개념을 정확히 한정시켜 보자.

kártos가 단순히 '힘'만을 의미하지 않는다는 점은 적어도 호메로스에 나오는 다른 여섯 용어도 이 의미를 지닌다는 사실로 뒷받침된다. 이들 용어는 bía, ís, iskhús, sthénos, alké, dúnamis이다. 이처럼 많은 용어로 인해 번역자들은 큰 어려움에 부닥친다. 하지만 의미가치가 똑같은 용어들 중 어느 것을 선택하느냐는 정확한 정의에 의해서만 가능하다. 다시 말해서 '힘'을 지칭하는, 서로 다른 일곱 가지 방식의 힘의 '차이'가 어떤 것인지 그 개념을 정확히 하면 번역을 정확히 할 수 있다. 이들 용어의 번역도 자의성과 불확실성이 난무하며, 각자의 판단에 따라 번역하기 때문에 각기 예문

을 달리 번역하고 있다.

우선 디오메데스가 아가멤논을 준엄하게 부르는 곳에서 alké와 연관되는 kártos의 경우가 곧 문젯거리로 떠오른다. "제우스께서 그대에게 난처한 선물을 주셨소. 그분은 그대에게 왕홀을 주어 누구보다도 존경을 받게 해주었지만 가장 큰 kártos인 alké는 주시지 않았소"(『일리아스』9권 39행). 디오메데스가 원하는 것은 무엇인가? 다음 번역은 무엇을 의미하는가? "그대에게 용기는 주시기를 거부했지만, 바로 그것이 지고의 힘이 아니겠소"(마종의 번역). 이 문제에는 모든 용어들이 서로 관계가 있기 때문에 각 용어의 의미를 정확히 한정하려면 동의어가 너무 많아서 복잡하게 얽혀 버린다. 그래서 kártos와 alké의 의미 경계를 획정하도록 하자. 맨 먼저 alké가 뜻하는 바가 무엇인지 밝혀 보자.

alké는 분명히 어떤 종류의 '힘'이지만, 육체적 힘은 아니다. 육체적 힘은 sthénos라 불린다. alké라는 힘의 성질을 알려면, 이 자질이 결여되어 비난받는 발화문을 이용해야 한다. 디오메데스는 아가멤논에게 alké가 없다고 왜 그를 비난할까? 그 이유는 다음과 같다. 아가멤논이 불의의 역습을 받고, 제우스가 배반한 이상 전투에 대패했다고 판단하여, 백성에게 자리를 들고 일어나 떠날 것을 요구했기 때문이다. "자, 배를 타고 고향으로 떠납시다. 길이 넓은 트로이는 함락할 수 없을 테니"(9권 27행). 이때 디오메데스가 그를 부른다. "제우스께서 그대에게 alké를 주시지 않았소.……그대 마음이 그토록 귀국하기를 재촉한다면 가시오.……다른 사람들은 트로이아를 함락할 때까지 여기 머무를 것이오. 아니, 그들에게도 배를 타고 고향땅으로 달아나라고 하시오. 그렇지만 우리 두 사람, 나와 스테넬로스는 트로이아에서 끝장을 볼 때까지 외로이 싸울 것이오. 우리는 신과 함께 여기에 온 것이니까요"(9권 39행 이하).

전쟁을 포기한다면 그 것은 더 이상 alké가 없는 것이다. 마치 사슴들이 달리기에 지쳐 "가슴속에 alké라고는 전혀 없기 때문에"(4권 245행) 멈춰서는 것처럼. 오디세우스가 결전에 임해 자기 거처에서 동료 세 사람과 '수많은 용감한' 구혼자들 앞에서 홀로 있게 되었다. 이때 아테나 여신이 멘토르[1]의 모습으로 변장하고 다가오자 오디세우스는 그에게 간청한다. "멘토르여, 나를 불행에서 구해 주소서." 아테나 여신은 먼저 그를 나무란다. "오디세우스여, 그대는 용기도 alké도 없는가요? 이제 그대 집과 재물이 있는 곳에 왔으니 어째서 구혼자들 앞에서 álkimos해야 하는 것을 슬퍼한단 말이오?"(『오디세이아』 22권 226행 및 231행 이하)

여기에서 —이와 반대 상황에서— alké의 정의가 추출된다. 즉 '절대 물러설 수 없는 위험에 대항하다', '공격에 굴복하지 않다', '백병전에서 굳게 버티다'의 의미가 그것이다. 이것이 바로 alké이며, 모든 예문에 나오는 이 개념의 특징이다.

아카이아인들이 트로이의 공격에 굴복하자, 칼카스의 모습으로 변장한 포세이돈은 두 아이아스에게 이렇게 말한다. "그대 두 사람은 아카이아 백성은 구할 수 있을 것이오. 그대들이 마음속에 alké를 지니고 싸늘한 패주를 생각하지 않는다면 말이오"(『일리아스』 13권 48행). alké냐 도주냐를 언제나 양자택일해야 한다. 메넬라오스는 에우포르보스로부터 파트로클로스의 시신을 막으면서 그를 위협한다. "내 그대의 혈기를 부숴 버리리라. 그대가 만일 내게 대항해 온다면 말이다. 나 그대에게 이르니 물러가서 군사들 속으로 들어가고"(17권 29~31행). 그러나 에우포르보스는 그에게

대답한다. "alké냐 패주냐 하는 것은 싸움이 결정할 것이오"(17권 42행). 아킬레우스와 아이네이아스 사이에 장시간의 교전이 벌어진 후 아이네이아스가 결론을 내린다. "하지만 그대가 alké로 넘치는 나를 청동으로 맞서 싸우기 전에는 말만 가지고 나를 싸움터에서 돌아서게 하지는 못하리라"(20권 256행). 군대가 패배할 때 장수는 수하의 사람들에게 "alké를 되찾아라", "두려움 없이 굳게 지켜라", "물러서지 말라"라고 수없이 격려한다. 아이아스들이 파트로클로스의 시신 앞에서 몸으로 막는다. 이들은 "alké로 옷을 입고" 세 번이나 헥토르의 공격을 물리친다. 헥토르 역시 "자신의 alké를 믿고서" 무리 속으로 뛰어들기도 하고, 때로는 멈춰 서기도 하지만 "한 발치도 물러서지 않는다". 마치 들판의 목자들이 죽은 짐승의 사체에서 사자들을 쫓아 낼 수 없듯이 "두 아이아스도 헥토르를 위협하여 시신에서 물러서게 할 수 없었다"(18권 157행 이하). 다음 비교는 도움이 된다. 즉 야수들도 위험에 처하게 되면 alké를 드러낸다. "마치 표범이 우거진 수풀에서 사냥꾼을 향해 달려나와 개들이 짖는 소리를 듣고도 마음속으로 두려워하거나 달아나지 않듯이(사냥꾼이 먼저 선수를 써서 그놈을 찌르거나 활로 맞춰도 그는 alké를 버리지 않고 먼저 공격을 하거나 그렇지 않으면 죽는다)"(21권 573행 이하). 반대 의미를 지닌 두 대구적對句的 숙어인 alké와 phóbos가 파생어 álkimos(alké를 가진)와 phobeîn(질겁하게 하다/패주시키다)에 다시 나타난다. 예컨대 헥토르가 말하는 것을 보라. "제우스는 언제나 더 강력한 법이어서 그분께서는 álkimos한 전사도 달아나게(phobeî) 하여"(17권 177행). 그러나 기적으로 드러나는 alké가 제우스에게서 오는 것이라면 그것은 깨트릴 수 없다. 헥토르의 면전에서 무시무시한 우레와 번개가 용감한 디오게네스의 전차 앞에 떨어지자 그의 동료 네스토르는 겁에 질려 말한다. "자, 통말굽의 말들을 돌려 달아나도록 합시다. 제우스께서 그대에게 alkḗ를 내리시지 않는다는 것을 모르시겠소?"(8권 140행) 제우스가, 테우크로스가 헥토르에게 겨눈 화살을 돌리고, 활시위를 부러뜨리자 헥토르는 거기에 속지 않는다. "제우스의 alkḗ는 사람들에게 쉽게 알려지는 법이오."(15권 490행).

바다를 휘몰아치며 함선들을 갈팡질팡하게 하고, 선원들을 죽음으로 위협하는 풍랑의 분노를 묘사하는 가운데서 헤시오도스가 가리키는 alkḗ도 이와 같은 자질이다. "이 불행에 대항할 alkḗ가 없다"(『신통기』 876). 이처럼 정식화된 표현은 모든 것이 파멸될 미래상을 결론짓는 데도 사용된다. "악에 대항할 alkḗ가 없을 것이다"(『노동과 날들』 201). 이와 같은 표현방식은 핀다로스와 헤로도토스에게도 계속 찾아볼 수 있는데, 그 모든 용례에서 alkḗ는 동일한 의미이다. 즉 위험에 굴복하지 않고, 그 운명이 어떻게 되건 상관없이 굳게 버티는 영혼의 힘, 즉 '정신력'이다.

*　*　*

alkḗ의 성질을 한정했으므로 이제 krátos를 정의할 수 있다. 앞에 인용한 『일리아스』의 한 구절에서 이 두 용어의 특징이 동일시되고 있음을 살펴보았다. 그렇지만 이 두 용어가 동등한 것이라고는 볼 수 없을 것 같다. 또 다른 예도 역시 이들이 동일한 의미를 나타내는 표지가 아니라는 것을 보여 준다. 이도메네우스[2]는 소리친다. "친구들이여, 이리 와서 혼자 있는 나를 도와 주시오, 나를 향해 달려오는 걸음이 날쌘 아이네이아스의 공격이

2) 이도메네우스Idomeneus: 크레타 섬의 전설적 왕으로서 미노스의 손자이다. 『일리아스』에 나오는 주요 영웅 가운데 한 사람. ―옮긴이

심히 두렵소이다. 그는 싸움터에서 전사를 죽이는 데 매우 karterós할뿐더러 꽃다운 청춘의 나이오. 이것이 그의 가장 큰 krátos요"(『일리아스』13권 481행 이하). 여기에서 krátos는 육체적 우월성, 즉 젊음의 꽃인 krátos이다. 앞에서 이것은 alké였다. 논리적 형식 'x는 krátos이다'에서 x는 여러 논항이 올 수 있는 변수이고, 서술어 '(는) ……이다'는 동일성을 함축하는 것이 아니라 필요 조건을 가리킨다. 따라서 상황에 따라 krátos의 다양한 조건이 생긴다. 어떤 krátos는 나이와 신체 상태에 따른 것이고, 또 어떤 것은 alké처럼 여러 가지 능력에서 생긴다. 여기에 또 다른 조건——이 조건은 아주 중요한 원초적인 것이다——을 추가해 보자. 그것은 신의 선의善意다. 이것이 krátos의 가변적 힘의 관계를 보여 준다. "지금은 이 활을 버리고 신들께 맡깁시다. 내일 신이 원하시는 분에게 krátos를 줄 것이오"라고 오디세우스는 젊은 경쟁자들에게 말한다(『오디세이아』21권 280행). 여기에서 krátos는 강력한 힘의 시험(테스트)에서 이기는 능력이다. 그런데 krátos가 나타나는 상황을 고찰해 보면, 이 상황은 언제나 시험으로 귀착되며, 모든 곳에서 krátos는 사람의 우세한 힘을 가리키고, 자기 진영의 사람들이나 적군들에 대한 우세한 힘을 확인해 준다는 점을 알 수 있다. 이 '우세한 힘'이 '크다'(méga)거나 '가장 크다'(mégiston)라고 말한다. 그 밖의 수식어는 없다.

　　힘의 우세가 일시적이므로 그것은 언제나 승패를 좌우하는 데 이용된다. 이때 그것은 육체적 힘의 우위일 수도 있다. 이도메네우스는 아이네이아스가 다가오는 것을 보고 동료들을 다시 불러 모은다. "나는 심히 두렵소이다. 그는 꽃다운 청춘의 나이요, 이것이 그의 가장 우세한 힘(krátos mégiston)이기 때문이오. 만일 우리 두 사람이 이 기개에다 나이까지 같다면 곧 그가 큰 승리(méga krátos)를 차지하거나, 아니면 내가 차지하련만"

(『일리아스』 13권 486행). 아테나 여신이 포이닉스의 모습으로 변장하고서 어떤 희생을 치르더라도 헥토르로부터 파트로클로스의 시신을 지키라고 메넬라오스에게 재촉하자 메넬라오스는 아테나 여신에게 대답한다. "포이닉스여, 제발 아테나께서 내게 krátos를 주시고 빗발치는 듯한 저 화살과 창들을 막아 주시기를……." "그러자 여신 아테나가 기뻐했다. 그가 모든 신들 가운데서 맨 먼저 그녀에게 기도를 올렸기 때문이다. 그래서 그녀는 그의 어깨와 무릎에 힘을 불어넣어 주고, 그의 가슴에는 파리의 대담성을 불어 넣었다"(17권 561행 이하). 상처를 입은 글라우코스는 아폴론에게 간청한다. "그러니 왕이시여, 그대는 나를 위해 이 무서운 상처를 낫게 해주소서. 그리고 고통을 잠재우고 내게 krátos를 주시어 내가 뤼키아의 전우들을 싸우도록 격려하고, 나 자신도 고인의 시신을 둘러싸고 싸울 수 있도록 해주소서"(16권 524행). 아폴론이 아킬레우스에 대항해 아이네이아스를 내달리게 했다. 헤라는 거기에 마음이 움직여 신들을 불러 모은다. "아니면 우리 가운데 누구 한 분이 아킬레우스 곁에서 그에게 큰 krátos를 주어 그가 용기를 잃지 않도록 했으면 좋겠어요"(20권 121행). 제우스가 외치길 "그때는 내가 헥토르에게 krátos를 주어 적군들을 도륙케 하리라"(11권 192행; 17권 205행 참조). 펠레우스가 자기 아들 아킬레우스를 아가멤논에게 보내면서 아킬레우스에게 이렇게 당부한다. "krátos는 아테나와 헤라가 그럴 마음만 있다면 네게 내려 주실 것이다. 허나 너는 거만한 마음을 가슴속에서 억누르도록 하라"(9권 254행).

제우스는 서로 싸우는 두 군대의 어느 편에라도 krátos를 내려 줄 수 있다. 이 우세한 힘을 받는 수혜자는 개인이 아니라 백성이다. 테티스는 제우스에게 무지한 자기 아들을 위해 간청한다. "아카이아인이 그 애를 존중하고 그에게 전보다 더 큰 경의를 표할 때까지 트로이아인들에게 krátos를 내려 주소서"(1권 509행). 이 '(힘의) 우위'는 신들의 기분에 따라 그 진영이 바뀐다. 트로이아인의 공격을 맞아 디오메데스는 오디세우스에게 말한다. "내 기꺼이 버티고 서서 견디어 보겠소. 하지만 우리의 도움도 오래가지는 못할 것이오. 제우스께서는 우리보다는 트로이아인들에게 krátos를 내리시길 원하시니 말이오"(11권 319행). "마님(안드로마케)은 트로이아인들이 고전하고, 아카이아인들에게 큰 krátos가 있다는 것을 들으셨기 때문이지요"(6권 387행). "자, 날랜 함선에 이를 때까지 채찍질을 계속하시오. krátos가 아카이아인들의 것이 아님을 그대도 잘 알 것이오"(17권 623행). "만일 신이 진실로 우리에게 krátos를 내리시길 원하신다면, 노가 많이 달린 함선들로 뛰어들 것인지?"(13권 743행) "하지만 이때 제우스께서는 필로스인들에게 큰 krátos를 내려 주셨소"(11권 753행). "제우스께서 일리오스를 아껴 이를 파괴하려 않고 아르고스인들에게 큰 krátos를 주려고 하지 않는다면, 그때는 우리도 참을 수 없는 분노에 사로잡힐 것임을 그가 알아야 할 것이오"(15권 216행).

그러나 힘의 '우세'는 전투에서 확인되는 것뿐만이 아니다. 방금 조사한 『일리아스』에 나오는 모든 예문을 보면 알 수 있다. 그것은 군중들이 있는 곳에서 영웅의 또 다른 행동에서도 드러난다(12권 214행 참조). 그리하여 그것은 왕이나 장수가 행사하는 '권력, 권세'라는 의미까지 있다. 아킬레우스는 어떤 사람(아가멤논)이 "나보다 더 krátos가 있다고 해서" 동료에게서 그가 당연히 받을 몫을 빼앗으려고 하는 데 분개한다. 아카이아인들이 그에게 명예의 상으로 주고 창으로 정복해서 얻은 소녀를 "통치자 아가멤논이 그의 손에서 도로 빼앗는다"(16권 54행 이하). 여기서 krátos는 왕의 권력, 즉 개인적이면서도 영원한 특권이라는 것을 알 수 있다. 이것은 폴리페모스가 다른 키클로페스인들에게 가진 krátos mégiston(『오디세이아』1권 70행), 알키노스가 자기 관할 구역에서 가진 권한(11권 353행), 텔레마코스가 자기 집에서 가진 권한(21권 353행) 같은 것이다.

이러한 krátos의 두 의미가치, 즉 겨룸이나 솜씨의 우열 시험에서 갖는 힘의 '우세', '우위'의 의미와 더 특수한 '(권위에 의한) 권력, 권세'의 의미는 호메로스가 사용한 동사 krateîn의 용례에서도 다시 나타난다. 그래서 한편으로는 "우세하다", "승리하다"(『일리아스』 5권 175행/21권 315행)의 의미와 다른 한편으로는 '권력, 권한을 행사하다'란 의미가 나타난다. 이 후자의 동사는 흔히 속격의 한정사와 국가 이름이나 민족 명칭과 함께 사용되어 "아르고스인에게"(1권 79행), "모든 사람에게"(1권 288행) '권력을 행사하다'처럼 나타나거나 『오디세이아』에서는 여격의 명사와 함께 "죽은 자들에게"(11권 485행), "인간들과 신들에게"(16권 265행) '권력을 행사하다'처럼 사용된다.

이제 남은 것은 파생 형용사 karterós의 의미를 고찰하는 일이다. 여기서 예기치 못한 문제가 나타난다. 원칙상 karterós는 iskhurós(강한/힘 센), sthenarós(강한/힘 센)와 같은 동일한 의미군에 속한 다른 형용사들과 동일한 -r- 접미사로 형성되고, 'krátos가 있는'을 뜻한다. 많은 용례에서 그것은 krátos란 용어가 가진, 위에 기술한 정의를 분명히 보여 준다. 그래서 이 형용사는 늘 부가어로 사용되어 영웅, 특히 디오메데스 같은 자를 수식하거나 때때로 술어prédicat로 사용되어 여러 종류의 인물을 수식한다. 네스토르는 "그대가 아주 karterós하고, 그대를 낳아 준 어머니가 여신일지라도"라고 아킬레우스에게 말한다(『일리아스』 1권 280행). 즉 "그대는 다른 사람들보다 힘이나 용기가 우세하오." 그리고 aikhmētḗs karterós는 '나무랄 데 없고, 비할 데 없는', '무적無敵의'로 번역될 수 있다. 최상급 kártistos는 이 의미자질을 가장 풍부히 지닌 단어이다. 제우스는 "내가 모든 신들 중에서 가장 kártistos한 자"라고 공언한다(8권 17행). 그는 지고의 권력을 지닌 자이기 때문이다. karterós와 krátos의 의미관계가 일단 밝혀졌기 때문에 이 모든 예는 주석이나 자세한 증명이 필요없다. 이 의미로 쓰인 karterós의 예문은 쉽게 찾을 수 있다.

하지만 빈도가 더욱 높은 또 다른 형용사도 있다. 사전에서는 분명히 지적하고는 있지만, 어떤 점에서 의미가 차이 나는지는 지적하지 않는다. 그렇지만 몇 가지 점에서 의미 차이가 있다.

krátos에서 kraterós로 넘어가면, 이 형용사에서 명사와 같은 개념을 기대할 수 있다. 즉 krátos는 언제나 영웅, 용사, 장수의 자질을 가리키는 것이기 때문에 형용사 kraterós는 칭송의 의미가치가 있는 것이 분명하고, 또 실제로도 확인된다. 그런데 kraterós의 다른 용법, 즉 비난이나 질책을 의미하는, 칭찬의 의미가 아닌 용법에는 의외로 놀라게 된다. 프리아모스의 부인인 헤카베가 자기 아들을 죽이러 왔던 아킬레우스에게 말을 건네면서 그를 anér kraterós(24권 212행)라고 부르는데, 이는 분명히 전사로서의 그의 용기를 칭송하는 말은 아니다. 마종은 이것을 **'잔인한 영웅'**으로 번역한다. 아레스에게 적용한 kraterós(2권 515행)의 의미를 더 잘 이해하려면, 이것을 신을 수식하는 다른 부가어, 즉 살인의 오명을 쓴(miaiphónos), 사람을 죽이는(androphónos), 죽을 수밖에 없는 인간에게 해로운(rotoloígos), 파괴하는(aídēlos) 등과 비교해야 한다. 그 어떤 부가어도 신을 호의적 관점에서 제시하지 않는다.

의미 차이가 훨씬 더 커짐에 따라 이 차이가 다른 관계에서도 드러난다. kratós가 오직 신과 인간에게만 적용되는 반면, kraterós는 동물과 사물까지도 수식할 수 있다. 그래서 그 의미는 항상 '냉혹한', '잔인한', '난폭한'이다. 시인 호메로스는 사자를 kraterós라고 부르는데, 그 이유는 사자의 용기 때문이 아니라 새끼들과 함께 있는 암사슴에게 "잔혹한 운명"(『오디세이아』 4권 335행)을 가할 채비를 하기 때문이다. 사자가 암사슴의 우리에 들어가 "krateroí한 이빨로" 물어뜯고 씹는다(『일리아스』 11권 114행 및 175행 참조). 전투(husmínē), 불화(éris)에도 역시이 부가 형용사가 사용된다. 이는 다음 문맥에서 분명하게 드러난다. éris krateré는 homoíios ptólemos(처절한 전투(?); 13권 358행)와 연관되고, krateré huaminē는 형용사 argaléē polúdakrus(처참하고 눈물겨운 (격투); 17권 543행)와 연관된다. 또한 kraterós가 고통과 질병의 명칭들과 결합되어 있다는 사실은 매우 의미심장하다. 형용사 kraterós가 hélkos(부상)와 병치되는 경우(hélkos karterón, 심한 부상; 『일리아스』 16권 517행 및523행)에 이를 수식하는 다른 부가 형용사들이 '고통스러운'(argaléos), '치명적인'(lugrós), '나쁜'(kakós)이라는 점에 유의한다면, kraterós의 의미를 제대로 이해할 수 있다. 상투적 고정어구가 되어 버린 표현 kratēr'álgea páskhōn(심한 고통을 겪으면서; 2권 721행)에서 álgea(고통)와의 결합도 마찬가지이다. 또한 kraterón pénthos(격심한 고통; 11권 249행)에서 pénthos(고통)와의 결합, krateré anágkē(**잔인한** 운명; 6권 458행)에서 anágkē(필연)와의 결합, dêsan kraterôi, enì desmô(그들은 그를 잔인한 사슬로 묶었다; 5권 386행; 마종의 번역)에서 desmós(결박)와의 결합도 마찬가지이다. 또한 제우스에게 상처를 입은 아레스의 불평에 사용된 고정 성구 karterà érga(고통스러운 일들)에도 역시 유의하라. Zeû páter, ou nemesízēi horôn táde karterà érga. 마종은 이 문장을 "아버지 제우스여, 이 **모든 잔혹한 짓들**을 보시고도 노엽지 않으십니까?"(5권 872행 및 757행 참조)로 번역한다. 칭찬의 의미가 있는 kraterós의 의미와는 정말 거리가 멀다. kraterós가 합성어 kraterônux(억센 발굽을 가진 '여우', '사자', '말')를 구성하는 것도 이러한 '단단한'의 의미이며, 또 비유적으로 사용된 krateròs mûthos(딱 딱한, 거친 말/상처를 입히는 말)에서 고대인들은 kraterós가 sklērós(단단한) 와 의미가 동일한 것으로 이미 관찰하고 있다.

우리가 구별한 호메로스에 나오는 kraterós의 두 가지 의미가치를 헤 시오도스에 나오는 동일한 일부 표현에서 다시 찾아볼 수 있다. 이 형용사 는 amúmōn(나무랄 데 없는; 『신통기』 1013)과 사용될 때는 좋은 의미가 있 고, 사람을 죽이는 자(『방패』*Bouclier* 98, 101)로 아레스를 묘사하거나 용(『신 통기』 322), 에리니스[3](『신통기 185』), '거친 영혼을 지닌'(karteróphrōn; 『신 통기』 297), 에키드나[4]를 묘사할 때는 나쁜 의미로 사용되고 있다. 헤시오 도스에게서도 kraterós가 쇠나(sidēros kraterōtatos, 『신통기』 864) 납에(『노 동과 날들』 147) 적용되면 '단단한'이라는 물질적 의미를 확인할 수 있다.

이제 어간 kratai-에 기초해서 생긴 명사형을 살펴보자. 형용사 kratai- ós는 인물을 묘사하는 부가 형용사이고, 또한 운명의 여신(moîra krataié) 과 사자를 묘사하는 부가 형용사이다. 이때 그것은 좋은 의미가치나 나쁜 의미가치를 가질 수 있다. 그러나 합성어에서는 어느 의미가치가 선택된 것인지 분명히 드러난다. 예컨대 krataípedos는 분명히 '굳은 땅에'를 의미 하며, kataigúalos는 '단단한 가슴받이가 있는 '갑옷''을 의미한다. 그리고 특히 호메로스 이후에 생긴 kartaípous(krataípous, 단단한 발을 가진)는 숫 노새를 수식하는 부가 형용사이고, 의미적으로 khalkópous(청동 발굽을 가 진 (말); 『일리아스』 8권 41행)와 상통한다.

---

3) 에리니스Erinys: 그리스의 지옥신들. 로마시대에는 푸리아이(Furiai, 분노의 여신들)로 불렸 다.―옮긴이
4) 에키드나Ekhidna: 반은 여자의 형상을 하고, 반은 뱀의 형상을 한 그리스 신화의 괴물로서 타르타 로스와 가이아의 후손이다.―옮긴이

마지막으로 kratūs Argeïphóntēs라는 고정표현에 사용된 형용사 kratùs는 '단단한'의 의미로 이해해야 한다. 이 의미는 명사 파생동사 kratúnein(단단해지다)에서 확실히 드러나며, 호메로스에서는 밀집 군대의 작전을 묘사한다. 밀집 군대는 방패와 창을 곤두세우고 새까맣게 빽빽이 접합한(4권 282행) 대형을 취하며, 빽빽하게 서로 연결된 전선의 형태를 보여 준다. 여기에서 금속 가공에 사용되는 단단한 물체로서 밀집 군대를 형상화시키는 아주 물질적 비유가 선택된다. 예컨대 밀집 군대를 '부수고', '돌파하고'(16권 394행), 빽빽한 밀집 대열에 '부딪치고'(13권 145행), 밀집 정렬을 '단단하게 가다듬는다'(ekartúnanto phalággas; 11권 215행). 고전 그리스어에서도 kartúnein의 고유 의미가 역시 드러난다. 예컨대 히포크라테스에게 그것은 뼈의 '굳어짐'을 의미하고, 크세노폰에는 다음 예문이 나온다. 다른 그리스인이 아이들을 내쫓으며 그들의 발을 '약하게 하자'(hapalúnousi) 스파르타인은 이들을 맨발로 걷게 하면서 발을 '단단하게 만든다'(kratúnousi; 『라케다이몬인의 공화국』 II, 3). kratús에서 파생된 kartúnein과, krateîn에서 파생되어 이차적으로 의미가 발달한 그리스 비극 작품에 나오는 kartúnein(통치하다)의 의미차를 강조해야겠다.

따라서 이 용례 조사로 드러난 아주 특이한 의미 상황에 유의해야 하는데, 그 특징은 아직 한 번도 지적된 바 없다. 즉 krátos를 중심으로 형성된 어휘장語彙場이 동질적 단어족이 아니라는 점이다. 그것은 별개의 두 단어군으로 분할되며, 이를 분리하면 다음과 같이 그 의미 특성을 규정할 수 있다.

① 첫째 단어군은 전쟁이나 집회에서 차지하는 육체적 또는 정신적 개념의 '우세함', '유리함'을 나타내는 krátos로 서로 연결된다. 그것은 도

덕적·정치적 내용과 관련된 일련의 용어로 발전된다. 그리하여 '권력'을 개인적 능력(egkratés(자신을 통제하는), akratés(통제하지 못하는))으로 표현하거나 '권력'을 영토적·정치적 '세력'으로 표시한다. 예컨대 kratein(지배자이다/권위를 갖다)과 -krátés, -krátōr, -kráteia 등으로 구성된 수많은 파생어와 합성어 및 비교급과 최상급 kreíssōn, krátistos 등이다. 이러한 의미발달을 엮는 통일된 개념은 개인적이거나 집단적인 정치적 '권위'이다.   .

② 둘째 단어군은 '단단한'('부드러운'의 반대어)이란 물리적 개념에서 생겨나는 것으로서 kratús, kartúnein(단단하게 만들다), kratai-(단단한) 등이다. 이 단어군은 고유 의미로나 비유적 의미로 '거친', '잔인한', '고통스러운'의 의미만을 가진다. 그것은 사회적, 정치적 의미가치로 발달하지 못했고, 좋지 않은 내포 의미를 지닌 것으로 특성이 규정된다.

이들은 서로 구별되는 두 의미 영역이다. 이 두 영역 사이에 형용사 kraterós의 의미 영역이 전개되는데, 그 용법은 양분된다. 우리가 보았듯이 그 용법의 일부는 krátos에 속하면서 권위의 소지를 가리키고, 또 다른 용법은 kratús(단단한)에 속하면서 '고통스러운', '힘든', '잔혹한' 것 ——부상, 질병, 불화——을 수식한다. kraterós를 '강한', '강력한'으로 번역하여 이 의미 차이를 뒤섞어서는 안 된다. 왜냐하면 이러한 작위적 번역은 문제를 모호하게 만들기 때문이다. kraterós가 '강한'의 의미가 아니라는 사실은 충분하게 증명되었다. 한 가지 보충 증거를 댄다면, 이 형용사는 중복 표현 없이 ís(육체적인 힘)를 수식할 수 있다. 예컨대 kraterề ís Oduseô(오디세우스의 억센 힘;『일리아스』23권 720행; 마종의 번역)이다. 현재로서는, krat-로 구성된 다른 용어들과 구별되면서 혼동해서는 안 되는 두 개념, 즉 '우세', '지배'의 추상적 개념과 '단단한'의 물리적 개념 두 가지가

kraterós의 용법에 공존한다는 사실을 결론적으로 제시하자.

그런데 용법 분석과 그리스어의 의미가치의 대조를 통해 끌어낸 이 의미 구별은 그리스어 이외의 언어들의 어원 대응에서도 타당하다.

이때까지 비교언어학자들은 kratós의 단어족의 대응을 두 방향에서 찾았다. 즉 한편으로는 고트어 hardus와 다른 한편으로는 인도이란어 kratu-이다. 그러나 대부분의 학자들은 이 둘 중 어느 한 가지 비교만 해야 한다고 생각했다. 이 두 의미가 전혀 일치하지 않기 때문에 이 둘을 함께 인정하려 들지 않았다. 어쨌든 그리스어 kratós를 '힘'으로 번역하는 것은 전혀 의심하지 않았다. 이 점이 오류였다. 이제 분명한 것은 이 그리스어 형태가 지닌 원래의 진정한 의미를 재구함으로써 어원 문제를 새로이 해결할 수 있게 된다는 점이다.

고트어 형용사 hardus는 독일어 hart, 영어 hard처럼 '단단한'을 의미한다. 그것은 그리스어 sklērós(단단한), austērós(가혹한/거친)를 번역하는 데 이용된다. 이 형용사로부터 부사 harduba(단단하게/가혹하게), 합성어 hardu-hairtei(마음의 냉혹함, sklērokardía)와 동사 gahardjan(단단해지다, sklērúnein)이 파생된다. 이 모든 점에서 *kartu-에서 기원하는 고트어 hardus(단단한)가 그리스어 κρατύς(단단한), καρτύνω(〈 *kartu- 또는 *kr̥tu-)와 정확하게 대응하는 것을 알 수 있다. 이들은 동일한 형태의 형용사이며, 의미도 동일하다. 왜냐하면 그리스어 kratús와 kartúnein은 물리적 속성으로서 '단단한'을 가리키기 때문이다.

베다 산스크리트어 krátu-, 아베스타어 χratu-의 의미 영역은 전혀 다르다. 이 명사는 지적, 정신적 능력을 가리키며, 전사, 시인, 신자들에게 영감을 불러일으키는 정신, 정열, 영감의 '힘'을 가리킨다. 이는 아주 복잡한 개념이며, 그 후의 사색을 통해 의미가 더욱 풍부해지고 엄밀해졌다.[5] 여기서는 최초의 개념으로 환원된 인도이란어 kartu-가 언제나 '우세'를 의미하는 호메로스 그리스어 krátos와 분명히 연관된다는 점을 지적하는 것으로 충분하다. 이 두 언어군에서 그것은 명사이며, 더 이상 형용사로는 사용되지 않는다. 단지 그 조어법이 약간 다를 뿐이다(인도이란어에서는 -en형의 남성 명사이고, 그리스어에서는 -en형의 중성 명사이다). 그 핵심 개념은 동일하다.

이 두 어휘군을 하나로 통일시키는 것은 가능하지 않은 것같다. 왜냐하면 인도유럽어에서 이들은 형태상으로 아주 유사하지만 실제로는 동일하지 않은, 별개의 두 어기語基에서 유래하기 때문이다. 즉 ① '단단한'을 의미하는 형용사로서 그리스어 kratús, 고트어 hardus로 대표되는 형태와 ② '세력', '우세'를 가리키는 명사로서 인도이란어 kartu-와 그리스어 krátos가 계승하는 형태이다. 그런데 게르만어군의 고트어 hart, 영어 hard 등의 형태가 정신적 의미나 정치적 의미로 전혀 발달하지 않았다는 점에 유의해야 한다. 또 인도이란어에서도 kartu-의 관련 형태들이 '단단한'이란 관념과 아무 관계가 없다는 점에도 유의해야 한다. 이 사실 때문에 우리가 앞에서 지적한 그리스어 내의 불일치, 즉 kratús(단단한)와 krátos, kartein(지배하다)의 불일치가 한결 분명히 드러난다. 그렇지만 형용사 kraterós는 두 단어족의 의미를 혼합시켰다. 그리하여 한편으로 iskhurós, sthenarós의 모델을 따라 kratús의 쌍립어가 만들어져서 '단단한', '잔인한', '고통스러운'의 의미가 되었고, 다른 한편으로 krátos에서 '권위를 지닌', '우세한'을 의미하는 형용사가 파생되었다.

---

5) 뢰노브K. Rönnow, 『동양의 세계』*Le monde oriental*, XXVI, 1932, pp. 1~90에서 상세하게 분석됐다. 그 이후 발표된 연구로는 르누L. Renou, 『베다와 파니니 연구』*Etudes védiques et paninéennes*, IV, 1957; IV, 1958, p. 18에 논의되고 있다.

그리하여 krátos의 개념은 고유한 정의를 되찾았고, 동시에 인도유럽어의 대응어도 찾아내었다. 호메로스의 서사시에 나오는 이 개념을 탐구할 기초가 닦였다. 호메로스 이후에 그리스어 정치 어휘에서 krátos가 급증하기 때문에 이 용어의 발달 과정을 추적하는 것은 그리스어 전문가들이 할 일이다.

8장 _ 왕권과 귀족

요약

게르만어(영어 king, 독일어 König 등)에서 왕은 태어난 자, 즉 잘 태어난
자, 고귀하게 태어난 자(어근 *gen-(태어나다))를 가리킨다.

그러나 귀족은 아주 교훈적인 다른 명칭을 지니는데, 예컨대 독일어
edel이 그렇다. 이는 *atta-(양육자로서의 부친)에서 파생된 고대의 *atalo
에서 유래한다. 이 귀족 명칭을 보면 인도유럽사회의 대가족이 아이를 양
육했음을 가정할 수 있다. 사실상 호메로스 이야기에 나오는 átta, atalós,
atitállō 같은 용어의 용법은 이 가정을 뒷받침한다.

인도유럽어의 서부 영역에서도 이처럼 의미를 계속 기술해 나가면, 게르
만 세계의 '왕'의 명칭과 '귀족'의 명칭을 고찰하게 된다.

영어 king, 독일어 König 등으로 나타나는 '왕'의 명칭은 *kun-ing-
az에 근거한다. 이 용어는 어기 kun(고트어 kuni(종족/가족) 참조)에 접미사
-ing이 첨가된 파생어이며, 어기 kun 자체는 어근 *gen-(태어나다)에서 파
생된 명사형으로서 라틴어 gens, 그리스어 génos와 동일한 단어군에 속한

다. '왕'은 출생 때문에 '혈통에 속한 자', 즉 혈통을 대표하는 자, 혈통의 우두머리로 명명된다. 게다가 왕은 출생을 명명할 때마다 고귀한 귀족 태생임이 드러난다. 타키투스는 게르만인에 대해 Reges ex nobilitate······ sumunt(왕들은 고귀한 신분을 지닌 자들 가운데서 선택된다; 『게르마니아』7장 1행)라고 말한다. 이러한 개념에서 본다면, '왕'은 자기 종족의 대표자가 된다.

독일어 edel로 표현되는 '귀족' 개념은 게르만어에서는 전혀 다르게 나타난다. 그래서 이 개념은 훨씬 어려운 문제를 제기한다.

그 단어는 이미 고대 영어, 중기 영어, 고대 고지 독일어에 출현하며, 그 형태는 오늘날의 형태와 그리 다르지 않다. 이들 형태는 모두 고대의 *atalo-(고대 노르웨이어 edal 등 참조)에서 유래하며, 독일어 Adel(귀족)과 대응하는 uodal과 서로 교체되면서 출현한다. 게르만어에서 재구된 어간 *atalo-는 어원을 비교할 수 없다. 그래서 이 게르만어 형태는 완전히 고립된 것 같다. 하지만 의미는 전혀 다르지만 이것과 대응하는 형태가 있는데, 그것은 그리스어 형용사 atalós(ἀταλός, 어린아이의/어린애 같은/유아의)이다. 이 형용사에서 동사 atállō(ἀτάλλω)가 파생되는데, 그 의미는 '어린아이처럼 뛰어놀다', '깡충 뛰다', '재미있게 놀다'로 번역된다. 마지막으로 여기에서 중복형 현재 atitállō(ἀτιτάλλω, 어린아이에게 젖을 먹이다/어린아이를 기르다)가 파생된다. 이 모든 사항들이 그리스어 자체에서도 그리 명확하지 않다. 특히 게르만어군의 개념과는 아무 개념적인 관계가 없다. 그래서 일반적으로 어원사전에서는 의미의 불일치로 인해서 이들의 대응을 피하고 있다.

그렇지만 이 그리스어 단어들의 의미를 자세히 조사할 필요가 있다. 이를 연구하면, 이들 어휘가 다른 의미 영역으로 접어들겠지만 여전히 제도의 세계 내에서 이루어지는 연구이다.

동사 atállō는 실제로 확인되지 않는 반면, atitállō는 명확하게 확인되며, 그 의미도 '기르다', '음식물을 먹이다'보다 훨씬 더 자세하다. 이 단어는 분명히 tréphō(기르다)와 관련해서 사용된다. 예컨대 『일리아스』 24권 60행의 "나는 그를 먹이고 길렀소" 같은 것이다. 그러나 "그녀는 그를 어린아이처럼 길렀다"(『오디세이아』 18권 323행)에 유의하라. 이 두 행은 기본 의미를 포함하고 있다. 즉 '어린아이**처럼** 기르다', 다시 말해서 실제로 가족이 아닌 자를 **가족처럼** 길렀다는 뜻이다. 이 동사는 모든 예문에서 자기 자식이 아닌 어린아이에게만 적용된다. 예컨대 아킬레우스의 어머니 헤라(『일리아스』 24권 60행) 같은 인물이다. 그래서 자기 아이에게는 이 동사가 결코 사용되지 않는다. 헤시오도스도 역시 이 단어를 이 의미로 사용한다(『신통기』 480).

이제 이 동사가 무엇을 지시하는지 알 수 있다. 그것은 학술 용어에서 사용되는 명칭인 '양육'을 가리키는 제도, 즉 양(육) 부모로서 아이를 기르는 일을 가리킨다.

이 관습은 매우 중요하다. 특히 켈트 사회와 스칸디나비아 사회에서 중요하다. 그리고 왕가의 아들들에게는 이 제도가 관례화되어 있다. 귀족 가문은 다른 집안에 자식을 맡겨 일정한 나이가 찰 때까지 양육하는 관습이 있다. 이는 혈연에 기초한 친족 관계보다 때로는 훨씬 강한 진정한 친족 관계로, 이 관계가 양가문 사이에 확립되기도 한다. 스칸디나비아의 옛 법규에 gragas란 법이 있었는데, 이것은 맡겨진 아이의 지위와 그를 양육하는 부모의 행동지침을 정한 것이다. 이 제도는 켈트족 사이에도 역사적 전통과 전승을 통해 잘 알려져 있다. 보통 왕가의 자식들은 다른 가족, 일반적으로는 외가外家, 즉 아이의 외할머니에게 맡긴다. 양육하는 부친을 가리키는 특수한 용어로 aite가 있다. 이 용어는 라틴어 atta, 그리스어 átta에 대응하며, 이 관습을 지칭하는 동사는 스칸디나비아어 fostra다. 위베르는 켈트족을 연구한 책[1]에서 이 제도에 대한 증거를 수없이 들고 있다. 양육은 코카사스 귀족, 특히 그루지야 귀족에게서도 확인된다.

이제 이 양육제도가 그리스에도 있었다는 것을 상정할 수 있다. 그리스에서 이 제도는 동사 atitállō에서 인지된다. 이 개념과 관련되는 다른 용어도 분명히 존재했겠지만, 이들 용어는 단지 산발적으로 보존되고 있다. 예컨대 크레테 섬의 고르튀네 비문에 atitáltas(ἀτιτάλτας)가 나오는데, 이것은 tropheús, 즉 '양(육) 부친'을 가리킨다.

이 동사가 지닌 제도적 의미가 확정되었기 때문에 이와 결부될 수 있는 전통을 찾아볼 수 있다. 아킬레우스가 포이닉스에게 어떻게 양육되었는지(『일리아스』 9권 485~495행), 또 다른 시인들에 따르면 그가 케이론[2]에게서 어떻게 양육되었는지를 회상해 보자. 신비하고 전설적 전승을 추적하면, 또 다른 확증도 찾을 수 있다. 본질적인 것은 이 관습을 확인하고 명명하는 일이다. atitállō는 위험을 피하기 위해서건 전통을 따라 양육하기 위해서건 이유야 어찌되었든, 오직 자기 가정이 아닌 곳에서 양육된 어린아이에게만 사용된다.

이제 그리스어 형용사의 어기 *atalo-를 조사해 보자. 이것은 이상하게도 토카라어 ātäl과 일치하지만, 이 단어는 '사람'을 의미한다. 그것이 우연

---

1) 위베르H. Hubert, 『켈트족과 텐느 시기까지의 켈트족의 확장』Les Celtes et l'expansion celtique jusqu'à l'époque de la Tène, Renaissance de Livre, Paris, 1932.

2) 케이론Kheirôn: 머리는 사람이고 몸은 말의 형상을 한 괴물 모습의 야만 민족인 켄타우로이의 한 사람으로 선량한 지혜를 지니고 있었다. 아폴론과 아르테미스가 그에게 의술과 사냥을 가르쳤고, 그는 그 후 아킬레우스를 포함하여 여러 영웅들을 가르쳤다. ─옮긴이

의 일치인지 아닌지는 알 수 없다. atalós의 형태 구성 자체는 átta로 대표되는 단어에서 파생된 -lo- 파생어를 생각나게 한다. átta는 인도유럽사회 전체에 널리 알려져 있는 부친을 가리키는 명칭이다. 예컨대 고트어 atta, 라틴어 atta(부친), 그리스어 átta, 산스크리트어 여성 attī(누나/언니에 대한 친밀 명칭), 아일랜드어 aite, 히타이트어 attaš(부친; pater는 히타이트어에는 출현하지 않는다)이다.

atta라는 형태는 어중의 자음중복으로 인해 어린아이 말에 속하는 형태로 간주된다(papa, mamma 참조).[3]

그렇지만 아일랜드어 형태 aite(양육 부친)는 양육제도가 역사 시기에 아일랜드에도 있었다는 사실 때문에 특별한 의미를 지닌다. aite는 혈통을 이어받은 부친을 가리키는 것이 아니라 양육 부친을 가리키는 명칭이다. 그리스어 atta가 양육 부친을 가리키는 구체적인 명사였다면, 텔레마코스가 자기를 길러 준 에우마이오스[4]를 atta로 부른 것은 우연이 아니다.

이 조사를 끝내면서, 게르만어 Edel로 되돌아가 보자. 대가문에서, 특히 왕가에서 자식을 양육 부친에게 맡기는 것이 전통이었다면, 그렇게 양육되었다는 사실 자체는 귀족임을 분명 함축한다. Edel은 고유한 의미에서 '유아'를 가리키되, 양(육) 부모가 기른 어린아이는 태생이 고귀한 신분일 수밖에 없다는 것을 함축한다. 이 사실로 인해 고대 고지 독일어 adal(종족), 앵글로색슨어 adelu(귀족 출신의)가 가리키는 의미 관계는 명확히 한정된다.

이러한 가설하에서만 선사 시대의 전통에 나타나는 산발적이고 단편

---

3) atta에 대해서는 본서 제1권 256쪽 이하 참조.
4) 에우마이오스Eumaios; 『오디세이아』에 나오는 인물로 오디세우스에게 충성을 바치는 돼지치기. 오디세우스가 이타케에 도착하자 그를 자신의 집에 묵게 한다. ―옮긴이

적인 사실들이 일차적으로 통일되며, 그렇게 통일됨으로써 형태적 일치가 가정한 의미와 서로 들어맞는다.

9장 _ 왕과 그 백성

요약

호메로스에 나오는 '백성'을 가리키는 두 명사 dêmos와 laós의 의미와 기원은 서로 다르다.

　dêmos는 일정한 영토와 거기에 사는 백성을 둘 다 가리킨다. 이것은 도리스어 기원의 용어이다. laós는 남자와 전사의 공동체를 가리키며, 우두머리와의 관계, 즉 laoí의 '목자'(poimḗn)나 '지도자'(órkhamos)에 대한 관계에 의거해서 규정된다. 호메로스에서 주로 테살리아와 프리기아의 영웅들은 poimḗn laôn의 칭호를 받는다. 다른 증거들——문학, 비문 등——은 이러한 laós란 용어의 분포를 확증해 준다. 따라서 laós는 그리스어의 관점에서 볼 때 아카이아 기층에 속한다. 그러나 그것은 또한 그리스 문헌 전통이 막 시작될 무렵에 아이올리스·프리기아 공동체가 존재했다는 것을 증거한다. 그리하여 호메로스의 서사시에 그러한 표지를 발견한다는 것은 그리 놀라운 일이 아니다.

왕의 지위와 특징을 규정하는 데는 왕권의 행사로 다스림을 받는 사람들,

즉 때로는 주군主君으로, 때로는 가장 직접적 대표자로 왕을 섬기는 '백성'을 가리키는 용어도 고려해야 한다.

호메로스에 '백성'을 가리키는 두 가지 다른 명칭, 즉 dêmos(δῆμος)와 laós(λαός)가 있는데, 이를 각기 자세히 고찰할 필요가 있다. 또한 왕이 '백성의 목자', 즉 poimén laôn이라는 은유로 사용되는 것도 잘 알려져 있다. 이 표현은 정확히 무엇을 의미하는가? 더욱 정치적 의미를 지닌 다른 칭호들, 즉 órkhamos(지도자), koíranos(지휘자), kosmétōr(κοσμήτωρ, 명령자)처럼 poimén은 dêmos를 지배하지 않고, 단지 laós만 지배한다. 반면 ánaks(군주), agós(불경한 자)와 이따금 órkhamos(우두머리)는 오직 andrôn(사람들/남자들)만을 지배한다.

이처럼 필요에 따라서 dêmos와 laós는 '백성'peuple으로 번역된다. 이 두 개념의 차이를 명료하게 설명하는 것이 유익할 것이다. 왜냐하면 의미의 차이가 있을 뿐만 아니라, 더구나 그 차이점이 현저하기 때문이다.

정치적, 영토적 개념인 dêmos는 일정한 영토와 거기에 사는 백성을 가리킨다. 여기서 '백성'의 의미는 éthnos(ἔθνος)와는 다른 의미이다. 왜냐하면 éthnos는 사람뿐만 아니라 동물, 벌에도 사용되나 dêmos는 이러한 경우에는 결코 사용되지 않기 때문이다. 더구나 éthnos는 éthnos laôn, éthnos hetaírōn이란 표현을 구성하여 전우戰友 집단을 가리킨다. 끝으로 호메로스의 예문들로부터, dêmos는 오직 공통의 사회조건에 의해 결속된 사람 집단이며, 친족 관계나 정치적 소속으로 결속된 집단은 아니라는 결론이 나온다.

laós(이 용어는 단수보다는 흔히 복수로 많이 사용된다)의 특성은 남자 집단과 우두머리와의 인간 관계를 표시하는 것이다. 이것은 고대의 전사 사회에 고유한 조직 ──이를 이미 게르만족에게서 확인할 수 있다── 으로서, laoí는 우두머리를 따르는 수행 전사들이다. 이들은 우두머리의 명령에 따르며, 그에게 충성과 복종을 맹세한다. 이들은 상호 동의하에 우두머리와 결속되지 않으면 laoí가 될 수 없다. 이들은 그의 대의명분을 위해 전투에 참가한다. 이 상황은 이미 친숙히 알려져 있다. 하지만 이 현상은 『일리아스』의 서사시적 특성 때문일 수도 있다. 어쨌든 laós는 무기를 가진 자로서의 백성의 명칭이다. 이 용어는 늙은이나 어린이에게는 적용되지 않고, 오직 성년의 남자에게만 관련된다. 따라서 laós는 dêmos와는 달리 전사들의 공동체이다. 복수 laoí는 이 공동체가 다수의 집단으로 구성되었다는 것을 암시한다.

여기에서 poimén laôn이란 표현이 사용된 조건을 좀더 신중히 연구해야 한다. 이 자격을 누구에게 적용했고, 『일리아스』와 『오디세이아』에서 이 표현이 어떤 상황에서 사용되었을까? 이는 아마도 한 번도 제기된 바 없는 질문인 듯하다.

이 표현은 아주 오래된 것으로 그 고어성을 추정할 수 있는 것은, 『오디세이아』에는 단지 12회의 용례가 출현하는 데 비해 『일리아스』에는 44회나 출현한다는 점에 있다. 더욱이 이 12회의 용례는 모두 정식定式 표현의 성격을 지닌 구절에서 사용되며, 『오디세이아』를 지은 이 시인에게 과거의 흔적으로서 남아 있다.

예문들을 분류하여 이 표현이 적용된 인물들의 목록을 작성하면 특이한 사실을 확인할 수 있고, 이를 깊이 숙고해야 한다. 이 표현은 대부분의 경우 아가멤논, 아킬레우스, 마카온, 이아손, 라페토스인(드리아스), 네스토르와 관련된 것임을 발견할 수 있다.

이 목록은 관련자 이름을 빠짐없이 열거한 것이 아니라, 곧 살펴보겠지만 아카이아 세계의 집단에 속하는 인물의 이름이다.

열거된 모든 인물들 사이에 어떤 공통점이 있는가? 이들은 모두 조상과 출신을 알 수 있는 남자들이다. 시인(호메로스)은 이들의 출신지가 어디인지를 말해 준다. 아킬레우스는 테살리아[1]의 지방인 프티아, 즉 프티오티스 출신이고, 마카온은 테살리아의 고장인 이토메 출신이고, 이아손은 아르고나우테스인이 원정을 떠난 테살리아의 고장인 이올코스 출신이다. 라피토스인인 드리아스는 다른 라피토스인처럼 테살리아 북부 출신이다. 마지막으로 네스토르는 퓔로스의 왕이지만, 그의 전설에 얽힌 특징들과 ἱππότα Νέστωρ(기사 네드토르)라는 표현으로 미루어 그도 테살리아 지방과 연관된다고 할 수 있다(이 점은 이미 지적한 바 있다).

우리는 여기서 이 서사시의 가장 오래된 기층基層에 도달한 셈이다. 가장 주목받는 'poimén laôn' 가운데 몇 사람이 테살리아 출신이라면, 그것은 간단히 넘길 우연한 사실은 아니다. 이미 상투어구가 된 이 칭호는 그 후의 모든 아카이아인의 왕에게까지 확대·적용되었고, 그 결과 아가멤논에게도 부여되었다.

이들 외에 반대 진영에도 이 칭호를 받는 사람들이 있다. 헥토르, 비에노르, 휘페이론, 휘페레노르, 아게노르 등이다. 이들에 대해서는 알려진 바가 별로 없다. 이들은 트로이아[2] 지방 출신이다. 이 중 어떤 인물은 순수한 트로이인이지만 프리기아인도 있다.

이것이 호메로스의 두 집단에 나오는 poimén laôn의 분포를 보여 주는 대략적인 모습이다. 첫째 집단은 전형적 테살리아인이고, 둘째 집단은 일리온[3]·프리기아인이다.

---

1) 테실리아Thessalia: 그리스 북부 지방으로 산맥으로 둘러싸인 광활한 평야 지대. ─옮긴이
2) 트로이아Troia: 소아시아 북서부의 고대 도시가 위치한 지역으로 에게 해에 근접해 있다. ─옮긴이

이 점을 확정했으므로 이제 더욱 심도 있게 조사하기 위해 laós란 용어를 다시 살펴보자. 이 단어는 그리스어 이외의 언어에는 대응이 없는 단어다. 따라서 이것을 인도유럽어 어휘에 포함시킬 수도 없고, 그 선사시대에 포함되는 것으로 설명할 수도 없다. 그러나 그것은 그리스어에 많은 관련 단어가 있어, 분석을 한층 심화시키면 새로운 몇 가지 세부 사항을 알 수 있다.

간접적이지만 laós에 대한 중요한 역사적 자료는 케르케스가 테살리아로 원정 간 사건을 적은 헤로도토스의 기록(『역사』 VII, 197)이다. 케르케스[4]가 이 지방에 있는 아카이아의 알로스에 이르자 안내자들이 그 지방의 제우스 라피스티오스[5]에 대한 전설을 그에게 얘기한다. 아타마스는 프리코스에 대항하여 이노와 공모하고, 아카이아인들은 그를 벌하기 위해 그의 후손에게 적용되는 법을 공표한다. 장자長者는 원로원 공관에 출입이 금지되고, 이를 어기면 사형에 처한다. 거기 들어가서 나오면 희생제물로 바쳐진다는 것이다. 이는 이상한 이야기지만 제우스 라피스티오스에게 장자를 의무적으로 바치는 희생제사에 대한 기억을 전하는 것으로 짐작된다.

헤로도토스는 이러한 금지사항을 이야기하면서 다음과 같이 말한다. ἔργεσθαι τοῦ ληΐτου(léïton의 접근을 금지한다). 그리고 그는 다음 주석을 덧붙인다. λήϊτον δὲ καλέουσι τὸ πρυτανήϊον οἱ Ἀχαιοί(아카이아인은 léïton을 원로원 공관으로 부른다).

이 장면은 아카이아 프티오티스에서 일어난 일이라는 것을 기억하

---

3) 일리온Ilion: 트로이아를 가리키는 또 다른 고대 그리스 명칭이다.—옮긴이

4) 케르케스Xerxes: 고대 페르시아어로 Khshayarsha이다. 아케메네스 왕조의 왕을 지칭하는 그리스 명칭으로서, 다리우스 1세의 아들인 케르케스 1세(기원전 486~485년)를 가리킨다.—옮긴이

5) 라피스티오스Laphystios: 원래는 '탐욕스러운 자'란 뜻이다. 제우스의 별칭이다.—옮긴이

자. léïton(láïton의 이오니아어 형태)이란 단어는 주석가들과 특히 헤시키오스에 보존된 일련의 형태와 관련된다. 즉 λάϊτον · τὸ ἀρχεῖον(láïton은 τὸ arkheîon(행정관의 저택)이다), λάϊτων · τῶν δημοσίων τόπων(láïton은 tēn dēmosíōn tópōn, 즉 '공공장소'이다), ληϊτη, λήτη · ἱέρεια(lēï-tēlétē는 hiéreia(공직이 여사제)이다) 등이고, λειτοάρχαι(leitoárkhai)는 희생제사를 담당하는 공직자, 행정관의 칭호이다.

또 다른 주석 ─ 출처가 있기 때문에 중요하다 ─ 은 행위자 명사를 보여 준다. λητῆρες · ἱεροὶ στεφανοφόροι Ἀθαμᾶνες(lētêres는 hieri stephanophóroi Athamânes(성스러운 왕관을 지닌 아타마네스인)이다). 그런데 헤로도토스가 얘기하는 전설은 아타마스의 아들들과 후손에 관련된다. 그래서 lētêres라는 단어는 아타마네스인, 즉 그 이름의 시조_{始祖}인 아타마스 족속의 언어에서 유래한다. 또 다른 행위자 명사 *leítōr는 명사 파생동사 leitoreúō(행정권을 행사하다/공직을 수행하다)에서 확인되는데, 오직 테살리아의 비문에만 나타난다.

이러한 증거가 우리에게 가르쳐 주는 것은 무엇인가? lā(ω)ós의 파생어인 lā(ω)iton을 대표하는 léïton이란 기본 용어는 아카이아인에게는 행정, 관청, 공관을 가리켰다. 인용된 이들 용어의 분포에 따르면, 이 전통을 지키는 곳은 테살리아와 아르카디아이며, 그 밖의 지방에는 이 전통이 없다. 따라서 laós는 아카이아어의 단어라는 결론은 당연하다. 헤로도토스가 이야기하는 전설의 주인공들은 아카이아인으로서 그리스 내에서 아카이아 프티오티스라는 명칭을 지닌 지방 출신이다. 테살리아, 베오티아의 일부, 몇몇 섬과 소아시아 일부와 함께 이 지방은 아이올리스 지방으로 간주된다. 아이올리스 방언은 호메로스의 그리스어와 더불어 다소 모호하지만 실제적 언어공동체를 형성하는데, 그것은 이 서사시 언어의 고유한 많은 특성이 아이올리스 방언에서 발견된다는 의미에서 그렇다. 그런데 여기에서 아카이아어로 제시된 이 용어는 아타마스와 연관되어 있다. 아타마스는 아이올리스인의 조상인 아이올리스의 아들이다. 그리하여 역사적 전승과 방언 분포가 서로 일치한다. 그래서 laós는 그리스어의 아카이아 기층에서 기인하는 것임에 틀림없다. 이 사실은 고유명칭학에서도 확증된다. 즉 laós는 많은 고유명사와 합성어를 형성하는데, Lao-médon(라오 메돈), Lao-koon(라오 코온)처럼 첫 요소를 구성하거나 Menélaos(Ménélas)와 -las로 된 모든 명사처럼 합성어의 둘째 요소를 구성한다. 고유명사는 수가 상당히 많다. 가장 오래된 이름을 지닌 인물 중 아이올리스 지방 출신이 상당수라는 사실을 알 수 있다. 한 걸음 나아가 사람들이 의식하지 못하지만, laós란 단어, 더욱 정확하게는 위에 인용된 lā(ω)ito-의 파생어는 잘 알려진 공통 그리스어 합성어에서도 나타난다. 그것은 léitourgós(ληι-, λειτουργός)와 추상명사 leitourgía(λειτουργία, 공적 봉사/공무)인데, 이들은 *léito-werg-로 분석된다. 따라서 헤로도토스에게서도 지역 방언으로 제시되고, 해석이 곁들여 있는 léïton이란 단어는 공통어(코이네)로 넘어 온 제도 명칭의 기어基語로 사용되었다. leitourgía(liturgie)는 '공적' 봉사, 즉 국가에 대한 시민의 공적 부역이다. 이 합성어도 역시 아이올리스·아카이아어에서 기원하는 것임에 틀림없다. 그래서 그것은 léïton가 '공적' 일을 가리키는 일상 용어로 사용되던 방언에서 필연적으로 생겨날 수밖에 없었다.

그리스 영토의 다른 지방, 즉 도리스어 영역에서 보면, 공적 봉사의 개념은 크니도스(Knidos)에서는 dāmoûrgos(δαμοῦργος)로 표현된다. léitourgós와 dāmoûrgos는 의미적으로 정확히 일치하지만 형태 차이는 시사적이다. 즉 dêmos는 아이올리스·아카이아어 형태 lá(w)ós(그리고 lá(w)iton)와 일치하는 도리스어의 형태라는 것을 알 수 있다. 이 분석은 그리스어 내에서 이들 단어에 대한 일종의 지질층地質層 분석이다.

따라서 '백성' 개념에 대한 두 가지 상이한 기원이 이미 호메로스에서 나타나 있다. 따라서 laós는 아카이아 시대로 거슬러 올라가는 반면, dêmos 는 도리스인의 침입 시기, 따라서 훨씬 후기의 시대와 연관 지어야 한다.

그러나 지금까지 우리는 자료의 반 정도밖에 고찰하지 못했다. 『일리아스』에서 poimén laôn이란 칭호는 또한 아카이아인과 그리스인의 영웅이 아니라 트로이아인들의 영웅에게도 부여된다. 마찬가지로 -laos로 된 고유명칭을 지닌 인물들 가운데는 아시아인, 예컨대 프리기아인 출신의 인물도 있다. 사실상 이 단어는 프리기아어에서 두 가지 형태로 나타난다. 고대 프리기아 비문에서 고유명사 Akenano-lawos와 lawaltaei란 단어가 나타나는데, 둘째 단어는 '백성을 먹이는(라틴어 alo(기르다/먹이다) 참조)' (qui populum alit)을 의미하는 합성어로 해석될 수 있다. 어쨌든 이 단어의 첫째 요소는 lāwós(백성)이다.

어휘 요소들이 그리스어와 프리기아어에 공통된 것으로 생각되는 것은 놀라운 일이 아니다. 우리는 언어적 이유뿐만 아니라 역사적 이유에서 그리스인과 프리기아인을 구별한다. 그러나 그리스인은 프리기아인과 차이점보다는 유사성을 더 느꼈을 가능성이 높다. 호메로스에서 프리기아와 트로이아의 세계는 그리스 세계와 똑같다. 언어는 이들의 관계에 방해 요소가 되지 않는다. 영웅들은 똑같은 차원에서 해석되고 이해된다. 이들이 도움을 비는 신은 똑같은 신이다. 이들은 동일한 제도, 동일한 환대 관계, 동일한 가족 형태를 공유한다. 이들은 혼인을 주고받으며, 서로의 지역을 드나들며 여행한다. 호메로스에게 트로이아의 전쟁은 그리스인과 이방인의 대립 전쟁이 아니라 같은 세계 내에서 일어난 내전內戰이다. 반면 카리아인[6]은 '이방어異邦語를 말하는 자들'로 묘사하고 있다.

고대의 전승은 프리기아 세계와 테살리아 세계나 아이올리스 세계를 서로 밀접하게 연관 짓고 있다. 프리기아인, 즉 Φρύσες, Βρύσες는 원래 트라케 출신으로 간주되었다. 아타마네스족이 자리 잡은 지역에 위치하던 프리기아인은 트라케족과 동일한 집단에 속하는 한 종족에 지나지 않는다. 이들의 공동체나 위치상의 인접성을 보여 주는 증거가 호메로스 서사시에 끊임없이 나타나는 것은 놀랄 일이 아니다.

동일 목록에 속하는 것으로 또한 órkhamos laôn(백성의 지도자)이란 칭호가 있다. órkhamos란 형태는 árkhō(명령하다)와 관련되지만, 어두 o-는 전치사 ἀνά(aná)와 대응하는 óv의 o-처럼 아이올리스어에서 특수하게 다루어진 것임을 보여 준다.

poimén laôn이란 칭호를 정확히 평가하려면, 인종적·사회적 전체 관점에서 평가해야 한다. 그것은 양육에 기초한 사회구조에서 전사 직업이 우두머리에 종속된 '밴드'(병사 집단)의 형태로 행해지던 시기로 거슬러 올라간다. lāwos란 용어에 대한 가장 오래된 증거 가운데 하나는 미케네어 ra-wa-ke-ta = Lāwāgetās(lāwos의 우두머리; 핀다로스에게서 나오는 도리스어 lāgétās(백성의 우두머리) 참조)라는 것은 결코 우연이 아니다. 그러나 '왕권' 개념은 또 다른 권력의 관념을 도입시키고 있다. 즉 왕의 권위는 안내자로서의 권위, '목자'로서의 권위이며,[7] 이 사실은 호메로스 그리스어뿐만 아니라 이란어와 히타이트어에도 볼 수 있다.

---

6) 카리아Karia: 소아시아 남서부의 연안 지방으로 페니키아의 식민지였다가 도리스인들에게 그리스화되었다. 이곳 주민을 카리아인이라고 한다.—옮긴이

7) 『히타이트어와 인도유럽어』*Hittite et indo-européen*, Paris, 1962, p. 100 참조.

제2편

법

1장_thémis

요약

산스크리트어 ṛta, 이란어 arta, 라틴어 ars, artus, ritus에 공통된 어근은 전체를 구성하는 부분들 사이의 조화로운 순응으로서의 '질서'를 의미하는데, 인도유럽어에는 법적 지칭의 의미가 없다.

'법'은 산스크리트어 dhāman, 그리스어 thémis이다. 이 용어의 문자적 의미는 신神에 의해서 확립된 규칙(어근 *dhē(존재하게 하다/생기게 하다))이다. 이 규칙은 가족법을 규정한다. 그래서 thémis는 '가족 사이의 관계법'을 가리키는 díkē와 대립된다.

일반적 사회구조는 다수의 개념에 의해 크게 구분되는 집단들로 규정되며, 법을 구성하는 규범의 집합에 근거하여 성립한다. 가장 원시적인 사회라고 하더라도 모든 사회와 더욱이 전혀 원시적이 아닌 인도유럽사회——이 사회에는 고도의 발전된 물질문명과 풍부한 문화가 있음을 살펴보았다——는 인간과 재산에 관한 법의 원칙에 의해 지배된다. 이 규칙과 규범은 어휘를 통해 표출된다.

우리는 인도유럽사회의 법체계를 어떻게 알 수 있을까? 인도유럽 공통어 시기로부터 법을 지칭하는 용어가 있었는가? 법 개념의 일반성과 인도유럽어 전체와 연관되는 이 질문에 부정적 대답을 해야 할 것 같다. '법'을 지칭하는 용어는 많지만, 그 용어는 각 언어에 고유하다. 하지만 주요 용어는 공통 어휘의 여러 요소와 관련되며, 인도유럽어 시기까지 거슬러 올라가는 법률 개념의 특성을 이미 입증해 준다.

역사적으로 확인된 용어들의 기원과, 공통 형태에서 출발하여 의미를 특수하게 분화시켜 제도 명칭이 된 발전 과정을 동시에 연구해야 할 필요가 있다.

공통 인도유럽어 때부터 아주 중요했던 개념을 한 가지 제시할 수 있는데, 그것은 '질서' 개념이다. 이 개념은 베다 산스크리트어 ṛta, 이란어 arta(특수한 음성변화에 의해 아베스타어는 aša)로 나타난다. 이것은 인도유럽족의 법률 세계뿐만 아니라 종교적, 도덕적 세계의 주요 기본 개념 가운데 하나이다. 즉 우주의 배치, 별의 운행, 계절과 해의 순환을 규제할 뿐만 아니라 인간과 신의 관계, 그리고 인간 관계를 규정하는 '대질서'이다. 따라서 그것은 모든 인도유럽사회의 종교적·도덕적 기초이며, 이 원리가 없다면 모든 것이 무질서와 혼돈으로 변할 것이다.

이 질서 개념의 중요성은 여기에서 파생된 어휘 형태의 수가 상당히 많다는 데서도 나타난다. ṛta와 arta에서 파생하여 어휘와 고유명칭에 나타나는 인도어와 이란어 파생어를 모두 상세하게 열거할 필요가 없다. 인도이란어에서 이 용어가 아주 오래되었다는 것은 더욱이 형태론의 고어성에도 드러난다. 즉 'arta를 충실히 따르는 자, 즉 도덕적으로 완성된 자'는 산스크리트어 ṛta-van, 여성 ṛta-varī로 불린다. 또한 이란어 artavan, artavarī로도 명명된다. 접미사 형태 남성 -van과 여성 -varī의 현저한 차이는 고대의 이른바 혼성굴절(flexion hétéroclitique)의 작용으로 설명된다. 이 혼성굴절의 잔존 형태는 그리스어 húdōr(물), húdatos(물의; 속격), 라틴어 iter(여정), itineris(여정의; 속격)의 계열체에 남아 있다.

더욱이 『아베스타』에서 이 개념은 의인화되어 나타난다. 여기에는 arta란 신이 나온다. 인도이란어에서는 -tu-형의 추상명사 접미사를 이용하여 베다 산스크리트어 어간 ṛtu, 아베스타어 어간 ratu-가 파생되었고, 이것은 특수하게 계절의 질서, 시간의 순환 주기를 지칭했다. 또한 일반적으로 규칙, 규범을 지칭하기도 했다.

이 모든 형태는 어근 ar-와 연관된다. 이 어근은 인도이란어 외의 언어들의 형태 구성에서도 잘 알려져 있고, 또 앞에서 기술한 형태 범주들과도 잘 부합된다. 이 어근은 그리스어 ararískō(조정하다/맞추다/조화시키다; 아르메니아어 arnel(하다/만들다))의 어근이며, 다수의 명사 파생어가 이 어근과 관련된다. 즉 -ti-형의 라틴어 ars, artis(자연적 성향/자질/재능), -tu-형의 라틴어 artus(관절/접합)와, 다른 기어 형태로 구성된 라틴어 ritus(배치/의식儀式), 그리스어 artús(아르메니아어 ard, 속격 ardu(배치/법규)), 또한 현대형 artúnō(배열하다/갖추다)와, *-dhmo-형의 그리스어 arthmós(연결/결속), *-dhro-형의 그리스어 árthron(관절/지체肢體) 등이다.

동일한 개념이 이 모든 파생어에 여전히 분명하게 남아 있다. 즉 전체를 이루는 각 부분 사이의 배열, 질서, 긴밀한 조정의 개념이 그것이다. 물론 파생어는 언어에 따라 개념이 다양하게 분화되었지만, 이것이 인도유럽어 시기부터 수많은 다양한 어휘로 나타나는 '질서'의 종교적 측면, 법률적 측면, 기술적技術的 측면을 포괄하는 일반적 개념이다. 그러나 각 영역별로 분화된 별도의 용어도 필요했다. 이러한 이유로 '법'은 더 엄밀한 표현을 갖는데, 이 표현을 법의 고유 영역에서 고찰해야 한다.

이제 법을 가리키는 주요한 표현을 살펴보자.

우선 베다 산스크리트어 dharma-, 중성 dharman이 있는데, 이는 '법'에 해당하지만 원래의 고유 의미는 '유지', '규정', '법규'(dhar-(유지하다)에서 유래)이며, 경우에 따라서 '관습', '규칙', '관용'을 뜻한다. 이것은 종교, 철학, 법의 영역에서 아주 중요한 용어이지만, 오직 인도에만 국한되어 나타난다.

이 인도이란어의 어간 dhar-와 라틴어 firmus의 어근이 대응되는 것 같은데, 그것은 이 라틴어가 dharman처럼 -m으로 구성되기 때문이다. 여기서 법은 '단단하게 유지하는 것', '확고하게 확립된 것'을 나타낸다.

'법'과 '자리', '장소'를 의미하는 산스크리트어 dhāman에 또 다른 이미지가 반영되어 있다. dhāman의 형태 구성은 dharman의 구성과 균형을 이룬다. 전자의 어형은 dhā-(두다/놓다), 인도유럽어 *dhē-(놓다/위치시키다/확립하다)에서 유래하며, 이 어근에서 라틴어 facio(만들다), 그리스어 títhēmi(두다)가 생겨났다. *dhē-의 의미는 단순히 물건을 땅 위에 두는 것만이 아니라 '창조적인 방식으로 두다', '존재를 확립하다'를 뜻하는 것임에 유의해야 한다. 따라서 파생어 dhāman은 '일정한 곳에 두기', '확립'을 가리키면서 어디에 위치되어 '창조된 것'과, '두는 위치, 확립시키는 장소'를 가리킨다. 다시 말하자면 영역, 자리뿐만 아니라 세계 내에 위치된 것, 창조된 것을 가리킨다. 여기에 근거해서 dhāman이 가리키는 '법'의 의미가 정의된다. '법'은 우선 '창립'이며, 설립된 제도이며, 제도로 확립 되면서부터 그것은 비로소 존재하게 된다.

이러한 법의 개념 구성은 인도이란어에만 국한된 것이 아니다. 다른 언어에도 이와 동일 어근에서 파생되고, 법률 어휘와 연관된 용어를 찾을 수 있다. 그리스어에도 아주 중요한 용어가 다수 있다. 우선 thesmós(도리스어 thethmós, tethmós; 고대의 중복형 *dhedhmo-(법률/규칙/규범))가 있다. 그러나 가장 눈에 띄는 형태는 thémis이다.

thémis의 형태 구성은 thémethla(호메로스에 나오는 형태는 thémeília)의 구성과 유사한데, 이 후자의 단어는 건축과 관련된 것으로서 '토대', '기초'를 가리킨다. thémis는 주지하다시피 옛 굴절형이다. 즉 호메로스에서 속격은 thémistos이고, 복수는 thémista, thémistes로 나타난다. 이들은 그 후에 속격 thémistos, 대격 thémin으로 형태가 표준화된다. thémis는 아마도 고대의 중성형 같다. 현재로서는 이것과 비교된 바 있는 미케네어 ti-mi-to에서 끌어낼 수 있는, 형태론적으로나 의미적으로 유용한 사실은 전혀 없다.

여기의 음량_{音量}을 제외한다면 thémis는 형태 구성 관계로 볼 때, 아베스타어 dāmi-와 정확히 비교된다. 이 비교는 놀라운 것이다. 왜냐하면 dúnamis의 접미사처럼 -mis로 된 접미사법은 아주 드물기 때문이다. 이 사실로 인해 thémis는 아주 오래된 단어이며, 고대의 굴절을 표준화시킨 형태론적 재배열을 겪었을 가능성이 매우 높다.

그러나 아베스타어 dāmi-는 행위자 명사의 기능을 가지고 있고, '창조자'를 뜻한다. 그리스어 thémis와 대응하는 이와 동일한 어근에서 파생된 -man형의 중성 파생어 dhāman(법)에서 그것을 찾을 수 있다. 이것은 엄밀한 의미로 미트라Mitra와 바루나Varuna가 정한 질서 내에서 효력을 갖고, 집과 가족과 관련되는 규정을 가리킨다. 이 특징이 중요한 이유는, 그것이 가족법이 적용되는 영역을 보여 주기 때문이다. 그렇다면 thémis는 무엇을 뜻하는가? 여기에는 놀라운 상관 관계가 있다. 즉 thémis는 가족법을 가리키며, 종족에 속한 여러 가족 사이의 법인 díkē와는 대립된다.[1]

이 점을 강조해야겠다. 왜냐하면 사전들이 이러한 의미 구별을 전혀 고려하지 않기 때문이다. 더욱이 thémis는 신에게서 기원한다. 이 의미를 통해서만 표면상으로 아주 다양해 보이는 여러 가지 뜻을 이해할 수 있으며, 이들이 한 가지 의미로 통일된다. 호메로스 서사시에서 thémis는 génos의 우두머리(족장)의 권위 아래서 가정의 일상생활이건 예외적 상황, 예컨대 동맹, 결혼, 전투 같은 상황이건 각자가 지켜야 할 권리와 의무를 정하는 규정이다.

thémis는 원래 하늘에서 유래하는 basileús의 고귀한 특권이며, 복수 thémistes는 이 규정들의 집합, 즉 신들에 의해 구상된 법전, 불문법不文法, 진술집과 신탁에 의한 판례집을 가리킨다. 이들은 génos의 질서를 세울 때마다 재판관(이 경우에는 가족의 장)의 양심으로 지켜야 할 행동 규범을 정한 것이다.

이 개념이 갖는 가장 구체적 특성은 아주 관례화된 용법에서도 찾아볼 수 있다. 평범한 표현 hê thémis estín을 살펴보자. 이것은 일반적으로 '관례대로'로 번역된다. 예컨대 『일리아스』 2권 72~73행의 "내 우선 hê thémis estín(관례에 따라) 말로써 그들(아카이아인의 아들들)을 시험하고자"가 그렇다. 여기서 아가멤논은 자기 군대를 책임지고 있는 basileús로서 말한다. 그는 이 군대의 우두머리이며, thémis를 행사한다. thémis는 그가 따라야 할 행동 규범, 준수해야 할 관례를 규정한다. thémis는 thémistes로 구체적으로 표현되는데, 이것은 실제의 판결이다. 『일리아스』 16권 387행에서 "부정한 thémistes(판결)를 내려 정의를 추방하는 인간들에게 진노하신 제우스께서 그의 노여움을 보이고자 ……"에서 볼 수 있다. 다시 말해

---

1) 이 두 용어의 역사, 이들의 자세한 의미작용과 관계는 구스타브 글로츠Gustave Glotz의 뛰어난 연구, 『그리스 형법에 나타난 가족의 연대성』*La solidarité de la famille dans le droit criminel grec*, Paris, 1904(특히 p. 21)에 나와 있다.

폭력의 지배하에서 부당한 판결을 내리는 인간에 대한 제우스의 진노를 볼 수 있다.

때로는 그 용법을 정확히 이해하는 데는 문맥이 필수적이다. 파트로 클로스가 전쟁에 뛰어들어 그의 모든 적들을 물리친다. 그런데 자신도 모르는 사이에 그의 죽음이 갑자기 준비되고 있었다. 왜냐하면 포이보스 아폴론이 몸소 변장하여 그를 대적하고 있었기 때문이다. "투구는 요란한 소리를 내며 말발굽 아래로 굴러 떨어졌고, 피와 먼지로 더럽혀졌다. …… 전 같으면 이 투구가 먼지에 더럽혀진다는 것은 용납될 수 없는 일이었으니 (ou thémis éen), 그것은 신적神的 인간인 아킬레우스의 머리를 지켜 주었던 것이다. 그러나 이때는 제우스께서 이 투구를 헥토르에게 주어 머리에 쓰게 했으니……"(『일리아스』 16권 796행 이하). 그 표현 자체가 다음 사실을 명백히 지시한다. 즉 아킬레우스에게 속한 이 투구는 결코 먼지로 더럽혀져서는 안 되는 이유는 신의 명령 때문이다. 아킬레우스는 "신적 인간"(anèr theîos, 798행)이기 때문이며, 그는 신의 가족이기 때문이다. 그리고 그의 군대까지도 신적 특혜를 누린다.

이 사회조직과 그곳을 지배하는 thémis는 시인 호메로스가 키클로페스족²⁾의 나라를 정반대로 대강 그린 모습에서 더 잘 드러난다. 그에 따르면, 키클로페스족은 athémistes로 불리는데, 이들에게는 의논하는 집회도 없고, thémistes도 없다는 것이다. 각자는 아내와 자식에게 자신의 법 (themisteúei)을 정하고, 아무도 타인의 법에 관여하지 않는다고 한다(『오디세이아』 9권 106~115행). 바로 이것이 thémis의 정의를 가장 명료하게 보

---

2) 키클로페스족Kyklôpes: 원래 그리스 신화에서 키클로페스는 우라노스와 가이아의 세 아들로서 이마에 외눈을 가진 자들이다. 이 작품에서는 사람을 잡아 먹는 반도덕적이고 반사회적인 유목 족속을 가리킨다. ─옮긴이

여 준다. génos도 없고, 왕도 없는 곳에서는 thémis도 없고, 집회도 없다. 각 가족들은 자기 고유의 법으로 살아간다. 이 키클로페스족은 분명히 야만인들이다.

이제 thémis와 díkē 두 용어의 상호 관계를 보여 주는 텍스트를 살펴보자. 여기에서 어느 한 용어에서 출발해서 다른 용어를 연구할 수 있다.

오디세우스가 에우마이오스에게 자기 정체를 알리지 않은 채로 응접을 받고서 환대에 감사한다. "제우스와 다른 불사신들께서, 그대의 간절한 소원을 이루어 주시기를!" 에우마이오스는 대답하길, "그대보다 더욱 비참한 자가 온다 해도 thémis는 나그네를 업신여기는 것을 허용하지 않겠지요(oú moi thémis ést'). 모든 나그네와 걸인이 한결같이 제우스에게서 오기 때문이지요"(『오디세이아』 14권 53행 이하).

이방인이더라도 그는 thémis 덕분에 집안 내에 영접을 받는다. 그가 제우스에게서 보냄을 받았기 때문이다. 에우마이오스는 계속해서 말한다. "우리 같은 사람들의 보시는 적지만, 그것을 기꺼이 드리겠소. 새로운 주인들이 다스릴 때면 언제나 겁먹게 마련인 종들의 díkē이니까요." 그는 여기서 구혼자들의 잔인하고 변덕스러운 폭군 같은 지배를 염두에 두고 말한다. 이제 díkē의 용례는 분명히 가정의 영역 자체를 벗어나서 다른 집단과의 관계를 문제삼는다는 것을 보여 준다. 정의의 법은 이들이 적용되는 영역의 한계에서 엄밀하게 정의된다.

따라서 이 모든 사실은 thémis, thémistes가 이를 적용하는 자들이 제정하거나 자의적으로 규정하는 것이 아니라 신에게서 기원한다는 것을 상기시켜 준다. 네스토르는 이 점을 아트레우스의 아들인 아가멤논에게 말한다. "그대는 많은 laoí를 다스리고 있고, 그들을 위해 조언하도록 제우스께서 그대에게 홀과 thémistes를 맡겼으니 말이오"(『일리아스』 9권 97행).

제우스의 지명을 받은 왕은 다음 두 가지 독점권을 부여받는다. 하나는 물질적인 것으로서 왕홀이고, 다른 하나는 thémistes에 대한 지식이다.

이와 아주 대조적으로 극에 가장 비천한 신분의 돼지치기 에우마이오스가 또한 제우스에게서 온 손님을 성심껏 접대하기 위해 thémis를 내세운다. 모든 곳에서 génos 내의 질서와 신의 판결 간의 관계가 확실히 드러난다. 호메로스의 문명권 밖에서 thémis에 정확히 대응하는 용어는 인도어 dhāman에서 찾아볼 수 있다. 이것은 신의 의지, 즉 미트라와 바루나의 의지로서 제정된 가정의 질서와 가족의 질서를 가리킨다.

2장_díkē

요약

라틴어 dico와 그리스어 díkē는 개별적 특수 정황에 따라 이루어지는 일을 결정하는 양식화된 법(성문법)의 개념을 표상한다. 재판관——호메로스 그리스어 dikas-pólos——은 법전을 관리하고, 권위로 적법한 선고宣告를 내리는dicit 사람이다.

thémis 개념과 짝을 이루는 것은 díkē이다. thémis는 가족 집단 내에서 행사되는 정의正義를 가리키는 반면, díkē는 가족 집단들 사이의 관계를 규정하는 정의이다.

　이제 이 두 개념 표현의 의미심장한 차이를 알 수 있다. 첫째 차이는 이들 용어의 형태 구성과 관련되어 있다. 앞에서 thémis는 *dhē-에 접미사가 첨가되어 파생되었고, 이러한 접미사는 인도이란어 대응어가 있다는 사실을 살펴보았다. díkē는 이와 다르다. 그것은 어근 *deik-에 여성 -ā가 첨가되어 파생되었고, 대응 명사 요소들은 무접미사 어근이다. 예컨대 어근-명사인 산스크리트어 diś-(방향/지역), 라틴어 *dix(dicis causā(형식상으로)에 남아 있다)와 같은 것이다.

thémis와 díkē의 또 다른 차이는 이 두 개념 각각의 의미표상에서 드러난다. thémis의 근저는 '두다', '위치시키다', '확립하다'라는 어근이다. 따라서 이 용어의 의미는 즉각 분명히 드러나며, 그 제도적 의미가치는 이 어근의 동사형에서 볼 수 있는 동일 개념에서 유래한다. 이와 반대로 díkē의 어근은 이 용어의 의미로는 즉각 해명되지 않으며, 그리스어에서도 이 어근의 동사형과 명사형은 의미가 서로 다르게 변화했다.

문제의 이 어근은 *deik-이며, 산스크리트어 díś-, 이란어 diš-, 라틴어 dico, 그리스어 deíknumi가 각 언어의 대표형이다. 그러나 이들의 형태는 서로 정확히 대응하지만, 의미는 일치하지 않는다. 왜냐하면 그리스어 deíknumi는 '보여 주다', '지시하다'를 의미하고, 라틴어 dico는 '말하다'를 의미하기 때문이다. 따라서 분석 작업을 통해 díkē가 '정의'正義의 의미를 나타낸다는 것을 밝힐 수 있는 뜻을 찾아야 한다.

인도이란어와 그리스어가 일치하는 것으로 보아, '말하다'의 의미보다는 '보여 주다'의 의미가 당연히 일차적인 것으로 간주되지만, '보여 주다'의 의미가 '말하다'로 변화한 것을 복원하기는 쉽지 않다. 이것이 해결해야 할 첫 과제이다.

그러면 '보여 주다'의 옛 의미표상을 재구해 보자.

① 어떤 방식으로 '보여 주는' 것일까? 손가락으로 보여 주는가? 이 경우는 매우 드물다. 일반적으로 그것은 '말로 보여 주다'를 뜻한다. 이 첫번째 의미 한정은 '가르치다'를 뜻하는 인도이란어 díś-의 여러 용법에서 확인된다. '가르치는' 것은 손짓이 아니라 요컨대 말로 하는 것이다. 더욱이 라틴어에 재고할 합성어가 있는데, *deik-와 ius가 결합된 iu-dex이다. 여기

에서 *deik-는 발화행위를 가리킨다.

② 어떤 방식으로 '보여 주는가'? 부차적으로, 사례事例를 통해서? 아무나 '보여 줄' 수 있을까?

라틴어 합성어 iu-dex는 '권위로 보여 준다'는 것을 함축한다. 이 의미가 그리스어 deíknumi의 한정적 의미가 아닌 것은 어근 *deik-의 의미가 그리스어에서 약화되었기 때문이다. 라틴어 dicere(말하다)의 단어 역사는 권위의 메커니즘을 밝혀 준다. 오직 재판관만이 dicere ius(법을 발화하다)할 수 있다. 이 결합은 이탈리크어군에도 나타난다. 오스카어 med-diss에서 ius는 med-와 교체되었고, med-diss는 라틴어화하여 meddix가 되었다. meddix(최고 재판관)에서 med-는 라틴어 medeor(치료하다)와 관련된다. 라틴어 iudex에 대응하는 이 오스카어 단어에서 '법'을 가리키는 용어 med-는 다르지만, dicere는 똑같이 남아 있다.

또한 사법관이 책력이 정하는 날에만 권한을 행사할 수 있는, 세 직무를 규정하는 라틴어 표현 do, dico, addico를 기억해야 한다. 사법관은 '주고', '규칙을 표명하고', '판결에 따라 부여하는' 권한이 있다. 이와 동일한 의미표상이 재판 용어에서 빈번히 사용되는 dicere의 용법이다. 예컨대 diem dicere(심리 날짜를 정하다), multam dicere(벌금형을 내리다) 같은 것이다.

③ '보여 주는'데, 무엇을 보여 주는가? 눈에 보이는 것, 현존하는 사물인가? 여기에 *deik-가 갖는 마지막 의미 특징이 있다. 당위적인 것, 예컨대 판결이라는 형식으로 실행되는 명령[법령]을 보여 주는 것이다.

이러한 의미 정보는 제도 용어로서의 그리스어 díkē가 갖는 최초의 의미를 한정한다. 산스크리트어 diś와 라틴어 dicis causa를 비교하면, *dix

의 기능이 규범적이라는 것을 알려 준다. 그래서 dicis causa는 문자 그대로 '당위적인 것을 말의 권위로 보여 주는 일', 다시 말해 재판의 강제적 명령을 뜻한다.

이러한 díkē의 강제적 의미가치는 여러 예에서 분명히 드러난다. 아킬레우스의 방패를 기술하는 데서 재판 광경이 상세히 묘사되어 있다(『일리아스』 18권 497행 이하). 두 변론인이 법정 앞에 서 있다. 군중은 아주 흥분하여 두 편으로 나뉘어 어느 한 편을 든다. 시비는 poinḗ, 즉 살인자의 몸값으로 사용되는 피의 대가이다. 군중 한가운데는 평평하게 다듬은 돌 위에 신성한 원을 그리고 앉아 있는 노인들이 있다. 이들은 한 사람씩 일어서서 차례로 발언한다. 이들 앞에는 '가장 공정한 판결을 내릴'(díkēn ithúntata eípoi, 508행) 재판관에게 돌아갈 황금 두 탈란트가 놓여 있다.

poinḗ는 díkē, 즉 가족 집단 사이의 정의와 관계되는 송사訟事의 전형이다. 위의 호메로스의 표현에 나오는 이 용어의 구문은 그리스어와 라틴어가 동일함을 보여 준다. 그리스어도 díkēn eipeîn(díkē를 말하다)이고, 마찬가지로 라틴어도 dicere(말하다)이다. 이 '보여 주는' 것이 어떻게 발화행위에 이르렀는지를 알 수 있다. 그리스어 명사 díkē는 동사 eipeîn(말하다)을 필요로 했던 반면, 라틴어에는 *deik-(보여 주다)라는 동사 자체가 '말하다'로 의미가 변한 것이다.

마지막으로 형용사 ithús(ithúntata, 직선이란 의미의 곧은/똑바른)를 살펴보자. 이 형용사의 이미지는 물론 *deik-가 함의하는 의미이다. 즉 '당연히 해야 할 것을 보여 주다', '규범을 정하다'라는 의미이다. 왜냐하면 díkē는 관례적 형식(formule)이기 때문이다. 이 점을 잊어서는 안 된다. 판결을 내리는 것은 심사숙고나 토론을 요하는 지적 작업이 아니다. 일정한 사례에 적합한 판례(formule)를 주고받는 것이며, 따라서 재판관의 역할은 판례를 가지고 적용하는 일이다. 이것이 아주 오래된 희귀한 '재판관'을 가리키는 용어인 호메로스 그리스어 dikas-pólos를 설명해 준다. 이 단어는 ai-pólos(염소치기), bou-kólos(소치기. 여기서는 pólos의 변이형 -kolos), oiōno-pólos(새의 비행을 관찰하는 자/새의 비행으로 운수를 점치다)와 같은 방식으로 구성된 이상한 명칭이다. dikas-pólos로서의 재판관은 'díkai를 감시하는 자'이다. 이 단어의 첫째 항 dikas-는 복수 대격이며, 두 단어가 병치되어 구성된 고어성을 보여 준다. díkai는 물론 전수되는 판례이며, 재판관은 이를 보관하고, 적용하는 책무를 맡고 있다.

이 의미표상은 우리가 아는 바대로 전통적 문명을 지닌 민족의 법전에 해당하는 것이며, 친족, 씨족, 부족 간의 관계를 중심으로 성립하는 구두의 불문不文 판례집이다.

이러한 것이 우리가 통상 díkē에 부여하는 의미의 시발점, 즉 '관례', '존재 양식'이다. 여기서도 또한 제도적 의미가치를 발견할 수 있다. 지옥에 내려간 오디세우스가 자기 모친을 만났을 때, 왜 그가 어머니를 포옹할 수 없는지를 묻는다. 하지만 모친은 "그것은 죽어야 할 인간의 díkē이기" (ἀλλ' αὕτη δίκη ἐστὶ βροτῶν; 『오디세이아』 11권 218행) 때문이라고 대답한다. 그것은 '존재 양태'가 아니라 '강제 규정'이며, '운명을 규정하는 양식'이다. 여기에 근거해서 부사적 용법 díkēn(어떤 방식으로), 즉 '그러한 존재 범주의 규범에 따라'의 의미에 이르게 된다. '관례적' 방식은 실제로 자연적이든 관습적이든 의무적이다.

운명을 결정하고 강제적으로 부여하는 이 양식은 그리스어에는 '정의' 자체가 된다. 그러나 우리가 의미하는 '정의'의 윤리적 개념은 díkē에는 포함되어 있지 않다. 이 윤리적 개념은 díkē가 여러 상황에서 악습을 없애기 위해 이용되면서 점차 생겨나기 시작했다. díkē가 bía, 즉 힘의 지배력에 종지부를 찍기 위해 개입되면, 이러한 정의 양식은 바로 정의 자체를 표현하는 것이다. 이때 díkē는 비로소 정의의 힘과 동일시되며, díkē를 가진 자는 díkaios, 즉 '정의로운' 사람이 되는 것이다.

3장_ius와 로마에서의 서약

요약

라틴어 ius는 '법'으로 번역할 수 있고, díkē처럼 파생동사로 iurare가 있다. 이 동사는 '서약하다'를 의미한다. 의미적 관점에서 이상한 이 파생은 상보적인 두 가지 조사로 설명된다. 즉,

① 아베스타어 yaoš-와 비교되고, 라틴어 동사 dico(ius dicere, iudex)와 각별한 친근성이 있다는 점을 고려하면, ius는 '준수 규정'으로 정의할 수 있다.

② 많은 텍스트를 통해서 보면, 로마에서 iurare, 즉 '서약하는 것'은 관례 형식인 ius iurandum(서약; 문자적 의미는 '규정화할 관례 형식'이다)을 공표하는 것이다. 이는 서약 행위에 가장 본질적인 것이 무엇인지를 보여주는 의미심장한 중복 표현이다. 사실 서약자는 자신에게 부여된 정형화된 말을 한 마디씩 반복해야 한다. adiurat in quae adactus est uerba(정형화된 형식에 따라 말로 선서하다).

재판 관행과 관련된 또 다른 라틴 용어 arbiter는 이상하게도 '증인'과 '재판관'을 동시에 의미한다. 실제로 문헌들은 arbiter(중재자/심판관)

는 언제나 보이지 않는 증인이며, 일정한 재판행위에서 공평하고 지고한 iudex(재판관)에 합당한 자라는 것을 보여 준다.

díkē의 용법 분석을 통해 그리스어 díkē와 라틴어 ius의 상호 관계가 긴밀하다는 것이 드러난다. 이 두 용어의 기원은 다르지만 이들은 평행되는 계열을 구성한다. 즉 díkēn eipeîn은 ius dicere와 대응하고, díkaios는 iustus와 대응하고, dikaspólos는 iudex에 거의 근접한다. 나아가서 thémis와 관련해서 díkē는 신권神權과 반대되는 인간의 권리를 가리키고, 마찬가지로 ius는 라틴인이 fas로 부르는 것과 대립한다는 점을 지적해야겠다.

그러면 ius란 단어는 고유하게 무엇을 지칭하는가? 이 단어는 모호해서 알 수 없다. 주지하다시피 ius는 '법', '권리'를 가리킨다. 그러나 이 어휘적 의미는 이 용어의 진정한 의미작용을 알려 주지 않는다. ius와 그 파생어의 관계에서 진정한 의미작용을 찾는다면 새로운 문제에 직면한다. 즉 ius의 동사는 iuro(서약하다)라는 것이다. ius가 이 동사와 분리되어 어떻게 이처럼 특이한 의미차가 생겨났을까? 언뜻 보기에 '법'과 '서약하다'는 의미차가 커서 설명이 불가능하다. 그렇지만 ius와 iurare는 형태론적 관계가 있음이 확실하다. 왜냐하면 '서약'은 ius iurandum으로 불리기 때문이다. 이 표현은 무엇을 의미하며, 왜 수동의 미래분사 iurandum이 여기에 사용되었는가? 그리고 ius와 iuro의 관계는 무엇인가?

에르누-메이예의 사전[1]은 ius iurare란 표현을 인용하는데, 불행히도 출처가 제시되어 있지 않다. 이는 '정식화된 신성한 서약을 발화하다'를 뜻

---

1) 에르누A. Ernout · 메이예A. Meillet, 『라틴어 어원 사전』*Dictionnaire étymologique de la langue latine*, Paris, 1932.—옮긴이

하는 것 같다. 우리가 알기로는 이 고정 성구는 발견되지 않는다. 단지 ius iurandum이라는 표현만이 남아 있을 뿐이다. 이 표현에는 여전히 ius와 iuro의 의미차가 있다. 따라서 이 명사와 동사의 관계는 역사 시기 이전의 이들의 관계에서만 밝혀질 수 있으며, 이를 위해서는 어원 조사가 필요하다. ius의 대응어들은 잘 확인되지만, 각기 다른 의미를 나타낸다. 켈트어군의 아일랜드어 형용사 huisse(<*yustiyos)는 분명히 '정당한'을 의미한다. 접미사의 차이를 제외하면, 여기에 라틴어 iustus를 인지할 수 있다. 그렇지만 단지 이 켈트어 파생어만 알고, 기어 명사를 모른다는 점에서 이 비교에서 얻을 수 있는 것은 전혀 없다. 라틴어 ius의 대응어는 인도이란어에서 나타나는데, 베다 산스크리트어 yoḥ, 아베스타어 yaoš이다. 이들은 동일 형태를 가지고 정확히 대응한다.

그렇지만 베다 산스크리트어 yoḥ는 '번영'을 의미하고, 아베스타어 yoḥ는 '정화', '순화'를 뜻한다. 형태가 서로 대응하는 만큼이나, 이와 대조적으로 개념이 아주 다르기 때문에 이것은 문젯거리다. 하지만 여기에서 인도이란어와 이탈로켈트어의 밀접한 어휘적 상관관계를 관찰할 수 있다. 이것은 오직 인도유럽 세계의 양극 지방에만 그 표현이 남아 있는 용어 가운데 하나이다. yoḥ의 의미는 '행복', '건강'임이 틀림없다. 이 단어는 śam과 짝을 이루는 고정 성구에만 나온다. 예컨대 한 단어로 된 śamyoḥ나 śamca yośca 같은 표현으로, '행복과 건강'을 의미한다. 이 고정 성구는 소원을 비는 정형화된 표현에서 나온다. '오 루드라여, 당신의 인도 아래 마누가 희생제물에서 얻은 번영과 행복을 우리가 얻게 하소서!'(『리그베다』 1, 114, 2)

이란어 역시 정식화된 고정표현에만 yaoš가 간직되어 있다. 여기에서 yaoš는 동사 dā-(주다/돌려주게 하다)와 결합하여 새로운 동사 yaoždā(정화시키다)를 구성한다. 동사 yaoždā는 라틴어 crēdō와 비교할 수 있는 옛 합성어이다. 아베스타어 동사 yaoždā-에서 많은 파생어가 파생되어 나왔다. 행위자 명사 yaoždātar-(정화시키는 임무를 맡은 자), 추상명사 yaoždāti-(정화) 등이다. 이들 파생어로부터 yaoš의 고유한 의미(이것은 독립 용법으로는 확인되지 않는다)를 재구하려면, yaoždā-(문자적 의미는 'yaoš를 주다'이다)를 '규정에 일치되게 만들다', '제사에 필요한 상황에 두다'라는 의미로 복원해야 한다. 여기서 문제는 희생제사를 드리는 조건이다. 다시 말해서 제사를 지내는 자는 제물을 제사에 적합하게 만들어서 바쳐야 한다. 이것이 종교적 규칙을 가장 기본적으로 표현한 것이다. 제사의 절차를 따르는 행위는 제사의식에 맞춰 수행해야 하고, 제사행위의 가장 핵심인 제물은 자체로 흠이 전혀 없어야 한다. 이러한 제사의 완전무결성이 yaoždā-가 나타내는 기본 조건이다. 이로써 베다 산스크리트어 yoḥ의 의미는 더 잘 이해된다. 즉 기쁘고 즐거운 것으로서 '행복을 가리키는 것'이 아니라 '불운이나 병이 들지 않은 물리적(신체적) 완전무결 상태, 완벽한 상태'를 의미한다.

여기에서 *yaus의 인도어와 이란어의 용법에 차이가 있다는 점에 주의해야 한다. 베다 산스크리트어 yoḥ는 소원을 비는 표현이다. 즉 그것은 누군가에게 번영과 신체가 온전하기를 기원하는 용어이다. 이 사실에서 yoḥ는 발화하는 말로만 효력을 지닌다. 그러나 아베스타어 yaoš의 조건은 다르다. yaoš와 dā-(주다/행하다)가 결합했다는 것은 yaoš는 실현해야 할 상태이지, 발화하는 말은 아니라는 것을 보여 준다. 그래서 *yaus의 개념은 한편으로는 '행해야 할 것'이지만, 다른 한편으로는 '말해야 할 것'을 의미한다. 이 개념의 차이는 '행위' 자체가 흔히 '말'로 된 법과 의식儀式 영역에서는 대단히 중요한 의미를 갖는다.

이란어와 베다 산스크리트어 덕택에 라틴어 ius의 선사까지 거슬러 올라갈 수 있다. 인도유럽어 *yous는 '의식의 규례에 필요한 정규적, 정상적 상태'를 의미한다. 이 라틴어 ius는 방금 인도이란어에서 구별한 두 가지 조건에 영향을 받고, 그 개념은 이 두 조건을 같이 수용한다. 한 조건은 다음 표현에 나오는 파생어 iustus가 나타내는 상황이다. 즉 iustae nuptiae(정당한 결혼), iusta uxor(합법적 아내)인데, 여기서 iustus는 'ius의 상태에 일치하는'의 뜻이다. 또 다른 조건은 ius dicere란 표현에서 드러난다. 여기서 ius는 준수해야 할 것을 규정하는 '정형화된 정상적 말'을 의미한다. 이와 같은 것이 로마 '법' 개념의 기초이다.

일반적으로 ius는 추상적 개념이 아니라 '정형화된 규례'이며, iura를 법률 판례집으로 생각하는 데는 충분한 근거가 있다. 플라우투스의 omnium legum atque iurum fictor(모든 법과 판례집의 제정자; 『에피디쿠스』*Epidicus* 522~523)를 참조하라.

iura는 díkai나 thémistes처럼 권위에 의한 결정을 나타내는 정형화된 규례이다. 이들 용어의 엄밀한 의미가 나타나는 모든 곳에서, ius와 iura뿐 아니라 thémistes와 díkai도 '확정된 텍스트', '확립된 관계'라는 개념을 갖는다는 것을 재발견할 수 있고, 이 텍스트를 소지하는 것은 개인, 가문, 집단의 특권이라는 점을 엿볼 수 있다. 이러한 iura의 전형은 가장 오래된 로마법인 『12동판법』[2]에서 나타난다. 이것은 원래 ius의 상태를 규정하는 정형화된 표현 ita ius esto(ius는 다음과 같다)를 선언하는 판결이다. 그것은 의미가 서로 일치하는 용어들로 표현되는 발화發話의 제국帝國이다. 즉 라틴어 iu-dex, 오스카어 med-diss, 그리스어 dikas-pólos(그리고 díkai eipeîn), 게르만어 eo-sago(규칙을 말하는 자), '재판관' 같은 용어이다.

---

2) 본서 제1권 112쪽 각주 2번 참조.—옮긴이

'법'의 구성요건은 행하는 행위faire가 아니라 말하는 '발화, 선고' prononcer이다. iu-dex에 나타나는 ius와 dicere의 결합이 항구적이라는 것을 알 수 있다. ius와 마찬가지로 동사 dicere도 multam dicere(벌칙금), diem dicere(심리일)과 같은 법적 관례 표현을 만들어 낸다. 이 모든 것도 역시 법과 동일한 권위에 속한 권한이며, 똑같이 고정 성구로 표현된다. 사법 영역의 모든 용어, 예컨대 iudex, iudicare, iudicium, iuris-dictio는 발화행위인 ius dicere를 통해서 발달했다.

이에 따라 ius의 의미는 '법'의 표현으로 정의된다. 그렇지만 이 개념과, ius에서 파생된 동사 iurare의 관계가 직접 파악되지 않는다. 따라서 우리가 해석하려는 ius 의미는 잠정적 시도이다. 이 해석이 유효하려면 ius와 iurare의 관계를 설명해야 한다. 이처럼 특이한 파생관계로 인해 우리는 새로운 설명 방향을 모색하고, 법에 대한 새로운 장을 열게 된다. 라틴어 외의 언어에도 '법'의 개념과 '서약'의 개념이 관계가 있다는 것을 확인할 수 있는가? 인도유럽어 영역에 속하는 다른 언어도 이 점에 대한 조사가 필요하다. 그 결과는 부정적이겠지만, 적어도 라틴어 표현의 독창성은 드러내 줄 것이다.

'서약하다'를 뜻하는 공통 인도유럽어 동사가 있었다는 것을 확증 지을 수 있는 대응은 거의 한 가지뿐인데, 산스크리트어 am-(서약하다; 특히 명령법 amī-ṣva(서약하다)에서 나타난다)과, 동일한 의미의 그리스어 ómnumi의 대응이 그것이다. 이 두 용어만이 대응하며, 어쨌든 형태로나 의미적으로 이 대응은 정확하고 엄밀하다. 인도어 am-이 이란어에도 있었는지는 말할 수 없지만, 이러한 고립된 흔적만으로 공통 표현을 확정하기에 충분하다.

그리스어는 동사와 명사 사이에 불균형이 있다. 명사 '서약'은 다른 단어 hórkos로도 표현되기 때문이다. 사실을 말하자면 이 단어는 그리스어 hérkos(경계/장벽)와 관련해서 설명되었는데, 그것은 모호하고 만족스럽지 못한 것이었다. 서약은 사람이 자신에게 부과하는 금지나 제약으로 간주할 수 있다는 것인데, 이것은 인도유럽어의 대응어 의미가 아니며, 단지 이차적으로 발달한 의미에 지나지 않는다(8장 참조).

위의 예를 제외하고, '서약하다'란 동사 표현이 단지 두 언어에 국한되어(때로는 단 한 언어에 국한되어) 나타나는 형태가 있다.

'서약하다'는 근대 페르시아어 sōgand xurdan(문자적으로 sōgand는 '먹다, 소비하다'란 뜻이다)이며, 중기 페르시아어는 sōkand xʷar-이다. sōkand라는 단어는 고대 아베스타어 saokənta(유황)로 거슬러 올라간다. 그래서 '서약하다'는 '유황을 삼키다'란 뜻이다. 이 표현은 문자 그대로 이해해야 한다. 서약은 신명심판神明審判이다. 즉 서약하는 자의 성실성 여부를 유황을 삼키는 행위로 검증했다.

오스카어 동사 '서약하다'는 동사형 deiuatuns(그들은 서약한다)로 알려져 있다. 동사 어기 deiua-는 라틴어 동사 *diuare와 대응한다. 이 동사는 원래 '신들을 증인으로 세우다'를 뜻하는 분명한 표현이지만, 라틴어에는 없는 형태다.

그 밖의 인도유럽어들에서 서약 표현은 서약 형식과 일치한다. 아일랜드어 tong은 라틴어 tango(만지다)와 대응한다. 마찬가지로 고대 슬라브어 prisegati와 prisegnoti는 어원적으로 '만지다'를 의미한다. 산스크리트어 am-의 일차 의미는 '잡다'이다. 이 상관관계는 서약하면서 물건이나 사람을 만지는 관습으로 설명된다. 누구에 대해 서약하거나 무엇에 대해 서약하는 것은, 거짓으로 서약하는 경우 이 물건이나 사람에게 하늘이 저주가 내리기 때문이다.

마지막 표현은 켈트어와 게르만어에 공통적으로 나타나는데, 즉 아일랜드어 ōeth, 고트어 aiþs, 독일어 Eid, 영어 oath이다. 이 형태는 문자적으로 볼 때 어근 '가다'의 동사성 명사이다. 여기에 대한 기억이 독일어 용어 Eidegang에 남아 있다. 그 문자적 의미는 '서약으로 향해 가는 일', 다시 말해 서약을 맹세하는 장소로 가는 것을 가리키는데, 이는 오래된 과거 관습의 흔적이다. 엄숙한 서약에는 몇 가지 행위가 포함되는데, 그 중 하나가 서약을 맹세하는 장소로 가는 것이다. 사람들은 '서약을 향해 간다', 즉 라틴어 ire in sacramentum, 고대 러시아어 iti na rotu(서약을 향해 가다; 8장 참조) 같은 예이다.

이제 거의 모든 언어에 서로 상응하는 표현이 있다. 그리스어와 산스크리트어에만 인도유럽어 시기에서 유래하는 동사가 있다. 라틴어 이외의 언어에는 ius와 iurare의 관계를 이해할 수 있는 상응 표현을 전혀 발견할 수 없다. 그래서 이 표현이 생겨난 기원을 밝히려면 라틴어로 돌아가야 한다. 로마 세계의 사람들은 어떤 방식으로 서약했는가? 일련의 분명한 증거가 서약을 맹세하는 방식에 대한 정보를 주는데, 이를 통해 iurare가 어떻게 ius에서 파생되었는지를 이해할 수 있다. 우선 플라우투스의『닻줄』 *Rudens*[3]의 한 장면(1331행 이하)을 읽어 보자. 그리푸스Gripus와 라브락스 Labrax가 서로를 속이려고 하면서 협약을 맺는다. 그리푸스는 라브락스를 서약하게 하려고 한다. 그리푸스가 말한다. Tange aram hanc Veneris(손을 이 비너스의 제단 위에 얹어라). 라브락스가 대답한다. tango(얹었네,

---

3) 플라우투스의 가장 낭만적인 작품 가운데 하나로서 해안가에서 벌어지는 장면을 배경으로 하고 있다. 라브락스가 난파당한 배에서 빠져 나온 두 처녀를 구하고, 나중에 서로 행복하게 결합한다는 내용을 담고 있다. ─옮긴이

1333행). '비너스에게 서약을 하라. ──무슨 서약을 해야 하는가? ──내가 너에게 명하는 바로 그 서약 말이다'[Per Venerem hanc iurandum est tibi. ──Quid iurem? ──Quod iubebo]. 라브락스가 말한다. Praei uerbis quiduis[……. ──Tene aram hanc. ──Teneo](그대가 원하는 말을 불러주게. ……──제단을 잡아라. ──잡았네; 1335행).[4] 이 다음에 서약문이 나오는데, 이것은 그리푸스가 작성하여 라브락스가 따라서 반복해야 한다.

희곡 양식으로 바꾸기는 했으나 이것이 라틴인들 사이에 서약을 맹세하는 성스러운 방식이다. 다른 사람에게 서약을 재촉하는 사람은 praeire uerbis(먼저 준비된 말을 하다)를 해야 한다. 즉 그는 서약문을 발화하고, 서약을 맹세하는 자가 신성한 물건에 손을 대고 이것을 그대로 따라 반복해야 한다. 서약 의식의 가장 본질적인 것은 이 부분이다.

이 엄숙한 서약 관습은 겔리우스(『아티카의 밤』 II, 24)[5]에서도 확인된다. 도시의 수령들은 apud consules, uerbis conceptis(집정관 앞에서 형식을 갖춘 말로써) 서약하라는 명령을 받는다. 이들은 집정관의 양손 가운데서 '정해진 말들로' 서약을 하되, 일정하게 규정된 양식에 따라 한 단어씩 따라서 반복한다.

플리니우스[6]는 『트라야누스의 찬가』Panégyrique de Trajan 64에서 트라

---

4) 꺾쇠 안의 라틴어 원문은 옮긴이가 삽입했다. ──옮긴이

5) 아울루스 겔리우스Aulus Gellius(기원전 123~165년)의 『아티카의 밤』Noctes Atticae은 문법 정보, 법률, 철학, 역사, 문예, 비평 등 다양한 분야의 그리스와 로마 작가 300여 명들로부터 발췌한 글을 보존하고 있는데, 이를 통해서만 고전 작가들의 문헌을 접할 수 있는 것이 많다. 아울루스 겔리우스에 대해서는, 본서 제1권 177쪽 각주 3번 참조. ──옮긴이

6) 가이우스 플리니우스 카이킬리우스 세쿤두스Gaius Plinius Caecilius Secundus(서기 61~112년?): 플리니우스 세쿤두스의 조카. 쿠인틸리아누스 문하에서 공부했다. 시, 비극, 서사시, 애가, 연설문 등 다양한 장르에 걸쳐 글을 썼다. 작가로서 그의 명성은 그의 서간문에서 유래한다. 그가 살던 당시의 로마에 대한 많은 글이 남아 있다. 『트라야누스 찬가』는 트라야누스 황제Marcus Ulpins Trajanus(서기 98~117년)의 성격과 그의 공적에 대한 찬양을 담은 긴 연설문이다. ──옮긴이

야누스가 모든 형태의 법을 준수하는 신중한 태도를 찬양한다. 트라야누스는 집정관 앞에서 서약을 하려고 한다. 집정관은 다른 사람들에게 서약시키는 것으로 만족할 수도 있다. "민회의 모든 의식이 끝났으므로 마지막으로 그대는 집정관의 자리에 이르렀다. adigendum te praebes in uerba …… (그대는 규정된 양식으로 서약을 하러 나서라. 정해진 말로……). 그대가 나서서 황제들(principes)이 일반적으로 모르는 말로 서약하고, 다른 자들은 서약하지 못하게 하라……" 황제의 이점利點은 자신이 몸소 서약으로 간다는 점이다. 그러자 서 있는 트라야누스 앞에 앉아 있던 집정관이 정해진 "서약 양식을 불러 주고"(praeiuit iusiurandum) 트리야누스는 단어들을 분명하게 또박또박 발화하고 표명하고 서약했다. 그는 이 서약의 말을 어길 경우 신들의 진노에 머리와 집을 맡긴다. 그래서 그는 "신이 현존하는 데서"(attendentidus diis), "똑같은 것을 서약해야 하는 모든 사람들 앞에서"(obseruantibus his quibus idem iurandum est) 서약을 했다.

이 같은 표현이 티투스 리비우스에 여러 번 반복되어 나온다. Brutus …… populum …… iureiurando adegit minem Romae passuros regnare(브루투스는 로마에서는 누구도 왕이 될 수 없다는 서약을 향해 백성을 가게 했다; II, 1, 9). 만리우스[7]는 호민관에게 자기가 불러 준 단어대로 서약하지 않으면 그를 죽이겠다고 위협한다. nisi, in quae ipse concepisset uerba, iuratet(만약 자기가 했던 말로 맹세하지 않으면). 호민관은 공포에 사로잡혀 강요된 단어로 서약을 한다. adiurat, in quae adactus est uerba(자신에게 요구된 맹세를 했다; 같은 책, VII, 5). 또한 잘 알려진 다음 구절도 회상해 보자.

---

7) 만리우스 토르콰투스Manlius Torquatus: 고대 로마의 덕을 보여 주는 전설적인 로마의 영웅. 켈트족의 거인을 죽이고 그의 목걸이를 빼앗은 용기 있는 자로 전해 내려온다.—옮긴이

한니발이 어릴 적에 제단에 이끌려 가서 제단에 손을 대고, 가능한 빠른 시일 내에 자신이 로마인의 적이 될 것이라고 서약한다. tactis sacris, *iure iurando adactum*(제단에 손을 대고 서약을 시켰다; 같은 책, XXI 1, 4). '어떤 사람을 서약하게 만들기' 위해서는 동사 adigere(~로 이끌고 가다/강제하다)가 필수적이다. 왜냐하면 서약자는 자기에게 불러 준 말을 그대로 따라 반복하기만 하면 되기 때문이다. 타키투스는 『역사』I, 37에서 자기 군대에게 서약하는 장군을 묘사하면서, sacramento adigit(군대 서약으로 이끌다)라고 썼다. ius iurandum(맹세해야 할 서약)의 의례적 표현으로는 praeire uerbis(관례적 형식으로 (법적) 양식에 따라 정하여 말하다), uerbis conceptis, adigere in iusiur-andum(서약을 시키다)가 사용된다.

그리하여 iurare는 '서약하다'가 의미하는 것, 즉 신의 가호 아래 엄숙히 맹세하는 행위를 가리키는 것이 아니다. 서약 자체인 맹세는 sacramentum으로 불렸다. 이 용어는 로망어에 보존되었고, 오늘날 프랑스어 serment이 되었다. 로마에서 sacramentum은 일찍부터 군대의 서약이 되었다. 여기에서 두 가지 개념을 구별해야 한다. 즉 sacramentum은 신에게 헌신하여 자신의 약속을 어길 경우 신들의 복수를 초래하는 서약이다. 또 다른 하나는 iurare로서, 발화된 일정한 형식의 말을 반복하는 행위이다. 서약하는 행위에는 참여자가 두 명 요구된다. praeit uerbis하는 사람, 즉 ius를 발화함으로써 서약 절차를 진행하는 사람과 엄밀한 의미의 iurat하는 사람, 즉 일정 형식의 말, 즉 ius iurandum(발화해야 할 정식화된 말)을 되풀이하는 사람이다. 절차에 따라 일정하게 규정된 말을 발화하는(qui praeit) 사람이 말한 뒤에는 이 말을 반드시 반복해야 한다. 왜냐하면 이 정형화된 형식에 맞추어 신성한 단어로 맹세의 글을 규정하기 때문이다.

이제 iurare에 대한 축자적 의미 분석에 이르게 되었다. 규범, 모델을

정하는 일정한 형식인 ius에서 출발해서 iurare를 'ius를 발화하다'로 정
의하고, ius는 in uerba alicuius qui praeit(절차에 따라 진행하는 자가 지
시한 말로) 발화해야 한다. ius iurandum이 강제성을 띠는 이유는 이처
럼 강제적 관계 때문이다. adigere in uerba(말로 서약하다), iurare in uerba
magistri(수장의 말로 맹세하다) 등의 표현은 서약자가 반복해야 하는 표현
의 구속성을 가리킨다.

이러한 분석을 통해서 ius에 대한 조사로 밝혀낸 것, 즉 ius는 일정한
형식의 말, 여기에서는 서약자가 취해야 할 태도를 표현하는 일정한 형식
의 말, 그가 준수해야 할 규정이라는 것을 iurare에서 확인할 수 있다. 그러
나 ius iurandum은 절차의 성격과 엄숙한 발화행위를 가리키는 것이지 서
약 자체를 가리키는 것은 아니다.

ius의 어원적 대응관계와 라틴어 파생어가 명시하는 완전한 의미가
치를 정리하면서 우리는 '법'의 개념을 넘어 소급해 올라갔다. 이 단어의
의미가치는 단지 정신적 개념뿐만 아니라 무엇보다 종교적 개념에서 생
겨났다. 즉, 대상(사물 또는 사람)이 받아들여지려면 그 대상이 자기 역할
을 수행하고, 효력을 충분히 발휘할 수 있도록 하는 '규칙의 준수' 또는 '수
행 조건'이라는 인도유럽적 개념이다. 베다 산스크리트어 yoḥ, 아베스타어
yaoždā에는 이 의미가치가 들어 있다. 다른 한편 라틴어에는 iurare를 중개
로 하여 ius와 sacra-mentum의 관계를 확인했다. 이리하여 법의 종교적, 구
전적口傳的 기원이 그 기본 용어에서 분명히 드러난다.

iudex의 의미군에 형태가 전혀 다른 용어를 추가할 수 있다. 이 용어
는 라틴어에만 출현하며, 움브리아어에 그 대응어가 나타난다. 그것은
arbiter(움브리아어 arputrati(arbitratu))로, 역시 재판관을 가리킨다. iudex와

arbiter는 서로 밀접하게 연관되어 흔히 혼용되기도 한다. 그것은 후자 용어가 전자 용어의 특정한 하위어인 까닭이다. 따라서 그는 특수한 종류의 재판관, '중재자'이다. 여기서는 어원이나 이란어의 고유 의미가 문제되지 않는다. arbiter는 두 가지 다른 뜻이 있다. 한 가지 의미는 증인, 즉 어떤 것을 목격하는 자이고, 다른 의미는 중재자, 즉 법적 권한을 가지고 송사의 양쪽의 문제를 명명백백히 해결하는 자이다.

그러면 '증인, 목격자'가 어떻게 '재판관-중재자', '결정을 내리는 자'가 될 수 있는가? 에르누-메이예 사전은 이 두 가지 의미, 즉 증인과 재판관-중재자를 의미적으로 연관시키지 않고 차례로 제시한다. 발데-호프만의 사전[8]에 따르면, 원래의 의미는 '공평무사한 증인으로 소송 당사자들을 분별하여 판결을 내리는 자'다. 그러나 이 두 가지 의미를 섞어서 정의를 내리는 것은 자의적이다.

여기에서도 용법에 대한 조사가 요구된다. 우선 학자들은 arbiter를 '증인, 목격자'로 번역하면서 그 의미작용을 정확히 설명하지 않는다.

플라우투스의 다음 예문은 가장 오래되고, 가장 의미가 심장한 용례이다.

『포로들』*Captiui* 219

Secede huc nunciam si uidetur, procul,

ne *arbitri* dicta nostra *arbitrari* queant

(네가 진정 그렇다면 좀 떨어져서 다가오너라.

---

8) 발데A. Walde·호프만J. B. Hoffman, 『라틴어 어원사전』*Lateinisches etymologisches Wörterbuch*, Heidelberg, 1930~1954.—옮긴이

그래서 arbitri가 우리 대화를 arbitrari할 수 없게 하라.)

여기서 '증인, 목격자'의 의미가 불충분하다는 것을 벌써 알 수 있다.

『거래상』*Mercator* 1005

eamus intro, non utibilest hic locus factis tuis

dum memoramus, *arbitri* ut sint, qui praetereant per uias

((집 안으로) 들어갑시다. 이곳은 그대의 행위를 논하기에 적합하지 않소.

우리가 얘기하는 동안 행인들이 이 일의 arbitri가 될 수 있으니까.)

『군인들』*Miles* 158

mihi quidem iam *arbitri* uicini sunt, meae quid fiat domi

Ita per impluuium intro spectant

(이제 내 이웃이 내 집에서 일어나는 모든 일을 지켜 보는 arbitri이다.

이들은 집안 일을 천정 채광창을 통해 지켜본다.)

『군인들』*Miles* 1137

Sequimini; simul circumspicite ne quis adsit *arbiter*

(나를 따라오면서 주위를 잘 둘러보시오. arbiter가 있을 수 있으니.)

이 구절들은 분명히 arbiter와 testis의 차이를 보여 준다. testis는 당사
자들이 보이는 곳에 있고, 이들도 그의 존재를 알고 있다. 그러나 arbiter는
자신의 존재를 드러내 보이지 않으면서 보고 듣는다.『군인들』1137은 이
를 잘 보여 준다. 즉 사람들이 이런 일에 대비하지 않으면 모든 일이 arbiter

의 눈앞에서 벌어져도, 행위 당사자들은 이를 까맣게 모른다. 법정에서는 arbiter를 증인으로 채택해서는 증거 능력이 있는 것으로 결코 보지 않는다. 왜냐하면 이 용어가 함축하는 의미에는 '당사자들에게는 보이지 않은 채로 본다'는 개념이 있기 때문이다.

동사 arbitrari(목격자가 되다)도 마찬가지 조건임을 보여 준다. 즉 플라우투스의 『아울루라리아』*Aulularia*[9])에 나오는 인물은 어떤 일이 벌어지는지를 알기 위해서 '정찰 파견'(speculatum misit me)되었다. "아무도 의심하지 못하도록 나는 여기에 앉아 있겠소." 그래서 hinc ego et huc et illuc potero quid agant arbitrarier(여기에서 이편저편에서 하는 일을 arbitrari할 수 있을 것이다. 607). 즉 상대방에게 몸을 숨기고 드러내지 않은 채로 양쪽에서 벌어지는 일을 지켜보겠다는 것이다.

그러면 arbiter(재판관)의 의미를 어떻게 해석해야 할까? arbiter의 의미가 어떻게 은밀한 증인 또는 목격자에서 지고至高의 재판관으로 변할 수 있는가?

iudex의 가장 오래된 의미는 법정에서 재판으로 판결을 내리는 책무를 맡은 모든 권위자라는 것을 기억해야 한다. 원칙적으로 그는 왕이고, 집정관이며, 모든 권한을 지닌 인물이다. 그러나 실제적인 여러 이유로 이 권한이 소송의 성격에 따라 iudex, iudex priuatus, iudex selectus 또는 arbiter로 불리는 민간 재판관에게 위임되었다. arbiter에는 법으로 예견하지 못하는 모든 경우에 대비해서 이를 판단하는 막강한 권한이 있다. 실제로 법

---

9) 플라우투스의 최고의 희극 가운데 하나로서 불행한 인물 에우클리오에 대한 이야기이다. 그는 슬픔과 공포 속에서 자신의 황금 항아리를 파묻는데, 그 옆에서 역시 땅을 파 뒤집는 수탉에 대한 복수를 하면서 벌어지는 이야기이다. 셰익스피어의 '셜록', 몰리에르의 '아르파공'에 비교되는 인물이다.—옮긴이

으로 예견하지 못하는 경우에 대비해서 legis actio(소송)가 있고, 소송 당
사자들은 이를 요구했다. iudicem arbitrumue postulo uti des(본인은 법관
과 재판관을 허용해 줄 것을 요청합니다). arbiter가 오래전에 이 의미를 지녔
다는 것은 『12동판법』에도 다시 확인된다. 여기에는 다음 기록이 나온다.
praetor arbitros tres dato((이 경우에) 법관은 세 명의 arbitri를 선정해야 한다).
arbiter의 특성은 권한의 범위인데, 이것을 페스투스는 다음과 같이 정의
한다. pontifex maximus, quod iudex et arbiter habetur rerum diuinarum
humanarumque(대사제, 그는 인간과 신들의 일에 대한 iudex이자 arbiter로
간주되므로). 그리고 다른 곳에서는 arbiter dicitur iudex quod totius rei
habeat arbitrium(iudex가 arbiter로 불리는 것은 사건에 대한 전적인 결정권
을 가지고 있기 때문이다)로 규정한다. 사실상 arbiter는 규정과 법규에 따
라 판결을 내리는 것이 아니라 자신의 고유한 생각과 형평의 논리로 판결
을 내린다. arbiter는 실제 arbiter로서 행동하는 iudex이다. 그는 자신을 드
러내지 않은 채 사건을 목격한 사람으로서, 외부에서 당사자들 사이에 갑
자기 개입해서 판결한다. 따라서 사건을 자유롭게, 전적으로 권위를 가지
고, 모든 선례를 벗어나서 정황을 참작해서 판단하는 인물이다. '제삼자가
아닌 증인'의 원래 의미와의 이러한 연관을 통해 법률 용어에서 전문적으
로 분화된 arbiter의 의미를 비로소 이해할 수 있다.

여기에 근거해서 동사 arbitrari가 그 용법이 확장되어 aestimare의 의
미, 즉 '사물의 가치를 최종적으로 결정하다'라는 의미를 가지게 되었다.
이 특수 의미는 또한 특수하게 분화된 용법에서 생겨나는데, 이는 arbiter
의 직무 자체와 연관이 있다. 즉 벌금, 손해 배상, 보석금을 결정하는 것은
arbitrium litis aestimandae, 즉 소송에 계류 중인 물건의 가격을 감정할 수
있는 최고 권한이다. 여기에서 의미가 더욱 확장되어 '어떤 물건의 가격을

정하다'라는 의미가 나왔다.

어떤 용어의 전문적 용법을 확인할 때마다 그 용어가 속한 영역 내에서 설명을 찾아야 되지만, 그것을 최초의 의미를 정확히 정의한 후에 탐구해야 한다. 더 일반적으로 말해서, 제도 어휘에서 사용되는 개념의 고유한 의미가치를 밝혀 내는 작업도 이와 같은 방식으로 수행해야 한다.

4장_*med-와 척도의 개념

요약

역사 시기에 어근 *med-는 '통치하다', '생각하다', '간호하다', '재다' 등
의 아주 다양한 개념을 가리켰다. 원래의 의미는 모호한 공통 의미로 환
원시키거나 역사적 의미의 이질적 복합 의미로부터 추출될 수도 없다. 그
의미는 '무게 측정'의 '척도'가 아니라 '절도'로서의 '척도'(라틴어 modus,
modestus) 개념으로 정의될 수 있다. 즉 병든 육체의 질서를 회복하거
나 그것을 확보하는 의미(라틴어 medeor(간호하다), medicus), 우주 내에
서 질서를 회복하는 의미(호메로스 그리스어 Zeùs (Idēthen) medéōn(조정
자 제우스)), 전쟁처럼 가장 위급한 일로부터 식사처럼 가장 일상적인 일
에 이르기까지 모든 인간사에 질서를 회복한다는 고유 의미가 있다. 끝으
로 'médea를 아는(호메로스 그리스어 médea eidós)' 사람은 사상가가 아
니라 철학자이다. '우두머리와 조정자'(호메로스 그리스어 hēgétores ēdè
médontes)는 모든 상황에 필요한 조치를 적절히 취할 줄 아는 사람이다.
따라서 *med-는 ius, díkē와 동일 계열에 속한다. 그것은 정의로서가 아니
라 질서로서 확립된 규칙을 의미하며, 통치자(조정자)로서의 사법 행정관

은 이 규칙을 작성할 임무를 지닌다. 오스카어 med-díss(iu-dex 참조)는 이러한 일을 하는 사람이다.

과거 연구에서 여러 번 지적되었듯이, 인접 방언들의 필수적 기본 표현들이 서로 다를 수 있다. 라틴어에 형성된 용어 iudex도 마찬가지이다.

그 어느 곳에서도 이와 비견되는 용어가 발견되지 않는다. 즉 법으로서의 ius가 라틴어 이외의 전체 인도유럽어 방언에는 나타나지 않을 뿐만 아니라 이탈리크어군 내에서도 이 개념은 서로 다른 어간으로 지칭된다. 라틴어 iudex에 대해 이미 라틴어화된 오스카어 med-dix가 있다. 의미는 동일하다. 즉 재판관의 직무 외에도 공동체 집단에 권위를 행사하는 책무를 지니는 최고의 행정관이다. 별개의 어간 med-에 기초해서 오스카어는 라틴어 iu-dex와 유사한 합성어를 만들어 냈다. 그런데 원래의 형태 meddíss는 오스카어에만 고립되어 나타나는 것이 아니다. 오스카어에 대한 정보가 빈약하지만, 이 형태에서 파생된 일련의 파생어가 있다. meddikíai(in iudicio, 재판에), medicationem(단수 대격; iudicationem, 재판을), medicim(iudicium, 재판)과, meddix(최고 집정관)에 기초해서 직접 파생된 meddixud(탈격; iudicio, 판결로)가 그것이다.

희귀한 짧은 비문에만 나타나는 그 외의 이탈리크어의 구어 방언(펠리그니어[1], 볼스키어[2])에도 meddix가 사용된다.

---

1) 펠리그니어는 라티움과 캄파냐 사이의 아펜니노 산맥에 위치한 고대 이탈리아의 산악 지방인 삼니움Samnium에 살던(기원전 5세기경) 종족인 펠리그니족Paeligni이 사용하던 구어 방언이다. ─옮긴이
2) 볼스키어 역시 이탈리아 중부 방언으로 라티움Latium의 남동부에 위치한 고대 이탈리아의 민족인 볼스키족이 사용하던 방언이다. 이들의 서부에는 라틴족이, 남부에는 펠리그니족이 살았다. 이들은 기원전 4세기경 로마에 정복당했다. ─옮긴이

오스카어 합성어의 첫 구성요소인 실사(명사) med-는 움브리아어에는 mers로 나타나고, 라틴어 'ius'나 'fas'로 번역된다. 또한 파생어 mersto-(iustus)에서도 나타난다.

여기에서 ius의 지위를 가진 어근 *med-는 라틴어에는 없는 것이다. 라틴어에서 그것은 medeor(medeo)의 단어군에 속하며, 여기에는 또한 빈도동사(fréquentatif)로 불리는 동사의 현재형도 포함된다. 이 어근은 이탈리크어군에서 '법'droit의 개념에 대한 새로운 표현을 제공하는데, 이를 검토하여 그 의미를 상세히 해명해 보려고 한다.

언뜻 보아서는 라틴어 medeor-(치료하다)에서 출발하여 어떻게 행정관의 권한 행사를 가리키는 용어에 이르게 되었는지를 잘 알 수 없다. 그러나 *med-의 다양한 의미는 아주 광범해서 전체를 연관 지어 고찰해야 한다. 먼저 관련 형태들을 각 형태의 구별된 의미와 함께 제시한 다음, 어떻게 이 의미들이 분화되었는지를 탐구하여 이 모든 의미를 파생시킨 최초의 의미를 추적해야 한다.

라틴어 medeo(medeor, 치료하다)의 명사 파생어 medicus(의사)가 있는데, 이 파생명사 자체는 또한 medicare(medicari), medicatio, medicina, medicamentum과 remedium 같은 많은 형태군의 기원이다. med-의 의미가치는 아주 전문적으로 분화된 것 같다. 의학적 의미는 이란어에서 관찰되는 의미와 신기하게도 일치한다. 즉 아베스타어 vi-mad(의사; 동사 접두사 vi-는 격리, 분리의 개념을 강조한다)이다. 이와 반대로 아일랜드어 midiur(라틴어 medeor처럼 중동태의 굴절형)는 '나는 판단한다'를 의미하며, 동사 접두사 con-이 첨가된 con-midathar는 '나는 권위를 행사한다', '나는 권한이 있다', '나는 지배한다'를 의미한다. 그리고 켈트어 *med-에서도 파생 추상명사 mess(〈 *med-tu(iudicium, 소송))가 파생되었다. 이것은 오스카어의 의미와 근접된다.

이와 반대로 이들은 그리스어 형태와는 거리가 있다. 그리스어 형태
는 수는 많지만 단일 단어군을 형성한다. 즉 médomai(μέδομαι, 간호하다/보
살피다)는 능동 현재형으로는 현재분사 médōn(호메로스 그리스어 medéōn,
우두머리)에서만 확인된다. 전문적 의미의 실사인 척도 명사 médimnos(고
체를 측정하는 입방 단위)도 여기에 속한다.

아주 유사한 또 다른 단어 계열은 단지 어기의 장계제만 다르다. 즉
médomai(μήδομαι, 명상하다/숙고하다/고안하다)와 중성 명사 *médos이
다. *médos는 복수 형태로만 확인되는데, 호메로스 그리스어 médea(의도
들/생각들)이다. 또한 médomai에서 오래된 행위자 명사 méstōr(충고자)가
파생되었다. méstōr와 관련되는 형태로 여성형 -méstra가 있는데, Klutai-
méstra(널리 알려진 방식으로 결정을 내리는 여자; 후에 클리타임네스트라[3]
가 된다)라는 유명한 이름에 나온다. 게르만어에서 이 어근은 오늘날까지
내려오는 잘 알려진 동사에도 나타난다. 예컨대 고트어 mitan(재다), 고대
고지 독일어 mezzan, 독일어 messen(재다)과, 파생 현재형 *medā-에서 생
긴 고트어 miton, 고대 고지 독일어 mezzōn(숙고하다/계획을 세우다; 독일
어 ermessen 참조)이다. 또 고대의 모음교체를 증거하는 명사 고대 고지 독
일어 Māz, 독일어 Mass(척도)가 있다. 이에 대응하는 단어를 아르메니아
어 mit, 속격 mti(생각; -i 어간)에서 발견할 수 있다. 이는 어기 모음 ē를 지
닌 명사로서, 형태적으로 그리스어 *mêdos(médea)와 대응한다.

---

3) 클리타임네스트라Klytaimnêstra: 스파르타의 전설적인 왕 틴다레오스와 별의 여왕 레다의 딸. 클리
   타임네스트라는 미케네 왕 아가멤논과 결혼하나 차후에 자기 정부와 함께 트로이에서 귀환하는
   자기 남편을 암살한다. 아이스킬로스, 소포클레스, 에우리피데스 등 비극 작가의 작품에 등장하
   는 유명한 등장 인물이 된다. ─옮긴이

또 이와 별도로 라틴어 현재형 meditor를 들 수 있는데, 이것은 mede-or의 의미와는 아주 거리가 멀기 때문에 별개의 다른 동사가 되었다. 일차적 의미는 '명상하다', '숙고하다'이지만, 그 후 곧 '수행하다', '행사하다'의 의미가 되었다. 학자들은 그리스어 meletân(행하다/행사하다)이 이 단어에 영향을 미친 것을 모두 인정한다. 말하자면 라틴인은 그들이 사용하는 어휘의 몇몇 단어에서 일어나는 고대의 d/l의 교체를 쉽게 인정한 것 같다. 이 자음 교체의 기원은 라틴어에서 일어난 음성 현상이거나 방언적 현상이다. 예를 들면 oleo/odor(냄새), dingua/lingua(혀) 같은 것이다. 이 현상으로 인해 meditor가 형태론에 유인되어 meletân의 의미와 일치되었다. 라틴어에는 *med-와 교체되는, 어기 모음 -o-를 지닌 어간 *med-로 특징지을 수 있는 마지막 형태 계열이 있다. 우선 그리스어 lég-ō에서 파생된 lóg-os의 유형과 같은 파생어 modus(척도)가 있다. modus에서 형용사 modestus(완화된), 동사 moderor(억제하다/지배하다), moderari(절제하다)가 파생되었다. 실제로 modestus는 *modus, *moderis(속격)로 추정되는 중성을 가정하는데, 이는 scelestus(범죄의)와 scelus(범죄), sceleris(속격; 범죄의)의 관계와 동일하다. 그 후 이 명사는 -o- 어간 굴절과 생물성 명사[4]로 바뀌었다.

이리하여 관련 형태들을 모두 포괄적으로 제시했다. 단어 형성의 유형은 아주 분명하다. 이들은 별다른 논의가 없이도 서로 잘 대응한다. 단지 의미가 문제이다. 한 어근으로부터 인접 언어에서 서로 다른 의미가치를 지닌 용어들이 파생된 것으로 미루어, 재구를 할 때 이들 의미가치 가

---

4) 인도유럽어 명사의 성은 생물/무생물이 일차적이고, 생물성은 다시 남성과 여성으로 나뉜다.—옮긴이

운데 어떤 의미가 가장 우선적인 것인지는 단번에 결정할 수 없다. 라틴어와 이란어에 의거해서 생각할 수 있는 것처럼 그것은 '치료하다'란 의미일까? 아니면 게르만어처럼 '재다'란 의미일까? 아니면 그리스어처럼 '몰입하다', '숙고하다'란 의미일까?

일반적으로 학자들은 *med-를 먼저 '생각하다', '숙고하다'로 번역하고, 거기에서 다수의 전문적 의미가치, 즉 '무게를 재다', '측량하다', '판단하다', '환자를 간호하다', '통치하다'라는 의미가 파생된 것으로 간주했다.

여기에서 우리가 관심을 가지고 해결하려는 이 문제는 인도유럽어 어근의 의미를 세밀하게 추적할 때마다 부딪히는 문제이다.

① 일반적으로 어근에 아주 모호하고 아주 일반적인 의미가치가 부여하고, 이 일반적 의미가 특수한 의미가치로 분화된다는 것이다.

그렇지만 사실상 '간호하다'라는 개념과 '통치하다'라는 개념은 별개이다. 인도유럽어 어휘에서 '숙고하다', '재다', '통치하다', '간호하다'라는 개념은 동일한 형태로 공존할 수도 없고, 한 개념에서 다른 개념을 도출할 수도 없는 전혀 별개의 개념이다. 더욱이 '생각하다'처럼 아주 일반적인 개념을 가리키는 관례적 용어가 있는데, 특히 어근 *men-이다. 그런데 앞에 인용된 형태들의 의미로는 *med-와 *men-이 혼동될 수 없다는 것을 여기서 잘 알 수 있다. 왜냐하면 *med-는 *men-처럼 단지 정신활동, 성찰, 숙의 과정만을 가리키는 것이 아니기 때문이다.

② 또한 학자들은 흔히 어근의 최초 의미에서 역사 시기에 다양하게 실현된 여러 의미들을 가능한 한 아주 교묘하게 합쳐서 이 어근의 최초 의미를 설명하려고 한다. 그러나 각각의 개념이 아주 다르고, 각 언어의 역사에서 특수한 의미를 지니는 이 개념들의 집합을 재구하는 것이 과연 합당한가?

그래서 비교언어학자들은 두 가지 작업을 했는데, 첫째 작업은 '추상화'abstraction이다. 즉 역사적으로 확인되는 의미로부터 구체적 의미를 제거하는 작업을 하여 맨 마지막에 남는 막연한 의미를 최초의 의미로 간주했다. 둘째 작업은 '병치'juxtaposition이다. 이것은 최초의 의미에 그 후의 모든 의미를 추가하는 작업으로, 실제 용법에 의존하지 않고 정신의 시각[직관]으로만 관찰하는 작업이다. 사실상 우리가 추적하는 의미는 역사적으로 논의된 의미가치 하나하나를 심층적으로 분석할 경우에만 포착할 수 있다. '판단하다', '치료하다', '통치하다'와 같은 서로 다른 단순한 개념은 다른 방식으로 결합된 의미체계를 우리 언어로 전위시킨 것에 지나지 않는다. 여기에서 의미작용의 기본 의미를 재구하려면, 전체 의미의 모든 구성요소들을 분석해야 한다.

별개의 두 언어인 라틴어와 이란어에서 확인되는 의미인 '환자를 간호하다'에서 출발해야만 할까? '재다'란 개념을 이처럼 엄밀한 전문적 의미로 환원시키기는 불가능하다. 하지만 선험적으로, 혼란스럽지만 지배적 관념은 '척도'(재다)의 개념이 아닌가 하는 생각이 든다. 그리스어 médimnos에만 국한해서 나타나는 척도 개념은 라틴어 modus, 게르만어군의 고트어 mitan, 독일어 messen에 보다 폭넓게 나타난다. 동시에 그리스어 médomai, médea를 통해서도 숙고, 의도의 개념이 더 분명하고 명확히 나타난다.

라틴어 modus로부터 출발해 보자. 이것은 '척도'를 의미하지만, 사물의 고유한 크기를 재는 척도가 아니다. 라틴어에서는 '재다'의 의미에 대해서는 별개의 동사 metior가 사용된다. modus는 사물에 부여된 척도이다. 즉 사람이 지배하는 척도인데, 척도는 숙고와 선택을 전제로 하고, 결정을 상정해야 하기 때문이다. 한마디로 '측정'의 의미로서 척도가 아니라

'절제, 절도節度'의 의미로서 척도이다. 다시 말해 척도가 없는 것에 적용되는 척도이며, 제한이나 구속의 의미로서의 척도이다. 이러한 이유 때문에 modus는 물질적 의미보다는 정신적(도덕적) 의미를 갖는다. modestus는 '절도를 갖춘, 절제하는 사람', '절도를 지키는 사람'이다. 또한 moderari는 '(절도에 벗어나는 것을) 절도에 맞추다'를 의미한다.

*med-가 '척도'를 의미한다면, 그것은 *mē-와는 전혀 다른 방식의 의미작용이 있다는 것을 라틴어는 보여 준다. *mē-와 연관된 인도유럽어 *mens-(달, 천체), 라틴어 mensis(달, 달력)는 크기, 치수의 척도로서 고정성, 수동성을 지닌다. 이것을 나타내는 표지가 곧 달月의 일시를 측정하는 달天體이다. 그러나 modus의 의미에는 이와 전혀 다른 사실을 볼 수 있다. 그것은 숙고, 성찰을 전제하면서 혼돈 상황에 적용되는 제한, 구속의 의미를 지닌 척도이다. 이 의미가 재구의 출발점이다.

이제 그리스어를 이용해서 이 언어가 제공하는 증거들의 의미를 자세히 규명하면서 분석을 좀더 심화시켜 보자.

그리스어 현재분사 médōn의 부류로 간주되는 그리스어 *médō는 보통 '보호하다', '통치하다'로 번역되고, 분사 médōn은 '주군主君', '주인'으로 번역된다. 중동태 현재형 médomai는 '감시하다', '일에 몰두하다'로 번역된다. 하지만 이것들은 동일한 동사이다. 그래서 동일한 해석을 부여해야 한다.

한편으로 고정된 관용표현에서 제우스와 지명地名과 함께 사용된 mēdéōn의 용법을 고찰해야 한다. 예컨대 Idéthen mēdéōn의 문자적 의미는 "이데 산에서 다스리시는"(『일리아스』3권 276행; 7권 202행)이다. Dōdónes mēdéōn(도도네를 지배하시는; 18권 234행)[5] 참조. 또 한편 빈번히 나타나는 표현 hēgétores ēdè médontes(지휘자들과 보호자들;『일리아스』 2권 79행)도 고찰해야 한다. 여기서 동사나 분사의 파생어를 '보호하다'나 '지배하다'로 번역하는 것은 만족할 만한가? mēdéōn이 제우스 같은 인물에게 적용되는 것으로 봐서 학자들이 권위의 의미를 함축하는 모호한 뜻인 '통치하는', '지배하는'이라는 번역에 만족한 것이 분명하다. 하지만 명사군 hēgétores ēdè médontes에서 두 개념을 구분해야 한다. 동사 hēgéomai는 계산하고 계획을 세우는 활동의 개념을 함축한다. 그리고 médōn에는 권위의 개념을 일단 엿볼 수 있고──이는 라틴어에도 같은 방식으로 나타난다──, 다음으로는 조치를 취하고 지도한다는 개념이 있다.

중동형 médomai를 더욱 자세히 설명해 보자. 이 동사는 médōn보다는 훨씬 다양한 목적어를 갖는데, 예컨대 전쟁 관련 용어들이다. polémoio medésthō(전쟁에 몰두하다;『일리아스』 2권 384행), medómetha alkês(용감하게 저항하는 일을 생각하자; 5권 718행; 4권 418행 참조). 하지만 또한 sitou(밀/고체 음식), dórpoio(저녁 식사; 24권 2행) 같이 '음식'과 관련되는 médomai의 용법도 있다. 또 '회귀'(nóstou;『오디세이아』 11권 110행; 12권 137행)와 관련되거나 더욱 막연하게 생각하는 대상을 목적어로 갖기도 한다. 예컨대『일리아스』 4권 21행에서 아테나와 헤라 두 여신은 "트로이인에게 재앙을 꾸미려고 생각을 하고 있었다, kakà······medésthēn" 같은 것이다.

이 마지막 용례에서 médomai는 médomai와 일치하는데, 그것은 아주 빈번히 '(불운을) 마련하다, 미리 숙고하다, 계획하다'라는 의미로 신神

---

5) 원문에는『일리아스』 18권 234행'으로 기록되어 있으나, 이 표현은 16권 234행에 나온다.─옮긴이

에 대해 말할 때 사용된다. 예컨대 "사려 깊은 제우스는 밤새도록 그들에게 재앙을 미리 꾀하고"(kakà ……médeto; 7권 478행), "제우스께서 그들에게 파멸을 생각해 내셨소"(médet' ólethron; 『오디세이아』 14권 300행) 같은 것이다.

명사 médea의 예를 들어 보자. 이것은 흔히 boulaí(기획/의도)와 함께 사용되고(예컨대 『일리아스』 2권 340행), 또 학식 있고 지혜로우며, 선견지명이 있는 자와 연관해 사용된다. 예컨대 pepnuména médea eidós(슬기로운 계책을 알고 있는; 『일리아스』 7권 278행; 『오디세이아』 2권 38행)와 같다.

이들이 주요 용법이다. 여기에서 이 동사의 의미 '미리 숙고하다', '계획하다', '조언하다', '지배하다', '염려하다……'와 '통치하다'를 끌어낼 수 있다. 이 모든 활동, 행위에는 권위의 개념이 섞여 있고, 명사에는 지고의 결정이라는 개념이 들어 있다.

이제 사물에 적용된 '척도' 개념을 더욱 정밀히 정의할 수 있다. 여기서 문제가 되는 것은 전문적 성격의 척도이다. 즉 관습에 따라 실시되는 수단과 이미 검증된 효과로서의 척도 개념이다. 순간적으로 급조된 절차도 아니고, 계획을 만들어 내는 숙고의 개념도 전혀 아니다. 이 '척도'는 특정 문제를 해결하기 위해, 일정한 상황에서 언제나 적용 가능한 것으로 간주된다. 따라서 그것은 일반적인 '고찰하다'는 개념과는 거리가 멀고, '보호하다'나 '통치하다'와도 거리가 멀다. *med-를 대략적으로 정의하자면, '실제적 난관의 해결을 위해 권위를 가지고 적절한 조치를 취하다', '일정한 문제를 관례적 수단을 사용하여 규범으로 귀착시키다'와 같은 뜻이다. 명사 *medes-나 *modo-는 '혼란스러운 상황의 질서를 회복할 수 있는 필요한 조치'를 뜻할 것이다. 이 개념이 모든 인도유럽어에서 똑같은 방식으로 전수된 것은 아니다. 이 개념은 언어에 따라 의미가 분화되지만, 최초의 의미를 인지하는 것은 그리 어렵지 않다. 현재 우리가 알기로는 라틴어 medeor, 아베스타어 vī-mad-가 원래 '치료하다'뿐만 아니라 '병을 처방에 따라 치료하다'라는 의미도 있다. 이것은 단순한 동어반복이 아니다. 이 개념은 '환자를 건강한 상태로 옮기다'를 가리키는 것이 아니라 '탈이 난 유기체를 예견한 처방에 따르게 하다', '혼돈 상태에 질서를 회복하다'란 뜻을 가리킨다.

그리스어 의미도 물론 이와 동일한 의미이다. 그래서 필요한 수단으로 전쟁, 출항, 식사에 이르기까지 일정한 문제에 대처하기 위해서 권위를 가지고 규정된 조처들을 취하는 것을 가리킨다. 이 모든 문제에는 알려진 전문적 기법의 의미가 포함된다. 제우스가 médōn(지도자/왕)으로 불릴 때, 전통적 명칭이 된 이 부가어는 일정한 상황에서, 예컨대 신들 중의 최고 신이 엄숙히 서약할 때나 도움이 필요할 때 '척도'를 적용할 수 있는 힘과 관련해서 사용된다. 즉 특정한 난관을 해결하려면 지고한 신의 개입을 원할 수 있다. 왜냐하면 그는 동사 médō가 함축하는 능력이 있기 때문이다.

이제 마지막으로 오스카어 meddix에 나타나는 법률적 의미에 이르렀다. 이 모든 의미의 구성요소가 여기서 재발견되며, med-와 ius 사이에 확인된 등가치적 의미를 해명하는 데 사용된다. 우선 권위의 개념이 있는데, 이는 dico의 용법에 나타난다. 중심 개념은 당면한 문제에 적용할 수 있는 여러 조처 가운데서 선택된 '척도'의 개념이다.

med-나 ius가 진정한 의미의 파생어를 만들지 못했다는 놀라운 사실에 유의하자. 그것은 이들이 실제로 사용되던 형태가 아니기 때문이다. 라틴어 ius에서 파생된 파생어는 어떤 것인가? 동사 iuro(서약/서약하다)는 더 이상 ius의 의미역에 속하지 않고, 단지 선역사적 의미가치를 통해서만 이것과 관련된다. 이 두 용어의 공시적共時的 관계는 단절되었다. 그 밖에 ius는 파생어로 오직 형용사 iustus(법을 준수하는)뿐인데, 이는 modus/modestus와 평행한 관계이다. 그런데 모든 파생어, 예컨대 iudicium, iudicari, iudicatio 등은 실제로 iudex에 기초해서 형성된다. 오스카어도 마찬가지로 meddix에 기초해서 파생어가 형성되는데, medicatinom과 같은 단어이다. 따라서 행위자 명사의 중개를 통해서 파생어가 형성된다. 이 사실로부터, 두 법률 용어 ius와 med-는 통용되던 형태가 아니라 비생산적 형태라고 결론지을 수 있다. 다른 사실로 이 지적을 뒷받침할 수 있다. 라틴어에는 형용사든 명사든 ius의 파생어가 없다. 이들이 존재한다면, '법률가', '법을 알고 집행하고 행사하는 사람'을 의미할 것이다. medicus에 대응해서 *iuricus나 그와 유사한 용어가 없다. 물론 합성어는 있지만, 그것은 병치어이다. 즉 iuris prudens(법에 정통한 (자)), iuris prudentia(법률학), iuris consultus(법에 경험이 많고, 유식한 (자)), iuris peritus(법을 잘 아는/능통한 (자)) 같은 것이다. 이 점도 ius가 파생어를 전혀 만들지 못한 특성이 있음을 보여 주는 또 다른 증거이다.

파생어를 만들지 못한 이유는 아마도 법이 단지 관례적 규정집으로 간주되었고, 법의 집행이 전문기술로 간주되었기 때문일 것이다. 법은 학문이 되지 못했고, 새로운 창조 작업을 허용하지 않았다. 그것은 규범으로, 진술과 처리지침집으로만 고정되어 알려져서 적용된 것이다.

그리하여 최고 집정관은 소송에 부과되는 '척도'를 보여 주는 역할을 했다. 우리는 법이란 것이 무엇을 보여 주고, 발화하고 선언하는 것이라는 점을 이미 확인했다. 그리스어 dikaspólos, 라틴어 iudex, meddiss, 게르만어 eosago와 같은 유사 형태가 그것이다. 그리하여 법이 전문도구의 수준을 넘어 도덕적 개념으로 형성되어 갈 당시에, 다시 말해서 díkē에서 형용사 díkaios가 파생되고, ius와 iustus가 iustitia(정의)의 개념으로 확장되던 시기에 일어났던 여러 인도유럽어와 인도유럽 민족의 제도적 격변을 예측할 수 있다.

법 자체는 갱신되고, 결국 올바르고 정당한 것과 동일시되어야 한다. 그러나 법과 정의의 개념이 서로 접근하는 데는 오랜 역사가 소요되었다. 법의 명칭 자체가 변화되어, 로망어에서 ius가 directum(derectum, 곧은 것)으로 대체된 원인은, 이 두 개념이 언제나 아주 밀접하게 관계를 맺었기 때문이다. '법'droit은 '왜곡된'과 상반되는 '올바른/곧은'droit이다. 그래서 게르만어 Recht처럼 directum이 제도 용어로서 ius의 지위를 차지한 반면, 영어에서 '법/정의'droit는 곧 '법률'loi과 동일시된다. 영어는 "'법/정의'를 연구한다"는 의미로 "'법률'을 연구한다"라고 말한다.

이 모든 사실은 서로 관련이 있다. ius에서 ustitia로 바뀌는 역사적 발전과정, 법과 정의의 역사적 분화과정, 즉 iustitia와 directum의 분화과정은 법이 고대 인도유럽족의 의식에서 어떤 방식으로 표상되었느냐는 문제와 관련이 있고, 이 관련 경로는 우리가 알기도 어렵고, 현재로서는 알 수도 없다.

사람들의 의식이 더욱 세련되면서 현실적, 관례적 성격을 지닌 이 개념들이 어떻게 발전하면서 점차 의미가 명확하게 되었는지, 이따금 도덕적 개념과 동일시되면서도 이 도덕적 개념을 결과적으로 어떻게 낳게 되었는지를 밝히는 일은 제도 어휘를 통해서 가능하다.

5장_fas

요약

*-to-형의 두 파생어 라틴어 fastus와 festus는 서로 반대 의미를 지니면서 공존하므로, 제시된 fas와 단어군 fanum, feriae의 비교가 흔히들 훼손될 수 있다.

분명히 fas는 라틴어 fari(그리스어 phēmi, 인도유럽어 *bhā-)와 비교해야 한다. 이 어원은 형태의 관점에서는 아무 오류가 없기 때문에 의미적으로 증명하는 것이 필요하다. 즉 '말하다'(*bhā-)와 '신의 법'(fas)의 관계를 어떻게 설정할 것인가? 사실상 어근 *bhā-는 발화를 산출하는 사람과는 상관없이 발화 자체를 특정하여 지칭하며, 무엇을 의미하는 것으로서의 발화가 아니라 존재로서의 발화를 가리킨다는 것을 제시하고자 한다. 그래서 말해진 것(라틴어 factum)이나 스스로 말해지는 것(라틴어 fama, 그리스어 phēmē, 호메로스 그리스어 dḗmou phḗmis(백성의 목소리, vox populi)는 인간의 말이 아니라 절대적 말로서 적극적인 종교적 의미가치가 담겨 있다. 따라서 phēmē는 그 자체로 신을 가리킨다(theós……tis; 헤시오도스, 『노동과 날들』764).

라틴어에서 fas의 사용 조건, 즉 fas est + 부정법('fas는……로 존재한다')은 (신의) 발화가 곧 (신의) 법을 지칭하는 것임을 보여 준다.

그리스어 thésphatos((운명에 의해) 경계 지어진) : athésphatos(무한한)의 쌍에서 phēmi의 동사적 형용사 -phatos는 어근 bhā-가 지녔던 특수 의미가치를 잘 반영한다.

지금까지 고찰한 법의 표현은 모두 인간의 법과 관련된다. 일반적 사회관계를 규정하고, 또 가족 내부나 가족 간의 일정한 집단들 사이에 개입되는 법이다.

그러나 적어도 인도유럽어 내에서, 예컨대 라틴어에는 '신의 법'을 가리키는 특수 용어가 있다. ius와는 구별되는 fas가 그것이다. 이 두 용어의 관계는 우선 의미 문제를 야기시킨다. ius : fas의 대립이 인도유럽어의 선사시기에 직접 반영된 것으로는 생각되지 않는다. 하지만 이 의미 대립이 라틴어에서 새로이 생겨난 것인지 살펴볼 필요가 있다.

이 대립은 적어도 이탈리크어에 없었다고는 확언할 수 없다. 아직 이탈리아 방언에 대해 아는 바가 거의 없으므로 침묵으로부터 주장을 끌어낼 수는 없다. 오직 움브리아어만이 이것을 문헌상으로 지속적으로 확인할 수 있다. 고정형식의 글로 된 의례는 모든 어휘를 제공하지는 않지만 우리가 포착하지 못한 주요 개념이든 분명히 움브리아어에 있다.

따라서 라틴어에만 국한해야 하기 때문에 라틴어는 ius : fas의 대립이 있고, 이 의미 대립이 파생어 iustus : fastus에도 반영되고, 또한 ius est(인간의 법에 의해 허용되었다) : fas est(신의 법에 의해 허용되었다) 같은 평행 표현에도 반영되었다. 형태론적 견지에서 fas는 곡용하지 않는 중성명사이다. 그것은 -s 어간이며, ius와 동일한 구성이다. 하지만 이를 넘어서 그 어원을 탐색해야 한다. 어떤 학자들은 fas의 종교적 의미가치 때문에 이를 fanum(사원/절)으로 대표되는 단어군과 결부시켜야 한다고 생각했다. 왜냐하면 이 비교에는 fas의 종교적 의미가치가 확인되기 때문이라고 한다.

형태론적 이유로 이 해석은 분명히 배제해야 한다. fānum은 단모음 a가 있는 고대의 *fasnom에서 유래한다. 이차적 특성인 모음의 장음화는 음성군 -asn-이 -ān-으로 축약될 때 정상적으로 나타나는 현상이다. 이 *fasnom은 *dhəs-nom에 근거하는데, 이 형태는 다른 모음계제[1]를 지닌 어근의 형태로서 오스카어와 움브리아어에 널리 알려진 '사원'을 가리키는 명사, 즉 오스카어 fíísna, 움브리아어 fesna와 관계 있다. 따라서 *fēsna(오스카어/움브리아어)/*fasnom(라틴어는 어간의 약계제)에서 모음교체 [ē/a]가 있다. 더욱 오래된 언어단계를 재구하면, 이것은 *dhēs-na/*dhəs-nom이다. 더욱이 라틴어 fesiae(feriae, 축제들)와 형용사 festus(축제의/장엄한)도 이와 동일한 단어군에 속한다. 어간 *dhēs-와 *dhəs-는 종교적 대상이나 의식을 가리키는데, 그 의미는 아직 확정할 수 없다. 어쨌든 그것은 신성神聖을 나타내는 종교 영역의 개념이다.

*dhēs는 다른 언어에도 발견된다. 예컨대 아르메니아어 복수 dikᶜ(신들; -kᶜ는 복수 표지이다)인데, 이는 *dhēs-es에서 유래한다. 또한 고대 그리스어 합성어 thésphatos, thespésios, théskelos에도 나오는데, 여기서 thes-는 dikᶜ에서 파생된 *dhēs-와 대응한다. thes-의 의미로 인해 이들 시적詩的 합성 형용사는 신의 개념과 관련된다. 즉 thésphatos(신의 칙령으로 결정된), thespésios(기적적인; 세이렌[2]의 노래에 적용되어 신에게서 기원하는 것을 나타낸다), thespésios(경이로운. '신적인'의 뜻도 있으나 조어법이 다소

---

1) '모음계제'에 대해서는 본서 36쪽 참조.—옮긴이

불분명하다) 등이다. 마지막으로 여기에 theós(신)도 포함시켜야 할 가능성이 있다(이는 오래전부터 제시된 가설이다). 가장 진실에 가까운 theós의 원형은 물론 *thesos일 것이다. 아르메니아어 dikᶜ(신들)가 있기 때문에 그리스어-아르메니아어 어휘쌍이 짝을 이룬다.

이것과 fas를 비교하는 것이 타당한가? 라틴어에서 이 단어군의 특성을 보여 주는 대표적 단어 feriae의 의미를 고찰해 보자. feriae는 '축제들'이고, festus는 '축제일로 정해진'을 뜻한다. 그러면 fastus는 어디에 위치할까? 이들이 공통 기원을 갖는다면, 별개의 두 -to형의 형용사가 동일 어간에 기초해서 구성된다는 것은 이해하기가 어렵다. 더욱이 fastus는 무엇을 의미하는가? 법정의 휴정(休廷)이 허용된 날을 dies fastus라고 하는데, 휴정일에는 사법관은 자기 행위[판결]를 간결하게 가리키는 동사, 즉 do(주다), dico(헌납하다), addico(판결에 의해 주다)를 발화할 수 있는 권한이 있었다. 이것을 마크로비우스[3]가 『사투르날리아』*Saturnalia* I, 16에서 기록하고 있다. Fasti (dies) sunt quibus licet fari praetori tria verba solemnia : do, dico, addico. His contrarii sunt nefasti(재판일(길일)은 사법관에서 do, dico, addico라는 세 법정 단어의 선언이 허용된 날이다. 이와 반대되는 날은 법정을 열 수 없는 날(불길한 날)이다). fasti는 '업무가 가능한 날'이며, 이러한 날에 사법관과 시민은 활동한다. 여기에서 fasti dies가 '달력'이란 의미를 갖게 된 것이다. 그래서 fastus(업무를 할 수 있는 날)는 festus(축제일로 정해진

---

2) 세이렌Seiren: 날개가 달린 여자 모습이나 여자 머리를 한 새의 모습으로 나타나는 신화적인 바다의 신들. 노래로 항해자들을 유혹하여 암초에 배를 좌초시키고, 이들을 잡아먹었다고 한다.—옮긴이

3) 암브로시우스Ambrosius Theodosius Macrobius(기원 400년경): 중세기의 철학과 문법의 최고 권위자 가운데 한 사람. 그의 『사투르날리아』는 시학, 철학, 고대의 전승 등을 모은 총론서이다.—옮긴이

날)와 정반대 의미가 된다. 이 사실 때문에 학자들이 제시한 fas와 feriae는 비교하기가 불가능하다. 더욱이 이 비교는 일반적인 견해의 지지를 받지 못했다.

따라서 이 비교를 버리고, fas의 다른 기원을 찾아야 한다. 필요한 듯이 생각되는 기원은 이미 제시한 바 있다. 고대인의 언어감각——이것을 확실한 믿을 수는 없지만 이 경우에는 고려해야 한다——을 어원 자체로도 삼을 수 있는데, 고대인의 언어감각에 따르면, fas는 fari, *for(말하다)와 결코 분리되지 않았다.

이것은 분명 명확한 설명——이를 언급하는 것만으로도 족하다——은 아니다. 사전辭典이 정의하는 바처럼, '말하다' 개념과 '신에 특유한 권리'란 개념 사이에는 직접적 연관성을 전혀 찾아볼 수 없다. 이처럼 아주 확실한 어원을 제시하는 학자들은 어원을 증명하려고 하지 않는다. 어원을 정당화시킬 수 있는 유일한 수단은 fari의 고유한 의미를 엄밀히 연구하는 것뿐이다.

fas와 함께 고찰해야 하는 것은 반의어 nefas(종교에 대해 저지른 죄/불경죄)인데, 여기에는 non보다 더욱 고형古形인 부정否定의 ne-가 있다. 이 단어를 고려하는 이유는 nefas가 실은 nefas est란 표현에서 생겨났기 때문이다. 여기서 ne-는 접두사가 아니라 문장의 부정사로 이해해야 한다. 일반적으로 부정 접두사는 ne-가 아니라 in-이다. negotium도 역시 강조 부정사 nec가 있는 통사적 표현이다. 즉 그것은 nec ostium est란 표현에서 생겨났다(제1권 174쪽 이하 참조).

fas의 조어법은 예컨대 ius, mos(관습)와 같은 고대의 조어법이다. 이 단어들은 이차적으로 굴절을 한 단어이다.

fas와 *for, fari, fatus sum의 관계는 동사 형태[*for, fari 등]에 ——종교

적 의미가치가 부각된다——이미 암시되어 나타난다. *for의 과거분사인 중성 fatum(오명)은 흔히 '불운'(fatalis(치명적인)를 참조)을 뜻한다. 이 단어는 어원의 시초부터 명사화되어 독립되었다.

동사 *for는 역사 시기 초부터 사용된 것은 아니고, 시어詩語에서만 '말하다'의 의미로 사용되었다. 그렇지만 이 동사에서 수많은 고대의 파생어가 만들어졌다. facundus(유창한/말을 쉽게 하는), fabula(대화/대화의 단편/우화/전설), fama(유명한; 좋은 의미로 사용; 여기에서 famosus(평판이 좋은)와 반의어 infamis(평판이 좋지 않은/평판이 나쁜)가 생겨났다) 등이다. 이들 각 단어에도 일련의 파생어가 많이 있다. 예컨대 fabula에서 파생된 fabulari(이야기하다), fabulatio(담화/대화) 등이다. 이 라틴어 동사는 그리스어 phēmi, pháto와 대응되며, 그리스어 동사의 굴절형 중 일부는 능동이고, 일부는 중동이다. 또한 그리스어 phémē(평판이 있는), phêmis(앞의 의미와 거의 동일 의미; 소문/대화/소리), phátis(소문)와도 대응한다. 이 어근은 인도이란어에는 전혀 나타나지 않는다. 그것은 인도유럽어 영역의 중부 지역에 국한되어 출현한다. 라틴어와 그리스어 외에도 아르메니아어 bay(발화; 그리스어 phátis에 정확히 대응하는 *bati-에 기초한다), ban(단어/말/물건), 삽입구 bay(~라고 그는 말한다)에서 이를 확인할 수 있다. 또 부분적으로 게르만어에도 볼 수 있고(고대 영어 bōian(자랑하다)), 슬라브어 baju bajati(이야기하다/주문을 외다), 좀더 복잡한 접미사법으로 파생된 baliji에서도 부분적으로 확인된다.

이들 형태의 출발점으로 어원 사전들은 고대 슬라브어처럼 의미가 다소 전문적으로 분화되었지만 오직 '말하다'의 의미만을 제시한다. 그러나 '말하다'의 개념이 '신의 법'의 의미로 구체적으로 분화된 흔적을 전혀 발견할 수 없다.

여기에서 '말하다'는 무엇을 의미하는가? '발화'를 나타내는 다른 모든 표현 가운데서 어떤 방식으로 이 개념의 의미를 고정시킬 수 있는가?

이와 관련해서 아주 중요한 라틴어 형태는 현재분사 infans(나이가 적은 어린애/말을 하지 못하는 자)이다. 바로는 fatur와의 관계를 설명하기 위해 다음과 같이 말하고 있다(『라틴어론』*L. L.* VI, 52). *Fatur is qui primum homo significabilem ore mittit uocem. Ab eo ante quam id faciant, pueri dicuntur infantes; cum id faciant, iam fari* ……(사람이 **말한다**(fatur)는 것은 의미가 있는 말을 처음으로 내뱉는 것이다. 이러한 이유로 어린아이들이 말을 하기 전에는 infantes로 부른다. 그러나 어린애들이 말을 할 때는, 그들은 이미 말을 한다(iam fari)라고 한다).

우리는 또한 어린아이가 '말을 한다'거나 '말을 하지 못한다'고들 한다. 그리하여 말로 표현된 발화, 즉 언어 현상으로서, 인간성의 발현으로서의 발화행위를 정확히 의미한다. 마찬가지로 fabula는 '대화', '연극 행위' 등의 다양한 의미를 통해서 '발화로 구현하는 것'을 의미하는데, 보통 '음악 연주를 시작하다'라고 말하는 것과 의미가 똑같다. 그래서 fabula는 전설, (연기) 행위, 말로 구현되는 사항을 가리킨다. 즉 인간의 말로 전환되는 행위를 목격할 수 있는 것이다. 이야기, 우화, 희곡 등 무엇이든 간에 그것은 이처럼 말로 전환되는 행위의 기법 자체만을 고려한 것이다. 여기에서 fabula는 발화로만 된 것, 현실성이 없는 것을 의미하게 되었다. 또한 이 어근에서 파생된 다른 파생어도 이러한 방식으로 이해해야 한다. 예컨대 facundus는 '발화 재능을 지닌 자', 즉 말의 내용과는 상관없는 언어표출의 재능을 지닌 자, 말을 유창하게 하는 것이 아니라 단어를 아주 풍부하게 마음대로 구사하는 자를 가리킨다. fama(명성/소문)에서는 새로운 특징을 발견할 수 있다. 즉 그것은 개인의 발화행위가 아니라, 비인칭적 발화행위이다. 어린아이가 벌써 '말한다'(iam fatur)고 할 때, 사람들은 어린이가 말하는 내용을 취하는 것이 아니라 모든 인간에 공통된 개인적 능력이 아니라, 인간적 능력의 표출, 다시 말해서 인간이 말을 할 수 있다는 사실에 주목하는 것이다. 마찬가지로 fama는 비개인적, 집단적이며 인간 현상, 소문, 평판으로서의 말이다. '~라는 소문이 흘러 다닌다'는 것은 음성으로 된 '소리'로서의 발화, 비인간화가 되었기 때문에 순수한 음성 현상으로서의 발화이다. 이러한 것이 그리스어 phátis(평판/소문)가 의미하는 것, 즉 담화도 아니고, 논리정연한 발화도 아닌 것을 뜻한다.

이와 똑같은 의미가 또한 phémis에도 있다. 『일리아스』(10권 207행)에 어떤 사람이 트로이인에게 가서 어떤 phêmis를 알 수 있는지를 물어본다. 특정인의 말이 아니라 비인간적인 '사람들이 …… 라고들 말한다'는 것이 문제시된다. 『오디세이아』에서 아주 빈번히 출현하는 것은 démou phêmis(사람들의 소문/백성의 목소리)이다. 사람들이 démou phêmis(6권 273~274행) 때문에, 즉 사람들이 말하는 소문 때문에 행동을 감히 못 하는 것이다. 이 단어는 개인의 담화를 의미하는 것이 아니다.

이제 phémē를 보자. 이에 대한 아주 의미심장한 예가 있다. 제우스가 오디세우스에게 많은 고초를 겪게 한 뒤에 집에 데려다 주기를 원했는지 확인해 볼 것을 요청한다. "부디 저 안에서는, 깨어 있는 사람들 중 누군가가 내게 phémē를 말하게 해주시고, 이 바깥에서는, 제우스의 다른 전조가 나타나게 해주소서"(『오디세이아』 20권 100행). 오디세우스는 신성을 지닌 말, 즉 전조에 해당하는 제우스의 의지 표현으로서의 phémē를 기다린다. 그렇지만 사실은 무엇보다 먼저 여자를 기다린다. 그런데 천둥이 치고, 말(phémē)이 떨어진다. 이 phémē는 오디세우스에게는 sêma, 즉 전조이다(100행과 111행). 또한 헤로도토스(『역사』 III, 153)에도 téras(기적)가 뒤

따르는 phémē를 볼 수 있다. 소포클레스(『오이디푸스 왕』 86 등)에 나오는 phémē theôn(신들의 phémē)은 '신탁'을 의미한다.

이 모든 사실은 서로 연관이 있다. phémē는 발화의 산출로서 말소리로 된 소문, 명성, 평판이며, 또한 신탁의 말도 역시 그렇다. 마지막으로 왜 어근 phēmi나 라틴어 *for가 신의 발화를 가리키는지를 알 수 있다. 그것은 비인간적이기 때문이고, 어린애의 입에서 나오는 최초의 말이 신비한 것처럼 알 수 없는 혼란스러운 것, 신비한 것을 표현하기 때문이다.

이러한 phémē의 의미는 헤시오도스 『노동과 날들』 763~764에 분명하게 표현되어 있다. "phémē는 많은 사람들이 그것을 발화하게 되지만 결코 완전히 소멸되는 것은 아니다. 왜냐하면 phémē 자체는 어떤 면에서는 신성한 것이기 때문이다." 여기서 démou phēmis가 아주 중요한 어떤 일에 착수할 때에 사람을 망설이게 하는 이유가 있다. 그것은 신의 예고, 경고이기 때문이다. Vox populi, uox dei(백성의 목소리는 신의 목소리다), 즉 백성의 '목소리'는 신의 생각을 알리는 말이다. 또한 fatum이 인간에게서 기원하지 않고, 인간과도 관련되지 않는 발화행위가 되는 이유는 신비하고, 운명적이고, 결정적인 것을 초인간적 기원에서 끌어내는 발화행위이기 때문이다.

끝으로 아주 일반적 동사 phásthai는 겉으로 드러나는 것보다 훨씬 많은 뜻이 있다. 학자들은 phasi가 지닌 '사람들이 ~라고들 한다', '소문에 따르면 ……'의 강한 의미를 별로 고려하지 않는다. 또 pháto는 단순히 '그는 말한다'가 아니라 문자 그대로 '이 발화는 그에게서 나왔다'(이 말의 출처는 그이다)라는 의미여야 한다.

인간에게서 기원하는 것이 아니라 흔히 신에게서 기원하는 이와 같은 말의 힘은 마술적인 신비한 힘이다. 이러한 이유로 슬라브어 baliji는 주술사든 의사든 말의 신령한 힘, 주문의 신비한 힘을 마음대로 이용하는 자, 그것을 사용하고 지배하는 자를 가리킨다.

이제 fas를 재론할 때가 되었다. 우리는 이 개념에서 '발화'라는 일반적 의미작용이 얼마나 강한지, fas가 이 의미로부터 어떻게 종교적 의미가치를 끌어내는지를 알 수 있다. 그렇지만 아직도 fas가 왜 특이하게 '법'에 적용되는지는 모른다. 이 의미는 fas가 고대에 실제로 사용되던 고정표현 'fas est + 부정법 절'을 분석해야 한다. 이것은 문자적으로는 '……라는 fas가 있다, fas가 존재한다'라는 의미이다. 이는 그 말이 신의 말이자, 절대적인 말로 하는 발화행위라는 것을 의미한다. 이처럼 비인간적 발화를 통해 신들의 의지가 구현되고, 신들은 허용한 행위를 말로써 표현한다. 그래서 '신의 의지에 따를 것'이란 표현으로 '신의 법'(또는 신권神權) 개념에 도달하게 된 것이다.

fas에는 이 법의 고유한 성질을 가리키는 내용이 전혀 없지만, 장엄한 발화행위, 명백한 명령, 즉 fas냐 nefas냐 하는 의미가치는 이 단어의 기원에서 생겨났다. 허락 사항과 금지 사항을 결정하는 신의 발화행위를 알고, 그것을 규범화하는 것은 주교主敎나 사제의 고유 권한이다.

다른 영역이지만, 특히 신탁이나 집단의사意思에 대해 말할 때 그리스어 phémi는 '예라고 말하다', '긍정하다', '긍정적으로 대답하다'라는 의미이고, oú phémi는 '아니오라고 말하다', '거부하다'라는 의미를 갖게 된 것도 같은 이유이다.

fatum과 특별히 연관은 없지만, fas도 역시 이와 같은 일반적 의미작용——이 일반적 의미가 라틴어에서 성립된 것은 아니지만——이 있다. 이 일반적 의미작용은 어근 *bhā-가 포함된 형태 전체에 스며들어 있고, 이 어근은 인도유럽어 어휘에서 이미 처음 말하는 어린아이의 말에서부터 신의 목소리가 드러나는 탈인간화된, 비인간적인 집단의사 표현에 이르기까지 발화의 초인적인 신비의 힘을 의미했던 것이다.

＊　　＊　　＊

이제 아주 중요하지만, 꽤 어려운 의미를 가진 그리스어 파생어를 조사해야 한다. 그것은 phḗmi에서 파생된 동사성 형용사 -phatos이다. 이것은 palaí-phatos(옛날에, 먼 과거에 발화되고 표명된 것), 고대의 시어에서 사용된 형용사 thés-phatos와 반의어 a-thésphatos 같은 합성어를 구성한다. 학자들은 thésphatos를 '신에 의해 발화된'으로 해석하고(thés가 '신'의 명칭 theós를 설명하는 것으로 짐작되는 어간이기 때문에), 그 단어를 어떤 현상의 부가어로 사용하여 '경이로운', '기적 같은'으로 해석한다. 그러면 athésphatos는 무엇을 의미하는가? 학자들은 이 단어도 실질적으로 같은 의미인 '경이로운', '기적적인'으로 해석한다. 이것은 문자적으로는 '신도 말로 표현할 수 없는'을 가리킨다. 긍정 형용사와 부정 형용사를 같은 의미로 귀착시키거나 이를 용인한 이유는 거의 동일한 의미가치를 갖는 듯한 용법을 설명하기 위한 것이었다. 그러나 이 해석은 언어학자에게는 이상한 문제를 야기시킨다. 즉 어떻게 한 형용사의 긍정형과 부정형이 동일한 의미를 지니는가 하는 문제이다.

분명히 thésphatos는 전대미문의 신적인 사건, 신탁에 관한 사실을 가리키는 데 사용된다. 그래서 그것은 운명(이것이 thésphatos의 지배적 의미이다)과 관련된다. 중성 복수 tà thésphata는 신의 포고를 가리킨다. 그러나 thésphatón estí(moi, soi 등)란 표현은 특수한 의미가치가 있는데, 이는 '숙명적'인 통보通報이자 '신들이 정한 운명'에 대한 예견을 가리킨다.

예컨대 『일리아스』5권 64행이 그렇다. οὔ τι θεῶν ἐκ θέσφαΤα ᾔδη(그는 신들이 생명을 한시적으로 정한 것을 알지 못했던 탓이다; 그가 죽음을 맞으러 가고 있었다는 것을 알지 못했던 탓이다).

사포[4]와 핀다로스에 나오는 thésphatos는 모든 신의 통보를 가리키는 것이 아니라 존재를 파괴하러 오는 것에 적용된다. 그리하여 thésphatos를 다음 의미로도 해석할 수 있다. 즉 '신의 발화행위에 의해 한계가 정해진 것'이란 의미이다.

thésphatos, palaíphtos(형용사) 같은 표현에서 신적 특성은 동사적 형용사에 의해 분명히 드러나지만, thésphatos의 첫 항[thés-]은 '신'이 아니라 '한계'로 이해해야 한다.

이제 athésphatos를 고찰해 보자. 이 부정형의 의미는 '한계, 경계가 정해져 있지 않은 것'으로 추론할 수 있다. 이것이 어휘 분석을 통해 얻을 수 있는 문자적 의미이다. athésphatos ómbros(『일리아스』3권 4행)란 표현이 있는데, 이것은 '경이로운, 신적인, 기적 같은 비雨'란 뜻인가? 전혀 그렇지 않다. 그것은 '끝이 없이 내리는, 무한히 내리는 비'이며, '한계가 정해져 있지 않은 비'이다. 또 athésphatos thálassa(『오디세이아』7권 273행)의 개념은 시적인 과장이 다소 섞인 동일한 의미 '끝없는', '한이 없는'이다. athésphatos bóes(『오디세이아』20권 211행)는 '경이로운' 황소들이 아니라 황소의 수가 '무한히 많다'는 뜻이다. sîtos와 함께 쓰인 예(『오디세이아』13권 244행)도 마찬가지 뜻으로, '무한히 많은 양量의 밀'을 가리킨다.

『오디세이아』에서 알키노스는 손님(오디세우스)에게 모험담을 애

---

4) 사포Sapphô(기원전 7~6세기): 그리스 레스보스 섬 출신의 여류 시인. 현재 보존된 650여 행의 시 가운데 『아프로디테에게 바치는 시가』Ode à Aphrodite가 유일하게 손상되지 않고 전편으로 남아 있다.—옮긴이

기해 주고 말을 시킨다. 그는 밤을 이용해야 한다. "우리 앞에 끝이 없는 (athésphatos) 밤이 펼쳐져 있어요[오늘밤은 이루 말할 수 없이 길어요]"(『오디세이아』 11권 373행). 이 의미를 헤시오도스의 『신통기』 830에 나오는, 흥미로우나 일반적으로 잘못 해석되는 용법에서 검증할 수 있다. 그것은 대지大地 신의 아들인 티포에우스에 대한 구절이다. 그는 괴물로서, 그 어깨에서 100개의 뱀머리가 나오며, 무시무시한 모든 머리에서 기괴한 소리가 울리고, 갖가지의 (pantoíēn) athésphatos한 말이 발화된다. 이것은 때로는 신들만이 이해할 수 있고, 때로는 강아지가 짖는 울음소리와 비슷하고, 때로는 휘파람 부는 소리 같다.

그런데 이 구절에서 pantoíēn은 athésphaton에 의해서 보완된다. 그래서 그것은 실제로 '온갖 종류의, 모든 성질의', '그 수가 무한히 많은'을 의미한다.

두번째 예를 헤시오도스의 『노동과 날들』 662에서 볼 수 있는데, 이 시인은 여기에서 자신에 대해 다음처럼 말한다. "무사moussa 여신들은 내게 이 athésphaton한 노래를 부르는 방법을 가르쳐 주었다." 문맥에 따르면, 이는 다음과 같이 해석된다. "항해에서도 군선에서도 듣는 것이 전혀 없을지라도 나는 바다, 군선, 항해, 바다의 법칙을 노래하련다. 이 넓은 바다를 배를 타고 가 본 적이 없네." 이 시인은 아무 경험이 없어서 충고한다는 것은 대담한 용기가 필요하다. "그대에게 제우스의 계획을 말하지 않으려고 한 것은 아니다. 왜냐하면 무사 여신들은 '한계가 없는 노래'를 부르는 것을 내게 가르쳐 주었기 때문이다." 사실상 '한계가 없는 노래'는 '어떤 노래든지'를 뜻한다. pantoíēn(모든 종류의)을 참조. 이것이 바다에 대해 아는 것이 전혀 없어도 감히 항해를 노래하려는 이유이다. 이 해석은 단어 분석 자체가 보여 주는 의미이다. 즉 athésphatos는 '일정한 경계나 한계가 없는'

을 뜻하고, thésphatos는 '~에 경계나 한계가 부여된'을 뜻한다.

결론적으로 -phatos로 구성된 합성어는 그 특성상 그리고 권위로 인해서 신적神的 발화행위라는 관념이 나타난다. 동사 phēmi의 고유하고도 심원한 의미작용에 대해 더 분명한 증거를 바랄 수는 없는 만큼, phēmi가 일상대화의 용법에 아주 널리 퍼져 일반화되어 인간 발화행위를 나타내는 데도 사용되었다는 점을 강조해야겠다. 이 일상화된 용법에서 출발해서 phémē, phêmis, phátis와 같은 단어와 동사성 형용사에 잘 보존된 의미로 거슬러 올라가야 한다.

6장_censor와 auctoritas

요약

직능이 아주 전형적으로 규범적인 로마의 행정관은 censor로 불린다. 또 그가 소집하는 원로원 의원은 허용받은 견해를 피력할 때 'censeo ······'라 고 말하는데, 그것은 인도유럽어 어근 *kens-가 원래 '(권위가 있는) 진실을 권위로 단언하다'를 뜻하기 때문이다.

　사람들이 발화하는 말이 법의 효력을 지니려면 필요한 것은 권위, 즉 'auctoritas'로서, 그것은 사람들이 말하듯이 성장시키는(augere) 힘이 아 니라 '존재하게 만드는' 힘(산스크리트어 ojaḥ)이며, 원칙적으로는 신적神 的 힘(augur 참조)이다.

제도를 가리키는 용어들과, 일정한 방식으로 '말하다'라는 개념을 나타내 는 동사 사이에 밀접한 관계가 있다는 것을 확인했다. 발화행위에서 시작 해서 법, 규율에 이르기까지 이들이 사회기능을 조직한다는 점에서는 관 계가 밀접하다. 특히 정치제도는 때로 '권위'의 의미로 사용된 '발화' 개념 을 구체화함으로써 명명된다. 그래서 '발화' 개념의 다양성은 이 개념과 관런된 단어들에 대한 조사를 통해 밝혀진다. 발화(parole)에 속하는 어휘의 기원은 아주 다양하며, 아주 다른 의미영역들과 관련된 것을 알게 될 것이다. '말하다'를 의미하는 용어들은 이미 제도 용어와 권위의 명칭이 되었고, 이들 용어의 출발점을 결정하려면 비교 작업이 유익하다.

이탈로켈트어와 인도이란어에만 고유한 새로운 예가 있는데, 이 예는 방언 관계를 밝혀 주고, 문화적 특징을 지닌 어휘 가운데 지금껏 남아 있는 어휘들로서, 라틴어 censeo, censor, census이다.

censor는 행정관이지만, 동사 censeo는 '추정하다', '판단하다', '견해를 피력하다'를 의미할 뿐이다. 반면 census는 전문적 활동, 즉 재산을 감정하고, 시민을 분류하는 활동을 가리킨다. 이 동사는 라틴어 이외의 다른 이탈리크어군의 언어에도 알려져 있다. 예컨대 오스카어 부정법 censaum(censere)과 라틴어를 모방한 명사 kenzstur, kenzsur(censor)이다. 다른 한편 인도이란어의 대응 어간은 동사형과 명사형이 아주 발달했음을 보여 주지만, 의미 차이가 아주 현저하다. 이들은 산스크리트어 어근 śams-(칭찬하다/칭찬의 말을 발화하다)와 추상명사 śasti(찬송/칭찬/찬가의 낭송)이다. 이란어에도 산스크리트어 śams-와 대칭되는 형태가 있다. ① 아베스타어 saŋh-(엄숙하게 말하다/의견을 말하다), ② 고대 페르시아어 θanh-과 θah-이다. 이것은 똑같이 '선언하다'로 번역된다. 여기에서 인도유럽어 동사 어간 *kens-를 재구할 수 있다. 모든 사전에서 이 형태의 의미를 한결같이 '엄숙히 선언하다'로 기술한다.

그러나 위의 라틴어 단어들이 지닌 아주 명확한 의미가 이처럼 막연한 정의와는 잘 부합하지 않는다. 게다가 이 정의는 또한 다른 다수의 동사에도 적용된다. censor로 불리는 행정관의 임무는 우선 시민의 인구조사이다. censor란 명칭이 지니는 의미작용은 census(국세조사)가 전부다. 개인의 사유 재산을 감정하여 각자에게 일정한 지위를 부여하는 계층화 직무는 이미 전문적으로 분화된 어근의 의미에서 유래한다.

censor는 원로원의 소집(lectio senatus) 임무를 맡고 있다. 그리고 종족을 감시하고, 모든 종류의 무절제한 행위를 진압하는 임무도 맡고 있다. 예를 들면 지나친 과소비뿐만 아니라 도덕 규율을 위반하는 행위를 감시한다. 여기에서 도덕적 의미를 지닌 censura(검열)가 나왔다. 마지막으로 그는 조세를 징수하고, 공공사업을 관장하고, 낙찰자와 국가 간의 관계를 조정하는 임무를 맡고 있다. 이러한 여러 가지 직무는 모두 censor의 기본 직무인 census(국세조사), 즉 시민을 분류하는 일과 연관된다.

동사 censeo는 자주 인용되는 고정표현에도 사용된다(티투스 리비우스, 『로마사』 I, 32, 11~12). 누마[1]가 작성한 선전포고 절차에서 rex(왕)는 원로원의 의원들 한 사람씩에게 자문을 구한다. "dic quid censes"(어떤 생각인지를 말하라). 상대방이 대답한다. "puro pioque duello quaerendas(res가 함의되어 있다) censeo"(정정당당한 전쟁을 통해서 우리 의무를 다해야 한다는 생각에 동의하오). 원로원 의원은 전쟁을 지지하는 견해를 고정표현으로 표명하고, 그 필요성을 부각시킨다. 이 동사는 원로원 의결을 통해 확정된 규칙을 선포하는 기능을 갖는다.

이 용법에서 censeo를 '판단하다', '생각하다', '평가하다'로 번역하는 데 만족할 수 있다. 그러나 동일 어근을 지닌 명사 censor와 census의 의미는 인도유럽어 어근의 고유 의미를 반영하는 더욱 명확한 의미가치가 필요하다.

뒤메질은 이 의미를 자세히 밝히려고 노력했다.[2] 그는 로마의 '국세조

---

1) 누마 폼필리우스Numa Pompilius(기원전 715~672년): 로마의 2대 왕.—옮긴이

사'의 의미를 이미 잠정적으로 포함하는 정의(인도유럽어에도 적용될 수 있다)에서 śams-의 개념을 사회학적으로 설명했다. 즉 "censor와 census의 전문적 의미는 이차적 의미가 되어서는 안 되며, 그 반대로 가장 보편적인 일차적 의미를 지녀야 된다. 애초부터 다음의 정치적, 종교적 개념을 분명히 제시해야 한다. 즉 (사람, 행위, 의견 등을) 실질적인 결과와 함께 위계상의 적절한 자리에 위치시키되, 정당한 공적 평가를 통해, 즉 칭찬이나 또는 준엄한 비난을 통해 수행해야 한다"(188쪽).

통상적인 번역과는 대조적으로, 여기에서 아주 자세한 정의를 하는데, 이 정의를 통해서 라틴어 census, censor의 의미는 인도유럽어 공동체 시기까지 거슬러 올라간다. 이 정의를 인도유럽어적인 것으로 제시하면, 이 정의에는 라틴어 단어의 의미를 거의 그대로 모방한 의미가 포함되는 것 같다.

동일한 어근에 속하는 다른 단어들, 특히 이란어 단어의 연구를 통해 여러 가지 뜻을 더 잘 설명할 수 있는 다소 다른 견해에 이르게 된다. 먼저 고대 페르시아어의 증거를 분석하는 것이 유익할 것이다.

① 명문을 보면, 왕은 산스크리트어 śams-, 라틴어 cens-에 대응하는 동사 현재 3인칭 형태 θātiy를 이용하여 연설을 한다. 그는 각 텍스트 단락마다 다음 고정형식 표현을 도입한다. θātiy dārayavahuš xšāyaθiya(다리우스 왕께서 이처럼 말씀하신다(선포하신다/발표하신다)). 그 뒤를 이어 긴 설명이 나오고, 그 후에 이 고정형식 표현이 다른 내용의 발화를 도입하기 위해 다시 나온다……. 이런 방식으로 텍스트 끝까지 이어진다. 이 표현양식은 아

2) 뒤메질G. Dumézil의 저서, 『세르비우스와 포르투나: 칭찬과 비난의 사회적 기능과 로마의 국세조사의 인구적 요소들에 대한 논고』Servius et la Fortune, Essai sur la fonction sociale de Louange et de Blâme et sur les éléments indo-européens du cens romain, Paris, 1943.

케메네스 왕조의 모든 시기를 통해 사용된다.

② 다리우스 왕은 선조들을 시조인 Haxāmaniš(아케메네스)까지 열거하고 이처럼 말한다. 이러한 이유로 "우리는 우리(θahyāmahiy)를 아케메네스라고 부른다".

③ 다리우스 왕은 자기에게 충성을 다하는 백성 스스로의 복종심과 확고한 권력을 자랑한다. "짐이 그들에게 명령한, 지시한(aθahiya) 모든 것을 밤낮으로 수행했다."

④ 마침내 다리우스 왕은 헤로도토스가 가짜 스메르디스[3]라고 부른 승려 가우마타(Gaumāta)에게 다가간다. 이 엉터리 승려는 신하들을 속여서 왕권을 속임수로 찬탈했다. 그는 자신이 명령한 학살 때문에 심한 공포심에 사로잡혀 있었다. "아무도 감히 그에게 반대하는 말을 한 마디도 말하지(θastanaiy) 못했다."

⑤ 그다음에, 왕의 권위를 찬탈한 반역자들의 명단이 모두 열거되어 있다. 이 반역자들은 각각 동일 용어로 언급된다. "이자가 반역했다. 그는 '나는 유일한 합법적 왕이다'고 말하면서(aθaha) 권력을 잡았다."

⑥ 명문 끝에, 다리우스 왕은 왕위 즉위 이야기와 치세를 설명한 뒤에, 미래의 명문 독자를 향해 말한다. "만일 그대가 이 명문을 읽고, 또한 다른 사람에게도 이 글을 읽히게 하고, 이 명문이 담고 있는 내용을 말하게(θāhy) 되면, 아후라 마즈다가 그대를 보호하고, 그대의 후손은 영원할 것이다. 만일 그대가 이 비문의 내용을 숨기면, 아후라 마즈다는 그대를 피하고, 그대는 후손을 얻지 못할 것이다."

---

3) 스메르디스Smerdis: 키루스 왕의 아들이자 캄비세스의 동생을 가리키는 그리스어 명칭이다. 페르시아어 이름은 바르디야Bardiya이다. 가우마타는 이 시기의 승려로서 스메르디스로 위장하여 1년간 페르시아를 다스렸다. —옮긴이

⑦ 마지막으로, '다리우스의 유언'으로 불리는 명문에서, 왕은 사람이 다른 사람에 반대해 말하는(θātiy) 것에 관해 지켜야 할 규율을 표명한다.

이 동사의 모든 형태와 용법을 살펴보았다. 물론 주마간산식 독서를 통해 구절에 따라서 '말한다', '발화하다', '처방하다' 또는 '~로 불리다'와 같은 등가치적 의미로 만족할 수도 있다.

하지만 이 의미를 더욱 자세히 파악해 볼 필요가 있다. 가장 빈번히 나타나는 용법 ①은 그리 유용한 것이 아니다. 이 고정형식 표현의 용법은 다른 용법들로부터 명확해질 것이다. 오히려 ④를 보자. 아무도 가우마타에 반대해서 아무것도 감히 '말하려고' 하지 않았다. 모두들 그를 두려워하고 있었기 때문이다. 고대 페르시아어에 '말하다'를 나타내는 다른 동사 (gaub-)가 있다. 이것은 '진실을 말하다'란 의미이다. "많은 사람들이 왕위 찬탈자의 정체를 알고 있었다. 그리고 아우마타는 자기 정체가 알려지는 것이 두려워 수많은 사람들을 죽이게 했다." 분석적으로 말해서 '말하다'는 여기에서 '그가 실제로 어떤 자였는지를 말하다'를 뜻한다. 마찬가지로 ⑤ 반란자들의 우두머리들은 왕의 칭호를 사칭했다. 그들은 "(거짓으로) 말하고 있었다". 하지만 그들은 진실을 말하는 것으로 가장했고, 그 주장은 권위에서 나왔다.

다음으로 ⑥ 그대가 이 사실을 백성에게 고지하여 알리면, 다시 말해 그대가 "(그 고지에 담긴 사실을) 말한다면", 그대가 고지의 진실된 내용을 발표하면,

⑦ 어떤 사람이 다른 사람의 말에 반대해서 '말하고', 이 발화가 진실로 드러나면, 그 발화는 법적인 소추를 야기할 수 있다.

이제 용법 ②로 다시 돌아가 보자. ② 다리우스 왕은 시조始祖인 Haxāmaniš(아케메네스)에 이르기까지 선조들의 명단을 열거한 뒤 결론을 내린다. "이러한 이유로 우리는 아케메네스로 불린다." 이것은 왕조의 정당성을 선언하는 말이다. 즉 우리는 자신의 진정하고도 참된 신분이 아케메네스라는 사실을 진술한다.

마지막으로 가장 일상적인 용법을 언급해 보자. 이는 텍스트 내의 각 전개 과정을 도입하는 동사의 용법이다. 왕이 θātiy한다. 즉 그는 진상眞相을 '공언한다'. 다시 말해서 다리우스 왕은 자기가 얘기하는 사실의 실상과, 왕과 아후라 마즈다에 대한 의무의 실상 가운데 진실이 어느 것인지를 확립하려고 한다. 사실적 진실과 규범적 진실 두 가지를 동시에 확립하고자 한다.

이처럼 용법의 조사를 끝내면, 이 동사의 정의를 얻을 수 있는데, 거의 다음과 같은 의미다. 즉 '권위를 가지고 진실인 것으로 단언한다', '사물의 본질과 일치하는 것을 말하다', '행동의 규범을 발화하다'. 이처럼 '말하는' 인물은 지고의 지위에 있다. 그는 사물의 진실을 선언함으로써 그것을 확정짓는다. 필수적으로 주어지는 것, 즉 사실의 진상이나 의무의 진실을 엄숙히 천명한다.

이와 같은 의미가 인도유럽어에 속하는 고대 이란어가 제시하는 증거이다. 고대 페르시아어의 의미는 아베스타어 saṇh-의 용법으로 확증되는 반면, 베다 산스크리트어에는 칭찬의 발화 śams-(선언하다/칭찬하다)로 의미가 발달했다.

이제서야 censeo를 재론할 수 있다. 우리의 정의를 이용하면 censeo, census, censor가 로마제도에서 획득한 전문화된 의미를 설명할 수 있다. censor는 권위로 사실의 진실을 구체적으로 천명하기 때문에, 그는 사회 내의 각 구성원 입장과 지위를 규명한다. 이것이 census, 즉 지위와 재산에

대한 계층적 평가이다. 더욱 일반적으로 censeo는 모든 사물의 정당한 가
치를 제대로 '평가하고 감정하는 것'이다. 평가나 감정을 위해서는 거기에
걸맞은 권위가 필요하다. 여기에서 quid censes?(그대는 어떻게 생각하는
가?), 즉 왕이 원로원 의원들에게 하는 질문이 생겨난 것이다.

＊　　＊　　＊

censor의 보완적인 개념이 있는데, 이는 라틴어 용법에서는 censor와 언제
나 함께 연관되고, 또 우리의 정의에 함축된 내용이기도 하다. 그것은 곧
'권위'의 개념이다. 그래서 censeo는 auctor, auctoritas와 아주 빈번히 사용
되는 것이다.

　이들 단어는 무엇을 의미하며, 어원적 근거는 무엇인가? auctor가
augeo의 행위자 명사임은 분명하며, augeo는 보통 '성장시키다', '증가시키
다'로 번역된다. augeo에 대응하는 단어는 그리스어 현재형 auxánō이고,
또 한편 교체형으로 *weg-, 독일어 wachsen이 있다. 이 교체의 두 상관 형
태로 나타나는 인도유럽어 어간은 '증가시키다'를 의미한다. 그러나 인도
이란어의 대응 형태는 오직 명사적인 것뿐이다. 산스크리트어 ojaḥ(-s로 된
중성; 힘/권력), 아베스타어 aogar-, aojah-(힘), 산스크리트어 형용사 ugra-
와 아베스타어 형용사 ugra-(강한).

　라틴어에도 auctor 외에 고대의 남성화된 중성 augur(새점鳥占의 명칭)
와, 별도의 단어군에 속하는 파생어 augustus가 있다.

　이 단어군이 지닌 이중의 중요성을 알 수 있다. 이들은 정치영역과 종
교영역에 속하며, 몇몇 하위 단어군으로 나뉜다. 즉 augeo의 단어군, auctor
의 단어군, augur의 단어군이다. '권위'의 개념이 과연 어떻게 해서 '증가시

키다', '성장하다'는 의미를 지닌 어근에서 기원하는지를 알아보려고 한다.

라틴어 사전들은 한결같이 이 동사를 이처럼 번역하여, auctor를 '자라게 하는 자', '창조자'로 제시한다.

이 정의는 이상하고, 또 모자라는 듯이 보인다. auctor의 깊은 의미는 단지 '성장시키다'와 관련되는 것 같지만, 이는 전혀 만족스럽지 못하다. auctor의 개념과 추상명사 auctoritas의 개념은 augeo가 실제로 가진 '증가하다'란 의미와 조화되기 어려우며, 이는 논란의 여지가 없다. 그러나 이것이 동사 augere의 일차적 의미인가? augur는 잠시 보류하고 뒤에 가서 다시 살펴보자. 인도이란어 어근 aug-는 '힘'을 가리킨다는 것이 관심을 끈다. 더욱이 아베스타어 aojah-와 그 파생어와 마찬가지로 산스크리트어 ojas-는 무엇보다도 신들의 '힘'을 가리킨다. 아베스타어 형용사 aojahvant-(힘이 있는)은 거의 신만을 수식하는 수식어이다. 이것은 벌써 자연의 권능, 특수 효력을 지닌 힘을 가리키며, 신들이 지닌 속성으로서의 힘이다. 인도이란어에만 고유한 의미는 보류하고, 라틴어에만 국한해 분석해 보자. 여기서 문제는 흔히 그렇듯이 일차적 용어의 고유 의미를 정확하게 정의하는 것이고, 그래야만 그 파생어도 설명할 수 있다. 그런데 다양한 용법으로 사용되는 auctor의 의미는 augeo에 부여한 '증가시키다'의 의미에서 파생될 수 없다. augeo의 의미의 상당 부분은 아직 밝혀지지 않았고, 이처럼 미해명된 곳에 의미의 본질이 있으며, 이 본질적 의미에서 특수한 의미가 한정되어 서로 다른 의미 단위들로 분열된 것이다.

학자들은 augeo를 '증가시키다'로 번역하기를 고집한다. 이것은 고전어에서는 정확하지만, 그 전통의 초기에서는 그렇지 않다. 우리는 '증가시키다'가 '성장시키다', **'기존의 것을 더욱 크게 만들다'**와 의미적으로 등가치를 지니는 의미라고 생각한다. 이것이 학자들이 간과한 augeo와의 차이이다. augeo의 가장 오래된 용법은 존재하는 것을 성장시키는 것이 아니라 자신의 내면에서 밖으로 표출시키는 행위를 가리킨다. 즉 성장 환경에서 어떤 것을 외부로 드러나게 만드는 창조 행위이며, 이는 신의 특권이나 위대한 자연의 힘이 지닌 특권이지 인간이 지닌 특권은 아니다. 루크레티우스[4]는 탄생과 죽음의 보편적 리듬 가운데 생물의 발생과정을 추적하면서 이 동사를 빈번히 부각시킨다. quodcumque alias ex se res auget alitque(자기로부터 생겨나서 다른 것들을 키우는 모든 사물; 『사물의 본성에 관하여』 322행), morigera ad fruges augendas atque animantis(식물과 생물을 쉽게 탄생시키는; 5권 80행). 고대 로마인의 기도문에서 augere는 신들에게 기대하는 은혜, 모든 일을 '증진시킬' 수 있는 은혜를 가리켰다. Diui diuiaeque……, uos precor quaesoque uti quae in meo imperio gesta sunt, geruntur, postque gerentur,……ea uos omnia bene iuuetis, bonis auctibus auxitis(신들과 여신들이여, 당신들께 간구하여 기도하오니 내 치하에서 과거에 이루어진 일, 지금 이루어지는 일, 앞으로 이루어질 일이 어떤 것이든 당신들이 도와서 이들이 훌륭하게 성장하도록 하소서; 티투스 리비우스, 『로마사』 29, 27).

auctor란 행위자 명사가 나타내는 것도 바로 이 의미이다. 모든 영역에서 '증진시키는' 자, 선취권을 지닌 자, 어떤 행위를 최초로 유발시키는 자, 기초를 닦는 자, 보증하는 자, '창조자'를 auctor라고 명명했다. auctor란 개념은 많은 특수 의미로 분화되었으나 그 개념은 augeo(밖으로 나오게 하다/증진시키다)의 일차적 의미와 분명 관련된다. 이로써 auctoritas라는 추상명사의 의미가치가 완전히 파악된다. 즉 그것은 산출 행위 또는 최

---

4) 본서 제1권 146쪽 각주 11번 참조. ─옮긴이

고 행정관이 지닌 자질, 증거의 효력, 선취권 등을 가리키며, 이 모든 것은 auctor의 의미 기능과 연관된다.

또한 augeo와 종교 용어 augur를 연관 지을 수 있다. 이것은 벌써 라틴인의 언어의식에 있었다. augur는 우선 신들이 어떤 일에 부여하는, '향상', '증진'을 가리키는 고대의 중성명사로서, 이는 전조前兆를 통해 드러난다. 이는 augere라는 행위가 신神에게서 기원하는 것임을 확인해 준다. augur의 쌍립어 *augus는 형용사 augustus에서 파생했고, augustus는 문자적으로 '*augus가 있는', 즉 '신적神的 성장을 지닌', '신이 성장시키는'을 뜻한다.

고대로부터 이 모든 언어사실은 다섯 가지 독립된 단어군으로 분할되었다. ① augeo와 augmen, augmentum, auctus, ② auctor와 auctoritas, auctoro, ③ augur와 augurium, auguro, ④ 고유명사가 된 칭호 augustus와, 여기서 생겨난 augustalis, augusteum, ⑤ auxilium과 auxilior, auxiliaris.

augeo의 일차적 의미는 auctor를 거쳐 auctoritas에서 다시 발견된다. '권위'autorité를 가지고 표명한 모든 발화는 세상을 변화시키며, 어떤 것을 창조한다. 이 신비한 특질은 augeo가 표현하는 것, 즉 실물을 자라게 하는 힘, 법을 만드는 힘이다. auctor인 자, 증진시키는 자, 이 인물만이 인도인이 ojaḥ로 부르는 특질을 갖추고 있다.

'증가시키다'는 augeo의 이차적 의미이자 이 의미가 약화된 것이라는 사실을 알 수 있다. 알 수 없는 강력한 의미가치가 auctoritas에 잠재한다. 어떤 것을 생기게 하는, 따라서 문자 그대로 무無에서 유有를 존재하게 만드는, 창조하는 극소수의 사람들만이 이 재능을 천부적天賦的으로 가지고 태어난다.

7장_quaestor와 *prex

요약

라틴어 quaero(찾다/요구하다; 여기에서 quaestor, quaestus가 생겨났다)는
어원이 없는 단어로서, precor, *prex(기도하다/기도)와 아주 밀접한 관계
를 맺고 있는데, 이 관계를 자세히 설명할 필요가 있다. 실제로 라틴어 내
에서 이 두 용어는 오래된 고정표현 Mars pater, te precor quaesoque(아
버지 마르스여, 당신께 기도하고 간청하나이다)에서 중복되어 나타나 잉
여적으로 보일 뿐만 아니라 다른 언어에도 *prek-의 파생어(아일랜드어
frasa/고대 고지 독일어 forscōn)는 라틴어 quero의 의미와 일치한다. 따
라서 *prek-만이 단독으로 출현하는 언어에는 결정적 표지가 없기 때문
에 이 두 용어의 차이를 알아볼 수 있는 언어는 라틴어뿐이다. 순전히 말
로 요구하는 것(precor, procus)을 가리키는 *prek-에 대응해서, quaero,
quaestus(획득 수단/이익), quaestio(질문/고문), quaestor(예심판사/재무관)
의 단어군은 구하는 것을 얻기 위해 이용하는 수단이 비언어적인 물질적
특성이라는 것을 의미한다.

지금까지 연구한 용어에서, 출발이 되는 의미를 결정하는 데 일반적으로 도움이 된 것은 어원이었다. 그러나 어원이 없는 경우도 있다. 그래서 이 경우는 오직 공인된 용법만을 가지고 조사해야 한다.

이 조건에서는 어휘의 대립과 분화된 의미 차이가 중요한 역할을 한다. 이 의미 차이는 두 용어를 관계 맺게 하면서 서로를 구별 짓고, 고찰 중인 용어를 밝혀 줄 수 있다.

그런데 고찰하려는 어휘 계열 중 특히 두 라틴어 단어가 있는데, 하나는 동사 quaero이고, 다른 하나는 이 동사의 행위자 명사 quaestor이다. 이 동사의 의미는 일반적이지만, 그 파생어의 의미는 특수하게 분화되었다. quaero는 '찾다', '구하다'로 번역된다. 반면 quaestor는 예심판사의 자격과 함께 재물 관리자의 자격을 가진 행정관[재무관]을 가리킨다. 법률 용어에서 quaero(찾다/탐구하다/심문하다)는 그리스어 zēteîn과 같은 의미가치를 지닌다. 그렇지만 이 동사의 번역은 이 동사에서 유래하는 quaestor란 명칭의 의미를 잘 설명하지 못하고 있다.

더욱이 다른 언어에도 라틴어 quaero와 같은 용법을 지닌 동사가 있고, 그 어근은 라틴어 precor, *prex에서 나타난다. 라틴어 동사 quaero와 precor는 의미가 다르고, 더욱이 precor와 대응하는 어근 형태들은 어떤 유형의 행위 ──여기에서 quaestor의 의미가 전문적으로 분화되었다── 를 가리킨다. 따라서 유사한 의미를 지닌 두 동사가 언어에 따라 의미가 서로 달리 분화된 것이 문제이다. 어원이 전혀 없는 상황에서 이들 용법의 조건만이 해결의 빛을 던져 준다.

우선 quaero만을 고찰하고, 그다음에 quaestor와 관련해서 고찰해 보자. 원래 quaestor는 다음 명칭을 지닌 행정관을 가리켰다. 즉 quaestor paricidi et aerari(공공 재물관리와 살인자 심문의 책무를 맡은 자)나 또는 이를 단축해서 quaestor paricidi라고 했다. 국가 재정(aerarium)의 관리자로서 quaestor의 직무는 그의 일차 직무와 비교해 볼 때 이차적이었다. parricidi quaestores appellabantur qui solebant creari causa rerum capitalium quaerendarum(주요 범죄를 심문하기 위해 조직된 자들을 parricidi quaestores로 불렀다; 페스투스, 『요약』247, 19)를 참조하라.

quaestor를 설명하는 고정형식의 표현에 quaero가 의도적으로 사용된 것에 유의해야 한다. 벌써 여기서 전문적 용법이 나타나고, 이 동사의 의미를 더 자세히 해석해야 한다. quaero의 전문화된 용법에서 출발해 quaestor의 의미를 찾아야 하는데, 특히 quaestor paricidi란 칭호에서 이를 찾아야 한다.

여기에서 paricidium, paricida란 주제를 잠시 논의해 보자. 아주 오래된 이 용어에 대해 아주 다른 해석들이 최근에 제시되었지만, 로마인들조차 이 용어에 대한 뚜렷한 견해가 없었다.

우선 pari-의 어원을 pater로 보는 해석이 있다. 이 어원은 단호하게 거부해야 한다. 오늘날 많은 비교언어학자들은 pari-cida의 첫 요소가 '사람' 일반을 의미하는 단어라고 제의한다. 이는 바케르나겔의 주장[1]으로서, 그는 paricida가 사람을 죽이는 살인자를 가리키는 일반적인 용어라는 생각에 근거를 둔다. 또한 인도유럽어 서부의 어휘를 제외하고는 나타나지 않는 '사람'의 명칭을 pari-에서 재발견할 수 있으며, 이는 산스크리트어 puruṣa(사람)와 대응한다는 것이다. puruṣa가 *purṣa에 근거한다는 사실을 인정하면, 이 비교는 형태상으로는 큰 난점이 없다. 그러나 합성어의 의미 자체와 로마인의 고대 법제에 나타나는 관례를 보면, 이렇게 비교하기는

---

1) 『그노몬』*Gnomon VI*, 1930, p. 499 이하; 『소논문집』*Kleine Schriften II*, p.1302 이하.

어렵다.

우리 견해로는 pāri-의 전통적 어원을 그리스어 pēós(고대의 *pāso-)로 해석하는 것을 견지하는 입장이 필요하다고 본다. 왜냐하면 이 어원은 여러 번 입증되었고, 재차 확증된 것이기 때문이다. 예컨대 가장 최근에 제르네L. Gernet[2]가 법적인 논증을 통해서 이 해석을 고수해야 한다는 사실을 증명했다.

그리스어 용어 pēós는 원래 '결혼으로 맺은 친족'을 가리켰다. 예컨대 『일리아스』(3권 163행 이하)에서 이것이 phílos와 연관된 것을 볼 수 있다.[3] 『오디세이아』(8권 581행 이하)에서 다른 친족 명칭과 함께 사용된 것을 볼 수 있고, 이들 친족 명칭은 이 용어의 의미를 분명히 보여 준다. "그대에게는 일리오스 앞에서 죽은 pēós가 있던가요? 사위든 장인이었든, 틀림없이 고귀한 사람이었겠지요. 사실 사위와 장인은 우리의 혈육 다음으로 우리와 가장 가까운 사이지요. 아니면 다정하고 고귀한 전우가 전사했던가요? 슬기로운 것을 아는 전우야말로 형제 못지않으니까요." 그리하여 pēós는 한편으로 gambros(사위), pen-therós(장인)와 관계를 맺고, 다른 한편으로 hetaîros(동료/전우)나 phílos와 연관된다. 따라서 pēós는 혼인 관계를 맺은 자를 가리킨다. pēós가 정의하는 친족의 범주는 이것이다. 즉 부족 내에 맞이한 혼인에 의한 친족이다. 이 친족 관계는 아주 명확한 의무를 부과하는데, 특히 자기 친족에 속한 자에게 폭력을 행사할 경우에 그렇다.

존속 살해에 대한 누마 폼필리우스의 유명한 텍스트를 언급해 보자 (페스투스, 『요약』). Si quis hominem liberum dolo sciens morti duit, parri-

---

2) 『문헌학지』*Revue de Philologie*, 63, 1937, pp. 13~29.
3) 본서 제1권 410쪽 이하.

cidas esto(어떤 사람이 자유인을 의도적으로 속여 죽음에 이르게 하면, 그는 parricidas가 된다). 로마의 모든 법전과 의례에서처럼 이들 단어는 완전한 의미를 가져야 한다. 자유인, 즉 원래 출신이 자유인인 사람을 의도적으로 속여 죽이는 자는 parricidas임에 틀림없고, '혼인에 의한 친족(혼족)의 살해자'로 간주해야 한다.

우리가 살펴보았듯이 한편으로는 가족 내에만 적용되는 고유한 가족법의 규정이 있고, 또 다른 한편으로는 여러 가족들 사이의 관계를 정하는 가족 간의 법이 있다. thémis와 díkē는 이와 같은 법규의 의미 영역 내에 연관된 것으로 말할 수 있다. 사람들이 자유인을 죽인 살인자를 parricidas와 동일시했음을 알 수 있다. 그래서 가족 살해자 개념이 사회 내에서 사람을 죽이는 살해자 개념으로 확장된다. 고대 법규에 의하면, 살인 일반은 살인으로 처벌받는 대상이 아니다. 처벌을 받으려면 살인이 집단 내의 사람을 대상으로 해야 한다. 그래서 자연 집단의 경계를 넘어서는 윤리도 역시 적용되지 않는다.

따라서 quaestor paricidi의 활동이 집행되는 곳은 모든 혼인 관계로 확대된 가족 집단으로서의 사회 집단이다. 이 의미 한정을 이용해서 동사 quaero의 의미를 파악해야 한다. '심문하다', '조사하다'란 의미는 quaestor 와, 또한 quaestor의 파생어와 아주 분명하게 연결되어 있기 때문에 이를 일차적 의미로 제시할 수 있다. 원래의 참된, 옛 의미를 보증하는 또 다른 예를 살펴보자.

이 예는 전답田畓의 재계식 때 Mars pater(아버지 마르스)에게 간구하는 오래된 기도이다(카토, 『농경론』 141). 이 문헌은 옛 어법이 풍부하여 아주 중요하다. 고대의 내용이 그대로 보존되어 전해 내려오는 까닭이다.

이 책에 'su-oue-taurilia'로 불리는 제사를 거행하는 장면이 나오는데,

이 용어의 조어법은 앞[4]에서 분석된 바 있고, 아주 심원한 사회적 상징을 나타낸다. 제사에 사용되는 동물들의 순서와 성질은 우연한 것이 아니다. 여기에서 세 마리의 상징적 동물이 나온다. 돼지는 대지의 신 케레스에게 바쳐진다. 돼지는 땅의 풍요한 생산력과 연관된다. 황소는 전통적으로 유피테르나 제우스에게 헌납한다. 그것은 가장 신성하고, 장엄한 제사에 사용되는 동물이며, 위대한 신들의 사제들이 직접 집행하는 제사이다. 이 두 동물 사이에 언제나 양, 흔히는 거세하지 않은 숫양이 있는데, 이것은 전사 戰士의 동물이다. 이것은 정확히 상징적 동물로 표상되는 세 부류의 사회계급이다. 또 이것이 재계식 제사의 핵심이다. 'suouetaurilia'로 불리는 이 제사는 세 부류의 사회계층을 상징적으로 집합시키고, 엄숙한 단체 제사에서 사람들이 간구하는 위대한 마르스 신에게 복종한다.

이 상징은 이와 같은 기도가 고대에서 유래함을 보여 준다. 그런데 이 기도는 다음 간구로 시작한다. Mars pater, te *precor quaesoque* uti sies uolens propitius……(아버지 마르스여, 기꺼이 호의를 베풀어 주시기를 기도하고, 당신께 구하오니). 이것은 동일 어구의 반복인가? 어떤 학자들은 이 종교어를 불필요한, 잉여적인 것으로 당연시하고 비판한다. 용어들이 마치 동일 표현을 중첩시켜 놓은 듯이 중복되고, 심지어 세 번이나 반복된다. 그러나 실제 그런 것은 아니다. 조사해 보면, 이 병치가 실제로 동일하거나 거의 유사한 용어들을 관련짓는 것이 아니라는 점을 간파할 수 있다. 각 용어는 각기 나름의 완전한 의미를 지닌다. 이것이 기도가 효력을 발휘하는 조건이다.

두번째 예는 루크레티우스가 제공한다. prece quaesit(『사물의 본성에

---

4) 본서 제1권 30쪽.

관하여』5권 1229행; 그는 기도로 구한다). 이처럼 *prex와 quaero가 결합되어 있는 예는 우리 분석에 가장 유용하다.

마지막으로 특히 동사 quaero와 반복적인 의미를 지닌 형태 quaeso(줄기차게 요구하다)가 어떻게 사용되었는지를 고려해야 한다. 필자는 고대 로마법에서 결혼식의 목적을 표현하는 고정형식의 표현을 다른 관점에서 조사할 기회가 있었다. 그 표현은 liberum(-orum) quaesundum(-orum) causā(gratiā)((합법적인) 어린애를 얻기 위해)[5]이다. 여기에서는 이 동사를 '얻다' 이외의 다른 방식으로 번역할 수 없다. 어쨌든 여기서는 줄기차게 요구하고, 여러 번 반복해서 기도하는 것이 문제시되는 것은 아니다.

끝으로 명사 파생어 quaestus는 일반적 용법으로는 '이득'과 생계를 영위하는 수단, 즉 '직업'을 가리킨다. 이 용어는 quaestor로 시작해서 quaestio((법적) 심문)와 '고문'(여기에서 quaestiono(고문을 이용해서 심문하다/고문하다)가 생겨났다)으로 이어지는 법적 용어에서 완전히 벗어난다. 그리하여 quaero의 의미군에 속하는 주요 용어의 계열과 이들 다양한 의미를 거의 모두 제시했다.

다음으로 또 다른 정확한 의미 한정을 위해서 이와 관련된 동사 precor로 넘어가 보자. 이 현재형은 잘 알려진 어근 *perk-/*prek-에서 파생되었다. 그리고 이 어근은 아무런 의미 차이 없이 두 가지의 어간으로 대개 나타난다.

라틴어에는 *prex, precor, posco(preco의 시작상相 현재), postulo가 있다. 이들 각 동사를 특정하게 한정하는 의미차와 마찬가지로, 이들 형태의 관계는 언어 의식 내에 그대로 간직되어 있다.

---

5) 본서 제1권 398쪽 이하 참조.

라틴어 이외의 언어에서 ① 동사 어간으로는 산스크리트어 pṛccha-(요구하다), 이란어 pṛs(〈 *perk-)와 fras(〈 *prek-); 고대 슬라브어 prositi, 리투아니아어 prašýti가 있고, ② 명사로는 산스크리트어 prāt-(vivāka, 재판관; 문자적인 의미는 prāt를 자르는 자)가 있다. 의미는 이용하기 좋게 한정되어 있다. 그것은 prāt가 법적 의미의 '질문', '심문', '심리'를 뜻하며, quaestor의 quaestio에 대응하는 등가치적 의미가 있기 때문이다. 산스크리트어 prāt는 또한 고대 고지 독일어 frāga(Frage, 질문)와 대응 하는데, 이것은 *prex와 단지 어기의 ā만 다를 뿐이다.

③ 다른 의미 영역에서 보면, 라틴어 procus는 결혼을 '요구하는' 자, 즉 구혼자를 가리킨다. 자세한 의미는 리투아니아어 piřšti(구혼하다)에서 다시 나타난다.

④ 라틴어 posco의 현재 형태소 -ske-가 있는 동사로서 아베스타어와 페르시아어 frasa(조사하다/요구하다와 처벌하다/벌주다)가 있다. 예컨대 avam hufraštam aprsam(hufraštam에는 이 동사의 분사 frašta-가 포함되어 있다. 다리우스 왕은 말하기를, "짐에게 불복한 그를 짐은 심문했노라. 그자는 심문을 철저히 받았다"). 이것은 '짐은 그자를 심하게 처벌했다'를 의미한다. 마지막으로 재판관이 사용하는 고대 고지 독일어 forscōn(탐색하다/조사하다)이 있다.

이처럼 대다수의 언어에서 *prex-의 특수 형태와 용법이 quaero와 일치하지만, 언제나 라틴어만은 예외이다. 산스크리트어, 이란어, 고대 고지 독일어는 모두 의미가 서로 일치한다.

하지만 라틴어에는 이 두 가지 동사가 아주 밀접하게 연관되어 있어서 의미작용까지 서로 긴밀하게 관계를 맺는 것을 알 수 있다. 이제 이들이 어떻게 의미가 일치하며, 어떤 점에서 차이가 있는지 알 수 있다. 두 경우

*prek-의 용법과 특수 형태들의 요약표		
Lat. *prex	skr. *prāt-vivāka* v.h.a. frāga	lat. procus lit. piřšti
precor	skr. pŗcch- (skr. pŗs-, ir. fras 참조) v.sl. prositi lit. prašýti	
posco	v.h.a. *forscōn* ir. *frasa*	

quaero의 단어족에 속하는 단어와 의미가 일치하는 단어(라틴어를 제외한 언어)는 **이탤릭체**이다.

는 모두 요구를 표현하지만, 요구 수단이 서로 다르다. precor, *prex는 행위자 명사 procus(결혼을 요구하는 자)와 비교해야 하고, *prex는 사람들이 신에게서 바라는 것을 얻기 위해 특별히 신들을 향해 말로만 간구하는 요구이다. 이 같은 특징이 prek-의 변별적 특성이다. 이것은 지고한 상위의 권위자에게 바라는 언어적 요구이며, 말 이외의 다른 수단은 사용하지 않는 요구이다.

이와 대조적으로 quaero는 파생명사 quaestio, 특히 quaestus와 함께 다른 방식의 요구절차를 가리킨다. quaestus(획득 수단/이익 자체), quaestio(질문/심문, 고문), 동사 quaero는 모두 언어적 요구를 통해 무엇을 알거나 얻으려는 것이 아니라 적절한 물리적 수단으로 무엇을 손에 넣으려는 것이다.

그것은 정확히 말해서 사람들이 구하려고 간청하는 정보나 바라는 호의를 가리키는 것이 아니라 실질적인 물질, 흔히는 이득을 가리키며, 생계나 활동에 필요한 것으로 생각되는 구체적인 사물을 가리킨다.

이 의미는 liberum quaesundum causa(어린아이를 얻으려는 이유) 같은 표현에서 증명되는데, 이는 무엇을 '알려고 하는 것이 아니라 얻으려고 노력하다'를 뜻한다. quaestus, quaestio도 또한 이 의미를 분명히 보여주며, 그것은 quaerere uictum(양식을 구하다/생계를 얻다), quaerere rem(부유해지다)에도 드러난다. 또한 테렌티우스에도 이 의미를 읽을 수 있다. hunc abduce, uinci, quaere rem(『두 형제』Ad.[6] 482)는 '그를 데리고 와서 묶고 그에게서 어떤 것을 얻어라', 즉 '적절한 수단을 사용해 그에게서 진실을 강제로 토로하게 하라'를 뜻한다. 사람들은 물리적 수단을 이용하여 막연히 res로 지칭하는 것을 얻으려고 노력한다. 그러나 여기서는 단지 그것을 얻으려고 사용된 수단만이 고려될 뿐이다. 그것은 말로 요구해서 얻는 것이 아니다.

따라서 precor quaesoque라는 고정형식의 표현은 동어반복이거나 수사적 중복이 전혀 아니다. precor는 *prex를 이용하여 요구하는 것이다. 따라서 요구하는 자와 요구를 받는 자 사이에 내재하는 발화가 증거 수단이다. 이 발화는 그 자체로 효과적인 방책이다. 그러나 quaeso가 precor와 다른 것은, quaeso가 어떤 것을 획득하는 데 이용되는 적절한 수단을 사용하는 것을 의미한다는 점이다. 예컨대 세 가지 동물을 제물로 바치거나 의례적 기도문과 제물을 결합시키는 것이다.

이 의미를 재구하려면, 라틴어 이외의 언어, 특히 이란어에 나타나는 *prex- 형태를 이용해야 한다. 앞에서 이란어 fras, frašta가 '벌'罰, 일반적으

---

6)『두 형제』는 고집 센 형과 순종적인 동생의 교육에 관한 이론과 그 결과를 다루고 있다. 테렌티우스에 대해서는, 본서 제1권 145쪽 각주 10번 참조. ―옮긴이

로 '고문'을 의미한다는 점을 강조했다.

이제 우리 연구의 출발점, 즉 quaestor는 단지 '심문을 하는' 직책을 맡은 자가 아니라는 점이 분명하다. 그의 역할은 물론 quaerere하는 것이다. 즉 물리적 수단을 이용하여 범죄 혐의자를 찾아 체포하거나(이때 이 단어는 quaestus와 연관이 있다), 아니면 자신이 관리하는 국고의 돈을 징수하고 지출하면서 획득하는 것이다.

동사의 용법에 비추어 볼 때, 이 의미작용이 quaestor라는 행위자 명사의 의미인 것 같다. 루크레티우스의 prece quaesit라는 예도 동어반복적 표현이 아니다. quaerere의 피지배어(목적어)는 pacem(평화/신의 은총)이고, 이것이 그가 획득하려는 '실질적' 대상이다. 그러면 어떤 방법으로 획득하는가? *prex로써, 즉 언어적 요구를 이용해서 획득한다. 다른 상황에서는 또 다른 수단을 통하여 달성할 수도 있다.

그리하여 우리는 이중적 기능을 하는 의미를 확인할 수 있는데, 이는 고대의 의미의 기능작용을 그대로 보여 준다. '요구하는 것'은 '획득하기 위해 노력하는 것'이다. 이 개념은 문맥에서 여러 가지 방식으로 자세히 드러난다. 그러나 고대 라틴어에도 두 가지 의미표상을 구별할 수 있다. 이 의미표상은 고대 사회에서는 명확하고 구체적인 형태가 있었으며, 오직 어휘만이 이 형식을 드러내 밝혀 준다.

동사 자체나 그 파생어도 훨씬 풍부한 의미체계에 대한 증거를 보존하고 있거나, 비교를 통해서 그 풍부한 의미가 드러난다. 그 예는 라틴어 procus와 precor이다. 만약 라틴어 procus와 리투아니아어 piřšti를 비교할 때 그 근거가 되는 이 의미가치를 모른다면, 어근 *prex-는 순수히 언어 활동만을 가리키되 아무런 물질적 수단 없이, 하급자가 상급자에게 일반적으로 하는 요구라는 것을 알 수 없을 것이다. 이러한 점에서 *prek-(호의를 구하다/은총을 구하다)가 라틴어 동사 quaero와 행위자 명사 quaestor로 대표되는 어근에서 분리된 것이다. 그렇지만 이 어근은 아직 다른 언어에는 확인되지 않고 있다.

8장_그리스에서의 서약

요약

위증자를 처벌하는 일을 맡은 초인적 힘의 보증하에서 이루어지는 엄숙한 선언인 서약은 '맹세하다'는 개념뿐만 아니라 공통된 인도유럽어적 표현도 없다. 인도유럽어들은 서약의 선서로 볼 수 있는 신명심판神明審判이 갖는 특수한 양태와 일치해서 여러 가지 표현을 제시한다. 특히 '선서를 하다'를 특정적으로 의미하는 호메로스 그리스어의 표현 hórkon omnúnai에서 구체적 기원을 이미 파악할 수 있다. 즉 'hórkos를 잡는다는 것'은 서약을 어길 경우에 즉각 효력이 발휘되는 불길한 힘을 가진 물건, 즉 hórkos를 잡는다는 의미이다. 고대의 성례식에서 사용되는 관용표현 'ístō Zeús……'는 목격자로서, 따라서 반박할 수 없는 재판관으로서의 역할을 하는 신들에게 하는 호소이다(라틴어 iudex arbiter 참조).

라틴어 sacramentum(서약)과, 아마도 히타이트어 lingāis(그리스어 élenkhos? 참조)는 서약의 선서를 특정적으로 규정하는 저주의 잠재적 측면을 강조한다.

말의 효력과 적절한 절차가 있는 종교 표현 가운데 어떤 표현도 서약보다 더욱 엄숙한 것은 없으며, 또 어떤 표현도 그보다 더욱 사회생활에 필요한 것은 없다. 하지만 서약을 나타내는 공통된 표현을 찾으려고 해도 찾을 수는 없을 것이다. 이 점이 또 유의할 만한 사항이다. 모든 고대어에서 볼 수 있고, 또 원래 이 개념과 관련 있는 인도유럽어 용어는 없다.

각 언어는 이에 상응하는 고유의 표현이 있으나 대부분의 언어에 사용된 용어들은 어원이 없다. 이들 용어의 기원을 알 수 없다는 것은, 이들이 지칭하는 제도의 중요성과 일반성과는 대조된다. 이를 깊이 숙고해 보면, 이 제도는 광범하게 널리 출현하지만, 공통형이 빈약하게 나타나는 불일치가 생겨난 이유를 알게 된다. 그것은 서약이 독립된 제도도 아니고, 또 그것이 의미작용을 가지면서 그 자체로 충족되는 행위도 아니기 때문이다. 선서를 보증하고 신성하게 만드는 것은 의식儀式이다. 모든 문명권에서 서약의 의도는 언제나 동일하다. 그러나 그 제도는 다른 특성을 가질 수 있다. 실제로 이 서약 제도를 특징짓는 두 가지 구성요소가 있다.

① 선서의 성질이다. 이 성질 때문에 엄숙성이 아주 각별하다.
② 신성한 힘이다. 이 힘으로 선서가 수용되고 엄숙한 것이 된다.

바로 이것이 서약에 일정하게 요구되는 필수적 두 요소이다. 서약은 상황에 따라 두 형태가 있다. 법률상의 사실과 관련될 때는 진실의 서약 또는 단언 서약이 되고, 약속을 보증하는 것일 때는 구속의 서약 또는 약속의 서약이 된다.

이 서약을 예상된 신명 심판으로 간주할 수도 있다. 서약자는 그에게 필수적인 것, 소유물, 친족, 심지어 물품까지 걸고 선서의 진실성을 보증한다. 서약의 여러 표현과 몸짓 행위 사이에는 필연적 상관관계가 없다. 말로 하거나 관례적 표현을 사용하는 의식儀式과 실제의 행위는 매번 다를 수 있다. 특정한 용어로 표현되는 서약이 발견되는 경우, 이 용어는 서약 사실 자체보다 서약 행위가 이루어지는 방식과 관련된다. 어떤 상황에서 서약이 이루어지는지를 알 수 있다면, 그 용어의 고유한 의미를 지금보다 훨씬 잘 밝힐 수 있다. 그러나 흔히 이 조건은 알 수 없는 까닭에 그 표현의 의미는 모호한 채로 남아 있다.

게르만어군의 고트어에 aiþs가 있는데, 이 용어는 모든 게르만어에 전해 내려온다. 즉 고대 아이슬란드어 eiðr, 고대 고지 독일어 eid, 고대 영어 âþ, 영어 oath이다. 이것은 고대 아일랜드어 ōeth와 정확히 대응한다. 게르만어와 켈트어의 대응이 아주 정확해서 대부분의 문화 용어처럼 차용이 일어난 것인지, 차용되었다면 어떤 방향으로 차용되었는지를 조사할 수 있다. 고트어 aiþs와 고대 아일랜드어 ōeth가 *oito-로 귀착된다면, 그것은 어근 '가다'의 파생형으로, '행진'으로 해석할 수 있다. 난점은 '행진'과 '서약'의 관계를 파악하는 일이다. 역사가 아미라K. von Amira처럼 '행진'은 '서약하러 엄숙하게 가는' 행위였다고 생각할 수도 있다. 라틴어 in ius ire(서약에 가다) 참조. 이 해석은 가능하다. 그러나 다수의 고대 문명권에서 잘 알려져 있는 의식을 특히 상기하면, 다른 해석도 생각할 수 있다. 서약의 선서에는 제사가 함께 수반되었다. 즉 동물을 두 부분으로 자르고, 선서자나 선서자들이 반으로 절단한 희생제물 사이를 통과해야 한다. 이 의식은 히타이트어에 이미 확인된다. 이 의식의 흔적을 14세기의 리투아니아에서도 볼 수 있다. 1351년 리투아니아의 대공大公이 헝가리 왕에게 선서하는 서약의 끝에 가서 선서자가 제물로 바친 두 동강 난 황소 사이로 지나가면서, sic sibi contingi si promissa non servaret(약속을 지키지 않는 경우에는) 자기 운명도 이처럼 될 것이라고 선서한다. 그렇지만 이 의식이 게르만 세계에서는 확인되지 않기 때문에 이와 같은 *oito-에 대한 해석은 가설로 남아 있다.

　인도유럽어 전체는 아니지만 많은 언어처럼 게르만어도 서약을 가리키는 동사와 명사는 다르다. '서약을 선서하다'라고 말하지 않는다. 동사는 고트어 swaran(독일어 schwören, 영어 swear)으로, 이것은 그리스어 ὀμόσαι(맹세하다)를 번역한 것이다. ufar-swaran은 ἐπι-ορκεῖν(거짓 서약하다)을 모사한 용어이다. 이 동사는 게르만어 이외의 언어에 대응어가 나오는데, 이탈리크어군의 오스카어 sverrunei이다. 이것은 명사형 단수 여격으로 '웅변가에게', '보증인에게'를 뜻한다. 그러나 학자들이 이것과 sermo를 비교하는데, 이는 잘못이다. 그것을 serere와 연관 지어야 한다. 이 게르만어 동사에서 또한 아이슬란드어 svara(대답하다), 고대 고지 독일어 andsvava(대답하다; 영어 answer)가 파생된다. 어형성에 대해서는 라틴어 re-spondeo와 비교해 보라. 이 점에서 swaran의 의미는 spondeo의 의미, 즉, '보증하다', '책임을 지다'와 거의 동일한 것으로 결론지을 수 있다. 이처럼 게르만어 *swer-(보증인으로 자처하다)는 명사 보어로서, 동사에 수반되는 명사가 표현하는 '서약'의 개념과 잘 부합된다.

　그리스어에서도 동사 ómnumi와 명사 hórkos는 의미가 서로 다르다. 이 동사는 단독으로도 '서약하다'를 의미할 수 있지만, 이 두 용어 가운데 어느 것도 서약과 관련된 용법 이외의 용법이 없다. 따라서 그리스어 내에서는 어떤 용어도 고유한 의미작용을 밝혀 주지 않는다. 그런데 비교언어학자들은 변이형들을 확인하는 경우에는 재구再構 자료를 발견할 수 있다. 여기서는 의미 변동은 없고, 의미가 고정되어 있기 때문이다. 그러나

이 그리스어 동사의 어원을 보면 몇 가지 귀납적 추론이 가능한다. 현재형 ómnumi의 어기 om-은 비교가 가능하다. 오래전부터 그것을 동일한 의미를 지닌 산스크리트어 동사 am-과 비교했다. 이 산스크리트어 동사는 오래되었고, 베다와 브라흐만 문헌의 확실한 조건에서 확인된다. 이 대응이 ómnumi의 기원을 밝힐 수 있는 유일한 것이다. 베다 산스크리트어 am-은 때로는 단순형으로 출현하거나, 때로는 동사 접두사 san-과 함께 나타나기도 하는데, 예컨대 그리스어 ómnumi에 대해 접두사가 첨가된 형태 sun-ómnumi(~와 함께 선서하다)처럼 사용되기도 한다. 우리는 전설에서 그 명령형을 찾아볼 수 있다. 즉 어떤 인물이 자신이 말한 것을 잘 지킬 것이라고 서약한다. 그러자 신이 다음과 같이 말한다. r̥tam amīṣva(r̥ta로 서약하라; 즉 r̥ta를 보증인으로 삼아 서약하라) ──그러면 그 인물은 r̥tām āmīt(r̥ta로 맹세했다). 『샤타파타하-브라흐마나』의 etad dha devāḥ······ samāmire(그리고 신들이 그것을 함께 맹세했다/그것을 서로에게 맹세했다)와 또한 samamyate(그는 일정 기간 다른 사람에게 약속한다) 참조.

　　이러한 구체적 용법과 더불어 다행히도 고유한 의미작용이 있다. 즉 am-은 원래 접두사가 있거나 없거나 '취하다', '잡다'를 의미한다. 그래서 am abhyamīti Varuṇaḥ는 다른 동사가 사용된 taṃ gr̥hṇāti Varuṇaḥ(바루나흐가 그를 잡는다)와 의미가치가 동일하다. 병의 엄습에 '사로잡힌', '잡힌' 자는 abhyānta로 불린다. 이것은 동일한 동사 am-의 분사형이다. 따라서 이것은 이 개념의 선사先史에 귀중한 지표가 된다. 그래서 '잡다'의 의미에서 출발해야 한다. 그 흔적이 그리스어에는 남아 있지 않지만, 이 개념은 그 표현을 전체적으로 설명하는 데는 포함해야 한다. 히프노스[1]가 헤라에게 어린 카리테스 여신들[2] 가운데 한 여신인 파시테아를 아내로 줄 것을 맹세시키면서 그녀에게 엄숙한 서약을 요구한다.

한 손으로 풍요한 대지를 짚고, 다른 손으로 반짝이는 바다를 잡고, 스틱스 강의 신성한 물로써 내게 맹세를 하라. 그래서 크로노스를 둘러싼 지하의 모든 신들이 우리의 증인이 되도록 하라.(『일리아스』 14권 271행)

이제 hórkon omósai란 표현에서 동사의 목적어로 사용된 명사 hórkos를 고찰해 보자. hórkos의 의미는 전혀 변동이 없다. 호메로스 이래로 시어에 ómnumi와 사용된 hórkos는 순수히 '서약'만을 가리키는 표현이다. 더욱이 중요한 파생어 epíorkos(위증/거짓 맹세)와 epiorkeín(위증하다/거짓 맹세하다)을 지적하자. 이는 별도의 조사가 필요한 용어이다.

hórkos를 설명하려면, 어원적 근거는 이용할 수 없고, 기껏해야 고대의 주석가들이 사용한 이후에 학자들이 계속해서 이용한 hórkos(서약)와 hérkos(방책/울타리)의 비교만이 있을 뿐이다. 겉으로 보기에는 이들은 잘 알려진 유형의 변이 같다. hérkos가 중성이므로 교체형은 hérkes-/hórko-가 될 것이다. 그렇지만 hérkos의 의미는 단지 '방책', '성벽'만 가리킨다. 호메로스의 고정표현 hérkos odóntōn(치아들의 방책)³⁾도 있다. 따라서 어기의 모음이 교체되면서 '서약'을 '방책'과 비교해야 할 것으로 생각해야 된다. 이 의미관계를 어떤 식으로 표상하든 그리스어의 관념으로 볼 때는 이 해석을 선택할 이유가 전혀 없다. 요컨대 그것은 만족스러운 것이 아니기

---

1) 히프노스Hypnos: 밤의 여신 닉스의 아들로서 오케아노스 강과 바다의 아버지의 흐름을 잠재우고 파시테아의 사랑을 얻기 위해 제우스를 깊이 잠재운다. 헤라가 파시테아를 히프노스에게 주기로 약속한 까닭이다.—옮긴이

2) 카리테스Kharites 여신들: 세 명의 미美의 여신으로서 무사이와 더불어 아폴론의 수행 여신이다. 제우스와 바다의 신 오케아니스의 딸(오케아니데스 요정)의 딸들로 알려져 있다.—옮긴이

3) '치아들의 방책'이란 입을 다물면 아랫니와 윗니의 두 치아열이 나란히 배열되어 이것이 마치 울타리(방책)처럼 보인다는 비유적 표현이다.—옮긴이

때문이다. 그렇지만 그리스어 내에서 이 의미를 밝히는 것을 포기해서는 안 된다.

호메로스 그리스어에서 hórkos는 모든 종류의 서약을 가리킨다. 즉 사람들이 하려는 일을 보증하는 것, 다시 말해서 협정, 계약 또는 과거와 관련된 진술을 뒷받침하는 것, 즉 법적 서약이다. 따라서 hórkos의 의미는 서약의 성질에 의존하는 것이 아니다.

그러나 호메로스의 hórkos는 발화 사실과 상관없다는 점에 유의해야 한다. 신들의 '위대한 서약'의 표현 형식을 보자. "그렇다면 대지와 저 위의 넓은 하늘과 '지옥으로' 떨어지는 스틱스 강4)의 물이 증인이 되게 하소서. 스틱스 강이야말로 축복받은 신들에게는 가장 위대하고 가장 가공할 서약(맹세)이기 때문이지요"(『일리아스』 15권 36행 이하).

『데메테르에게 바치는 호메로스의 찬가』 259행의 '신들의 hórkos, 스틱스 강의 빈 틈이 없는 물이 증인이 되기를' 참조. 여기에서 '신들의 hórkos'는 húdōr와 병치되어 있다. 즉 hórkos는 곧 스틱스 강물이다.

사실 『신통기』 400에서 헤시오도스는 스틱스 강을 요정으로 만들고, 제우스는 이 요정을 '신들의 위대한 hórkos'로 만들어 요정을 영예롭게 하기를 원했다. 이러한 이유로 제우스는 신들 가운데 어느 신이 거짓말을 했는지 알려고 했고(784 이하), 그는 이리스를 멀리 보내어 물병 속에 있는 '신들의 위대한 hórkos'를 도로 찾아오라고 한다. 이것이 불쑥 치솟은 바위에서 철철 흘러나오는 유명한 물, 곧 스틱스 강물이다.

알다시피 스틱스 강물은 저주의 힘을 지닌 물질로, 그 자체만으로도

---

4) 스틱스 강Styx: 지옥을 흐르는 강으로서 검고 얼음같이 찬 강물은 마법적인 효과가 있다고 한다. 테티스는 아킬레우스에게 이 강물을 적셔 상처를 입지 않게 만들었다. 스틱스라는 이름은 신들이 맹세를 할 때 이를 어길 수 없는 것으로 만들기 위해 부르곤 했다. ─옮긴이

신들의 hórkos가 된다.

또 다른 유형의 hórkos가 있다. 아킬레우스가 아트레우스의 아들 아가멤논에게 엄정한 약속을 하기를 원한다. 그에게 제우스의 thémistes의 보증으로 홀을 준다. 그러고는 덧붙여 말한다. "이 홀은 그대에게 mégas hórkos가 될 것이다"(『일리아스』 1권 239행).

이는 말하는 방식을 가리키는 것이 아니다. 문자적 해석은 hórkos와, 신성한 물건, 권위의 막대기 등의 물건이 동일한 것으로 해석한다. 본질적인 것은 매번 물건 자체이지 발화행위가 아니다. 이제부터 동사와 명사의 최초 의미작용이 서로 일치되는 가능성을 느낄 수 있다. 즉 ómnumi가 '강하게 꽉 잡다'라는 선사적先史的인 의미로 귀착되는 것과 마찬가지로 hórkos는 그리스어 내에서 물질적 의미표상의 흔적을 지닌다. 여기에서 'hórkos를 잡다'란 표현이 생겨났다. 물건이나 물체로서 hórkos는 신성시되는 물건이며, 선서한 말을 어기면 처벌하는 힘이 있는 물체이다.

이런 연유로 해서 그리스인들은 hórkos를 의인화했다. 그래서 그것은 불길한 것이다. 또한 헤시오도스의 말을 인용해 보자. "hórkos는 서약을 의식적으로 어기는 지상의 모든 사람들에게 최악의 재앙을 내린다"(『신통기』 231~232). 또한 『노동과 날들』 804에서 hórkos가 위증자들에게 재앙이 되어 나타났다고 하는 것을 참조. 그것은 곧 잘못된 판결로 이어진다(『신통기』 219).

신화적 상상은 이 단어의 의미 자체에 내포된 이 개념을 단지 의인화시키면서 맹세를 어길 경우에 출몰하는 hórkos를 파괴적 힘으로 묘사한다. 왜냐하면 명사 hórkos는 위증자를 처벌하는 자주적인 마법적 힘, 신의 전능을 지닌 물체를 가리키기 때문이다.

이 개념의 구성 배경에는 '서약'의 또 다른 명칭에 담긴 개념이 드러난다. 앞에서 연구한 ius iurandum 외에도 라틴어 sacramentum(이 용어에서 지금 고찰 중인 serment(서약)가 생겨났다)은 'sacer(신성)하게 만든다'라는 개념을 함축한다. 서약은 인간에게 영향을 미칠 수 있는 가장 두려운 요소 인 신성의 특질과 관련된다. '서약'은 사람을 sacer하게 만드는 작용으로 나타난다. sacer한 것으로 선고된 자는 아무에게나 죽임을 당할 수 있었다는 사실을 환기해 보자.

이 '신성화'는 산스크리트어 śap-(저주하다)에서 파생된 용어 śapa-tha(거짓 맹세)와 슬라브어군의 고대 슬라브어 klęti(저주하다)에서 다시 나타난다. klęti sę는 러시아어 kljast(저주하다), kljast'sja(서약하다)처럼 '서약하다'를 의미한다. 이 표현은 서약의 현상을 잘 드러낸다. 서약자는 거짓 맹세를 하는 경우에는 저주를 받으며, 그는 가공할 힘이 있는 물건이나 물체에 손을 대고 서약 행위를 성대한 의식으로 만든다.

이제 '거짓 맹세', '위증'을 가리키는 hórkos의 합성어에 대한 이러한 해석의 정당성을 검증해야 하는데, 이 용어는 외면상의 명확성에도 불구하고 난점이 많아 현재에도 논란이 많기 때문이다.

이 단어는 서로 다른 두 구문에서 사용된다. 가장 오래된 구문은 명사 속사와 함께 구성되는 구문으로 epíorkos omnúnai(epíorkos가 되도록 서약하다)이고, 다른 구문은 피지배어(목적어) 대격이 사용되는 구문으로 epíorkos omnúnai이다. 첫째 구문은 헤시오도스의 『노동과 날들』 804에 나오고, 둘째 구문은 호메로스의 『일리아스』 3권 279행에 나온다.

이 합성 용어의 문자적 의미는 여러 번 논의되었다. 최근의 해석은 슈비처Schwyzer[5]의 해석이다. epí + hórkos가 '거짓 서약, 맹세를 하다', '위증하

---

5) 『인도게르만어 연구』Indogermanische Forschung 45, 1927, p.255 이하.

다'를 의미한다는 것을 설명하기 위해 슈비처는 아르킬로코스[6]의 한 구절(딜Diehl의 편집본, 『서정 시집』*Anthol. Lyr.* I, 265)에서 출발한다. "과거에 동료였던 자가 서약을 발로 짓밟아 뭉갰다, 짓밟았다"(làx ébē eph' horkíois).

epí가 이 개념을 분석적으로 나타내는 표현에 출현한다는 사실에 비추어 보면, 이 해석은 이 합성어를 문자적으로 설명한 것이 될 것이다. 따라서 epíorkos는 ho epí hórkōi (bás)이며, 따라서 'hórkos 위에서 (걷는) 자'를 의미할 것이다. 그렇지만 이 논증의 결함을 알 수 있는데, 본질적 용어인 동사 baínō(걷다)가 합성어에 삭제되었다는 점이다. 물론 epí의 명사 구문은 발견할 수 있으나 '발로 짓밟다'란 개념은 없다. 이 점으로 인해 슈비처의 해석은 받아들이기 어렵다.

epíorkos(위증/거짓 맹세)와 동사 epiorkeîn(위증하다/거짓 맹세하다)의 해석은 epíorkos란 형태가 고형古形일 수 없다는 관찰에서 출발해야 한다. 이것이 고형이라면, *ephorkos란 형태를 예상해야 한다. 따라서 여기에서 문제는 형용사(또는 동사; 이는 어떤 요소를 일차적인 것으로 제시하느냐에 따라서 결정된다)이며, 이 형용사는 epí와 hórkos가 함께 출현하는 고정 성구의 연접으로 구성된 것이다. 이 고정 성구는 실제로 존재한다. 그것을 역시 헤시오도스(『노동과 날들』194)의 철기시대에 대한 기술에서 발견할 수 있다. 이 시대에는 그 누구도 선과 악에 개의치 않을 것이며, 가장 존중하는 관례들이 깨어질 것이라고 말한다. "비겁자가 뒤틀린 말을 하면서 용감한 자를 해치고, 거기다가 서약을 덧붙여 말할 것이다. epì d'hórkon omeîtai." 여기에서 합성어의 구성요소 epí-orkos가 서로 분리된 채로 나

---

6) 아르킬로코스Arkhilokhos(기원전 712~648년): 그리스의 가장 오래된 대표적 서정 시인. 현재 남아 있는 단편으로 『애가』*Elegies*와 『풍자시』*Iamnes*가 있다.—옮긴이

오는 것을 볼 수 있다. 그리고 이들이 어떻게 해서 '위증', '거짓 맹세'의 의미를 낳게 되었는지 알 수 있다. 그것은 맹세한 서약과 그것을 뒷받침하는 거짓말을 암암리에 연결시키면서 이루어진다. 따라서 그 개념은 사람들이 거짓으로 알고 있는 말이나 약속에 서약(hórkos)을 추가한다(epí)는 개념이다. 이 사실은 헤시오도스에 나오는 두번째 예(『노동과 날들』 282)에서도 확증된다. "거짓 서약을 함으로써 허위 증언을 의도적으로 하는 자, hòs dé ke marturíēisi hekṑn epíorkos omóssas pseúsetai……."『헤르메스에게 바치는 호메로스의 찬가』에서 헤르메스 자신이 새빨간 거짓 진술에 근거해서 발화한 '위대한 서약'에 대한 예를 제시한다(274행과 383행). 그래서 'hórkos를 추가하는'(epí-orkos) 행위는 명시적이든 암시적이든 언제나 서약자가 자신의 말을 지키지 않는 것, 거짓 맹세를 하는 것, epíorkos가 되는 것을 전제로 한다. '서약을 (자기 말에) 덧붙이다'가 아주 이른 시기부터 '거짓 서약을 하다'를 의미하게 된 것은 기만적 서약——기만적 서약을 이용하면서 이것이 관행이 되고, 격언이 되었다——을 암암리에 참조하면서 생겨났다. 그리하여 epíorkos란 용어는 우리에게 관습의 특징을 보여 준다. 그것은 지킬 의도가 없는 약속이나, 거짓으로 알고 있는 주장을 사람들이 hórkos로써 쉽게 뒷받침했다는 사실을 보여 준다. 이상하게도 언어에 대한 증거 제시의 근거는 그리스 최초의 역사가인 헤로도토스인데, 이는 자신의 의도와는 상관없는 것이었다. 헤로도토스는 메디아인과 그리스인의 싸움에 대한 일화를 이야기한다. 라케다이몬인은 키루스에게 그리스 도시에 피해를 입히지 말 것을 경고한다(왜냐하면 그들이 이를 허용치 않기 때문이다). 그러자 키루스는 전언을 가져온 전령에게 대답한다. "그들의 도시 한가운데 지정된 장소에서 모여 (거짓) 맹세로 서로를 속이는 이 사람들에게 나는 아무런 두려움도 없다"(『역사』 1권 153장, allélous omnúntes exapatôsi). 이 표현은 문자적으론 '서약으로 서로를 속이다'를 의미하지만, 이것은 분명 서약이 거짓말이라는 것을 함축한다. 여기에서 속임수를 쓰려는 의도로 인해 서약이 어떻게 술책이 되는지를 확실히 알 수 있다. 이에 대해 헤시오도스는 계속 수많은 다른 예들을 이야기한다. 글라우코스[7]가 신탁에 가서 조용히 묻기를, 자기에게 맡겨진 반환하고 싶지 않은 위탁물을 서약으로써(hórkōi) 자기 것으로 이용할 수 없느냐고 한다. 피티아[8]가 그에게 근엄하게 대답한다. "물론 당장 그처럼 서약으로 이기고, 재산을 획득하는 것이 이득이 있다. 그러므로 맹세하라. 왜냐하면 죽음도 또한 말을 지키는 자들을 기다리는 까닭이다. 그러나 손도 발도 없는 익명의 서약의 아들이 있다. 하지만 재빨리 그는 (거짓 맹세자를) 추격하여 마침내 그를 잡고 말 것이며, 그의 자손대대와 집안을 파괴할 것이다. 반면 약속을 지키는 자의 후예는 이 다음에 더 행복한 운명을 누릴 것이다"(6권 86장). 또한 다른 곳에서 에테아르코스가 손님에게 자기 요구에 모두 동의하도록 맹세시키고, 그것을 이용하여 그로 하여금 강제로 자기 딸을 죽이게 만든다. '서약의 허위'(têi hápátēi toû hórkou)에 분노한 상대방은 이와 같이 강제로 부과된 의무에서 교묘하게 빠져나온다(4권 154장). 아리스톤이 친구 아내를 빼앗는 것도 허위 맹세(tôi hórkōi kaì têi hapátēi)의 술책을 이용한 것이다(6권 62장).

이리하여 합성어 epíorkos의 분석은 옛 습속에 대한 기술과 일치한다. 즉 '거짓 맹세'를 가리키는 고정표현에서 일찍부터 그리스인의 사회생활에서 나타나는 hórkos의 기만과 사기 행각의 관습에 대한 증거를 볼 수 있

---

7) 글라우코스Glaukos: 코린토스의 전설적인 왕으로서, 시시포스의 아들이자 벨레로폰테스의 아버지다.—옮긴이
8) 피티아Pythia: 델포이의 제우스의 여사제로서 신탁을 전하는 임무를 맡고 있다.—옮긴이

다. epíorkos, epiorkeîn이 『일리아스』에서 이미 사용되기 때문에 이 특징이 그처럼 오래되었다는 사실을 확인하는 것이 이상스러울 뿐이다.[9] 이러한 것이 hórkos와 ómnumi에 포함된 개념에 대한 어원 해석과 개념 해석이다.

이제 '서약하다'를 나타내는 히타이트어 용어의 의미를 알 수 있다. ling-(서약하다)과 명사 lingāi-(속격형 -iyas; 서약), 명사 파생동사 linganu-(서약을 시키다/선서시키다; 특히 장교가 부하에게 부과하는 군대의 서약 선서를 가리킨다)가 그것이다. 스터트반트Sturtevant는 히타이트어 ling-이 élenkhos와 대응하는 것으로 가정했다. 그런데 élenkhos는 '혐의', '다른 사람을 설득할 만큼 충분한 증거'를 의미한다. 여기에서 철학 용어 '반박' réputation이 생겨났다. 이리하여 '서약하다'는 히타이트어에서는 '혐의를 두다'를 의미하는데, 이는 그리스어와 라틴어의 의미표상과 상당히 일치한다. 사람들은 서약함으로써 스스로에게 미리 조건적인 혐의를 두고, 만일 위증의 경우에는 이 혐의가 효력을 갖는다.

라틴어 표현 sacramentum도 이 개념과 동일한 의미를 갖는다. 이 표현은 어원 문제나 철학적 문제보다는 오히려 법적 문제를 야기시킨다. 우리는 sacramentum의 여러 의미를 잘 알고 있다. legis actio sacramenti는 소유권 반환청구를 위해 pontifex(대주교) 앞에서 행하던 고대 관습과 관련된 특수한 형태의 수속 절차이다. 증거가 정상적으로 입증되지 않는 경우, 소송을 제기한 자에게 poena(벌금)가 부과된다. 또 다른 표현형식은 군

---

9) 고대 그리스의 맹세의 표현에 대한 이전의 논문(『종교사지』Rev. Hist. Relig., 1947~1948, pp. 81~94)에서 우리는 epíorkos란 용어를 다르게 설명했다. 우리가 여기에서 제시하는 해석은 로이만M. Leumann 이 『호메로스의 단어들』Homerische Wörter, 1950, p. 79에서 제시한 해석과 비슷하다. hórkos란 용어 에 대한 연구는 볼라J. Bollack, 『그리스어 어원학지』Rev. ét. gr., 1958, p.1 이하와 히에르셰R. Hiersche, 『그 리스어 어원학지』, p. 35 이하에 나와 있다. 다른 연구는 프리스크Frisk의 어원 사전의 epíorkos와 hórkos 항목에 인용되어 있다.

대 서약을 규정하는데, 그 종류는 특별하다. 그것은 consulibus sacramento dicere(sacramentum으로 집정관에게 맹세하다)이다.

sacramentum은 sacer의 파생어가 아니라 명사 파생동사 sacrare(범죄를 저지른 자를 sacer라고 선언하다, 저주를 선고하다)에서 파생된 용어이다. 그래서 sacramentum은 고유한 의미에서 인격(군대의 sacramentum)이나 담보물(법적 sacramentum)을 미리 저주하는 데 사용하는 물건이나 사실을 가리킨다. 일정한 형식으로 말을 발화하면 사람들은 잠재적으로 sacer의 상태에 들어간다. 자신이 말한 약속을 어기는 경우 이 상태가 효력을 발휘하여 신의 복수가 초래된다. 모든 상황에서 약속의 절차는 똑같은 방식으로 수행되며, 이를 그 용어에서 약간 엿볼 수 있다.

이제 선서를 규정하는 특수한 표현 형식과 양식을 고찰해 보자. 우리에게는 아주 놀라우나 일반적으로 학자들이 주의를 기울이지 않는 것이 하나 있다. 그것은 호메로스에서 서약의 텍스트가 나올 때마다 등장하는 고정형식의 표현이다. 사람들이 제우스와 신들에게 간청한다. Ἴστω νῦν Ζεὺς πρῶτα ……Γῆ τε καὶ Ἠέλιος(제우스와 대지와 태양이 아시기를/증인이 되어 주시기를; 『일리아스』 19권 258행 이하). 목적은 자신이 말한 약속의 텍스트를 신들에게 알리려는 것이 아니다. 여기서 ísto를 완전한 어원 의미로 해석해야 한다. '그가 아시기를'뿐 아니라 고유한 의미로 '그가 보시기를'이 그것이다. 이 용법에서 어근 *wid-는 의미가치가 완전히 살아 있다. 서약의 증인으로 신들을 세우려는 것이다. 아주 오랜 옛날에 증인은 사실을 '알기' 때문이 아니라 무엇보다 그것을 '본' 목격자로서의 증인이었다.

이는 어원론자의 단순한 추론이 아니다. 다른 인도유럽어들도 *weid-의 의미에 대해 분명하고 오래된 증거들을 제시하는데, 이들은 그리스어의 의미와 일치한다. 예컨대 '증인'의 의미와 동일한 의미의 산스크리트어

vettar는 어기의 모음계제를 제외하면, 그리스어 ístōr(증인)의 대응 형태이며, '보는 자'를 의미한다. 고트어 완료분사 weitwōþs(산스크리트어 vidvas/viduṣ- 참조)는 보았기 때문에 아는 자이다. 아일랜드어 fíadu(⟨ *weidōn; 증인)도 마찬가지이다. 그리스어 ístor는 이와 같은 계열에 속하며, 어근 *wid-의 고유한 의미가치는 『샤타파타하 브라흐마나』에 표명된 규칙에 따라서 밝혀진다. yad idānīm dvau vivadamānām eyātām aham adarśam aham aśrauṣam iti ya eva brāyād aham adarśam iti tasmā eva śraddadhyāmā(이제 두 사람이 논쟁을 벌이면서(소송을 하면서), 한 사람은 '나는 보았다'라고 말하고, 다른 사람은 '나는 들었다'라고 말한다면, '나는 보았다'라고 말하는 그자를 믿어야 한다).

본 사람과 들은 사람 사이에서 신뢰해야 하는 대상은 언제나 본 사람이다. 시각적 증거가 갖는 좀더 기본적 의미는 증인의 명칭 자체 ístōr에도 나타난다. 이러한 이유로 사람들이 신을 증인으로 세우고, 이들로 하여금 '보도록' 요구하는 것이다. 시각視覺의 증거는 반박될 수 없다. 그것이 유일한 증거이다.

라틴어에서 나오는 서약에도 신들이 증인이 되어 줄 것을 요구하는 절차가 수반되나 그 표현형식은 다르다. 티투스 리비우스(『로마사』 I, 24, 7)에 따르면, 로마와 알바 사이에 '알려진 최초의 맹약'에서 그것을 읽을 수 있다. 맹약이 체결된 후 서약에 참여한 성직자가 선언한다. *Audi* ……Juppiter; *audi*, pater patrate populi Albani; *audi* tu populus Albanus(들으소서……제우스여, 알바누스인들의 사제장이여 들으시기를, 알바누스 백성들도 들어라). 사람들이 pater patratus(외교 담당 사제단장)인 유피테르와 알바누스 백성들에게 '들을 것'을 요구한다. 로마에서 서약의 증인이 되려면 '들어야' 한다. 엄숙한 형식의 발화문에 큰 중요성을 두는 로마인에게는 보는 것이 듣는 것보다 중요하지 않다. 하지만 호메로스의 중요한 구절(『일리아스』 18권 498행 이하)에 나오는 *ístōr*의 특수 용법에 불확실한 점이 있다(이 문제를 다른 관점에서 이미 연구한 바 있다[10]). 즉 여기에서 *ístōr*는 '증인'을 의미하는가, '재판관'을 의미하는가? 아킬레우스의 방패를 분석한 장면에서 두 사람이 한 남자를 죽인 살인자의 몸값 지불을 위해 *poinḗ*를 둘러싸고 논쟁하며 싸움을 벌이는 것을 볼 수 있다. 두 사람 모두 그 결정을 위해 *ístōr*에게 간다(501행).

여기에서 증인이 문제시된다는 점은 이해하기 어렵다. 그것은 증인이 임석하면 논란이 없을 것이기 때문이다. 따라서 '중재자', '재판관'이 문제시된다. 우리로서는 재판관은 증인이 아니라고 생각한다. 이 의미 변동 때문에 이 구절을 분석하는 것이 어렵다. 그러나 *ístōr*가 목격자이며, 논쟁을 종식시킬 수 있는 유일한 자인 까닭에 *ístōr*에 '성실성의 문제에 대해 결심판결로 결정하는 자'라는 의미를 부여할 수 있다.

마찬가지로 '중재자', '재판관'을 가리키는 라틴어 arbiter란 용어의 고유한 의미를 파악할 수 있다. 앞에서 설명했다시피 arbiter는 사실상 두 가지 직능을 가리킨다. ① 우선 '증인'(가장 오래된 의미). 이것은 플라우투스에서 나타나는 유일한 의미이다. 또한 고전 시기에 remotis arbitris는 '증인 없이'를 의미한다. ② '중재자', '재판관'. 실제로 이 의미는 iudex arbiter의 고유한 직능으로 설명된다. 앞에서 살펴보았듯이[11] arbiter는 어원적으로는 제삼자로서 소송에 '갑자기 출현하는 자'이며, 누구에게도 눈에 띄지 않은 증인이 되어, 결국 그의 증언으로 소송을 결말짓는 자를 가리킨다. 법

---

10) 본서 136쪽 참조.
11) arbiter에 대해서는 앞의 150쪽 이하 참조.

에 의해 iudex arbiter는 증인으로서의 재판관인 것처럼, 마치 자신이 현장 그 자리에 있었던 것처럼 결정하는 권한을 지닌다.

이 모든 것이 호메로스 서약의 고정형식 표현에서도 환기된다. 왜 사람들이 신들을 부르는가? 그것은 거짓 맹세에 따르는 처벌이 인간의 일이 아니기 때문이다. 고대의 인도유럽 법전 가운데 그 어떤 것도 거짓 맹세에 대한 제재를 규정하지 않는다. 신들이 서약에 대한 보증인이기 때문에 벌은 신에게서 오는 것으로 간주된다. 거짓 맹세는 신에 대한 범죄이다. 서약으로 자신을 구속하는 것은 신의 복수에 미리 몸을 맡기는 행위이다. 그것은 사람들이 신에게 '보고', '들을' 것을 간청하고, 또 맹세하는 행위에 언제나 임석하기를 간청하기 때문이다.

제3편

/

종교

1장_신성

요약

'신성'의 명칭 연구는 특이한 언어상황에 직면한다. 그것은 한편으로 공통 인도유럽어에 이를 지칭하는 특정 용어가 없고, 다른 한편으로는 많은 언어(이란어, 라틴어, 그리스어)에 이중적 명칭이 있기 때문이다. 이 조사는 역사적 용어의 함축 의미를 밝히면서 하나의 기호가 아니라 두 개의 기호를 필요로 하는 듯한 표현의 개념 구조를 명확히 설명하는 것을 목표로 한다. 확인된 용어 쌍, 예컨대 아베스타어 spənta : yaoždāta(또한 고트어 hails : weihs 참조), 라틴어 sacer : sanctus, 그리스어 hierós : hágios에 대한 연구를 통해서 선사 시기에 긍정과 부정의 의미, 즉 긍정적 측면으로는 '신의 현존을 지니는 것'이라는 의미를 지니고, 부정적 측면으로는 '인간의 접촉이 금지된 것'이라는 의미를 지닌 개념을 재구하기에 이르렀다(그리스어 hágios는 신성의 지칭에 속하지 않고, 이중적 대립, 즉 그리스어 hierós와 díkaios의 대립으로 의미가치가 결정된다. 즉 '신에 의해 인간에게 허용된 것'이 그것이다).

다음에 나오는 여러 장은 특별히 인도유럽어의 종교 어휘를 연구하되, 기본 개념에 대한 연구만을 제시한다. 우리는 여기서도 다른 제도에서 제기되었던 동일한 방법론적 난점에 부딪힌다. 문제는 어휘체계로써만 인도유럽사회의 실체에 도달할 수 있느냐 하는 것이다. 규칙적 대응에 의해 직접 완전히 정의할 수 있는 어휘에만 실제로 국한한다면, 필히 연구 대상이 해체되는 것을 차차 알게 될 것이다.

비교문법이 달성하려는 목표는 메이예의 논문[1]에 해설되어 있다. 비교는 일반적 용어만을 제공하지만, 현실에 대한 연구는 각 민족 자체에 특유한 신앙과 종교 의식이 있었다는 것을 알려 주기 때문에 이 논문은 종교와 관련된 인도유럽어의 개념에 단도직입적으로 도달할 수 없다는 점을 보여 준다.

비교문법은 그 방법 자체로써 특정한 발달을 제거시키고, 공통의 기반을 재구하기에 이른다. 이 비교 방법의 연구로는 결국 극소수의 인도유럽 어휘만이 남게 되고, 그렇게 되면 종교 자체나 예배의식이나 사제, 심지어 인격신을 가리키는 공통 용어도 전혀 존재할 수 없다. 그리하여 '신'의 개념 자체만이 공통 인도유럽 사회에서 기인할 것이다. 신의 개념은 *deiwos란 형태로 잘 확인되고, 그 고유 의미는 '빛나는'과 '하늘의'이다. 이 특질로 인해 신은 인간과 대립되는데, 인간은 '지상의', '땅의'(이것이 라틴어 homo의 의미이다)를 뜻하기 때문이다.

하지만 우리는 인도유럽어 종교 어휘를 인도유럽어 전체에서 증명된 대응 관계에서 찾지 않고서도 알 수 있다. 고찰 대상 용어들의 종교적 의미 가치가 단 한 언어에 출현하더라도 이들 용어가 어원에 기초해서 해석될

---

1) 『역사언어학과 일반언어학』*Linguistique historique et linguistique générale*, I, Paris, 1921, p. 323 이하.

수 있다면 종교 어휘의 기본 용어에 대한 분석을 시도할 것이다.

아베스타어 spənta : yaoždāta

실제로 어떤 용어의 종교적 의미가치는 흔히 단지 한 언어에서만 지각 가능하다는 사실을 확인할 수 있다. 그래서 이 의미가치가 어느 정도 남아 있는지, 또 어느 정도 이 의미가치가 새로이 발달한 것인지를 탐구하는 작업이 중요하다. 이 연구의 관심사는 종교 용어의 의미가치의 분화와 변증법적 발달이다.

우선 '신성'이라는 아주 중요한 제1의 개념에서 출발하자. 이 개념과 관련해서 수많은 다른 종교적 개념과 용어가 정리된다. '신성' 개념을 나타내는 어휘는 언어에 따라 아주 풍부하고 상당히 다르다. 그래서 공통 용어를 보여 주는 언어는 드물다. 그러나 운 좋게 공통 용어가 있는 경우에 이것을 최대로 이용하여, 그 용어의 의미작용을 가능한 한 명확하게 설명할 필요가 있다. 그런데 인접하는 언어군, 즉 슬라브어, 발트어, 이란어군에서 아주 의미심장한 용어가 하나 나타난다. 고대 슬라브어 svętŭ(러시아어 svjatój), 리투아니아어 šventas, 아베스타어 spənta로 대표되는 단어이다.

이 대응에 의해 서로 다른 신앙에서 종교적 의미가치가 아주 강력한 형용사가 정의된다. 슬라브어와 발트어에서 그 형용사는 기독교 어휘에 속하는 '거룩한, 성스러운'(sanctus)을 뜻하는 단어이다. 반면 이란어군에서는 아베스타어의 형태로 마니교 신앙에서 나타나며, '신성'으로 부르는 것과 의미가치가 거의 동일하다.

각 언어에서 이 용어는 다른 잔존 어휘나 이차적 파생어와 어원 관계를 맺고 있다. 발트어군의 리투아니아어 šventas는 고대 프러시아어

swints, 라트비아어 svēts와 같은 부류를 형성한다. 이들은 형태와 용법이 동일하기 때문에 새로운 사실이 추가된 것은 전혀 없다. 이란어에서 spənta-는 상당히 많은 다른 용어와 연관된다. 형태적인 면에서 볼 때, spənta는 어기 spən-에 기초해서 구성된 -ta-형 동사적 형용사이다. 어기 spən-은 비교급 spən-yah와 최상급 spən-išta-에 나타난다. 고대의 규칙에 따라 비교급과 최상급은 원급의 어간에 기초해서 구성되는 것이 아니라 어기radical에 근거해서 구성된다. 동일한 어기 span-은 중성명사 spān-ah, span-ah-(spənta의 성질)를 파생시킨다. 그리고 이 명사로부터 파생된 형용사가 spanah-vant이다.

'sanctus'로 번역되는 형용사 spənta는 『아베스타』의 종교 어휘에서 중요한 기본 용어이다. 그것은 또 다른 형용사 amərəta(〉aməša, 불멸의)와 더불어 aməša-spənta란 칭호를 구성한다. 이 명칭은 인간의 물질생활과 정신 생활을 지배하는 일곱 신의 모임이다. 이들의 명칭은 추상적이지만, 일찍부터 각 신들이 하나의 원소元素, 예컨대 물, 흙, 식물, 금속에 육화되어 있다. 이들 신은 각자가 덕의 상징이자 세계의 구성원소를 보존하는 신이다. 이들은 지고의 신인 아후라 마즈다를 중심으로 자리 잡고 있으며, 조로아스터의 설법인 『찬가』*Gāthās*뿐만이 아니라 『아베스타』의 「야시트」*Yašts* 찬가집2)에 수록된 신화와 서사시 텍스트에서 끊임없는 간구의 대상으로 불리는 신이다. 이들의 집합명사 aməša spənta는 '불멸의 거룩한 것들'로 번역될 수 있다.

이 밖에도 spənta는 흔히 종교 세계의 가장 중요한 개념을 특칭하

2) 「야스나」에 나오는 찬가에 이어서 후대에 지어진 신들을 찬미하는 노래로서 다른 찬가와 더불어 『아베스타』를 구성한다.—옮긴이

는 것으로 사용된다. 그것은 maθra(효력 있는 말), mainyu((신적) 영혼), xratu(정신력/강인한 정신의 힘), gāθā(노래/찬가)와 결합해서 사용된다. 생물 명칭과 함께 사용되면, 그것은 하오마haoma 주[베다의 소마soma 주酒]의 신에 대한 부가어이며, gao-spənta처럼 우주론에서 소와 같이 중요한 동물에 대한 부가어로도 사용된다. 그것은 땅의 신 Aramati의 명칭을 구성하는 요소가 되었다. 그래서 spəntā-ārmaiti는 중기 이란어 Spandarmat가 되었고, 두 요소가 아주 밀접하게 결합되어 이 명사는 더 이상 합성어로 인지되지 않게 되었다. 이란 차용어가 많고, 또 이란 전통을 따르는 수많은 용어가 간직된 아르메니아어 어휘에는 디오니소스에 해당하는 명칭 Spandaramet와 명사 sandara-metk͑(지하 세계)가 남아 있다. 이 명사의 sand-는 고대 spənta-의 방언형을 나타낼 수도 있다. sandaramet에서 파생된, 아르메니아어 자체에서 생겨난 파생어도 있다. 예컨대 sandaramet-ayin은 그리스어 khthónios(지하의)를 번역한 것이고, sandaramet-akan은 그리스어 kata-khthónis(땅 밑의)를 번역한 것이다. 따라서 아르메니아어에서 Spandaramet가 풍요의 신으로서 디오니소스의 역할을 하게 된 것은 고대의 지신地神이었기 때문이다. 그러나 세부적인 의미발달은 아직도 분명하지 않다. spənta를 중심으로, 동일 단어군에서 파생되었으나 때로는 서로 상관이 없는 여러 형용사와 명사를 재분류해야 할 필요가 있다. 우선 성질 형용사 spənta-가 급수를 가질 수 있다는 사실을 보여 주는 비교급과 최상급 spənyah-, spəništa- 외에도 종교 진리에 대한 지식이나 이해를 가리키는 masti와 결합하는 명사 spānah(sanctitas, 신성)가 있다.

동일한 어원의 단어족에 속하는 다른 요소들은 즉각 인지되지 않는다. 이들을 확인하려면 인도유럽어 원형의 재구가 필요하고, 이 재구는 그리 어렵지 않다. 이란어, 슬라브어, 발트어의 세 어군에서 그것은 *kʼwen-to

란 형태로 나타난다. 어기는 *-yos형의 비교급 형태에 나타난다(아베스타어 spən-yah). 따라서 어기는 *kʲwen이다. 그러나 *kʲwen은 어근 *kʲeu-에 접미사가 첨가된 형태이다. 이 어근은 아베스타어 동사 sav-(유용하다/유리하다)와 파생 명사 sava-, savā, savah(이득/이익), 형용사 sūra(강한/힘 센)에 나타난다.

아베스타어 sav-(유익하다/이용하다)의 의미는 대칭하는 세 합성어, 즉 frādat-gaēθā, varədat-gaēθā, savō-gaēθā가 속한 고정표현에서 분석된다. 이 세 합성어에 공통된 용어 gaēθā-는 모든 피조물을 가리키며, 그 중에서도 특히 생명이 있는 소유물을 가리킨다. 이 세 합성어의 첫째 요소는 현재분사이다. 그래서 frādat-gaēθā는 '피조물을 성장시키는'을 의미하고, varədat-gaēθā는 '피조물을 증식시키는'을 의미한다. 마지막으로 셋째 합성어 savō-gaēθā는 '피조물에 유익한'을 의미한다. 그러나 이 증식은 인간의 일상적 수단에 의존하는 것이 아니라 오직 신만이 지닌 속성이다. 이 세 부가어는 언제나 신의 속성을 수식한다. 따라서 이들은 초자연적 특성, 즉 피조물의 세계에 증식을 시키는 특성을 요약한다.

형용사 sūra는 '강한'만을 의미하는 것이 아니다. 또한 신과 자라투스트라Zaraθuštra 같은 영웅과, '서광' 같은 개념에 대한 수식어로도 사용된다. 여기에서 그 일차적 의미를 제공하는 동일 어근을 지닌 관련 형태들과 비교해 보자. 베다 산스크리트어 동사 śū-, śvā-는 '팽창하다', '성장하다'를 의미하고, '세력', '번영'의 의미를 함축한다. 여기에서 śūra-(강한/용감한/군센)가 나왔다. 이와 동일한 개념 관계에 의해 한편으로는 그리스어 현대형 kueîn(임신하다/태胎 내에 아이를 갖다), 명사 kûma((물결의) 팽창/파도)와, 다른 한편으로는 kûros(힘/통치권), kúrios(최고의 권위를 지닌 자)가 서로 연결된다.

이 비교는 '팽창하다'는 의미가 지닌 최초의 의미적 실체가 무엇인지와 세 언어에서 일어난 독자적이고 구체적인 발달 과정을 밝혀 준다. 세 언어는 모두 명사나 형용사 *kū-ro ──이는 '힘', '세력', '권위'의 의미를 지녔다──의 구성이 -ro-형인 점에서 일치한다. 그러나 이란어에서는 이 의미가 지닌 함축 내용이 독자적인 의미가치로 발달했고, 그로부터 종교적 개념이 파생되었다.

그리스어처럼 인도이란어도 그 의미가 '팽창'에서 '힘', '세력', '번영'으로 발달했다. 아베스타어 형용사 sūra로 정의되는 '힘'은 충만한 힘, 팽창의 힘이다. 마지막으로 spənta는 이러한 특질, 즉 내적 발달, 성장, 힘을 지닌 개념이나 존재를 가리킨다. 그리하여 그리스어 kuéō(임신 상태에 있다)와 kúrios(최고 권위를 지닌 자), 아베스타어 sūra(강한)와 spənta의 관계가 복구되고, 이 관계를 통해 '신성' 개념에 대한 특이한 기원이 점차 명확해진다. spənta한 존재나 사물은 넘치는 초자연적 힘으로 팽창하고 증식한다. 중립적 의미와 타동적 의미는 성장시키고(성장하고), 증대시키는(증대되는) 속성이 있는 권위의 힘과 효력이 있다. 이 의미작용이 이란어의 언어의식에 오랫동안 남아 있었다. 펠레비어로 된 『아베스타』의 번역과 주해서는 spənta-를 αβzōnīk(흘러넘치듯이 풍부한/힘으로 잔뜩 팽창된)으로 번역 및 해설하고 있다.

이에 대응하는 슬라브어 용어는 기독교적 개념인 hágios(거룩한)의 번역어로서 출현하지만, 고대 슬라브어 svętŭ의 원래 개념은 자연주의적 의미표상을 지녔을 것으로 추정할 수 있다.

spənta-의 단어군에 속하는 이란어 형태 ──이들 형태는 수가 꽤 많다──는 종교적 의미가치를 지니고 나서 아주 중요해졌다. 이들은 초자연적 힘과 동시에 신화에 나오는 인물의 '신성'도 가리키게 되었다. 이처럼 거룩함과 신성의 특성은 생명을 탄생시키고, 자연의 생산을 낳는 풍요롭고 넘치는 힘이라는 개념으로 정의된다.

* * *

이제 게르만어군에서 이와 동일한 관념, 즉 '신성' 개념을 나타내는 다른 표현을 살펴보자. 슬라브어 svętǔ와 상관 있는 게르만어 용어는 고트어 형용사 weihs(그리스어 hágios를 번역한 것)이고, 여기에서 동사 weihan(독일어 weihen(신성하게 만들다); 그리스어 hagiázein)과 weihnan(신성하게 된; 그리스어 hagiázesthai)이 파생되었다. 추상명사 weihiþa는 그리스어 hagiasmós(신성화)를 번역한 단어이고, weiha는 '사제'를 가리킨다.

이 단어는 게르만어군 전체에 나타난다. 앵글로색슨어 wīhdag(성일聖日), 고대 고지 독일어 wih(거룩한, heilig), 고대 아이슬란드어 vē(사원/신성한 곳) 등이다. 이와 대조적으로 게르만어 이외의 언어에는 아주 제한되고 불확실하며, 명확히 규정하기 어려운 대응만이 있다. 이와 비교할 수 있을 것으로 짐작되는 유일한 형태는 라틴어 uictima(신에게 바친 짐승)이다. 그러나 이 라틴 단어의 조어법은 거의 모호하다. 이것은 접미사 -ima가 첨가된 거의 유일한 예로서 이와 동일한 의미군에 속하는 다른 형용사 sacrima——이는 페스투스의 고대 주석에만 알려져 있으며, 바쿠스 신에게 바치는 순한 햇포도주를 가리킨다——도 여기에 추가된다. 따라서 어기 이외에는 비교가 명확하지도 않고 만족스럽지도 않다.

따라서 여러 번 제시된 가설이지만, 이 어간의 끝자음의 교체가 있는 제3의 대응어를 움브리아어 명령법 eveietu——이것이 '그가 신성하게 만들다'나 이와 유사한 의미라면——에서 찾아볼 수 있다. 문맥에서도 이 해석이 유도되는데, 사실상 부분적으로는 어원적 해석이다. eveie-tu(-to형의 라틴어 명령법 참조)라는 형태는 *e-weig-e-tod에서 파생되었을 것이다. 그래서 이 해석을 받아들인다면, 이 두 언어군의 의미작용은 동일하다. 따라서 고트어의 '신성' 개념은 신의 전유물로 바쳐진 '신성화된' 대상의 성질로 정의된다는 사실을 확증할 수 있다.

이 개념이 이란어, 발트어, 슬라브어가 번역한 개념과 얼마나 다른지를 알 수 있다. 현재로서는 이 의미 차이로부터 끌어낼 수 있는 결론은 없다. 이 차이를 확인하는 것만으로도 충분하다. 이 조사의 끝에 가서, 각 언어에서 사용되는 여러 용어를 조사한 후에야 현재로는 유일하지만 인도유럽족에게는 아주 다양하게 표현되었던 이 개념의 더욱 깊은 의미작용의 정의를 알게 될 것이다.

한 가지 놀라운 사실은 거의 모든 언어에서 '신성' 개념을 나타내는 용어는 하나가 아니라 두 가지라는 것이다. 이란어에는 spənta- 외에 ius와 관련해서 이미 살펴본 동사 yaoždā를 상기할 수 있다.[3] 이 두 용어는 게르만어에도 그대로 나타나는데, 고트어 weihs(신성한)와 룬 비문碑文의 hailag, 독일어 heilig이다. 그리고 라틴어 sacer와 sanctus, 그리스어 hágios와 hierós도 있다. 각 언어에 고유한 이 두 가지 용어를 고찰해야 하는 문제가 제기된다.

우선 게르만어 자료를 고찰해 보자. 오늘날 독일어 heilig로 대표되는 개념의 출발점으로 전혀 다른 개념, 즉 '안녕', '건강', '신체적/육체적 건전함'의 개념을 표현하는 고트어 형용사 hails를 지적할 수 있다. hails는 그리스어 ὑγιής(건강한), ὑγιαίνων(튼튼한)을 번역한 것이고, ga-hails는 그리

---

3) 본서 141쪽 참조.

스어 ὁλόκληρος(전체의/완전한)를, 부정^{否定} 형용사 un-hails는 그리스어 ἄρρωσ τος(아픈), κακῶς ἔχων(병든) 각각을 번역한 것이다. 그리고 명사 un-haili(환자/병자)가 있는데, 이 명사 어간에서 동사 (ga)hailjan(건강하게 만들다/치료하다)과 gahailnan(건강하게 되다/낫다)이 파생되었다.

고트어에서 고대 아이슬란드어로 넘어가면, 의미작용이 다소 달라진다. 고대 아이슬란드어 heil은 '길조'를 의미한다. 마찬가지로 고대 영어 hael은 '길조', '행복', '전조'를 의미한다. 아이슬란드어 파생동사 heilsa는 '인사하다', '안녕을 빌다'를 의미한다. 다른 한편 게르만어군 전체에 공통 접미사로 구성된 형용사 *hailaga-가 있다. 이것의 중성형 hailag를 페트로사^{Petrossa}의 금반지에 새겨진 고대의 룬 문자 명문 *Gutan Iowi hailag*에서 볼 수 있다. 이 명문은 '고트족의 신에게 바쳐진'의 의미이다. 룬 문자로 된 다른 명문에도 역시 Wodini hailag가 나타나며, 이는 '보탄⁴⁾에게서 행운으로 주어진'으로 번역된다. 이 형용사는 다른 게르만어에도 확인되는데, 예컨대 고대 아이슬란드어 heilagr(sanctus), 고대 고지 독일어 heilag(heilis)이다. 그것은 영어 holy가 되었고, 고트어 hails에 대응하는 whole(전체의)과 관련된다. 이 두 개념은 오늘날에는 분화되었지만 고대에는 아주 밀접한 연관을 맺고 있었다.

이 단어군의 의미가 서로 유사하게 발달한 곳은 오직 게르만어뿐이다. 그러나 어원상으로 볼 때, 그것은 고립된 것이 아니다. 이것과 고대 슬라브어 cělŭ(건강한/전체의, saluus)를 연관시켜야 한다. 또한 파생 현재형 cěljǫ(치료하다)도 마찬가지이다. 발트어군의 고대 프러시아어 kails(heil)

와 추상명사(-un형의 여성 대격) kailūstiskun(좋은 건강)이 이와 대응된다. 마지막으로 켈트어에도 역시 대응 단어가 나타나는데, 게일어 coel과 고대 브르티뉴어 coel(전조의 해석자)을 이와 비교할 수 있다.

이 모든 형태의 원형은 형용사 *kailos로 귀착되며, 이 형태는 인도이란어와 그리스어에는 전혀 없고, 인도유럽어 서부 방언에서조차 슬라브어, 게르만어, 켈트어군에만 국한되어 나타난다. 발트어가 이를 어두 k-를 지닌 고대 형태로 게르만어에서 차용했는지 확신할 수 없다.

고트어 이후에 hails(건강 상태가 좋은/육체적 완전무결함을 누리는)는 그리스어 khaîre(건강하세요)로 번역되어 기원祈願의 형태로도 기능한다. 신체적 온전함은 아주 특징적인 종교적 의미가치를 가진 것으로 설명된다. '건강'(신체적 완전함)을 지닌 자, 다시 말해서 완전무결한 신체적 자질을 지닌 자는 '건강'을 타인에게 부여할 수 있다. '완전무결한' 것은 사람들이 모두 바라는 행운이며, 기대하는 운세이다. 이처럼 완벽한 '온전성'을 신의 은총으로, 즉 신성한 의미작용으로 보았다는 것은 자연스럽다. 신은 본래 온전함, 건강, 행운의 천부적 자질을 가지고 있으며, 그것을 인간에게 신체적 건강과 예고된 행운으로 나누어 준다. 비록 텍스트의 성격 때문에 이 개념의 출현이 허용되지 않아 고트어에 heilig란 개념이 명백하게는 출현하지 않지만, 잠재적으로는 나타난다. 역사의 흐름을 통해 최초의 고트어 용어 weihs는 hails, hailigs로 교체되었다.

라틴어 sacer : sanctus

이제 중요한 단어군에 대한 연구로 넘어가 보자. 이는 현대적 형태로 나타나는 단어군으로서 '신성' 개념을 지시하는 단어들로만 구성된다.

라틴어에는 sacer와 sanctus 두 단어가 있다. 그러나 이들은 형태론적 관점에서는 관계가 아주 명백하지만, 의미작용이 문제가 된다.

라틴 용어 sacer는 '신성'의 가장 엄밀하고 구체적 의미표상을 담고 있다. 세속과 신성의 구별이 가장 분명히 드러나는 곳은 라틴어이다. 또한 '신성'의 모호성을 발견할 수 있는 곳도 라틴어이다. sacer는 신에게 바쳐진 것과 지울 수 없는 오염으로 가득 찬 것, 장엄한 것과 저주받은 것, 숭배받는 것과 공포심을 느끼게 하는 것을 가리킨다. 이 양면적 의미가치는 sacer와 sanctus를 구별하는 데 도움을 준다. 왜냐하면 sanctus와 관련된 형용사에는 이 의미가 전혀 영향을 미치지 않기 때문이다.

더욱이 '신성'의 메커니즘과 희생제사와의 관계를 더 잘 이해할 수 있는 것도 sacer와 sacrificare의 관계가 확립되어 있기 때문이다. 친숙한 '희생제사'라는 용어는 공통점이 전혀 없어 보이는 관념과 행위를 연관 짓는다. '희생제사를 드리다'는 원래 '신성하게 만들다'(sacrificium(희생제사) 참조)를 의미하는데도 왜 실제로는 '죽이다'를 뜻하게 되었는가? 왜 희생제사는 반드시 죽임을 포함해야 하는가?

이 기본적 의미에 대해서 위베르와 모스의 논문[5]은 아주 명약관화한 빛을 던져 준다. 이 논문에 따르면, 희생제사를 행하는 것은 세속 세계가 사제를 매개로 예배 의식을 통해서 신적인 것과 교류하기 위한 것이라고 한다. 짐승을 '신성하게' 만들기 위해서는 이승의 세계와 단절시켜야 하며, 두 세계의 경계를 넘어야 한다. 이것이 희생제물이 죽임을 당하는 이유이다. 여기에서 sacerdos라는 용어의 아주 깊은 의미가치가 유래한다.

---

5) 위베르H. Hubert · 모스M. Mauss, 「희생제사의 성질과 기능에 관한 논고」Essai sur la nature et les fonctions du sacrifice, 마르셀 모스, 『저작집』(Œuvres, vol.1, Paris, Ed., de Minuit, 1968, pp. 193~307.

sacerdos는 어근 *dhē-(만들다/두다)를 이용해서 구성된 *sakro-dhōt-s에 근거해서 만들어진 용어이다. 여기에서 '효과적인 것으로 만들다/수행하다'(facio 참조)라는 의미가치가 생겨났다. sacerdos는 sacrificium의 행위자이다. 즉 '희생제사 드리는 것'을 허락하는 권한을 지닌 자이다.

형용사 sacer의 고형은 *sakros이며, 이 형태의 변이형은 이탈리크어 형용사 sakri-인데, 고대 라틴어 복수형 sacrēs에서 부분적으로 관찰된다. *sakros는 어근 *sak-에서 파생된 -ro형의 파생어이다. 그런데 sanctus는 원래 sancio의 분사이며, 이 분사 역시 어근 *sak-에서 비음 접중사[=n]가 첨가되어 파생된 것이다. 비음 접중사가 첨가된 -io형의 라틴어 현재와 *sak-의 관계는 리투아니아어 jungiu(결합시키다)와 jug-의 관계와 같다. 이 파생법은 널리 잘 알려져 있다.

그러나 이 형태론적 관계로는 이들의 서로 다른 의미를 설명하지 못한다. 다시 말해서 sancio와 sanctus의 의미 전체를 어근 *sak-와 결부시키는 것으로는 충분하지 않다. 그것은 sacer에서 다시 동사 sacrare가 파생되었기 때문이다. 또한 sancio도 'sacer하게 만들다'를 의미하지 않기 때문이다. 그리하여 sacrare와 sancire의 관계를 명확히 규명해야 한다.

여기에 대한 명확하고도 유용한 정의를 페스투스에서 읽을 수 있다. homo sacer is est quem populus iudicauit ob maleficium; neque fas est eum immolari, sed qui occidit parricidi non damnatur. sacer한 사람은 인간 사회 밖으로 추방당하는 진정으로 더러운 흠이 있는 자이다. 그렇기 때문에 그와의 접촉은 피해야 한다. 그를 죽이더라도 그 때문에 살인자가 되지는 않는다. 인간에 대한 homo sacer의 관계는 신에 대한 sacer한 동물의 관계와 동일하다. 즉 인간이나 동물이나 sacer한 것은 인간 세계와는 전혀 관계가 없다는 점이다.

sanctus[6]는 『디게스타』*Digeste*[7] I, 8, 8에 정의가 나온다. sanctum est quod ab iniuria hominum defensum at que munitum est(sanctum은 인간의 접촉으로 생기는 훼손을 막고 보호된 것이다). 또한 『디게스타』 I, 8, 9, 3, proprie dicimus sancta quae neque sacra, neque profana sunt, sed sanctione quadam confirmata, ut leges sanctae sunt……; quod enim sanctione quadam subnixum est, id sanctum ist, et si deo non sit consecratum(신성하지도 않고 세속적이지도 않으나 형벌로 확정된 것을 고유한 의미의 sancta 라고 지칭한다. 예컨대 법은 sanctae하다. 그래서 형벌을 받은 것은 신에게 바쳐진 것이든 아니든 sanctum하다) 참조. 이 정의는 순환적이다. 즉 sanctum 한 것은 sanctum의 추상형 sanctio에 근거를 두는 것으로 정의된다. 어쨌든 sanctum은 '신에게 바쳐진 것'이 아닌 것, sacer로 불리는 것도 아니고, '세속적인' 것, sacer와 대립되는 것도 아니다. 그래서 그 어느 것도 아니기 때문에 sanctio에 의해 확정된 것이자 굳어진 것이고, leges sanctae(신성한 법들/어길 수 없는 법들)처럼 어떠한 훼손이든지 훼손을 가하는 경우, 형벌로 처벌을 받기 때문에 보호되는 것을 가리킨다. lex sancta에는 이 형용사의 과거분사가 지녔던 힘이 아직도 온전히 간직되어 있다.

베르길리우스에 나오는 ampsanctus의 옛 지명 Ampsancti ualles(암프상크투스 계곡)가 진정 uindique sancti(세르비우스Servius), 즉 '온 사방이 sancti한'을 의미하는 것이라면, amb-는 '양쪽의'를 의미하기 때문에, 이것은 sanctus가 '방어물로 둘러싸인', '(경계나 장애물로) 보호되고 방어된'을

---

6) 이 단어에 대한 자료로서 유용한—아직도 유효한—연구로는 링크W. Link의 박사학위 논문 『이교도적 용법에 나타난 어휘 sanctus에 대하여』*De vocis sanctus usu pagano*, Koenigsberg, 1910을 참조.
7) 동로마 황제인 유스티니아누스(재위 527~567년)가 집대성한 책으로 사회, 법률, 제도 등에 대한 방대한 내용이 담겨 있다.—옮긴이

의미하는 것으로 확정할 수 있다.

legem sancire란 표현에서 sanctio는 본래 법을 위반하는 자에게 부과하는 형벌을 규정하는 특정한 법을 가리켰다. 그래서 santio는 흔히 poena afficere(형벌을 과하다)와 의미가 똑같다. 그런데 고대 로마법에서 형벌은 보복자로서 개입하는 신이 손수 내린다. 이 경우에 적용되는 원리는 간략한 형식으로 표현된다. Qui legem uiolauit, sacer esto(법을 위반한 자는 sacer하다). 이런 종류의 법을 leges sacratae(거룩한 법)로 불렸다. 따라서 법은 위반할 수 없는 것이 되었고, '형벌'(sanction)은 법의 효력을 발생시킨다. 법의 공표를 허용하는 이 구절을 나타내는 동사 sancire의 용법이 여기에서 생겨났다. 사람들은 legem sancire, lex sancta라고 말했을 뿐만 아니라 lege sancire(법에 의해서, 법적 조치로 어떤 것을 위반할 수 없는 불가침의 것으로 만들다)라고 말했다.

이 모든 용법을 분석하면, 결국 sancire는 법규의 적용 영역을 정하고, 이 규율을 신의 보호 아래 둠으로써 범법자에게 신의 형벌을 내리게 하고, 그것을 위반할 수 없는 신성불가침의 것으로 만들었다는 해석이 나온다.

sacer와 sanctus의 의미 차이는 여러 상황에서 드러난다. 자연 상태에 적용되는 sacer와 행위의 결과에 적용되는 sanctus 사이에는 의미 차이만 있는 것이 아니다. uia sacra(신성한 길), mons sacer(신성한 산), dies sacra(신성한 날)라고 말하는 반면, murus sanctus(신성불가침의 성벽), lex sancta(신성불가침의 법)라고 말한다. sanctus한 것은 벽이다. 그러나 벽이 둘러싸는 영지領地는 아니다. 이 영지는 sacer하다고 말한다. 어떤 형벌로 보호되는 곳이 sanctum(신성한 곳/침범할 수 없는 곳)이다. 신성한 것과 접촉하는 것은 sanctus한 상태가 아니다. sacer한 것을 접촉하여 sacer해지는 자는 '형벌'을 받지 않는다. 그는 공동체에서 추방되고, 처벌을 받거나 죽임을 당하지 않는다. sanctum은 sacrum을 모든 접촉으로부터 차단시키는 역할을 하기 때문에 그것은 sacrum(신성한 것/신성한 대상)의 주위에 위치한다.

그러나 이러한 의미 차이는 신성의 고대적 의미가치가 형벌로 이관됨에 따라서 점차 사라졌다. murus만이 아니라 모든 영지와 신의 세계와 접촉하는 모든 것이 sanctus하다. 이것은 부정적인 정의(신성하지도 않고 세속적이지도 않은 것)가 아니라 적극적인 개념이다. 즉 신의 은총이 내린 것으로 드러난다. 이 때문에 인간 차원을 초월하여 고양시키는 자질을 부여받는 자가 sanctus하다. 신의 권능으로 그는 인간과 신의 중간에 서는 매개자가 된다. sanctus는 죽은 자(영웅들), 시인(uates), 사제들과 이들이 거주하는 장소에 적용된다. 결국 이 부가어는 신에게도 적용되고(deus sanctus(거룩한 신)), 신탁, 권위를 지닌 사람에까지 적용된다. 그리하여 점차 의미가 전이되어 sanctus가 uenerandus(경외하는)와 의미가 같아졌다. 이 단어의 의미진화는 여기에서 끝났다. 이때의 sanctus는 초인간적 자질을 수식한다.

따라서 sacer와 sanctus를 구별 짓는 의미를 정의하려면, sacer는 묵시적 신성이고, sanctus는 명시적 신성이라는 차이가 있다고 말할 수 있다. sacer는 그 자체로 고유하고 신비스러운 의미가치가 있다. sanctus는 인간이 책임지는 금지의 결과 생긴 상태이며, 법에 의거하는 규정에서 생겨난 것이다. 이 두 용어의 의미차는 이들이 결합된 합성어 sacrosanctus(신성불가침의)에서 드러나는데, 이것은 sacrum에 의해 sanctus하게 된 것을 가리킨다. 즉 진지한 성사聖事에 의해서 보호되는 것을 가리킨다.

이러한 의미 차이를 강조할 필요가 있다. 이 차이를 무시하는 학자들이 흔히 저지르는 오류를 보면, 어떤 비교언어학자[8]는 바로M. T. Varro의 『시골

일』3, 17을 인용하기도 한다. Proinde ut *sacri* sint ac *sanctiores* quam illi in
Lydia……(이들은 sarcri한데, 그대가 리디아에서 본 것보다 훨씬 더 sancti하
다). 그는 이 구절로부터 sacer의 비교급이 sanctior라고 결론을 내린다. 인
도유럽어 비교급 접미사 -ios는 어근 자체에 첨가되기 때문에 sanctior는
*sacior를 대신한다. 최상급 sacerrimus는 거기에 아무런 장애가 되지 않는
다. 왜냐하면 이 라틴어 최상급이 인도유럽어 형태를 보존하지 않기 때문
이라고 한다. 이 추론은 실상을 오해하는 것이다. 만약 sanctior를 sacer의
비교급으로 간주한다면, 이 두 형용사는 서로 교체 가능할 것이고, sacer의
비교급은 sanctus의 형태를 빌려 사용할 수 있어야 할 것이다. 그러면 위
의 글은 '이들(물고기들)이 신성한 것처럼, 리디아보다 여기가 더욱 신성
하다'로 번역해야 할까? 분명 그렇지 않다. 이 물고기들은 '신성하고', 또
다른 한편으로는 리디아에 있는 물고기들보다도 '더욱 sancti'하다. sacer
는 절대적 성질이어서 급수가 없다. 잘 해야 상상할 수 있는 최고 표현은
sacerrimus(모든 것보다 월등히 신성한)이다. 그러나 sanctus는 상대적 영역
에 속하며, 어떤 것이 더욱 또는 덜 sanctum할 수 있다.

　　이 점은 바로의 다른 저작『라틴어론』VIII, 77에서도 확인된다. 이 문
법서의 비교급과 최상급의 구성 방식에 대한 논의를 보자. 바로는 이와 관
련해서 원급에서 동일한 형태를 갖는 형용사가 보여 주는 차이에 관심을
갖는다. 그는 macer(약한/가는), sacer, tener(부드러운)의 세 형용사를 예로
들고, 이들의 최상급 macerrimus, sacerrimus, tenerrimus는 동일하다고 한
다. 그러나 그는 비교급에서는 단지 두 단어의 비교급 macrior와 tenerior
만 제시한다. 그가 비교급 *sacrior를 제시할 수 없었던 이유(하지만 그는

---

8) 슈페히트Specht, 『비교 언어연구지』*Zeitschrift für vergleichende Sprachforschung*, 65, 1938, p. 137.

240　3편_종교

sacer와 최상급 sacerrimus를 예로 들고 있다)는 sacer가 비교급이 없었기 때문이다. 이것이 비교급이 없는 이유는 이 단어의 의미가 비교급을 허용하지 않았기 때문이다. 그래서 위에 인용한 구절은 이미 이 사실을 알려 주고 있다.

그리스어 hierós

그리스어의 언어사실도 자세한 조사가 필요하다. 여기에서도 hierós와 hágios 두 용어가 문제시된다. 그리스어의 언어 내적으로나 외적으로, 이 두 용어는 각각의 정확한 의미와 어원 때문에 많은 문제를 제기한다.

일반적 견해로는 hierós는 인도유럽어의 어원을 가지고 있다고 한다. 그러나 인도유럽어 어원은 이 용어의 용법에는 나타나지 않는 의미가 있다. 산스크리트어는 여기에 결정적 역할을 한다. hierós, 음성적으로는 haiarós(아이올리스 방언)는 베다 산스크리트어 iṣiraḥ와 대응한다. 의미상의 난점에도 불구하고, 이 비교에 결코 이의를 제기한 적이 없었다는 점은 특이하다.

베다 산스크리트어 형용사 iṣiraḥ는 신, 신화의 인물, 종교적 개념의 서술어로 사용되며, 어떤 성질을 표현한다. 번역은 다양하지만, 모두 '기운', '활기'와 관련된다. 기존에 제시된 의미가치가 같은 단어들은 모두 iṣ(i)(생생하다/열렬하다/힘 있다)에서 유래하며, iṣiraḥ에서 파생된 것이다. 이와 같은 의미가 베다 찬가의 신을 수식하는 수식어로 사용되었고, 사실 의미가 다소 모호하지만 추정할 수 있는 의미이다. 결국 iṣiraḥ와 hierós의 비교가 형태적으로는 잘못이 없지만, 그리스어 hierós를 분석할 수 있는 조건은 될 수 없다. iṣiraḥ를 좀더 명확히 규명하기 위한 출발점은 hierós의 내적 분석이 제시하는 의미와 반대된다.[9] 부가어 iṣiraḥ는 바람의 명칭과 함께 사용된다. 예컨대 iṣiro vátaḥ(질풍 또는 어지럽게 부는 바람)과 같다. iṣiraḥ가 aśva-(말)와 결합해도 의미는 크게 달라지지 않는다. áśvaiḥ mánojavebhir iṣiríḥ(생각처럼 빠르고 맹렬한 말들과 함께). 또한 춤을 추는 인드라와도 결합해서 사용된다. nrtav iṣiro babhūtha(오! 춤추는 자여, 그대는 혈기왕성하고 날렵하구려). 이를 ketu(깃발/군기)에도 거의 같은 의미로 적용할 수 있는데, iṣiram ketum(펄럭이는 깃발)이다.

하지만 이 부가어는 다른 개념, 예컨대 목소리 같은 단어도 수식한다. vācam anamīvām iṣirām(흠 없는 강력한 목소리). 또한 소마 주(酒)나 천상의 소젖 같은 것도 수식한다. 이때는 '원기를 북돋우는', '기운차게 만드는'을 의미한다.

또한 다른 범주의 개념도 이처럼 수식할 수 있다. 예컨대 희생제사를 드리는 자의 정신과 정신 상태를 수식한다. 사람들은 iṣiram manaḥ라고 말하는데, 이는 그리스어 대응 표현 hieròn ménos보다 훨씬 더 충격적인 고정표현이다. 예컨대 iṣiréna te mánasā sutásya bhaksīmáhi(오! 짜낸 (소마) 술이여, 열렬한 영감을 받은 정신으로 그대를 맛볼 수 있기를; 『리그베다』 VIII, 48, 7).[10]

형태론적으로 볼 때 iṣira-의 구성은 명확하다. 그것은 여성 iṣ-(정력을 돋우고 기운을 솟게 하는 봉헌주)의 명사 파생동사 iṣayati(그는 기운차게 만

---

9) 자크 뒤셰느-기유맹J. Duchesne-Guillemin, 『보이사크 기념논집』*Mélanges Boisaq I*, 335는 hierós와 관련하여 iṣiraḥ에 대해 좀더 상세한 설명을 하고 있다. 또한 르누L. Renou, 『베다와 파니니 연구』*Etudes védiques et paninéenes IV*, p. 40과 팔리아로A. Pagliaro, 『의미론 비판 시론』*Saggi di critica semantica*, 1953, p. 89 이하 참조.

10) 르누L. Renou, 『베다 연구』*Etudes védiques IX*, 1961, p. 69는 다음과 같이 번역한다. "들뜬 영혼으로 우리는 그대, 짜낸 (소마) 술에 참여하기를 바라노라." iṣira-에 대한 설명 노트 p. 123도 참조.

든다/강하게 만든다)에서 파생된 형용사이다. 등가치적 의미들을 확정시키기는 어렵지만, işira-는 신의 자질을 가리키는 '생생한', '기운찬', '재빠른'과 같은 일반적 의미라고 결론지을 수 있다. 이와 같은 개념이 '신성'의 개념에 이르는 경우가 드물지 않다. 한 가지 예만 든다면, 아일랜드어 noib(⟨ *noibo-; sacer/sanctus)는 *neibo-와 모음교체 관계이고, *neibo-에서 명사 nīab(생명력)가 파생되었다.

지금까지 제시한 것은 비교 조사를 통해 얻을 수 있는 hierós의 연구에 필요한 예비적 자료이다.

그러면 hierós는 무엇을 의미하는가?

호메로스의 각 구절이 즉각 보여 주는 이 용어의 의미를 차례로 해석해 보면, 다양한 용법을 확인할 수 있다. 어떤 학자들은 hierós의 의미를 세 가지로 구별 지으려고 했다. 호메로스 서사시 언어에서 hierós는 사실상 신성 영역에 속하지 않는 사물이나 존재에 적용된다. 이 견해는 보이사크 Boisaq에게서 볼 수 있다. 우선 '신성한'을 의미하는 hierós가 있고, '강한'을 의미하는 다른 hierós가 있고, '활발한'을 의미하는 제3의 hierós가 있다는 것이다. 오늘날 학자들도 이러한 의미 구별이 작위적이며, 이 단어의 의미는 단일하다는 것에 동의한다. 그러면서 그 의미가 어떻게 발달해 왔는가? 학자들은 출발점은 '강한'이라는 의미이고, 다음으로 '신의 영향력 덕택에 힘으로 가득 찬, 힘이 넘치는'이라는 의미가 되었고, 여기에서 이차적으로 '신성한'이라는 의미가 발달했다고 한다. 이러한 의미 발달의 단계를 반드시 수용해야 할까? 이를 검토하는 것이 바람직하다. 우선 이들 용법을 조사해 보자.

우선 hierós는 bōmós(제단), hekatómbē(희생제사) 같은 제사에 대한 지칭을 동반한다. 다음으로 트로이 같은 도시 명칭, 성채(ptolíethron; 『오디

세이아』 1권 2행), 트로이의 성벽(krédemna; 『일리아스』 16권 100행), 테베
와 그 성벽, 페르가몬, 에우보이아, 알페이오스 강과 같은 지명을 수식한다.
그래서 hierós는 '존경', '경외'를 뜻하는 부가어로 인정할 수 있다.

이제 더욱 특이하고 더욱 유익한 결합어를 보자. 재판관들이 hierôi enî
kúklōi(hierós한 원圓에; 『일리아스』 18권 504행) 주위에 자리 잡고 있다. 재
판관들은 '신성하지' 않지만 제우스에게서 영감을 받은 것으로 간주된다.
장엄한 서약식에서 헤라가 증인으로 택한 제우스의 hierè kephalé(거룩한
머리)를 청하는데(『일리아스』 15권 39행), 여기에서 이 단어의 의미는 즉시
해석된다.

그러나 hierós가 왜 마차에 적용될까(『일리아스』 17권 464행)? 구절 전
체를 읽어 볼 필요가 있다. '강한', '힘이 센'으로 번역하는 것은 적절치 않
다. 말들이 앞으로 나아가기를 거부하기 때문에 마차가 움직이지 않는 것
이 여기에서 문제가 된다(441, 451, 456행 참조). 그래서 제우스는 말들을
부추겨 아우토메돈의 마차를 끌고 오게 말들에게 힘을 불어넣는다. 이러
한 이유로 마차가 hierós하다고 표현된다. 이 상황에서 마차가 hierós하지
만, 본래적인 부가어가 아니다.

마찬가지 이유로 ─ 그러나 여기에서는 더욱 명확하다 ─ 제우스
가 싸움 중인 두 나라의 운명을 달아 보는데, 이 운명을 저울질하는 저울
이 hirá로 수식된다(『일리아스』 16권 658행). 밀을 타작하는 마당도 이 부가
어가 사용된다(『일리아스』 5권 499행). 여기서도 문맥은 다음 정보를 준다.
"금발의 데메테르가 바람이 hieraí한 타작마당 주위로 겨를 실어 가 겨 무
더기가 뽀얗게 쌓이듯이…… 불어오는 바람의 입김으로 곡식과 겨를 가를
때……." 여기서 hierós를 사용한 것은 타작마당과 타작 행위를 보호하는
신과 결부시켰기 때문이다.

여러 번 반복되는 고정표현 hieròn êmar는 무엇을 의미하는가? 그것은 "새벽과 신성한 날이"(『일리아스』8권 66행)이다. 왜 '신성한가?' 전체 구절을 읽어 보아야 한다. 그것은 각별히 의미가 있는 날, 즉 제우스가 이다 산의 정상에서 신들이 트로이와의 접전에 개입하는 것을 막은 뒤에, 접전의 채비를 바라보는 날이다. hieròn êmar가 나오는 모든 예문의 상황은 이와 비슷한 것과 연관되어 있다.

hierós는 또한 군대도 수식한다(『오디세이아』24권 81행). 그러면 그 군대는 '거룩하고', '강한' 것인가? 여기서도 문맥을 살펴보자. 여기서는 아킬레우스에게 바치는 예식이 문제이다. "그대의 뼈와 파트로클로스의 뼈를 모았고, hierós한 군대는……나무랄 데 없는 무덤을 높다랗게 쌓아 올렸소." 여기서도 그것은 상황적 부가어이지 본래적인 부가어는 아니다. 이것은 경건한 군대 의식에 참여한 군대를 수식한다.

이러한 용법은 다양하게 표현하려는 욕구에서 생겨난 것이 아니라 이들이 사용된 문맥이 결정한다.

hierè elaíē(hierós한 올리브나무; 『오디세이아』13권 372행)에는 수많은 전설에서 언급하는 나무에 전통적 수식어가 사용되었다. 그러나 문맥은 이와 무관한 것은 아니다. 올리브나무 밑에 아테나 여신과 오디세우스가 앉아 있다. 이 정황을 벗어나서는 결코 이 표현을 찾아볼 수 없다.

작은 골짜기가 hierós로 수식되는 것(『오디세이아』10권 275행)은 오디세우스가 변장한 신을 만나는 곳이 키르케[11]의 처소 근방이기 때문이다.

---

11) 키르케Kirk: 태양의 신 헬리오스의 딸로서 마법사. 섬에서 난파당한 오디세우스가 키르케에 의해 자기 동료들이 돼지로 변하는 광경을 보고서 그 마약의 효력을 없애고 키르케로 하여금 그들을 인간 모습으로 다시 되돌리게 한다. 오디세우스와 키르케의 사랑으로 아들 텔레고노스가 태어난다.—옮긴이

이 부가어가 수니온(Sunion), 즉 "아테네의 신성한 곳"(『오디세이아』 3권 278행)에 적용된 것은 그곳을 이미 그처럼 신성한 곳으로 여겼기 때문이다. 이미 거기에는 아테나 여신의 신전이 세워져 있었던 까닭이다.

이제 hierós가 물고기에 사용된 단 하나의 특이한 예(『일리아스』 16권 407행)가 남았다. 라트로클로스는 창끝으로 적군을 들어올리는데, 이는 마치 바위에 앉아서 hierós한 물고기를 바다 밖으로 낚는 모습과 흡사하다. 신성한 물고기? 펄펄 기운차게 살아 움직이는 물고기? 이 형용사는 '펄쩍 펄쩍 뛰는', '요동치는'을 의미하는 것 같다. 그것은 낚싯줄 끝에서 몸부림 치는 물고기의 동작을 묘사한다. 이 예는 의미 비교를 통해 타당하게 의미 작용을 설정할 수 있는 의미를 hierós가 간직하고 있는 유일한 곳이다.

인명과 함께 사용된 hieròn ménos란 표현——예컨대 hieròn ménos Alkinóoio(알키노스의 신성한 힘; 『오디세이아』 8권 421행)——은 벌써 작 시법상의 편의적 도구로 사용된 허사에 지나지 않는다. 여기서는 형용사 hierós가 생생한 용법으로 사용되었을 때 지녔던 의미가치를 더 이상 읽을 수 없다.

이제 hierós의 주목할 만한 용법을 빠짐없이 제시했다고 생각하는데, 이 모든 용법에서, 즉 지명이나 강의 명칭(강은 신성하다)과 함께 사용되든, 인명이나 사물 명칭과 함께 사용되든, 신의 명칭이나 인간의 명칭과 사용되든 또는 원소의 명칭과 사용되든, 의미가치가 동일한 것을 확인했다. 이 모든 곳에서 hierós는 '신성'의 영역에 속한다는 점이다. 이 특질이 자연적, 본래적 관계로 인해 이 개념에서 연유하든 아니면 상황에 의해 이 개념과 연관되든지 상관없이 그렇다. 이 의미가치 없이는 희생제물을 바치는 행위가 tà hierà(신성한 것들)로 명명될 수 없었을 것이다.

그리스어와 인접한 다른 언어에서, 심지어 인도유럽어의 외부에서 hierós
와 형태가 유사하면서 그 원형으로 상정되는, 동일 의미 영역에 속하는 단
어들이 있다. 이들 단어가 이탈리크어와 에트루리아어의 신과 신적인 것
에 관련되는 형용사이다.

Aesar는 수에토니우스[12]가 Caesar란 명칭을 설명하기 위해 인용한 에
트루리아·라틴어étrusco-latin 단어이다. 이것은 아마도 에트루리아어의 '신'
의 명칭일 것이다. 인도유럽어이면서 에트루리아어와 접촉이 빈번했던 이
탈리크어에 다양한 형태가 나타나는데, 오스카어 aisusisM(sacrificiis), 볼
스키어 esaristrom(sacrificium), 움브리아어 esono(diuinus 또는 sacrificalis)
같은 형태이다.

다른 한편 에트루리아어 내에도 형용사 aisuna, aisna, eisna(장소와 시
기에 따라서 차이가 있다)는 '신적인'을 뜻하거나 희생제사와 관련이 있다.
분명히 이 이탈리크어의 어기는 hierós와 iṣiraḥ의 어기와 다소 유사하며,
언어학자들은 여기에서 에트루리아어와 인도유럽어의 (녁녁잡아 선사적
인) 친족 관계의 증거를 찾고자 했다. 예컨대 크레츠머 같은 학자는 지중해
안에서 원시 인도유럽어의 기층substrat 흔적을 찾으려고 했다.

이 특수한 경우와 관련되는 방대한 논제를 여기서 다룰 계제는
못 된다. 단지 이 두 계열의 형태 차이를 지적해야 하겠다. 어기 *ais-는

---

12) 수에토니우스Suetonius Tranquillus(서기 약 69~140년): 카이사르 전기를 쓴 작가. 그 밖에도 작품을
많이 썼으나 현재 남아 있는 것은 거의 없다. 『이름을 떨친 남성들』De Viris Illustribus 가운데 일부가
남아 있다.―옮긴이

'신'을 의미하는 것 같고,[13] 그렇기 때문에 hierós(신성한)와 산스크리트어 iṣiraḥ의 어기와는 공통점이 전혀 없는 것 같다. 앞에서 살펴보았듯이 이 두 형용사의 본래 의미는 이와는 전혀 다르기 때문이다. 그리스어와 그 밖의 언어에서 hierós의 단어족과 관련지을 수 있는 '신'을 가리키는 용어는 전혀 없다. 이 둘은 전혀 다른 별개의 개념이다. 형용사 '신적인'은 그리스어로는 theîos이며, hierós(신성한)와는 절대로 혼동되지 않는다. 라틴어도 마찬가지로 diuinus(신적인)는 sacer와 명백히 구별된다.

*   *   *

지금부터 그리스어 '신성한'이란 의미가치에 나타나는 좀 특수한 점을 살펴보자. 이것은 라틴어 sacer가 의미하는 것과는 일치하지 않는다.

sacer에는 신적인 것에 귀속되는 별도의 영역이라는 개념만이 있다. 그래서 sacer의 의미는 profanus(fanum(신성한 곳)의 외부에)라는 의미와 대립시키면 밝혀진다.[14] sacer가 적용되는 영역은 장소를 어떤 방식으로 배치함으로써 '분리되는' 별도의 영역이다. sacer하게 만든다는 것은 신적인 것에 할당하여 인간의 영역 밖으로 배제하는 것, 인간의 영역 밖에 두는 것이다. 이와 반대로 앞에서 분석한 호메로스의 예에 따르면, hierós는 신의 영향, 즉 신의 개입이나 신적 정황에서 생겨나는, 영속적이거나 일시적인 속성이라는 것을 알 수 있다.

---

13) 어간 aisar로부터 켈트게르만어 용어 *isarno-(철; 독일어 Eisen, 영어 iron 등)가 유래하는 것 같고, 이 용어는 철을 '하늘의'라는 뜻으로 지칭한다. 『켈티카』*Celtica III*, 1955, p. 279 이하 참조.
14) profanus와 profanare의 의미에 대해서는 『뒤메질 헌정 논집』*Hommages à G. Dumézil*, Collection Latomus, Vol. 45, 1960, p. 46 이하 참조.

그리스어에서는 '오점', '흠'과 같은 의미와 sacer한 사람을 죽음에 노출시킬 수 있는 '신성한 것'이라는 양가적 의미는 관찰되지 않는다.

그리스어 hósios, hosíē

hierós와 아주 유사한 단어는 형용사 hósios이다. 이것은 '신성한 것'과 관련되지만, 그 뜻은 다르다. 리델과 스코트가 지은 『그리스어 사전』은 hósios가 무엇보다도 '신법에 의해 처벌을 받는', '거룩한', '신성한'을 의미한다고 제시한다. "hósios의 의미는 흔히 한편으로는 díkaios(**인간의** 법에 의해 처벌을 받는)와의 관계에 의존하고, 다른 한편으로는 hierós(신에게 **바쳐진**)와의 관계에 의존한다."

이 용어는 의미작용이 역설적이다. hósios는 신성한 것에도 적용되고, 세속적인 것에도 적용된다. 이 형용사의 적용 영역을 엄밀하게 한정하면 이러한 외면적인 모순에서 벗어날 수 있다. 즉 신적 법에 의해 규정되거나 허용된 것은 hósios라고 부르지만, 인간 관계에서는 그렇지 않다. 그리하여 díkaios kaí hósios, díkaia kaí hósia 같은 표현은 '인간관계에서 인간과 신에 의해 규율로 정해진 것'을 의미한다. hósia로 불리는 의무는 díkaia로 지칭되는 의무처럼 인간에 대한 의무이다. 어떤 의무는 인간의 법(díkaia)에 의해 규정되고, 어떤 의무는 신의 법(hósia)에 의해 규정된다.

이제 hierà kaì hósia라는 표현에서 둘째 용법을 고찰해 보자. 겉보기와는 달리 hósios의 의미는 변하지 않는다. 그 대립은 다른 사항에 근거한다. 그것은 tà hierá, 즉 신성한 것, 신에게 고유하게 귀속된 것과, tà hósia, 즉 인간에게 허용된 것의 대립이다. 신에게 한정된 hierós의 영역은 신이 인간에게 양도한 hósios의 영역과 대립된다. 따라서 hósios의 고유한 의미는 언제나 동일하다. 즉 '신에 의해서 인간에게 규정되거나 허용된 것'이다. 그러나 hierós(인간에게 금지된)와 hósios(인간에게 양도된)의 대립은 후에 hierós(신성한)와 hósios(세속적인)의 대립으로 바뀌게 되는데, 이 후자의 대립은 다음 용법에 나타난다. kosmeîn tền pólin kaî toîs hieroîs kaì toîs hosíois(신성한 기념물뿐만 아니라 세속적인 기념물로도 도시를 꾸미다; 이소크라테스, 『아레오파구스』*Areopagiticus* VII, 66).[15]

이와 같은 hósios의 해석은 고전기의 예문들에 대한 조사로 드러나지만, 가장 오래된 용법에 이미 나타난다. 이 옛 용법은 형용사 hósios의 용법이자 또한 이 형용사의 여성형을 보여 주는 이오니아어 명사 hosíē의 용법이기도 하다. 실제로 호메로스에 나오는 것은 hosíē뿐이다. 이는 『오디세이아』에서 두 번, 호메로스의 『찬가』에서 다섯 번 출현한다. 각 예들은 hósios의 정의를 한정하는 데 도움이 된다.

『오디세이아』에 나오는 2회의 예문은 부정적 고정형식의 표현 oukh' hosíē이다. 예컨대 oud' hosíē kakà rháptein alléloisin(16권 423행) 같은 구절이다. 그 의미는 '서로 나쁜 의도를 획책하는 것은 신의 법에 의해 허용되지 않소'이다. 마찬가지로 하녀가 죽은 구혼자들 앞에서 승리에 찬 환호를 부르짖을 준비를 하는 순간에, 오디세우스는 그녀를 나무라며 자제할 것을 권고한다. "그것은 신의 법(oukh' hosíē)이 허용하지 않소"(22권 412행). 따라서 hosíē는 신에 의해 인간 사회에 부과된 규율이다. 이 hosíē의 의미는 우리가 hosíē에 부여한 의미, 즉 신에 의해 인간에게 규정되거나 허용

---

15) 이소크라테스Isocratēs(기원전 436~338년): 아티카 출신의 아테네 웅변가. 고르기아스의 제자였다. 또한 소크라테스의 가르침을 받았다. 몇몇 법률 관계 담화를 제외하고 그의 글은 화려한 웅변이다. 그의 걸작으로는 『웅변』*Panēgurikós*과 『평화론』, 『소피스트들에 대항해서』, 『교환론』*Antidosis* 등이 있다. ─옮긴이

된 것과 일치한다.

호메로스의 『찬가』에 나오는 다섯 가지 용법은 아주 다른 듯이 보인
다. 여기에서 문헌학자들은 hosíē를 '신들에 대한 인간의 예배 의무', '제사
의식', '헌납물'로 생각한다. 그렇다면 다른 모든 예에 제시된 관계와는 정
반대이다. 따라서 이 의미가 여기에서 타당한지 살펴볼 필요가 있다.

① 헤르메스는 암소 두 마리를 굽게 한 뒤, "제비 뽑은 고기들을 12조
각으로 나누고, 각 토막에 완전한 헌납물의 가치를 부여했다. 그러자 영광
에 빛나는 헤르메스는 신성하게 바친 고기를 맛보고 싶은 욕구가 생겼다"
(『헤르메스에게 바치는 찬가』 I, 130; 엥베르의 번역). 그 표현은 hosíē kreáōn
인데, 이것을 문자대로 직역하면, '(신에게 바치는) 고기의 헌납', 'flesh-
offring의 의식'(리델-스코트)이다. 그러나 그 뒤에 나오는 문장 때문에 이
번역은 의심스럽다. "이들(고기들)이 풍기는 기분 좋은 냄새는 그가 불멸
의 신이었지만 정신을 어지럽혔다. 그러나 이처럼 강력한 식욕을 느끼면
서도 그의 넓은 마음속으로는 신성한 목구멍(hierês katà deirês)으로 이 고
기를 내릴 수 없었다." 이 시인은 hosíē를 hierós와 분명히 대조시킨다. 이
젊은 신은 고기를 hosíē하기를 원하지만, "그것을 신성한(hierós) 목구멍으
로 내리는" 것이 불가능하다. 이 텍스트는 의심의 여지없이 명확하다. 즉
신은 hosíē를 실행할 수 없다. 왜냐하면 이처럼 명명된 행위는 신의 자격에
내재하는 hierós의 자질에 손상을 입힐 것이기 때문이다. 이로부터 hosíē
는 엄밀히 hierós와 정반대 것을 가리키는 것으로 결론지어야 한다. 그것
은 '헌납물'이나 '제사의식'이 아니라 그 반대의 의미이다. 즉 '신성한 것'
에 접근 가능하도록 만드는 행위이다. 그것은 신에게 헌납된 고기를 인간
이 소비할 수 있는 음식으로 바꾸는 행위로서(그러나 헤르메스는 신이기 때
문에 이것을 자신에게는 허락할 수 없었던 것이다) **탈신성화시키는** 행위이다.

위에 인용한 문맥에서 hosíē kreáōn은 '고기의 (탈신성화된) 소비'를 의미해야 한다. 그러므로 다른 의미로 해석할 수 없다. 앞에서 제시한 hósios(신에 의해 인간에 양도된)의 의미를 hosíē에서 재발견할 수 있다. 단지 여기서는 음식물의 헌납이라는 특정한 조건으로 상황이 바뀌었다.

　　② 「찬가」 173행에서 헤르메스는 모친에게 말한다. "명예(timḗ)로 말하자면, 저는 아폴론과 같은 hosíē를 확보할 겁니다. 부친(제우스)께서 제게 (그것을) 주시지 않는다면, 도둑들의 왕이 되렵니다. 그것을 할 수 있습니다." 여기서도 hosíē를 '신성한 특권', '제사'로 번역한다. "I will enter into(enjoyment of) the same *worship* as Appolon"(리델-스콧). 그러나 이것은 전혀 상황과는 맞지 않는다. 헤르메스가 어린 시절에 자기 소명을 얼마나 크게 깨달았는지 회상해야 한다. 그는 제우스와 요정 마이아의 아들이다. 그의 모친은 불멸의 신들의 사회를 피해 동굴 속에 은거하며 살았는데(5행), 분명히 신들의 사회에 받아들여지지 않았던 까닭이다. 제우스는 밤마다 부인 헤라와 다른 사람들 몰래 비밀리에 모친을 만나러 오곤 한다. 이처럼 비밀스러운 처지 때문에 아들 헤르메스는 신적 특권을 박탈당했다. 헤르메스는 항거하여 완전한 신이 되기를 바랐으나, 모친과 자신만이 불멸의 신들 가운데 유일하게 아무런 혜택이나 음식물도 받지 못한 채[16] 다른 신들처럼 풍요 속에서 편히 쉬지 못하고 컴컴한 굴 속에 거한다는 것은 받아들일 수 없었다(167행 이하). 그가 바라는 것은 '제사의식'이 아니라

---

16) 우리는 여기에서 ápastoi(음식물이 없는)란 본문을 채택했는데, 이는 다수의 필사본에서 택하고 있는 형이며, adórētoi(혜택이 없는)와, 특히 álistoi(초대받지 못한)와도 일치한다. 후자는 한 필사본에서 제시하고 있고, 다른 곳에서는 예를 찾을 수 없다. 전체 「찬가」는 헤르메스가 극히 물질적인 혜택을 요구함을 보여 준다. 즉 그는 맛있게 구운 고기를 탐욕하고, 암소를 훔치고, 아폴론의 화려한 보물을 탈취하려고 위협한다(178행). 그는 간청에도 개의치 않는다.

아폴론과 똑같은 명예(timé)의 행위와 음식에 대한 똑같은 특권(hosíē)이다. 그는 거기에서 잘못 태어난 자의 설욕과 비천하고 좌절된 삶에 대한 보상을 찾으려고 했다. 갈망하는 재물을 가리키기 위해 timé와 hosíē를 선택한 것은 다른 신들에 대한 헤르메스의 처지를 드러낸다. 즉 그는 법적으로 열등하고, 신에게서 받은 고기를 탈신성화시킨 후에 먹는 인간의 지위로 격하된 것이다.

③ 헤르메스는 또한 아폴론에게 아첨하면서 hosíē를 한 번 사용하고 있다. "제우스의 아들이여, 그대는 불멸의 신들 가운데 첫째 자리를 차지하고 있구나. 그대는 용감하고 강하며, 사려 깊은 제우스가 그대를 총애하고——이것은 지극히 당연한 것이다——그대에게 놀라운 재능을 주었구나"(469행 이하; 엠베르의 번역). ek pásēs hosíēs(모든 정당성 가운데서/아주 정당하게)란 표현은, 또한 지고의 신이 hosíē를 반드시 자기보다 지위가 낮은 신에게 양보하는 것으로 규정한다.

④ 또 다른 두 예가 「찬가」에 나온다. 그 하나는 불행히도 텍스트의 누락된 부분 바로 앞에 나온다. 딸의 죽음으로 괴로워하는 데메테르는 비탄에 잠겨 있다. 시녀 메타네이라가 포도주 한 잔을 건네자 그녀는 이를 거절한다. 왜냐하면 그녀에게는 포도주가 금지되었기 때문이다. 그래서 음료수를 달라고 하자 시녀는 그것을 준비하여 그녀에게 내민다. 데메테르는 그것을 hosíēs éneken('제사의식을 행하기 위해') 받는다(「데메테르에게 바치는 찬가」 211행). 우리는 오히려 다음과 같은 번역으로 이해하고자 한다. '신적인 법에 의해 허용된 것에 따라서.' 그다음 구절은 소실되고 없다.

⑤ 마지막 예문은 「아폴론에게 바치는 찬가」 237행에서 볼 수 있다. hōs hosíē egéneto(그 **제사의식**들이 확정되었다; 리델-스코트). 여기에서도 번역을 수정해야 한다. 여기서는 온케스토스에 있는 포세이돈에게 헌납된

신성한 숲에서 이루어지는 관습이 문제이다. 말이 전차를 끌며 가는데, 마부들은 말들이 제멋대로 가게 버려 두고, 자신들은 그 뒤를 걸어간다. 마구 날뛰는 말들이 전차의 끌어맨 곳을 나무에 부딪쳐 부숴 버리자 말들은 간수하고, 전차는 (신전에) 기대어 넘어진 채로 버려 둔다. 그러고는 신을 불러 마차를 그의 보호 아래 맡긴다. 이 오래된 관습을 이해하려면 삽입절 '처음에 hosíē가 있었다'를 신에 의해 허용되거나 양도된 것과 관련지어야 한다. 이를 키레네[17]의 신성한 법규와 비교해야 한다. tón hiarôn hosía pantí(모든 사람들이 신성한 장소에 자유롭게 접근(hosía)할 수 있다)이다. 온 케스토스의 hosía는 분명히 마부가 말들은 끌고 가면서 포세이돈의 신성한 영지에 전차만을 버려 두는 것이다.

이상의 해석이 호메로스에서 hosíē가 나오는 예문에 요구되는 해석이다. 이 해석은 형용사 hósios의 용법과 일치하는데, 그것은 이 형용사가 언제나 '신의 법에 의해 (인간에게) 허용된'이라는 개념을 지니는 까닭이다. 의미를 연구할 수 있는 어원을 전혀 이용할 수 없는 만큼 이처럼 문헌상으로 더 많은 증명을 할 필요가 있다.

그리스어 hágios

이제 hágios로 넘어가 보자.[18] 이 단어족에는 동사 házomai와 형용사 hágios, hagnós가 포함된다. 이 세 용어를 이제 고찰해야 한다. 이들 세 형

---

17) 키레네Kyrēnē: 아프리카 북부(동부 리비아)의 키레나이카의 고대 도시. 기원전 7세기에 도리스인들의 식민지였다가 기원전 1세기에 로마의 지배하 에 들어갔다. ─옮긴이

태의 문체와 시기의 차이는 아주 분명하다. 동사 házomai는 호메로스 시기이고 시적 어휘인 반면, hágios는 그렇지 않고, 이오니아어로 쓴 헤로도토스 저작에 출현한다. 그 대신 호메로스의 부가어 hágnós는 특히 시어에 속한다.

호메로스에서 동사 házomai(겁내다)는 두려움을 의미하는 동사 구문을 구성한다. 예컨대 házeto ……mḕ Nuktì ……apothúmia érdoi(그는 밤의 여신을 불쾌하게 할 수도 있는 일을 하는 것이 두려웠지요; 『일리아스』 14권 261행)이다. 연속되는 두 구절을 대비시키면, '겁내다'가 deídō로 표현되는 구절, 즉 "내게 신뢰를 가지고, 아레스를 두려워하지 마라"(méte ……deídithi; 『일리아스』 5권 827행)와, 몇 행 뒤에 házomai가 사용된 구절, 즉 "아레스를 두려워하지 마라(mḕd' házeo)"(830행)이다.

가장 오래된 예문(『일리아스』 1권 21행)을 해석할 수 있으려면 이처럼 신과 관련시켜야 한다. 크리세스[19]가 아트레이데스[20]에게 딸을 돌려달라고 간청하러 와서 대가로 몸값을 주고는 그들에게 제우스의 아들 아폴론을 '두려워하라'(hazómenoi)고 간청한다. 그는 신에 대한 경외심을 환기시키려고 했다. 마찬가지로 아폴론의 사제와 아들과 부인이 '경외심'(hazómenoi)으로 죽음을 면했다고들 한다(『오디세이아』 9권 200행). 이 동사는 신이나 신적 인물 앞에서 느끼는 경외심을 가리킨다. 그러나 피해

---

18) 우리는 빌리거Ed. Williger의 자세한 연구, 『Hagios, 신성의 용어 탐구』*Hagios, Untersuchunger zur Terminologie des Heiligen*, 1992를 이용했다. 또한 샹트렌P. Chantraine과 마종O. Masson, 『드브루너 기념 논집』*Festschrift A. Debrunner*, 1954, p. 85 이하 참조. 이들은 신성의 양면 가치를 참작하면서 hágios를 ágos(흠/오점)와 연관시키고 있다.

19) 크리세스Khrysès: 아폴론의 사제로서 크리세이스의 부친이다.—옮긴이

20) 아트레이데스Atreidês: 아트레우스의 아들인 아가멤논과 메넬라오스를 가리킨다. 또는 이들의 후손들인 오레스테스, 아이기스토스도 아트레이데스에 포함하기도 한다.—옮긴이

를 입지 않도록 자제하는 부정적 의미의 경외이다. 빌링거Ed. Willinger처럼 házomai와 sébomai(신을 두려워하다/경외하다)의 놀라운 유사성을 들 수 있는데, 파생 형용사 hagnós와 semnós(경외하는;〈 *seb-nos)의 평행 관계에서도 나타난다.

호메로스에 나오는 예들 외에도 『비극』 작품에서 많은 예를 들 수 있고, 앞의 예들을 보완할 수 있다. 그 의미의 일차적 정의를 내리려면 동사에서 출발하는 것이 훨씬 낫다. 왜냐하면 형용사 hagnós는 자세한 의미를 알려 주는 것이 없기 때문이다. 이 형용사는 흔히 여신의 이름과 동격으로 위치한다. 예컨대 아르테미스, 페르세포네와 한번은 heorté(축제;『오디세이아』 21권 258~259행)와 함께 사용되었다. 『비극』에서 hagnós는 신의 영토, 신의 áduton(성역)에 적용된다. 이것은 또한 '땅', '대지'의 부가어(hagnè àroura(가공한 땅); 아이스킬로스,『체바이 함락의 7장수』Sept. 753)로 사용되었지만 실제로는 모친의 가슴을 가리키는 과감한 은유이다. 모든 예문에서 hagnós는 '금지된' 영토의 개념이나 신에 대한 경외로 보호된 장소라는 개념을 환기시킨다. 바로 여기에서, 『비극』에서 hagnós가 '의례적으로 순수한', '의례에 필요한 조건에 부응하는' 사람을 가리키게 되었다. 이는 새로운 의미이다. 왜냐하면 hagnós는 건물, 영토, 희생제사의 동물뿐만 아니라 동정녀에게도 적용되는데, 이것은 házomai의 의미와 일치하기 때문이다.

세번째 용어 hágios가 남았다. 우선 이 용어는 이오니아 산문, 예컨대 헤로도토스에게서 일반적으로 '신전'의 부가어로서뿐 아니라 특정 신전, 즉 헤라클레스 신전을 수식하는 부가어로 사용된 것을 볼 수 있다. 그러나 『비극』에서는 출현하지 않는다. 아리스토파네스는 이 형용사를 신비로운 일을 수식하는 수식어로 제시한다. 헤로도토스의 뒤를 이어 역사가들은 hágios를 신전의 부가어로 일관되게 사용한다. 파우사니아스에게서 hágios

는 신이 내리는 형벌의 위협으로 신전이 갖가지 오염으로부터 보호된다는 것을 함축한다. 마지막으로 스트라본에게서 hágios는 신성한 장소나 사물에 빈번히 사용되는 부가어이다. 이처럼 모든 용법은 아주 일관성이 있으며, hágios는 그 기원으로부터 hagnós와 다른 의미로 의미가 분화되었음을 보여 준다. 이 점에서 hágios와 házomai의 어원의 어려운 문제에 봉착한다.

전통적으로 학자들은 이 용어를 산스크리트어 yaj-(희생제사를 드리다)의 대응어로 간주했다. 모든 어원사전은 이 비교를 제시한다. 하지만 크레츠머가 이 비교에 이의를 제기했고, 메이예도 역시 더 명시적인 방법으로 이의를 제기했다.[21] 메이예는 오히려 hágios를 라틴어 sacer와 비교할 것을 제의했다. 이 경우, 라틴어 sacer의 *sak-와 교체 관계에 있는 그리스어 어간 *sag-가 생겨난다.

이 두 형태 *sak-/*sag-를 제시하는 것에 동의해도 의미상으로 sacer와 대응하는 그리스어 단어는 hágios가 아니라 hierós라는 사실을 확인해야 한다. 그래서 sacerdos(사제)는 hiereús와 의미가 동일하고, sacra uia(성스러운 길)는 hierà odós와 의미가 동일하며, sacrilegus(신성모독, sacrilegium)는 hierósulos와, Sacriportus(신성한 하구河口)는 Hieròs limén과 의미가 치가 동일하다. 번역한 단어들 ─라틴어에서 그리스어로 번역한 것이든 그리스어에서 라틴어로 번역한 것이든─도 역시 같은 의미를 표현한다. 예컨대 sacrosanctus(신성불가침의)는 hieròs kai ásulos로 번역되고, sacer morbus(신성한 병/간질)의 그리스어 번역은 hierà nósos이다. 또 sacra ⋯⋯publica⋯⋯et priuata(신성한 공공의 '재산'과 개인의 '재산')은 디오

---

21) 파울 크레츠머P. Kretschmer, 『말』*Glotta*, p.10, 155 이하. 메이예, 『파리 언어학회 논고』*Bull. de la Soc. de Linguistique de Paris*, 21, p.126과 『라틴어 어원 사전』*Dict. étym. de la langue latine*의 "sacer, sanctus" 항목.

니시오스[22]에는 tà hierà ……koinà ……kai ídia로 번역되고 있다. 또 os sacrum(신성한 뼈)은 hieròn ostéon으로 번역되고, hieròn pneûma(신성한 영혼)는 sacer spiritus(세네카)로 번역된다.

그래서 sacer에 대응하는 그리스어가 hágios라고 하면 큰 어려움에 봉착한다. 이들은 정말 서로 다른 개념이다. 그리스어 hierós와 hágios의 관계는 sacer와 sanctus의 관계와 대개 일치하는 것으로 보인다. sacer와 hierós('신성한' 또는 '신적인')은 신에게 헌납된 사람이나 사물에 사용된다. 반면 hágios는 sanctus처럼 대상이 모든 침해로부터 보호된다는 부정적 개념을 함축하고, 신의 현존——이것은 hierós가 특징적으로 갖는 의미이 다——을 긍정적으로 의미하는 것은 아니다.

따라서 hágios와 산스크리트어 yaj-의 고전적 비교를 이용할 수밖에 없다. 음성적으로 볼 때 난점은 없다. 두 형태는 모두 고대의 *yeg-에서 근거하기 때문이다. 베다 산스크리트어에서 yaj-는 희생제사의 행위를 의미하는데, 인간 세계의 요소를 신의 세계로 이관시키는 행위이다. 이 행위에 의해 인간의 세계와 신의 세계가 의사소통이 된다. 이 행위에 의해 신들은 음식을 공급받는다. 이 동사가 구체적이고 긍정적인 행위를 지시하는 점에서, 침범이나 피해를 전적으로 배제하는 그리스어 házomai가 표현하는 부정적인 행태와는 아주 다른 듯이 보인다.

사실상 이 용어의 의미차는 겉보기처럼 그리 크지 않다. 산스크리트어 yaj- 외에도 아베스타어 yaz-는 단지 '희생제사를 드리다'를 의미할 뿐

---

22) 디오니시오스Dionysios(기원전 1세기): 소아시아의 카리아의 수도 할리카르나소스Halikarnasos 출신으로 로마에 정착한 그리스의 역사가이자 비평가. 로마에서 수사학을 가르쳤다. 작품으로 20권으로 된 『로마 고고학』(이 중 11권이 현재 남아 있음), 『단어의 배열에 대한 논의』, 『고대의 웅변가들』 등이 있다.—옮긴이

만 아니라 다른 언어, 예컨대 고대 페르시아어 yad-처럼 '신을 경외하다'도
의미한다. 그것은 희생제사에만 특수하게 적용되는 것이 아니라 일반적
인 제사의식에도 적용된다. 그 파생어 가운데 한 가지 아주 중요한 파생어
는 베다 산스크리트어에서 신을 일관되게 수식하는 부가어가 되었고, 『아
베스타』에서는 '신'이란 명칭 자체가 되었다. 그 파생어는 산스크리트어
yajata, 아베스타어 yazata이다. 문자적 의미는 '제사의식을 헌납받을 자격
이 있는 자'이다. 베다 산스크리트어는 더 일반적 의미를 지닌 동사——즉
sacrificare(희생제물을 바치다)보다는 colere(신을 숭배하다/경배하다)에 해
당한다——를 의례적 용법으로 의미적으로 전문화시켰다고 생각할 근거
가 충분하다. 이러한 점 때문에 yaj-가 대격의 신의 명칭과 도구격으로 된
헌납 대상의 명칭과 함께 구문을 구성한다는 사실이 설명된다. 즉 '어떤 것
으로 신에게 제사를 드리다'를 뜻한다. 이 동사가 '희생제물을 바치다'를
의미한다면, 여격의 신의 명칭으로 된 구문을 가져야 할 것이다. 하지만 실
제로는 그렇지가 않다.

크리세스가 아가멤논에게 한 말(『일리아스』 1권 20~21행), 즉 "내 딸
을 돌려주고 대신 몸값을 받아 주십시오. 그리하여 아폴론에 대한 경외심
(hazómenoi……Apóllōna)을 보이시오"를 다시 읽어 보면, 이 용법을 지나
치게 엄밀히 해석하지 않는 이상 『베다』와 『아베스타』의 용법과 크게 다르
지 않음을 알 수 있다. 신에게 부정적으로 요구하는 것이 아니라 그에게 긍
정적 예배를 드린다. 따라서 이 개념의 중요성에 비추어 보아 이 비교가 그
리 엄밀한 것은 아닐지라도 전통적인 비교를 폐기해야 할 이유는 없다.

이들 용어에 대한 조사로부터 이들이 아주 오래되었고, 어원이 다른
것이 동시에 드러난다. 이들 용어 각각 고유한 역사와 내용이 있다. 그래서
신성을 가리키는 개념의 공통된 선사로는 거슬러 올라갈 수 없다.

더욱이 아주 오래된 많은 언어가 언어마다 달리 나타나는 두 표현, 즉 신성의 양면성을 표현하는 상보적 용어가 있다는 것을 앞에서 확인했다. 그리스어 hierós와 hágios, 라틴어 sacer와 sanctus, 아베스타어 spənta와 yaoždāta[23]이다.

그러나 이들 용어쌍을 이용해서 동일한 모델은 구성할 수 없다. 이들은 오직 한 언어 내에서 기능을 행하며, 그 관계는 동일한 차원에서 확립될 수 없다. 이 개념들이 때로는 구별되는 다른 용어들과 대응하기도 한다. 아베스타어 spənta와 그리스어 hierós는 어원 형태는 다르지만 개념은 동일한데, '열정으로 가득 찬 힘', '풍요로 팽창된 힘'의 관념이 그것이다. 이것에 대응하는 고트어 hails에는 '완전함', '완벽한 수행'이라는 개념이 있다. 즉 대상이나 존재를 감소로부터 보호하는 세력, 손상되지 않게 막는 힘이 그것이다. 이와 반대로 라틴어 sacer는 모든 인간 관계로부터 분리되고 차단된 상태, 신에게서 기원하는 장엄하고도 불길한 특질을 단지 암시한다.

아베스타어 spənta가 지시하는 자연적 성질과, yaoždāta한 상태의 차이는 아주 다르다. 인도유럽어 *dhē-에 대응하는 이란어 형태와 밀접한 중성 *yaoš는 규범과 엄격히 부합하는 일치의 관념을 나타낸다. 즉 '종교 활동이나 행위에 맞게 만들다', '대상을 예배 의식을 만족시키는 상태에 두다'의 개념이다. 이는 예배 의식의 순수성을 보장하는 조처에서 생긴 결과이다.

라틴어 sacer와 sanctus를 연결 짓는 어원 관계를 살펴보았으나, 새로이 형성된 sanctus의 조어법은 이 신조어가 이차적 성질임을 분명히 보여준다. 이 인도유럽어의 개념은 라틴어에서 혁신된 듯이 보이는데, 그것은

---

23) yaoždā-의 해석에 대해서는 앞의 141쪽 이하 참조.

인도유럽어 시기에도 신성의 양면을 함축하는 단일 용어가 없었기 때문이다. 그렇지만 그 당시에 이미 이러한 이원적 개념이 있었고, 각 언어는 자기 방식대로 특기한 것이다.

마지막으로 hierós와 hágios는 이 개념의 긍정적 측면과 부정적 측면을 분명히 보여 준다. 즉 한편으로 신성한 힘과 동요로 활기가 생겨난다는 긍정적 측면과 다른 한편으로 금지된 것, 접촉해서는 안 되는 것이라는 부정적 측면이 그것이다.

각 언어의 어휘 내에서, 동일한 개념의 양면, 즉 신적인 힘으로 가득 찬 것과 인간과의 접촉이 금지된 것을 보여 주는 이와 같은 두 의미 특성이 어떻게 분포하는지를 이 연구에서 볼 수 있다.

2장_신주의 헌납

요약

그리스어 동사 spéndō, spéndomai와 명사 spondé가 표현하는 바와 같이 포도주, 기름, 우유, 물 등 신주(액체)의 헌납은 '안전 보장의 헌납'으로 특수하게 정의할 수 있다. 따라서 위험이 따르는 모든 일 ——여행, 원정, 협약, 평화협정 ——에는 자연히 spondé가 선행되었다.

확실한 안전 보장의 개념 역시 라틴어 spondeo가 갖는 법률적 의미의 기초이다. 여기에서 신주의 헌납 개념은 사라졌지만, 그 기능은 살아 있다. filiam spondere는 맹약의 보증인으로 자처하면서 딸을 다른 사람에게 아내(sponsa)로 주는 것을 말한다. 이와 관련해서 respondere는 '~에 대해 보증을 하면서', '~라고 대답하다'를 뜻한다.

그리스어 leíbō와 라틴어 libō의 대응에 의해 정의되는 '헌납'이 khoé도 아니고, spondé도 아니라면 그것은 무엇인가? 그리스어 leíbō의 단어군은 '액체가 스며나오는 것', '배수', '물기를 빼는 것'이라는 개념을 표현한다. 그리하여 leíbō(몇 방울을 붓다)는 khéō((많이) 쏟아붓다)와 대립한다. 기능의 관점에서 볼 때, loibé는 spondé와 대립하는 듯한데, 마치 예방의 제의祭儀가 속죄의 제의와 대립하는 것과 같다.

라틴어 lībāre(신주(액체)를 붓다/가볍게 스치다/맛보다/~의 일부로 취하다/~을 해치다)의 놀랄 만한 다의多義는 '몇 방울 붓다'라는 옛 의미에서 '아주 작은 일부를 선취하다'라는 의미를 따로 취하면 이해할 수 있다.

1. sponsio

많은 용어가 '서약'을 중심으로 단어군을 이루며, 종교 제도로 인해 이들과 관련되는 용어들을 언급할 필요가 있다.

제사는 서약 선서와 맹약 체결에 수반해서 거행된다. 그것은 그리스어 spén-dō(신주를 붓다), 히타이트어 šipant와 išpant, 다시 말해서 같은 의미의 spand-, 라틴어 spondeo로 표현된다.

명약관화하게 서로 연관된 이 세 형태는 동일한 방식으로는 정의될 수 없는 개념과 연관된다. 라틴어 spondere는 법률 용어이다. 그리고 히타이트어 spand-는 희생제사의 양태를 가리킨다. 그런데 희생제사의 개념은 이 라틴 용어에는 전혀 없다. 그리스어 spéndō는 히타이트어와 라틴어가 별도로 제시하는 두 의미작용, 즉 '신주(액체)를 봉납하다'[1]와 '협약을 맺다'를 결합시킨다. 어기의 모음계제를 가진 명사 파생어 spondé는 '신주 헌납'을 의미하지만, 복수형은 '협정', '휴전', '휴전 조약'을 가리킨다. 그리스어에서 spondé가 선서와 함께하면, 서약과 밀접한 관계를 맺는다는 것을

---

1) lacte, vino libare(Plin.)에서 보듯이 libation은 제단이나 희생 동물에 포도주나 우유, 기름을 뿌리는 행위로서 신을 경배하고 축성하는 행위이다. 이 세 가지 액체를 일일이 열거하기도 번거롭고, 또 '액체'로 번역하기에는 너무 일반적이고 광범위하여, 대표적으로 포도주를 뿌리는 행위, 즉 신주神酒 행위로 libation을 번역한다.—옮긴이

알 수 있다. 이러한 관계로 인해 이 그리스어 동사는 능동과 중동에서 '협약을 체결하다'라는 전문적 의미로 의미가 분화된 것을 이해할 수 있다. 그 원초적 의미는 약속을 엄숙하게 축성하는 신주 헌납이었다고 추정할 수 있다.

여기에 언어학적 문제가 있다. 그리스어와 라틴어에서 spend-가 정치적인 뜻으로나 법률적인 뜻으로 의미가 발달하려면 이 동사의 의미의 역사에서 이러한 의미 발달을 예비한 그 무엇이 있어야 한다.

그런데 그리스어 spondé의 의미는 오로지 '신주 헌납'에만 국한되고, 이 관습의 고유 의미를 자세히 규정해 주는 것이 전혀 없다. 만일 이 동사가 협약을 맺는 경우에 신주 헌납 행위가 언제나 수반된다는 것을 함축한다면, 이 의미의 전문화는 그것으로 충분할 것이다. 그러나 흔히 이 행위가 반드시 수반된다고는 전혀 생각되지 않는다. 『오디세이아』에서 spondé는 맹약과 전혀 상관없이 한다. 저녁마다 구혼자들은 신주를 바치는데, 체결된 맹약도 제의 행위도 전혀 나타나지 않는다. 오디세우스와 그의 동료들은 협약이 없는데도 신주를 몇 차례 바친다. 일반적으로 spondé가 언급되는 곳에는 집단적 약속이 따르지 않는다. 하지만 헤로도토스는 '협정을 체결하다'라는 의미작용으로 사용된 spéndomai와 spondé를 폭넓게 확인한다. 예를 들면 spéndesthai eirénēn(평화 협정을 맺다) 같은 것이다. 이러한 차이에는 특이한 것이 있다. 이를 고대의 용법, 그 중에서 우선 가장 의미심장한 호메로스의 용법을 통해 자세히 조사하지 않으면 달리 해결할 수 없을 것이다.

spondaì ákrētoi(『일리아스』 2권 341행; 4권 159행)가 언급된 것은 서약과 관련되지만, 서약의 당사자들은 서로 오른손을 잡고 있다. 단지 의식儀式만이 문제시되기 때문이다. 그런데 이것은 호메로스에 나오는 유일한

spondé의 예이며, 그 용법은 일정하게 규정된 행위의 종결을 가리킨다.

몇몇 예에서 spéndō는 연설에 나온다.『일리아스』16권 227행에서 아킬레우스는 Zeùs Dōnaîos Pelasgikós(제우스, 도도네인과 펠라스고스인의 (왕))를 향해 말한다. 그는 손을 들어 잔을 잡고 포도주를 붓는다. 그러고 나서 하늘을 바라보며 기도한다. 그는 제우스에게 전쟁에 내보낸 동료가 무사히 귀환하게 해달라고 간구한다. 이 점에 유의하자.

24권 287행에서, 위험한 일을 감행하려는 전날 밤이다. 프리아모스는 아카이아인들에게 죽은 아들을 돌려달라고 요구할 참이다. 아내의 권고에 따라 그는 신주를 붓고 신들 앞에 서서 제우스에게 간구한다. 아내가 미리 그에게 말한다. "(이 술잔을 받아 아버지, 제우스에게 헌주하시고) 적군들 사이에서 안전하게 갈 수 있도록 길조의 표시로 우리 오른쪽에 새를 보내 달라고 기도하시오. 그러면 그대의 출발을 막지 않겠나이다." 그러자 프리아모스가 말한다. "아버지 제우스여, 아킬레우스의 집에 가게 허락해 주소서. 그리고 길조의 표시로 내가 믿고 아카이아인에게 갈 수 있다는 것을 보여 주는 새를 보내 주소서."

따라서 신주 붓기는 안전을 보장받으려는 기도와 함께 이루어진다. 제우스에게 바치는 액체 헌납물을 붓는 것은 자신과 다른 사람들을 위해 위험한 일을 기도하려는 때에 거행하는 일이며, 그 관련 당사자가 무사히 돌아올 것을 보장하는 봉납물이다. 이것에 대한 확증이 헤로도토스(『역사』 VII, 54)에 나온다. 케르케스가 그리스를 침공하려고 할 때, 신주를 부으면서 불운이 그를 방해하여 에우로페를 완전히 공략하지 못하게 하고, 국경에 이르지 못하는 일이 없게 해달라고 신에게 빈다. 그 개념은 신의 도움으로 위험에 대비하는 것이다.

호메로스의 『오디세이아』18권 151행에서도 이러한 것을 다시 볼 수 있다. 오디세우스는 여느 때처럼 가장을 하고 구혼자들의 집에 머무르고 있었다. 사람들이 저녁 식사를 하자고 권하자 그는 신주를 붓고, 오디세우스가 화제가 되었기 때문에 구혼자들에게 경고한다. "그가 사랑하는 고향 땅에 돌아올 때 그대가 그와 마주치지 않았으면 좋겠소." 자기 집을 도로 찾기 위해 그는 스스로 결전 채비를 한다.

신주를 붓는 목적은 언제나 어려운 일에 빠진 인물을 보호하는 것이다. 문맥이 흔히 용법을 명백히 밝혀 준다. 예컨대『오디세이아』3권 334행에서 위험한 항해를 시작하거나 계속하는 경우에 사람들은 포세이돈에게 신주를 바친다.

태양의 황소에 대한 일화(12권 363행)에서 허기진 오디세우스의 동포들은 그 누구도 황소를 죽여서는 안 된다는 금지령에 따라 보호받고 있는 소 떼를 만난다. 그런데 이들은 그 중 한 마리를 목 졸라 죽이고 구웠다. 그러나 이들은 그 고기를 먹기 전에 포도주가 없어서 물로 신주를 바친다. 이들은 스스로 신성모독의 죄를 범한 사실을 알고서 이와 관련해 신의 노여움을 풀기를 원한다. 더욱이 이 의도는 페이시스트라토스가 변장한 아테나 여신과 함께한 텔레마코스를 잔치에 맞아들이면서 말한 의도적 용어에도 드러난다. "나그네여 여기서 포세이돈 왕께 기도하시오. 마침 그분께 제물 음식을 바치고 있을 때 그대들이 이리로 오셨구려. 격식에 따라 헌주하고 기도하신 다음 그대의 친구에게도 꿀처럼 달콤한 포도주가 든 잔을 건네 그도 헌주하게 하시오. 그도 불사신들께 기도하리라 생각되기 때문이오. 인간이라면 누구나 신들을 필요로 하니까요"(『오디세이아』3권 43행 이하; 베라르의 번역본[2]). 바라는 은총을 늘어놓으면서 포세이돈에게 바치는

---

2) 『오디세이아』*Odyssée*, 베라르V. Bérard 옮김, Paris: Belles-Lettres, 3 Vols, 1924.─옮긴이

아테나의 기도가 이어진다. 초청 손님들이 잠잘 준비를 할 때 포세이돈에게도 같은 의식을 거행한다(『오디세이아』 3권 333행; 18권 425행 등 참조).

핀다로스가 비유적으로 (Olumpíōi) spéndein aoidaîs((올림포스 신에게) 노래와 함께 신주를 바치다; 『이스트미아 축가』*Isthm.* 6, 9)라고 말할 때, spondḗ를 헌납받는 자는 구세주 제우스 Sōtêri Olumpíōi(올림포스의 구세주)라는 것을 알아야 한다. 따라서 이는 시련을 맞은 위대한 승리자의 승리를 보장하기 위한 것이다.

이와 동일한 사용 조건이 산문이나 운문 등의 문헌에서 재발견된다. 그리스인들은 페르시아 해군을 참패시킨 후에 가능한 한 빨리 아르테미시온[3]으로 돌아가기를 바라며 구세주 포세이돈에게 신주와 기도를 드린다(헤로도토스, 『역사』 7권 192장). 에우리피데스의 『오레스테스』*Oreste*(1, 688행)[4]에서 아폴론은 헬레나에게 빛나는 운명과 사람들로부터 존경을 받으면 '영원히 신주를 헌납받을 것'이라고 약속한다. 그래서 그녀는 디오스쿠로이와 함께 '인간들을 풍랑의 위험에서 보호하는'(ναύταις μεδέουσα θαλάσσης) 일을 맡는다. 선원들은 죽을 고비를 넘긴 후 이들에게 감사를 드린다. 그 후 헬레나는 뱃사람들의 spondaí를 받을 자격이 있는 특권을 갖게된다.

따라서 동사 spéndō가 헤로도토스(『역사』 4권 187장)에서 학자들이 인정하듯이 '(물을) 가볍게 뿌리다'의 의미라는 것은 가능성이 없다. 이 역

---

3) 에게 해에 있는 그리스의 섬 에우보이아의 북부에 있는 곳. 이 곳 바다에서 케르케스 1세의 선단이 그리스인들에게 대파당했다(기원전 5세기경).—옮긴이

4) 그리스 비극 작가 에우리피데스(Euripidês; 기원전 480~406년)의 작품. 오레스테스는 원래 아가멤논과 클리타임네스트라의 아들로서 아트레우스의 가족 일원이다. 그는 자기 아버지의 복수를 위해 어머니 클리타임네스트라를 죽인다.—옮긴이

사가는 리비아인들이 어린아이들이 경련이 일어날 때 대비한 치료약을 소지하고 있었다고 말한다. 즉 그 아이들에게 '염소의 오줌을 뿌려 적시면서' (epi speísantes) 이들을 구한다는 것이다. 왜 이 용법만이 유독 이 동사의 다른 모든 용법에서 지니는 의미가 없는지 그 이유를 알 수 없다. 분명 여기서도 위험을 피하려는 의도로 거행한 의식일 가능성이 매우 높다. 헤로도토스는 단순히 '물을 뿌리다', '주다'를 나타내려고 spéndō란 동사를 필요로 했던 것이 아니다. 더욱 가능성이 있는 것은, 어린아이가 위험한 난관을 벗어나도록 행하는 진정한 의미의 '신주 붓기'가 문제시된다.

아티카의 웅변가들에게서, 이 동사는 그 후에(또한 아티카 웅변가들에게) 종교 행위를 표현할 뿐만 아니라 정치적 의미도 갖게 되었다. 그 후 이 동사는 중동형 spéndomai가 점차 우세하게 사용되는 경향을 보였다. 요컨대 spéndō가 신주 헌납을 통해서 신을 보증인으로 세우는 것을 가리킨다면, 중동형은 이 과정을 수행하는 자나 관련자들과 연관이 있다는 것을 나타낸다. 실제로 이것은 '서로를 보증인으로 삼다'를 뜻하고, 여기에서 '(상대방에 대해 서로) 약속하다'의 의미를 갖게 되었다. 그래서 헤로도토스는 triḗkonta étea eirḗnēn spéndesthai(삼십 년간 서로 평화 조약을 맺다, 『역사』 7권 148장)라고 말한다. 맹약의 두 당사자가 존중하기로 약속한 것은 상호 안전보장 조약이다. 예컨대 선원은 바다의 위험에 대비하여 안전을 확보하고, 조약의 경우에도 상대방의 불성실과 있을 수 있는 약속 파기에 대비해서 안전을 확보한다. spéndesthai têi presbeíāi(사자使者에게 안전통행을 보장하다; 아이스키네스,[5] 『크테시폰에 대한 반론』Contre Ctésiphon 63).

이 동사가 종교적 의미에서 출발하여 어떻게 정치적 의미와 법률적 의미로 의미가 발달했는지 알 수 있다. 능동과 중동의 역할도 분명히 드러나지만, 도리스어에서 여성의 신분에 대한 고르튀네의 대법전에는 의미가 다소 달리 나타난다. 능동태는 여자에게 epispéndein(돈을 보증하다)이라는 뜻을 나타낸다. 이혼이나 부인 유기의 위험에 대비하여 그녀의 아버지나 형제가 금전을 여자에게 보장한다. 중동태에서 epispéndesthai는 '보증으로 받다'를 의미한다.

이 징표를 뒷받침하는 텍스트가 많다. 우리는 이 동사의 고유한 의미 가치를 보여 주면서 종교적인 뜻과 거기에서 파생된 정치 어휘의 뜻을 동시에 이해할 수 있는 텍스트를 선택했다. 결론적으로 spondé의 어원적·종교적 의미는 '안전을 보장하는 헌납'이다.

이제 이와 같은 의미발달의 선상에서 라틴 대응어 spondeo를 조사할 수 있다. 이 동사는 법적 용법에서 '재판에서 보증인으로 나서다', '다른 사람을 위해 개인적으로 보증을 서다'를 뜻하는 것으로 의미가 전문화되었다. 이것은 혼인에 사용되는 관용 표현으로도 발달했다. sponsus(남편), sponsa(아내) 같은 용어가 주는 의미 내용이 그것이다. 또한 구혼과 승낙의 표현에도 알려져 있다. 플라우투스는 이들을 그대로 재사용한다(『3누무스의 남자』 1157, 1162). sponden(=spondesne)······tuam gnatam uxorem mihi?(당신의 딸을 제게 아내로 줄 것을 약속합니까?)라고 구혼자는 처녀의 부친에게 묻는다. 부친은 spondeo(그걸 약속하네)라고 대답한다. 다시 묻고 대답한다. filam tuam sponden mihi uxorem dari? Spondeo(그대의 딸을 내게 아내로 줄 것을 약속합니까?──약속하네). 이와 반대로 처녀의 부친은 청년에게 묻는다. "그대는 이 처녀와 결혼하겠는가?" 대답은 spondeo(약

---

5) 아이스키네스Aiskhinēs(기원전 390~314년): 그리스의 웅변가. 인용된 저서 외에 『티마르코스에 대한 반론』, 『불충한 사자에 대하여』 등이 있다.──옮긴이

속합니다; 아울루스 겔리우스, 『아티카의 밤』 IV, 4, 2). sponsio는 이들 개념을 취하여 법적 의미로 발달시켰다. 로마에만 특정한 이 법적 개념은 그리스 어가 제공하는 개념과 어떻게 연관되는가? 그리스어나 라틴어나 문제시 되는 것은 언제나 보증과 안전이다. 헬라 세계의 신주는 그것을 헌납하는 자의 안전을 보장하는 것과 마찬가지로, 로마에서도 안전이 문제지만, 그 것은 법적인 것으로서 sponsor가 재판에서 보장하는 안전이다. 그는 판사, 소송 상대방, 법의 잠재적 결손——예컨대 용의자, 형사 피고인이 결석하 는 것——을 보장하기 위해 거기에 임석한다. 혼인에서 sponsio는 딸에 대 해 아버지가 구혼자에게 하는 안전 보장이자 약속이다.

spondeo와 함께 re-spondeo를 고찰해야 한다. respondeo의 의미와 spondeo의 관계는 플라우투스(『포로들』 899)의 대화에 문자 그대로 나온 다. 식객 에르가실루스는 헤기온에게 오래전에 사라졌던 아들이 돌아온다 는 희소식을 가져온다. 헤기온은 에르가실루스에게 그 말이 사실이라면 매일 그에게 밥을 먹여 주겠다고 약속한다. 그러자 이번에는 에르가실루 스가 약속한다.

898행 ······ sponden tu istud? — Spondeo.
899행 At ego tuum tibi aduenisse filium respondeo.
(약속합니까? — 약속하오.
— 당신께 당신 아들이 돌아왔다는 것을 약속하오.)
(에르누의 번역)

이 대화는 법적 표현형식에 기초해서 구성되었다. 한 사람이 sponsio (엄숙히 약속하다)하고, 다른 사람이 re-spondeo(그 대신 ······할 것을 보증하다)하는 것이다. 그 이후 이는 상호적인 안전보장 형식이 되었다. "그 대신에 아들이 무사히 도착한 것을 당신에게 보증한다."

이처럼 교환되는 보증(프랑스어 표현 répondre de(책임지다/보증하다) 참조)에서 잘 확립된 '대답하다'는 라틴어의 의미가 생겨났다. respondeo, responsum은 신의 해석자, 사제, 특히 장점腸占을 치는 사제에게 사용되었다. 이들은 헌납물의 대가로 약속을 하고, 증여물의 대가로 안전을 보장했다. 이것이 바로 신탁과 기도의 '응답'이다. 이 사실은 이 동사의 법적 뜻을 해명해 준다. respondere de iure는 '법률적 심리를 하다'를 뜻한다. 법률가는 자신이 제시하는 견해의 가치를 법률적 능력으로 보증한다.

이에 대응하는 게르만어 대칭 표현을 보자. 고트어 swaran(맹세하다/엄숙한 발화를 표명하다)에 대응하는 고대 영어 and-swaru(대답; 영어 answer(대답하다))가 있는데, 이것은 문자 그대로 respondere의 의미이다.

그리스어와 라틴어의 선사先史에서 종교 어휘 가운데 가장 중요한 용어의 의미작용과, 일반적으로 헌납을 의미하는 다른 동사들과 관련해서 어근 *spend-의 의미가치를 이와 같은 방식으로 자세히 규명할 수 있다.

라틴어의 최초의 의미작용이 상당 부분 사라졌으나 본질적 내용은 남아 있다. 이 의미 내용에 의해 한편으로 sponsio의 법적 개념과 다른 한편으로 spondé의 그리스어적 관념과의 관계가 결정된다.

2. Libatio

종교제도의 어휘 가운데 '신주를 바치다'라는 동사가 있다. 이 동사는 그리스어 spéndō, 라틴어 spondeō와 나란히 이 두 고전어에만 국한되어 나타나는데, 그리스어 leíbō, 라틴어 lībō이다.

의미도 아주 분명하고, 용법도 일정하다. 그 표현 자체도 그리스어에서 라틴어에 이르기까지 문자 그대로 서로 일치한다. 그리스어 동사 leíbein의 일상적 번역은 일반적으로 '쏟아붓다'이며, 호메로스에서만 '포도주를 붓다'이다. 라틴어 libare uinum(포도주를 붓다)처럼 leíbein oînon으로 나타난다. 동사 leíbō와 연관된 명사는 loibé(신주)이며, 이들의 관계는 spondé와 spéndō의 관계와 동일하다.

'쏟아붓다'의 의미는 비종교적 용법 덕택으로 모든 곳에서 용인되고 있다. 예컨대 호메로스에 확인되는 dákrua leíbein(눈물을 쏟다)뿐만 아니라 leíbein oînon Dií(제우스 신에게 포도주를 신주로 바치다)에도 나타난다.

그러나 이들을 더 자세히 조사해 보면, 의미가 그렇게 단순한 것이 아니라는 사실이 드러난다. 이 동사가 가리키는 의식儀式의 해석에는 여러 난점이 있다. leíbein이 단지 '붓다'만 의미한다면, leíbein과 쏟아붓는 행위를 고유하게 지시하면서 원래의 종교적 의미도 있는 다른 동사 khéō와 행위명사 khoé의 관계도 설정할 수 있는지도 물어봐야 한다. 종교의식에서 붓는 행위의 중요성은 잘 알고 있다. 특히 장례식에서 무덤에 khoé를 붓는 행위의 중요성 말이다. 동사 *ǵheu-는 인도유럽어에서 비교가 가장 잘 확립된 단어 가운데 하나이다. 이것은 인도이란어군의 산스크리트어 hav-(ho-)(액체 봉납(물)을 바치다)로 나타나며, 베다 종교의식에서 가장 핵심적이다. 그리고 중성 hotra는 봉납하는 것(행위)을 가리키고, 행위자 명사 hotṛ는 봉납물을 바치는 사람을 가리킨다. 이를 나타내는 이란어 용어는 이들과 정확히 대응한다. zav-는 '봉납하다', zaotar-는 봉납하는 사람, zaoθra-는 봉납(물)을 가리킨다. 아르메니아어 jawnem(헌납(물)을 바치다/바치다)도 이와 동일한 의례적 의미가치가 있다.

어근 *ǵheu는 치음 첨가로 확장되어 라틴어 fundo(붓다), 게르만어군의 고트어 giutan, 독일어 giessen(붓다)이 되었다. 방언권의 크기와 일관된 의미작용으로 판단해 볼 때 '붓다'의 일차적 의미는 그리스어 동사 khéō와 결부시켜야 한다. 따라서 leíbō는 이와 동일한 개념을 표상할 수 없다. 의미를 같은 방식으로 표상할 수도 없고, 동일한 상황에서 사용할 수도 없다.

더욱이 라틴어 libare(신주를 붓다/바치다)는 일련의 다른 개념을 보여준다. 그것은 또한 다음의 여러 의미를 지시한다. '가볍게 스치다', '살짝 닿다', '맛보다'(libare나 delibare는 꽃에서 꿀을 노획하는 벌의 술책에 사용된다), '소비하거나 사용하기 위해 어떤 것의 일부를 취하다'(일상적인 뜻으로), '어떤 것(생물/사물)에 손상을 입히다' 등이다. 라틴어 libare에서 인지할 수 있는 이 여러 의미 가운데 당장 통일된 의미를 구축하기는 쉽지 않다. 그러나 이들 의미가 '붓다'라는 개념에서 파생하지 않는다는 점은 분명하다. 이 라틴 단어의 선사는 겉보기보다는 그리 단순하지 않다. 어원학자 발데A. Walde의 견해대로 이 라틴어 동사가 두 개의 다른 어근, 즉 '붓다'를 나타내는 어근과 '뽑다', '빼앗다'를 의미하는 다른 어근을 계승하는 것이라고 하더라도, 그 선사先史는 단순한 것이 아니다. 여기까지 미치지는 않더라도 최근의 어원사전들은 단일한 의미를 가정하는 데 따르는 난점을 강조하고 있다.

그리스어와 라틴어의 용법을 다시 비교해야 한다. 왜냐하면 이 난점을 해결할 수 있는 증거를 가진 제3의 언어가 없기 때문이다.

그리스어에서 leíbō 외에 비종교적 용법을 지니면서 의미가 기저의 의미작용을 확실히 알려 줄 만큼 분명한 단순 형태를 지적할 수 있다. 이 증거는 별로 이용된 적이 없었다.

우선 어근-명사 *lips, 속격 libós, 대격 líba(물방울)인데, 이들은 더 이상 사용되지 않는 고대 단어의 고립된 격형태이다. 예컨대 mélitos líba(꿀의 방울, 아폴로니오스 데 로데스[6]), 어원상의 비유가 있는 eks ommátōn leíbousi líba(여기서 눈물은 물방울로 비유된다; 아이스킬로스, 『에우메니데스』*Eum.* 54[7]), -ad-로 된 파생명사 libás((액체가) 방울방울 배어 나오다, 흘러 나오다)이다. 여기에서 솟아나는 물에 의해서 생긴 '작은 샘', '물 웅덩이'란 의미가 생겨났다. 지소사 libádion과 관련해서 흘러나오는 물에 사용되는 현재형 libázesthai(물이 배어 나오다/물에 젖어 있다)은 libás에서 생겨났다. 또한 부사 leíbdēn(방울방울)도 찾아볼 수 있다. 끝으로 leíbēthron(수로水路)도 있다.

이제 leíbō를 좀더 정밀하게 정의할 수 있다. 예컨대 kómai leíbousi élaia(머리카락에서 기름 방울이 맺혀 떨어지다; 칼리마코스[8]), aphròs perì stóma leíbetai(침이 그 입에서 방울방울 떨어진다; 헤시오도스, 『방패』 390), tḗkein kaì leíbein(녹아서 방울방울 떨어지다; 플라톤, 『공화국』 411b) 같은 예문이다.

leíbō가 흐르는 액체를 계속해서 쏟아붓는 것 ─이것이 khéō의 의미이다─이 아니라는 것을 알 수 있다. 이와 반대로 leíbō는 '한 방울씩 떨어뜨리다', '한 방울씩 붓다'를 뜻한다. 그릇이 액체를 더 이상 간직할 수 없어서 액체가 방울방울 빠져나오는 것을 가리킨다. 그래서 땅 밑에서 솟아

---

6) 아폴로니오스 데 로데스Apollonios de Rhodes(기원전 3세기): 그리스의 시인이자 문법가. 로데스에서 수사학파를 만들고 알렉산드리아에서 도서관을 운영했다. 아르고스 해군의 원정을 노래한 서사시 『아르고스 해전기』*Argonautika*가 있다. ─옮긴이

7) 아이스킬로스의 3부작 비극 『오레스테이아』*Oresteia*(기원전 458년)의 제3부. 아이스킬로스의 최고작으로 인정받으며, 작품 전체가 손상되지 않고 그대로 전해 내려온 유일한 작품이다. 『아가멤논』*Agamemnon*, 『헌주하는 여인들』*Khoēphoroi*과 함께 그의 3부작 비극을 이룬다. 본서 제1권 27쪽 각주 2번 참조.─옮긴이

8) 칼리마코스Kalimakhos(기원전 315~240년): 그리스의 시인이자 문법가이며 학자. 그리스 문학사 기술의 기초가 되는 수많은 저서의 목록을 작성한 『피나케스』*Pinakes*와 시작품으로 『찬가』, 『풍자시』*Epigramme* 등이 있다. ─옮긴이

나는 샘은 물을 쏟아붓듯이 콸콸 나올 수 없다. 땅에서 물이 방울방울 스며 나온다. 마찬가지로 dákrua leíbein(호메로스에서 자주 나오는 시행 끝의 표현)은 '눈물을 펑펑 쏟다'가 아니라 '눈물을 방울방울 짜내다', 말하자면 '여과하듯이 눈물을 찔끔찔끔 흘리다'를 뜻한다. 인용한 표현을 이처럼 이해하려면, 별도의 의미 전환을 통한 해석은 필요 없을 것이다. 이 의미가 호메로스의 예에 분명히 나타나는데, 별로 고찰한 바가 없었다. 『오디세이아』 7권 107행, othonéōn apoleíbetai bugròn élaion((약한 실들이 끊어지는 것을 막기 위해 옷감에 올리브유를 뿌리자) 촘촘히 짠 아마포에서 기름이 방울방울 떨어졌다)이 그 예이다.

우리가 조사한 모든 예문에서 나오는 이 동사의 의미는 이처럼 해석해야 한다. 이 해석은 또한 종교적 표현 oînon leíbein에도 적용해야 한다. 즉 컵에 잔뜩 담긴 포도주를 '쏟아붓는 것'이 아니라 '여과하듯이 포도주를 방울방울 붓다', '포도주 몇 방울을 똑똑 흘리다'를 뜻한다.

명사 loibḗ도 똑같이 그 의미를 이처럼 해석해야 한다. 이것은 이중적 표현인 "loibḗ와 knîsē로 신께 영광을 돌린다"(『일리아스』 9권 500행)에서만 나타난다. knîsē는 희생제물의 몸을 감싸고 있는 지방脂肪뿐만 아니라 지방을 태우는 것과 타면서 나는 냄새도 가리킨다. 따라서 loibḗ는 액체를 조금씩, 한 방울씩 바치는 것을 가리킨다.

이 증거들로부터 끌어낼 수 있는 결론은 leíbein이 가리키는 의식은 액체를 한 방울씩 여과하듯이 떨어뜨리는 것이라고 할 수 있다. 무덤 위에 뿌리는 많은 액체를 쏟아붓는 것(khoaí)과는 전혀 다르다.

라틴어에서 동사 libare뿐이라면 이 동사가 갖는 여러 의미의 연관성은 찾기가 쉽지 않다. 이들 의미는 서로 조화시키기 힘들고, 여러 방향의 의미를 지시하기 때문이다. 그러나 다행히도 그리스어 형태들과의 관계를 확립시켜 줄 수 있는 관련 형태가 둘 있다.

한 형태는 중성명사 libum(기념일과 예배의식에 바친 신성한 과자)이다. 오비디우스는 『제사력』*Fastes*[9] Ⅲ, 761에서 아버지 신에게 봉납물을 바치는 상황에서 libum이 libare와 어떻게 서로 관련되는지를 보여 준다. liboque infusa calenti …… candida mella damus((꿀을 주신 아버지께) 뜨거운 libum 위에 꿀을 뿌려 바친다). 이 점에 유념해야 한다. libum이라고 불리는 과자는 꿀에 담근 채로 바쳐진다. libum은 좀더 정확히 '액체(예컨대 꿀 같은 것)가 흘러넘치는 과자'로 정의할 수 있다.

이것은 delibuo(확인된 형태가 아니다)에서 파생된 동사적 형용사로서 명사형 delibutus에 의해 확증되며, 몇몇 고대의 고정성구에 보존되어 나타난다. delibuo capillo(머리카락이 향수로 흘러넘치다), delibutus gaudio(문자적으로는 '기쁨으로 흘러넘치는'; 티렌티우스, 『포르미오』*Phorm.*[10] 856), 따라서 그 의미는 '방울방울 떨어지는 액체에 흠뻑 젖은'이다.

그리스어를 라틴어에 확대·적용시키지 않고서도 이 방법으로 몇몇 종교적 용법을 직접 해석할 수 있는 방도를 라틴어에서 발견할 수 있다. 예컨대 탈격 구문 libare melle, uino 같은 것으로, 이는 facere uino, uictimā(포도주로, 희생물로 제사의식을 거행하다)와 비교할 수 있다. 라틴어 libare melle, uino에서 그리스어 leíbein oînon과 똑같은 의미를 지닌 표현을 찾아낼 수 있다. 그 의미는 '포도주나 꿀을 이용해 이 액체를 방울방울 흐르게 하면서 신주를 바치다'이다.

---

9) 오비디우스Publius Ovidius Naso의 작품으로 로마의 각종 제사, 축제, 법정 개정일 등이 기록된 달력이다.—옮긴이

10) 테렌티우스의 희극 작품 가운데 하나로서 한 젊은이가 두 사촌들을 역경에서 구해 내는 이야기를 다루고 있다. 테렌티우스에 대해서는, 본서 제1권 145쪽 각주 10번 참조.—옮긴이

이것이 고유한 의미의 라틴어 역사에서 이 단어족에 속하는 용어들이 최초로 지녔던 바로 그 의미이다. 다양하게 분화된 의미 가운데서 libare의 역사를 추적하려면, 우선 최초의 의미작용을 정확히 설정해야 한다. 그 최초의 의미는 '붓다'가 아니라 '방울방울 흐르게 하다'이다. 즉 '용기에서 액체를 여과시켜 짜내듯이 소량의 액체를 바치다'를 의미하는 것이다.

여기에 기초해서 libare, libatio 등의 종교적 용법에 필수적인 액체(신주)의 헌납 개념이 일상적 용법으로 사용되어 '적은 일부를 추출하다, 채취하다'라는 개념으로 바뀌었다. 예컨대 루크레티우스의 libare aequor(바닷물을 조금 채취하다)나 은유적 의미의 delibata deum numina(무엇인가를 빼앗겨서 약화된 신의 힘) 같은 것이다. truncum delibare에서도 동일한 동사를 볼 수 있다. 이것은 황소가 끄는 수레가 지나가면서 나무껍질의 '일부를 살짝 벗겨내다'는 의미이다. 이 동사는 어느 라틴 문법가의 정의에 따르면, 음식물에도 사용된다. 예컨대 libare est aliquid leuiter contingere ut si quis inuitatus ad conuinuium uel potum perexiguum quiddam de esca uel potione sumat(libare는 무엇인가에 가볍게 손을 댄다는 뜻이다. 예컨대 그것은 음식을 먹거나 마시는 곳에 초대된 사람이 음식물이나 음료를 아주 조금 먹는 경우에 사용된다) 같은 것이다.

이와 같은 것이 libare에 일어난 의미 변화이며, 새로이 생겨난 의미가 치이다. 최초의 의미는 신에게 헌납한 액체 가운데서 '소량을 추출하다'였다. 그 후 '(예컨대 음식물 같은 것을) 소량으로 취하다', '벌들이 꽃에서 꿀을 획득하듯이 조금씩 채취하다'를 뜻하게 되었다.

이 라틴어 동사의 뜻은, 라틴어 libum과 delibuo의 어원적 의미에 근거하면 서로 조화된다. 그런데 이 어원의 의미가 바로 그리스어의 용법이 제시해 주는 의미이다. 그리하여 그리스어를 고찰한 후에 라틴어를 고찰하게 되면 이 두 언어의 전통을 더욱 긴밀하게 연관시키는 상세한 설명에 이르게 된다.

순수히 언어학적 문제는 아니지만 마지막으로 논의할 사항이 있다. '신주'가 어디에 사용되는지 또 이 의식의 의미가 무엇인가 하는 점이다. 이 문제는 어떤 상황에서 leíbein이 사용되는지를 살펴보는 문제로 귀결된다. 동사는 spéndein과는 교체되지 않는다. 호메로스의 용법(『일리아스』7권 481행)을 문맥에서 고찰해 보자. 아카이아인들이 진영에서 향연을 베풀고 있었을 때 "제우스는 그들에게 재앙을 꾀하며 무시무시하게 천둥을 쳤다. 그들은 혼비백산하여 포도주를 잔에 땅바닥에 쏟아부었고, 아무도 제우스에게 먼저 신주를 바치기(leîpsai) 전에 감히 마시려 하지 않았다."

그 의도는 분명하다. 마시기 전에 신주를 몇 방울 뿌려서 신의 격노를 진정시켜야만 한다. 이것은 spéndō의 분석에서 살펴보았듯이 동의를 구하는 것이 아니라 진노를 다른 곳으로 돌리기 위한 것이다. 이와 동일한 개념이 폴리페모스를 무찌르는 오디세우스의 일화에서 패러디로 나타난다(『오디세이아』9권 349행). 키클롭스가 오디세우스의 두 동료를 삼켰다. 그의 화를 풀어 주기 위해서 오디세우스는 그에게 오래된 포도주 한 부대를 갖다준다. "키클롭스여, 그대는 인간의 살을 먹었으니 이 포도주를 마시도록 하시오. 그러면 우리 배가 감추어 둔 포도주가 얼마나 좋은지 알게 될 것이오. 그대가 나를 불쌍히 여겨 고향으로 보내 줄까 해서 loibé를 그대에게 헌주하려고 가져온 것이오. 그런데도 그대 분노는 한이 없으니." 오디세우스는 loibé로 폴리페모스의 분노를 가라앉히려고 하는데, 이는 앞에서 살펴본 것처럼 마치 그리스인이 제우스의 화를 진정시키려고 한 것과 같다. 이리하여 loibé는 비로소 제자리를 잡는다.

3장_희생제사

요약

'희생제사'를 가리키는 공통된 용어가 부재하는 대신에, 흔히 각 언어 내에서 희생제사 행위의 다양한 형식을 가르키는 지칭이 아주 다양하게 나타난다. 즉 신주 헌납(산스크리트어 juhoti, 그리스어 spéndō), 구두상의 엄정한 언약(라틴어 uoueo, 그리스어 eúkhomai), 성대한 향연(라틴어 daps), 훈증(그리스어 thúō), 광휘光輝의 의식(라틴어 lustro) 등이 그것이다.

hágios가 산스크리트어 yaj-와 연관되는 한, '희생제사'와 '신성' 개념의 관계가 설정된다. 베다 산스크리트어에서 yaj-는 원래 '희생제사'를 가리켰다. 그러나 이 동사의 구문(즉 대격의 신의 명칭과 도구격의 목적어)이 입증하듯이 yaj는 신을 경외하고, 그의 은총을 간청하며, 봉납물로 권능에 감사를 표하는 것을 뜻한다.

여기서 신성의 적극적 행위와 의식儀式에 대한 연구에 착수하려는데, 신성은 이들로 규정되고 보존된다. 이것이 '희생제사'로서의 헌납(물)이며, 신성하게 만드는 수단이자 인간적인 것을 신적인 것으로 바꾸는 수단이다.

이 헌납(물)은 여러 가지 성질을 가지는데, 그것이 '물건'이냐 '기도'냐에 따라 서로 다른 용어가 있다. 왜냐하면 기도 자체도 헌납(물)이며, 그 효력을 통해 작용한다. 기도는 의식을 수반하는 고정표현이 있으며, 왕이나 사제를 중개로 인간과 신을 관계 짓는다.

물질적 헌납물은 고체일 수도 있고, 액체일 수도 있다. 그래서 '신주 헌납'이나 '희생동물 헌납'으로 부른다. 희생제사와 관련되는 모든 용어 가운데 가장 일반적으로 확인되는 용어를 가진 헌납은 '신주 헌납'이다. 이것은 산스크리트어에서 hav-, juhoti(희생제사를 드리다), hotar-(희생제사를 드리는 사제), hotra-(희생제사)로 나타나는 어근에서 파생되었다. 이란어 대응형 zav-는 부분적으로 zaotar(사제)와 zaoθra(희생제사)를 파생시킨다. 이들이 중요한 용어이며, 이들 각각에서 빈번히 사용되는 많은 파생어가 파생된다.

또한 아르메니아어에서 이 어근은 종교적인 의미가치를 지닌 jawnem(바치다/헌신하다)으로도 확인된다. 마지막으로 그리스어는 khéō(쏟아붓다)로 확인된다. 이 모든 형태는 인도유럽어 *gheu-에서 유래하는데, 접미사를 지닌 현재형 라틴어 fundo, 고트어 giutan(giessen, 쏟아붓다)도 마찬가지이다. 따라서 이 어근은 대부분의 인도유럽어에서 종교적 의미가치를 내포하며, khéō의 몇몇 파생어도 종교적 의미가치를 역시 보여 준다.

이와 관련해서 좀더 제한된 대응이지만, '신주 헌납'과도 관련되면서 방언 분포가 흥미로운 다음 대응을 상기해 보자. 그리스어 spéndō, spondé(신주 헌납), 라틴어 spondeo ——신주 헌납으로 뒷받침하는 행위, 즉 '맹약' 행위라는 의미작용만을 지닌다——와 히타이트어 išpant(šipant, 신주를 바치다; 263쪽 이하 참조)의 대응이다.

'희생제사'를 가리키는 라틴 용어들 가운데 라틴어에만 국한되지만 인도유럽어의 선방언先方言 형태의 잔존 모습임에 틀림없는 용어는 동사 mactare(신을 영화롭게 하다/신에게 제사를 올리다)이다. 고전 시기에 가장 빈번히 나타나는 이 동사는 '동물을 희생제물로 바치다'를 뜻한다. 이 동사는 명사형 mactus(엄청난 증가)와 분리될 수 없다. 사실을 말하자면, 이 명사형은 오직 호격 macte로만 확인되고, 특히 고정 성구 macte (animo) '힘내!', '용기를!'에 나타난다. 그런데, 이는 동사 mactare의 의미와는 좀처럼 부합되지 않는다. 이들 형태의 관계는 아주 불분명해서 mactare는 두 동사로 간주된다. 하나는 '죽이다'를 의미하고, 다른 하나는 '기운을 고취시키다' 또는 이와 유사한 의미이다. 그러나 이는 분명 배제해야 할 견해이다.

mactare는 mactus에서 파생된 명사 파생동사로 간주되지만, 그 의미 관계는 오직 용법을 조사해야만 밝힐 수 있다. 라틴 주석가들은 mactus를 'magis auctus'로 해석한다. 이 해석을 문자적으로——이는 지지할 수 없다——취하면 안 되고, 지속적으로 확증하는 개념을 포착해야 한다. 즉 신에게 음식을 바치는 희생제사를 통해서 얻는 신의 성장, 신의 힘 강화라는 개념이 그것이다. mactus에 대한 '민간어원'이 macte의 용법에 작용했다. 그래서 macte (animo)가 생겨났다. macte는 사람들이 mactus에 부여한 의미로 설명된다. 이 형용사는 단지 동사적 형용사 *mag-to에 지나지 않으며, *mag-to는 *mag-no(라틴어 magnus(큰))와 평행 관계에 있다. -to-형의 동사적 형용사와 -no-형의 동사적 형용사의 두 형태가 있다는 것은 놀랄 일이 아니다. 왜냐하면 plenus(가득한)와 -pletus의 경우도 이와 같기 때문이다. -no-형의 형용사는 자연적 상태를 가리키는 반면, -to-형의 형용사는 전이 상태를 가리킨다. 예컨대 지금의 명사 파생동사 mactare는 '크게 만들다', '성장시키다'를 의미하며, mactus한 상태로 바꾸는 작용을 가리킨다.

mactare deum extis(희생제물의 내장으로 신에게 바치다) 같은 가장 오래된 용법에는 대격의 신 명칭과 도구격의 희생제물 명칭이 나온다. 따라서 이것은 신을 더욱 크게 만들고, 용기를 북돋우는 동시에 헌납(물)으로 신을 더욱 강력하게 만든다. 그리고 sacrare의 구문 변화와 유사한 구문 변화를 통해 mactare uictimam(제물을 희생제사로 바치다)이란 표현이 생겼다. 여기서 mactare(죽이다/죽임을 당하다)가 파생되었고, 이 의미가 에스파냐어 matar(죽이다)에 그대로 보존되었다.

이 두 용어는 각각 기본 개념과 명칭이 지닌, 다양하게 변하는 함축 의미들의 관계에 의해 희생제사, 헌납(물), 신주 헌납의 개념에 새로운 의미를 추가시킨다.

또 한 가지 예가 있다. 라틴어 uoueo, uotum은 '바치다', '맹세하다', '희생제사로 신성하게 하다'를 의미한다. 그러나 이 라틴어 동사의 대응어들은 최초의 의미작용을 좀더 명확히 밝혀 준다. 그 대응어는 베다 산스크리트어 동사적 형용사 vāghat(희생제물로 서원하다/희생제물을 바치는)와 그리스어 eúkhomai, eukhḗ이다. 첫눈에는 이 그리스어의 개념은 꽤 다른 듯이 보이는데, '기도하다', '약속하다'와, 또한 '자랑하다', '엄숙하게 단언하다'를 뜻한다. 동일한 계열의 어원에 속하는 네번째 중요한 용어는 아베스타어 동사형 aogədā(그는 말했다; 3인칭 단수 과거)이다.

우리는 여기에서 아주 다양한 의미를 대면하는데, 라틴어 uoueo(바치다/맹세하다)의 의미는 명료하지만, 아베스타어 aogədā(그는 말했다)의 의미는 꽤 모호하다. 또 그리스어의 의미는 '말하다'도 아니고, '바치다', '희생제사를 드리다'도 아니다. 그것은 '맹세하다', '서원을 공개적으로 표명하다', '사물의 품질을 인정하다'를 의미하고, 결과적으로는 '자신을 ~로 여기다', '~로 행세하다'를 의미한다. 이것은 무엇을 서약하는 엄숙한 단언이나 무엇을 하거나 무엇이 되려는 책임을 스스로 진다는 엄숙한 단언을 가리킨다. 이처럼 상세한 의미는 또 다른 의미를 유발시킨다. 아베스타어 동사형 aogədā는 겉보기보다 더욱 유익하다. 이 용법을 관찰해 보면, 이 용어는 중요한 인물이나 신을 대하는 엄숙한 상황에서 출현한다는 것을 알 수 있다. 그것은 약속과 서약 형태의 발화행위이며, 그 권위는 발화행위를 하는 자에게서 부여받는다(4장 참조).

*   *   *

이처럼 의미가치가 동일한 어근에서 파생된, 여러 형태를 연결하는 대응어의 의미 분포가 불균형한 것을 알 수 있다. 엄밀한 종교적 의미가치가 단한 언어에만 확립되는 경우는 빈번하다. 더욱이 단어가 일반 어휘 속으로 편입되거나 다른 방식으로 의미가 특수화되기도 한다. 이 지적에 대해 새로운 예를 예시할 수 있다. 이 단어는 다른 여러 언어에서 일반 어휘로 나타나지만 단지 한 언어에서만 종교 어휘로 나타난다. 그것은 라틴어에만 특수한 '헌납(물)'을 가리키는 명칭으로, daps와 더욱 일반적으로 사용되는 복수 dapes이다. 이 어휘는 희생제사에 뒤이어 행해지는 헌납(물)을 먹는 성찬 의례를 가리키는데, 종교적 의미가 소실되고, '식사', '음식'만을 의미하게 되었다.

    용어의 비교는 확실하지만, 이 비교를 통해 끌어낸 의미는 아직 명확하게 분석된 적이 없다. daps 외에 의미적으로 이것과 다른 형태들도 제시해야 한다. 페스투스(*P. F.* 59, 21)[1]는 daps를 다음처럼 정의한다. "Apud antiquos dicebatur res diuina quae fiebat aut hiberna sementi aut uerna"(고대인들에게는 겨울과 봄의 파종기에 행해지던 신적 행사로 불렸다).

따라서 헌납은 겨울과 봄의 파종기에 이루어진다. daps 외에도 dapatice도 있었다고 페스투스는 덧붙이는데, 그 의미는 'magnifice', '화려하게', '장엄하게'이다. 예컨대 dapaticum negotium은 'amplum ac magnificum'(풍부하고 화려하게)를 뜻한다. '헌납물을 드는 식사'와 '풍부한', '장엄한', '넓은', '관대한'이란 의미가 어떻게 조화될 수 있는가?

에르누-메이예의 『라틴어 어원사전』에 따르면, daps의 일차적 의미는 '희생제물'이다. 그 확증은 가이우스의 『법률요강』[Inst.][2] 4, 28에 근거한다. "pecuniam acceptam in dapem, id est in sacrificium impendere"(daps로 받은 돈은 희생제물로 소비해야 한다)이다. 여기서 '희생제사에 뒤이은 식사 의례'가 생겨났고, 그 후 세속적 의미로 '식사', '음식'의 의미로 변했다고 이 사전은 기술한다.

라틴어 외에는 아르메니아어 tawn(축제), 고대 아이슬란드어 tafn(희생제사의 동물/헌납된 짐승)이 구성하는 단어군이 있다. 또한 그리스어 dapánē(소비)도 있고, 이와 관련된 daptō(나누다/찢다)가 있다.

이 대응을 통해서 단어족과 의미가 분명히 다른 또 다른 라틴어 단어에 이르는데, damnum(손해)이다. 이 용어는 로마의 고대법에는 필수적 용어이다. damnum이란 형태는 고대의 *dap-nom을 거쳐서 dapánē 유형의 형태로 소급되고, 또한 -n으로 접미사화된 어근이 들어 있다. 그러나 '식사', '헌납(물)', '소비하다', 그리고 '손해'의 의미는 통일성이 없고, 심

---

1) P.F.는 V.F.의 오자인 것 같다. V.F.는 Verrius Flaccus의 약어로서 그의 작품 『단어의 의미에 대하여』De veborum significatione를 가리키며, 페스투스는 이 저서를 요약하였다. —옮긴이

2) 가이우스Gaius(기원 2세기): 로마의 법학자. 사비누스 학파의 학자. 로마 지배령의 그리스 출신 학자로 추정된다. 『12동판법 해설』, 『지방 법령에 대하여』, 『일상사』 등이 있으나 주요 저작으로 법에 대한 기초적인 교육을 목적으로 쓴 『법률요강』Institutiones Commentarii이 있다. —옮긴이

지어는 의미가 상충하는 듯이 보인다. 따라서 위에 인용한 사전은 daps와 damnum의 의미 관계를 선뜻 인정하지 않는다.

우리 견해로는, 형태 비교는 꽤 정확하기 때문에 의미 비교의 조건을 탐구해야 한다. 이를 위해서 의미를 명확히 정의해야 한다. 왜 daps가 헌납(물)이나 희생제물이 아니라 특별히 '식사'를 뜻하는지, 왜 형용사 dapaticus가 화려함과 광대함의 의미를 함축하는지, 다소 형태가 유사한 dapánē와 damnum과의 비교를 어떻게 입증할 것인지 등이다.

엄밀히 말해서 daps는 신에게 바친 헌납물 일반을 가리키는 것이 아니라 축성식 뒤에 제공되는 식사, 성대한 식사, 화려한 축제를 가리킨다. 이와 같은 유형의 식사를 전혀 다른 원시사회에서 찾아볼 수 있다. 이 식사에는 소비하는 재화를 과시하는 것이 관건이다. 이는 일종의 '희생제사'라고 할 수 있는데, 그것은 근검 정신을 지닌 오늘날에는 비용에는 아랑곳없이, 소비한 재화를 되찾을 수 없다는 사실을 알면서도 호화로운 사치를 위해 이를 소비한다는 의미에서 그러하다. '소비'가 원래 의미하는 것은 이와 같은 재화의 투입이며, 보상을 기대하지 않고 '희생제물'로 아낌없이 써 버리는 비용이다. 그래서 상거래에서는 '덤핑으로 처리한'(sacrifié) 상품이라고들 말한다. 더욱이 오늘날에도 '희생제물을 바치듯이'(offrir), '식사나 향연을 무상으로 제공하다'(offrir)라고 말하는 것은 우연이 아니다. 따라서 daps는 이득이나 보상 없이 사람을 영광스럽게 하기 위해 바치는 연회이며, 따라서 dapaticus, dapatice의 의미는 풍부의 개념, 초대한 손님을 대할 때 자신의 너그러움을 과시하기 위해 '희생한다'는 관념을 환기시킨다. 라틴어 daps와 그리스어 dapánē는 이처럼 종교적 축제나 '희생제사' 때에 쓰는 대량의 소비라는 공통된 의미 특징으로 서로 연결된다. 따라서 '소비'의 개념은 결코 단순한 개념이 아니다(제1권 89쪽 이하 참조).

dapánē와 damnum의 형태 관계가 밝혀졌으므로 이 관계를 어떤 의미 관계로 설정해야 할지 알아야 한다. 우선 damnum은 플라우투스(『군사들』 699)에서 분명히 드러나듯이 '소비'를 가리킨다. 어떤 사람이 혼인으로 초 래된 재정적 곤란, 즉 부인이 그에게 요구한 소비(혼인 비용)에 대해 불평 한다. "haec atque eius modi damna"(이와 같은 그녀 스타일의 소비). '소비' 는 엄밀히 말해서 '돈의 손실'(damnum)이다. 이 의미는 또한 '소비하는', '낭비하는'을 의미하는 형용사 damnosus에도 그대로 남아 있다. 마지막으 로 역시 플라우투스에 나오는 damnare에도 그 의미가 남아 있다. 그 예는 여럿 있으나 한 가지만 더 보면 다음과 같다(『3누무스의 남자』 829, 넵투누 스에게 드리는 기도). "그대를 칭송하면서 사람들이 pauperibus te parcere solitum(그대는 가난한 자들에게 관용을 베푸는 습관도 있지만), diuites damnare atque domare(재물 속에 묻혀 있는 부자들을 못살게 구는 버릇도 있다)라고 공공연히 말하는 것을 듣지 못했나요?" 여기에서 damnare는 '소비를 강요하다'를 의미해야 하는데, 그것은 '소비'가 언제나 돈의 '희생 제사'로 간주되기 때문이다.

이것이 '손해'로서의 damnum이 갖는 의미의 기원이다. 즉 그것은 원 래적으로 반대급부 없이 투입한 재화다. '벌금'도 당연히 아무런 대가 없이 들인 돈이다. 그렇지만 원래 damnare는 통상적 벌금을 과하는 것이 아니 라 사람으로 하여금 아무 대가 없이 강제로 소비하게 만드는 것이다.

아르메니아어와 아일랜드어에서 daps는 이와 비교되는 단어들처럼 종교적 의미가 있기 때문에 이와 관련된 용어들의 의미작용을 밝혀 주는 동시에 이 의미작용으로 해명된다. 그것은 '희생제사(제물)'이지만 또한 '축제 때의 의식'을 의미하기도 한다. 고대의 의례에 따르면, 의식을 축하 한 뒤에 순수한 마음으로 음식을 엄청나게 소비하는 식사로 후대(厚待)하며,

이로 인해 식사 접대자의 부가 줄어든다. 그렇지만 접대자는 손님들에게 공경을 표함으로써 만족을 얻고, 관대함에 힘입어서 스스로가 영예롭게 된다.

이처럼 라틴어 damnum같이 법에 명시되거나 그리스어 dapánē같이 경제에 명시된 개념 관계를 확증할 수 있다.

희생제사(제물)와 관련된 용어 조사에는 또한 그리스어 동사 thúō(제물로 바치다/희생시키다)와 이 동사의 파생어도 포함된다. 이 동사의 기원은 확실하다. thúō는 현재형 *dhu-yō에 근거한다. 이 현재형의 어기는 원래 '연기를 내다', '연기를 피우다'를 의미하며, 라틴어 suffiō(연기에 노출시키다/연기를 쐬다)와 직접 연관된다. 이 어원은 그리스어 파생어에서 확증되지만, 이 파생어와 *dhu-의 관계는 명확하지 않다. 이 파생어는 '유황'을 가리키는 명칭으로서, 호메로스 그리스어 théeion, theîon이다. 호메로스 그리스어 형태가 분명히 보여 주듯이 이는 형용사 theîos(신의)와 아무 관계가 없다. 고형 *dhwes-ion의 어기에 접미사 -s가 첨가된 형태이기 때문이다. 리투아니아어 현재 dvesiu(숨을 쉬다/숨을 헐떡거리다) 참조.

따라서 그리스어에서 '희생제사', '제물'은 '훈증'薰蒸의 개념에서 생긴 것이며, 신에게 바치는 헌납물로서 불태우는 기름(지방), 굽는 고기의 냄새, 위로 올라오는 연기를 가리킨다. 이 관념은 베다 텍스트와 호메로스 텍스트의 예에서 많이 나타난다.

이 비교가 그리스어의 '희생제사'의 개념에 약간 빛을 던져 준다면, 이것은 또한 이와 연관이 있는 라틴어 단어군도 설명할 수 있을 것이다. 접미사 -ro가 첨가된 형태 *dhwes-ro에서 출발해서 라틴어 어간 febro-, februum, februare와, 명사 februarius에 이른다. 이 전체 단어군은 '정화'淨化와 관련되는데, 이 정화는 특정 의례로 예시된다. 정화의 달月인 februarius(2월)는 고대 로마력의 맨 끝 달을 가리킨다. '정화'는 어원상으로는 '연기로 훈증하는 것'이며, 훈증의 매개체는 그리스어 '유황'을 가리키는 용어이다. 그 이유는 유황이 정화하기 위한 연기를 피우는 데 사용되었기 때문이다.

이 중요한 두 어휘군의 선사先史는 아주 엄밀한 비교로 명확해진다. 그렇지만 이것이 확실한 사실이 아니라는 점을 강조하자. 파생형 febro-에서 라틴어 f-의 기원은 여럿이며, -br-는 달리 해석될 여지가 있다. 따라서 febro-가 *dhwes-ro 이외의 다른 원형이 없었다는 사실은 증명할 수 없다. 이 사실은 단지 믿을 만한 설명을 제공하는 것으로 충분하다.

로마 세계에서 '정화'를 가리키는 용어를 검토하면서 또 다른 용어를 취하게 되는데, 그것은 논란이 많다. 그 용어는 lustrum, lustrare이다. 이것은 5년마다 연병장(마르스의 연병장)에 모인 사람들을 정화시키면서 군대를 검열하는 엄숙한 의식을 거행하는 행사를 가리켰다. 이 개념에는 세가지 어휘 단위가 포함되어 있다. 첫째는 lustrum(경과한 시간)이다. 이 축제는 규칙적으로 5년마다 열린다. 다음으로 lustrare(검열하다)(perlustrare oculis, '어떤 것 전체를 눈으로 훑어보다')와 lustratio(정화)이다.

학자들은 이들 단어의 어원의 고유한 의미작용을 많이 논의했다. 두 가지 설명이 개진되었는데, 이를 간략히 살펴보자. 어떤 학자들은 lustrum을 '빛나다'를 의미하는 어근, 즉 lux(빛)의 어근──여기에서 동사 illustraro와 형용사 illustris(이 형용사는 동사에서 파생했고, 그 반대는 아니다)가 파생되었다──과 관계 있다고 추정한다. 그런데 lustrare와 illustrare는 형태상으로 분리될 수도 없고, 의미상으로 비교할 수도 없다. 그 이유는 illustrare가 lux로 즉각 해명되지만 lustrare의 기술적 의미는 보여 주지 않기 때문이다. 마찬가지로 중성 lustrum도 luna(달)가 *louksna에서 근거하듯이 *loukstrom에서 파생될 수도 있다. 그러나 illustrare와 lustrare 사이에 의미 관계가 확인되지 않기 때문에 lustrum을 다르게 설명하려는 입장을 취했다. 그래서 학자들은 이것을 '씻다'를 의미하는 어근, 즉 그리스어 loúō와 결부시키려고 했다. 그러나 lustrum은 loúō의 고유 의미에는 이질적이다. 즉 '씻다'는 '정화하다'가 아니며, lustrum은 물을 뿌리거나 물에 잠수시키는 정화 개념을 전혀 환기시키지 않는다. 게다가 음성적인 난점도 있다. 만일 loúō의 어근으로 소급하면 고형 *lowestrom을 얻게 되고, 이것은 *lōstrum이란 형태를 규칙적으로 산출할 것이다. 그러면 lustrum은 방언형이 된다.

우리는 결정적인 설명이 없어도 이 용어의 고유한 의미작용을 상세히 해명할 수 있다.

가장 명시적인 텍스트는 아주 짧다(티투스 리비우스, 『로마사』 I, 44). 이 텍스트는 인구조사를 처음 시행할 때, (5년제) 빛의 의식을 치르는 내용을 묘사한다. 이 의례가 재정된 것은 세르비우스 툴리우스[3]가 포고한 인구조사 때였다. 인구조사를 시행한 후 툴리우스는 모든 로마 시민에게 백인부대로 열을 지어 연병장에 출두할 것을 명한다. Ibi instructum exercitum omnem suouetaurilibus lustrauit, idque *conditum lustrum* appellatum, quia is censendo finis factus est(모든 백인 부대가 일단 정렬한 후에 그는 이들을 suouetaurilia로 정화시켰다. 이는 conditum lustrum으로 불렸는데, 그것은 이 행사가 인구조사의 끝에 이루어졌기 때문이다). 바예[4]는 conditum lustrum을 '5년제 의식의 폐막'으로 번역한다. 그러나 이 문장 바로 앞에 나오는 문

---

3) 세르비우스 툴리우스Servius Tullius(기원전 578~534년): 로마의 6대 왕.—옮긴이

장에는 다음 지적이 있는데, 이 점에 유의해야 할 듯하다. edixit ut omnes ciues Romani ……in campo Martio *prima luce* adessent. 모든 로마 시민은 '새벽에(여명에)' 마르스 광장(연병장)에 백인부대, 보병대, 기병대로 행렬을 지어 출두해야 했다. 따라서 prima luce(하루의 시작에/여명에)가 이 행사의 의례적 조건이었고, 그것이 우연히 그렇게 된 상황은 아니었다.

우리는 lustratio가 어떤 방식으로 거행되었는지 잘 알고 있다. 정화시키는 자들, 즉 사제나 왕은 정화할 사람들의 무리나 건물 주위를 빙빙 도는데, 언제나 오른쪽으로 돈다. 그래서 정화는 이처럼 주위를 순회하는 행위를 야기한다. 그리하여 lustrare는 '편력하다', '관통하다', '검열하다'를 의미하는 동시에 '정화하다'를 의미하게 되었다. 선행 문장의 prima luce를 lustrum과 연관 지을 수 있다면, 다음 해석이 나올 수 있다. lustrare는 문자 그대로의 의미인 '빛을 비추다'를 의미할 수 있다. 이때 정화자들의 행진은 빛으로 주위를 비추는 태양의 이미지가 된다. 그리하여 사제의 행동과 이 천체(태양)의 행태行態는 서로 일치한다.

어원적 관점에서 가장 단순한 이 설명은 언어사실에 근거하며, 전통과도 가장 간단하게 일치한다. 사람들 주위를 순회하는 것이 끝나고, 모든 사람을 검열하게 되면 인구조사는 종료된다. 즉 is censendo finis factus est(이로써 국세조사가 종료되었다)가 되는 것이다.

---

4) 바예J. Bayet · 바이예G. Baillet, 『로마사』*Histoire romaine*, Paris, 뷔데 판, 1940(I-X).—옮긴이

4장_서원

요약

그리스어 eúkhesthai와 라틴어 uoueo의 어근은 인도이란어에도 출현한다. 라틴어 uoueo, uotum은 '서원'을 가리키는 특수한 표현이며, 이란어 aog-, 산스크리트어 oh-는 '엄숙하게/당당하게 표명하다'를 의미한다. 그러나 호메로스 그리스어 eúkhesthai는 보통 '기도하다'나 '자랑하다'로 번역된다.

이러한 다의성에 대한 이상한 느낌은 어근 *weghʷ-에 '서원'의 이중적 의미를 인정한다면 사라진다. 즉 엄숙하게 서원한 사물과 신앙(헌신)의 대가로 요구한 보증의 의미가 그것이다. eúkhesthai의 의미인 '자랑하다'나 '선언하는 실체에 대해 엄숙히 보증인 노릇을 하다'는 첫째 의미와 관련되고, 또 다른 의미인 '기도하다'나 '서원으로 신의 가호를 요청하다'는 둘째 의미에서 생겨났다. 이러한 통일된 의미는 또한 eúkhomai의 어근에서 파생된 호메로스 그리스어 명사 eûkhos, eukhōlé로 확장된다. 사실상 eûkhos가 전쟁 상황에는 '영광'이나 '승리'를 지칭할 수 있어서 이 의미작용이 '서원'의 뜻이 없는 것은 아니다(그것은 인간의 eúkhesthai에 대한 응

답으로 내린 신의 사역이라는 의미에서 그렇다).

그리하여 *weghʷ-는 발화 영역에 속하는데, 이것은 *spend-가 행위의 영역에 속하는 것과 동일하다. 그것은 안전 보장을 목적으로 하는 엄숙한 서약이자 자신을 담보로 하는 진정한 맹세(라틴어 deuotio)이기 때문이다.

그리스어에서 서약의 용어를 전문적으로 연구하면서 서약의 여러 양태를 가리키는 다수의 동사와 서약 의식을 묘사하는 다른 동사, 예컨대 spéndō 를 살펴보았다. 서약을 선서할 때나 또 다른 정황에서 사용되는 또 다른 동사가 spéndō와 아주 빈번하게 연관된다. 그것은 예컨대 호메로스의 다음 명령에 사용된 eúkhesthai이다. speîson ……kaì eúkheo(헌주하고……기도 하시오; 『일리아스』 24권 287행). spéndein과 eúkhesthai는 실제로 연관이 확실하다.

이 두 동사가 함께 사용된 구절은 아주 많아서 이 두 행위는 분명히 서로 연관된다. spéndō의 의미작용을 증명한 것처럼 이 동사의 고유한 의미작용도 증명해야 한다. 동사 eúkhesthai는 문헌 전통을 통해서 언제나 중동태로 사용되며, 그 의미는 두 가지이다. ① '기도하다', ② '자랑하다', '뽐내며 자랑스럽게 말하다'. 이 두 의미작용은 명사 파생어 eukhḗ(호메로스, 『오디세이아』 10권 526행에 단 한 번 출현), eûkhos(기도)와 eukhōlḗ(허풍/호언장담)에도 나타난다.

고대 주석가들도 이미 이 두 의미를 인정했지만, 한 의미가 다른 의미로 어떻게 전이되었는지는 모른다. 한 의미는 엄밀히 종교적 행위와 연관되고, 다른 의미는 자만심에 찬 발화행위와 연관된다. 그래서 이 두 의미는 공통점이 없어 보인다.

다른 언어로 눈을 돌려 보면, 이 어근이 인도이란어와 이탈리크어에서 확인된다.

이것은 산스크리트어의 종교 어휘에서 oh-, ohatí(웅변조로 알리다)의 형태로 나타난다. 아베스타어 aog-는 산스크리트어 oh-와 대응하며, 단지 '말하다', '발화하다'만을 의미한다. 예컨대 아후라 마즈다는 자라투스투라에게 '말한다'(aogədā). '기도'를 가리키는 어떤 의미도 여기서 볼 수 없다. 아베스타어와 산스크리트어에는 '기도' 개념을 나타내는 다른 용어들이 있다.

이와 대응하는 라틴어 동사는 uoueo와 파생어 uotum, uotiuus, de-uoueo, de-uotio이다. 그런데 라틴어에서 의미는 '기도하다'가 아니라 '신에게 서원하다', '신에게 바치다'이다. 움브리아어 용어 vufru(uotiuus)도 분명 이와 동일한 의미작용이라는 것을 인정해야 한다. 따라서 적어도 이 탈리크어군에는 이 어근이 '서원'을 나타내는 표현으로 의미가 축소된 것을 확인할 수 있다.

여기에 추가해서 아르메니아어에 나타나는 고립형 gog(말하다)를 들 수 있는데, 이것은 사라진 동사에서 파생된 형태이다.

이 모든 형태는 원형 *weghʷ-로 소급된다. 그러나 의미가 언어에 따라 다르므로 이들을 어떻게 통일할지 알 수 없다. 라틴어의 의미인 '서원'은 특수하다. 인도이란어에는 이 의미가 없다. 그리스어는 '기도'의 개념을 한결 강조하면서도 '허풍'이란 개념도 보여 주는데, 이 개념은 전자의 '기도' 개념으로 환원되지 않는다.

용법 분석을 통해서 진정한 의미관계를 확립시켜 보자. 그리스어 eúkhesthai의 의미를 분석하는 데 도움이 되는 표지는 eúkhesthai가 spéndein과 연결된다는 사실이다. 그래서 eúkhesthai가 지칭하는 행위를 탐구하기 위해 spéndein의 고유한 의미작용을 이용해야 한다.

호메로스에 나오는 예를 고찰해 보자. ……speîson Diì patrì kaì eúk-heo oíkad' hikésthai(제우스께 헌주하시고 무사히 집으로 돌아가게 해달라고 **기도하세요**(eúkheo); 『일리아스』 24권 287행). 이 번역이면 충분하다. 그러나 더욱 정확하게 말하자면, 여기에서 제우스에게 비는 소원에 spondé가 같이 표현된 것을 알 수 있다. 그런데 spondé는 호메로스와 고대 용법에서는 안전 보장을 보증하는 것을 목적으로 하는 헌납(물)이다(앞의 262쪽 참조). 여기서 spéndein의 행위에는 eúkhesthai로 지칭된 어떤 종류의 발화가 수반된다. 발화와 행위가 서로를 보완하면서 이들은 동일 목적을 가지고 있다. 그래서 spondé를 바치는 헌납자, 즉 프리아모스가 적국에서 위험을 겪고 귀환이 불확실한 경우에 집으로 돌아올 수 있는 은총을 내려 달라고 제우스에게 부탁하는 것이다. 여기서 eúkhesthai는 '서원을 표명하다'로 번역할 수 있겠다.

그러나 '서원'이란 용어에는 애매한 의미작용이 있음을 알아야 한다. 그것은 두 가지 별개의 뜻이 있는데, 라틴 용어 uotum, uoueo의 용법에서 볼 수 있다. 그것은 한편으로는 어떤 행위를 수행하기로 '서원(맹세)하다'이고, 다른 한편으로는 '서원(소원)을 표명하다'이다. 첫째 경우의 서원(맹세)은 어떤 일을 수행할 것을 약속하는 것이다. 예컨대 신전을 지어 바치기로 서원(맹세)한다. 이것은 신에게 하는 약속이다. 그러나 동시에 '서원'(소원)은 사람들이 신을 믿는 대가로 신에게서 받기를 희망하는 내용이다. hoc erat in uotis(이것이 내가 바라던 바요)라고 호라티우스(『풍자시』Sat. II, 6, 1)[1]는 말한다. 이러한 의미 차이에 대응해서 라틴어에는 두 가지 표현이 있다. 한 가지는 uotum soluere(자기가 한 서원을 이행하다)이다. 신에게 조각상을 바치기로 '서원한' 사람은 전쟁의 위험에서 벗어나면 그 의무를 이행해야 한다. 또 한 가지는 uoti potiri((사람에 대해 말하면서) 그의 서원을 받다,

소원을 풀다)이다. 다시 말해서 '신으로부터 이미 표명한 소원을 성취하다'를 뜻한다.

이 두 가지 의미가치를 강조하자. 때로는 간구하는 자가 신에게 소원을 들어 줄 것을 바라는 희망을 의미하기도 하고, 때로는 신에게 자신이 성취하려는 약속하는 내용을 가리키기도 한다. 다른 언어들의 형태를 해석하기 위해서도 이 두 가지 개념을 고려해야 한다.

우선 인도이란어를 보자. 산스크리트어 oh-(발화하다)와 아베스타어 aog-는 형태뿐만 아니라 특징적 의미관계로도 서로 대응한다. 예컨대『리그베다』VIII, 5, 3: vācam dūto yathohise(사자使者로서 내가 발화하는 말)와 『아베스타』의「야시트」XIII, 90: yō paoiryō vācim aoxta(첫번째로 말을 발화한 사람)이다.

이 동사는 단순한 '발화행위' 이상의 것을 나타낸다. 즉 hotar(봉납을 행하고, 신에게 헌납(물)을 보고하고, 이 봉납에 참여하도록 초대하는 자)의 행위를 표현한다. oh-와 헌납(물)의 관계는 그리스어 eúkhesthai와 spéndein의 관계와 같다. 더욱이 베다 산스크리트어 동사 oh-는 '자랑하다', '무엇을 자랑으로 삼다', '자만심을 갖고 단언하다'를 의미한다. 이 의미는 그리스어 용어의 중요한 의미 중 한 가지와 결부된다.

마지막으로 oh-와 연관된 것으로서 '희생제사를 드리는 자'를 지칭하는 명사형 vāghat가 있는데, 그는 희생제사를 거행하고, 축성을 선언한다. 그는 (신에게 바치는 희생제사 때) 권위를 가지고 신의 사자使者로서 신에게 바라는 것(dūto yatha)을 분명하게 말한다.

---

1) 호라티우스Quintus Horatius Flaccus(기원전 65~68년): 로마의 위대한 서정 시인. 작품으로『서정 단시』 *Odes*, 『장단격시』*Epodos*, 『풍자시』*Satires*, 『서간집』*Epistles* 등이 있다.—옮긴이

이란어 동사 aog-는 '말하다'를 의미하지만 이것은 아무에게나 사용될 수 있는 것은 아니다. 아주 중요한 고위 인사, 신, 그 대변자인 자라투스트라에게 사용되며, 이들의 발화는 aog-로 시작된다. 그것은 이들의 말이 권위를 가지고 표명되는 결정적인 발화이기 때문이다. 이 의미가 베다 산스크리트어보다 아베스타어에 더욱 광범하게 나타나지만, 두 언어의 기본적 의미작용은 동일하다. 즉 '서약하는 말을 권위를 가지고 발화하다, 엄숙하게 보증하다'(이 의미는 희생제사가 이루어지는 동안 더욱 명료해진다)이다. 대가를 받을 것으로 기대하고 헌납을 드리면서 서원의 발화문을 발화할 수 있는 것은 바로 이러한 이유 때문이다.

이제 이탈리크어로 넘어가면, 라틴어 uoueo, uotum(서원)과 움브리아어 vufetes(uotis (consecratis), '신에게 바친 서원들'))와, 'uotiuum'(서원으로 약속한)으로 번역되는 vufru를 고찰해야 한다.

첫눈에는 라틴어 uouere(바치다/서원하다)의 정확한 의미가 그리스어 eúkhesthai(기도하다)나 eukhé(기도)의 의미와 일치하지 않는 것 같다. 그렇지만 여기에도 제도가 동일하다. 이 제도의 기원을 분석하는 일이 과제다. 이 작업은 두 언어에서 이들 용어의 의미를 자세히 밝히면 가능하다.

라틴어에서 '바치다', '서원하다'의 의미는 로마사의 한 일화에서 예시되는데, uouere의 개념은 여기서 명백하게 드러난다(티투스 리비우스, 『로마사』 VIII, 10, 11). 여기서는 데키우스 무스[2]를 화제로 삼고 있는데, 그는 기원전 340년에 지옥의 신들이 로마인들이 승리하도록 자신을 '헌납(헌신)한다'. 데키우스 무스가 지옥의 신들에게 예상한 대로 자신을 헌신하는

---

2) 데키우스 무스Decius Mus: 삼니움 전쟁 때의 로마의 전설적 영웅. 로마에 승리를 보장하기 위해 적군 속으로 돌진하다 목숨을 잃었다고 한다. ―옮긴이

행위는 도움을 기대하는 대가로 맡기는 담보이다.

기대하는 헌신의 행위는 언제나 상승작용을 하는 호혜성의 원리에 기초한다. 이 원리는 다른 제도를 통해 이미 알려져 있다. 무엇을 제공하면 그것은 반드시 더 나은 증여를 초래한다. 그래서 '헌신한' 사람은——생명을 그대로 유지하거나——신에게 미리 담보 신세가 된다. '헌신하는' 것은 가장 구속력 있는 헌납이다. 로마 종교에서 '서원'이 가장 엄격한 규제 대상이었다는 사실을 상기하는 것이 유익하다. 공인된 형식으로 '헌신'이 국가와 종교 대표자에게 가납되려면, 우선 nuncupatio, 즉 서원(맹세)의 엄숙한 표명이 필요하다. 그리고 나서 규범에 따라 이 서원을 명백히 말로 표현해야(uotum concipere) 한다. 이 형식화된 표현은 사제가 주도권을 가지며, 서원자는 이를 정확히 따라서 반복해야 한다. 그런 후에 권위자가 이 서원을 접수하고, 공식적 재가를 통해 공인해야 한다. 이것이 uotum socipere이다. 서원이 수용되면, 서원자는 요구의 대가로 약속을 실천에 옮겨야 하는데, 이것이 uotum soluere이다. 마지막으로 이러한 종류의 모든 의식의 거행처럼 그 서약을 지키지 않았을 경우에 대비해서 제재가 예정되어 있다. 약속대로 의무를 이행하지 않은 자는 uoti reus(서원을 어겨 기소된 자)이며, 이처럼 고소되면 처벌을 받는다. 즉 uoti damnatus(서원을 이행하도록 처단받은)이다. 로마법의 정신 전체는 이 규정에 존재한다.

이제 그리스어로 눈을 돌려 보면, 다양하고 풍부한 증거에도 불구하고, 다른 종류의 용어들이 나타나는 것을 확인할 수 있다. 이들은 라틴어가 보여 주는 것처럼 '서원'의 엄밀한 개념과는 이질적인 듯이 보인다. 이 문제 전체를 재론하려면 많은 예문을 검토해야 한다.

우선 호메로스의 어휘에서 eûkhos의 의미 영역 전체와 관계되는 문제에 직면하는데, 이 문제는 eûkhomai의 두 가지 의미인 '기도하다'와 '자랑스럽게 단언하다'에 관한 것이다.

아주 많은 예들(이 동사는 100회 이상 출현한다)을 고찰하면, 통상적 번역이 반드시 필요할 것 같다. 경우에 따라 eúkhetai는 때로 '(자신이 가장 용감하다는 것을/자신이 어떤 자의 아들이라는 것을) 그는 힘주어 단언한다'를 의미하기도 하고, 또 때로는 '그는 기도한다'를 의미하기도 한다.

그리스어 전 시기를 통해서 종교적 의미를 지녀야 할 이 동사가 어떻게 호메로스에서 '힘차게 단언하다'를 의미하는가? 그렇다면 어원사전의 의도대로 진정한 의미는 '큰소리로 선포하다', '엄숙하게 표명하다'를 가리키는 것이 아닐까? 그렇다면 이 경우, '서원'의 전체 의미발달은 라틴어에서 기인하는 것으로 간주해야 할 것이다.

호메로스에 나오는 이 동사와 명사의 특징적 예를 검토하는 것 외에는 다른 자료가 없다.

호메로스의 『일리아스』 4권 101행 이하에 나오는 번역은 의심의 여지가 없다. "네가 다시 돌아가면 아폴론에게 제물로 첫배 새끼양 100마리를 바치겠다고 서원하시오(eúkheo)." 이 예는 다른 구절에 나오는 eúkhomai의 의미를 해명해 줄 수 있다. 번역서에 따르면, 이들 구절에서는 '기도'가 주제이지만, '기도하는' 행위가 의식 행사에 대한 기술에 포함되어 있다. 제단 주위에 100마리의 양을 제물로 바치면서 대제사장 크리세스가 딸을 되돌려 받았을 때 하는 기도가 그 예이다.

그러자 크리세스가 두 손을 들고, 그들을 위해 큰소리로 기도를 올렸다(megál' eúketo). "크리세와 신성한 킬라를 지켜 주시고, 테네도스를 강력히 다스리시는 은궁銀弓의 신이여, 내 기도를 들어주소서. 전에 그대는 내 기도를 들어주시어……그와 같이 오늘도 내 소원을 이루어 주시어 다나오스 백성을 수치스러운 파멸에서 구해 주소서." 이렇게 eukhḗ(lukhómenos, 기도)를 말하자 포이보스 아폴론이 그의 기도를 들어 주었다. 그리고 다른 사람들도 eúksanto(기도하고), 자신들 앞에 보리를 뿌리고 나서…….(『일리아스』 1권 450행 이하)

이 전체 장면은 '기도'라는 동사, 즉 eúkhesthai에 의해 연결된다. "전에 그대는 내게 euksámenos를 들어주시어"(453행). 마종은 '그대는 내 서원(mes voeux)을 들어주셨다'로 번역했는데, 이는 **의미를 고려하여**(ad sensum) 기본 개념을 번역한 것이다. 그래서 '기도'와 '서원'은 구별되지 않는다. 이것은 동일한 행위이다. 즉 여기에서 '기도'는 다나오스인을 위한 '서원'을 표현하며, 따라서 희생제사가 수반된다. 이 헌납물로 신을 구속하면서 '이 파멸을 피하게 해달라'고 재촉하고 신에게 기대하는 바의 도움을 예상한다.

두번째 예(『일리아스』 2권 410행 이하)에도 그 표현양식은 동일하다. 그래서 문맥을 고려해야 한다. 아가멤논이 희생제사를 드린다. "그들이 황소 주위에 둘러서서 보리를 집어들자 그들 사이에서 통치자 아가멤논이 이렇게 기도했다(eukhómenos metéphē)." "오……제우스여,……연기에 그을린 프리아모스의 궁전을 땅에 메어치며, 타오르는 불길로 그 문들을 태우고, 헥토르의 가슴 위에서 그의 웃옷을 청동으로 갈기갈기 찢어 놓기 전에는 결코 해가 져서 어둠이 찾아 오지 못하게 하소서. 그리하여 그의 주위에는 그의 숱한 전우들이 얼굴을 먼지 속에 처박고……." 그는 이렇게 말한다. 그렇지만 크로노스의 아들은 "그의 서원을 들어주려고 하지 않는다……". 헌납자는 **어떤 조건하에서** 신에게 희생제물을 바친다. 다시 말해서 그가 표명하는 '서원'으로, 즉 '기도'의 대상으로 바친다. 텍스트의 상관

관계에서 볼 때, 이 구절은 서원을 가리키는 동사(eúkhomai)와 신에게 이 서원이 가납되는 것을 가리키는 동사(epi-kraiaínō(이행하다/실현시키다))를 제시한다.

마지막으로, 마치 단계가 있는 것처럼 『일리아스』6권 302행 이하에서 의식 행사의 진행을 또한 자세히 설명하는 새로운 사실을 발견할 수 있다. 여자들이 아테네 여신의 신전으로 간다. "그러자 그들은 모두 통곡하며 두 손을 들어 아테네에게 기도했고……그리고 테아노는 옷을 받아 머릿결이 고운 아테네의 무릎 위에 올려놓고, 제우스의 딸에게 기도하면서(eukhoménē; 304행) 서원을 빌었다……." 여기서 헌납의 대상——이 경우에는 신전에 갖다 놓은 옷——을 제시하고, 그다음에는 팔을 하늘을 향해 뻗으면서 아테네에게 간청을 하고, 마지막으로 다음 요청의 발화를 차례로 상세히 말한다. "제발 디오메데스의 창을 꺾어 주시면, 한 살배기 암송아지 열두 마리를 지금 당장 신전에 제물로 바치겠나이다."

이것이 완벽한 '서원'이다. 요구하는 것과 헌납하는 것, 즉 uot-um, 다시 말해 헌납한 사물과 동시에 서원하는 말이 있어야 한다.

호메로스의 관용 표현 hôs éphat' eukhómenos가 나오는 모든 예에서도 이 사용 조건을 찾아볼 수 있다. 예상하는 실제의 헌납물이지만, 그것을 언제나 사람들이 기대하는 것에 대한 대가로 바치는 것이다. '기도'의 의미는 너무나 모호해서 언제나 '서원'으로 구체화되어야 한다.

이제 두번째 범주의 용법으로 넘어가자. 이 용법에서 eúkhomai는 부정법 절로 구성되거나 술어 명사와 함께 구문을 구성한다. "이 진영에서 오늘 가장 위대하다고 '자부하는'(eúkhetai eînai) 아가멤논"(『일리아스』1권 91행), "그러니 전부터 '그대가 자부하던'(eúkhetai eînai) 그러한 사람으로서 전쟁을 향해 일어서시오"(4권 264행).

이 의미를 종교적 용법에 기초해서 설명하려는데, 그 이유는 이 의미가 종교적 용법의 변종이기 때문이다.

이것은 신들 앞에서 발화하는 동일한 메커니즘의 단언이다. 이번에는 신으로 하여금 존재 단언을 보증하도록 구속한다. 이 확언을 뒷받침하기 위해 사람들이 상징적으로 바치는 것은 자기 몸이다. "어떤 자의 아들로서 나 모든 자들 가운데 가장 용감한 자로서 나 자신을 신들께 바친다."

강조의 의미가치는 이와 같은 은유적 헌신에서 유래한다. eúkhomai는 약속(맹세)의 동사로 남는다. '나는……라고 약속(맹세)한다.' '나는 (가장 용감한 자 또는 어떤 자의 아들이라고) 맹세한다'라고 말할 수도 있다.

종교적 의미에서 헌납물의 헌납을 실제적인 것으로 보든(호메로스에서 나오는 첫번째 의미) 약속한 것으로 보든(라틴어의 의미), 그것은 여기서는 존재 단언을 뒷받침하는데, 여기서는 이 단언 자체가 헌납물이다. 다시 말해 단언을 확실하게 뒷받침하려면 진정한 '헌사'가 있어야 한다. 민중 프랑스어에서 그와 비슷한 사실을 인용하자면, 그것은 이 의미로 쓰인 동사 promettre의 용법이다. *je vous promets* qu'il est bien celui qu'il dit être(나는 그가 자신이 누구라고 말한 그 장본인이라는 것을 당신께 약속하오/맹세하오). 이는 자기가 발화한 절節의 진리에 자신을 구속시키는 방법이다.

이 용법 가운데 단 하나의 변종이 문법 구문 때문에 이 해석을 허락하지 않는다. 오직 한 예문에만 나타나지만, 아주 흥미롭다. eúkhomai는 미래나 현재에 적용되지만, 이 예에서는 과거와 관련된다. 이 예문은 방패를 묘사하는 특이한 구절이다(『일리아스』 18권 499~500행). 군중이 대회의장에 운집해 있다. "그곳에는 시비가 벌어져 두 사람이 죽은 사람의 죗값(poiné) 때문에 서로 다투고 있었다. 한 사람은 백성에게 내보이며 대가를 다 치렀다고 주장했고(eúkheto), 다른 한 사람은 아무것도 받지 않았다고 부인했다(anaíneto). 그래서 두 사람은 재판관 앞에서 시비를 가리고자 했다. 백성들은 두 편으로 나뉘어 각기 제 편을 성원했고, 전령들은 백성을 제지했다. 한편 원로들은 잘 다듬은 돌 위에 신성한 원을 그리고 앉아 ……"(마종의 번역). 이 eúkhesthai의 번역과 이 광경에 대한 해석은 모든 곳에서 수용되는 듯하다. 그렇지만 이 번역이 용인될 수 있다고는 생각하지 않는다. 학자들은 이처럼 기술된 광경의 의미와 관심을 이해조차 못하고 있다. 즉 한 사람은 poiné를 지불했다고 주장하고, 다른 한 사람은 그것을 받았다는 것을 부정한다는 것이 그것이다. 도대체 이 분쟁이 어떤 점에서 군중을 열광케 하고, 몸값을 지불했는지를 단지 확증하는 것이 문제라면, 이 문제를 해결하는 데 왜 원로들에게 도움을 청해야 할까? 따라서 살해된 사람의 poiné와 이 소란스러운 시비 사이에는 어떤 관계가 있는가? 더구나 이와 같은 논란이 어떤 상징으로 표현되는지, 또 기술자(여기에서는 방패를 만드는 헤파이스토스)가 어떤 방식으로 그 같은 시비의 진위를 가리는 모습을 묘사했는지를 사람들이 이해하지 못하고 있다.

이 구문은 반론의 여지가 없는 것이 아니다. 선행성은 단순 아오리스트로 표현되기 때문에 eúkheto apodoûnai를 '그는 **지불했다**고 주장한다'로 번역할 수 있을까? anaíneto helésthai가 '아무것도 받지 않았다고 **부인했다**'를 의미할까? anaínesthai가 결코 '부인하다'를 의미하는 것이 아니라, 오직 그리고 언제나 '거부하다'만을 의미하기에 말이다.

그러면 이 의미대로 둘째 문장을 해석한다면, '다른 사람은 어떤 것도 받기를 거부한다'를 의미한다. 유추에 의해 첫째 문장의 의미를 즉각 해석할 수 있다. 즉 '한 사람이 모든 핏값을 지불하기로 **약속하자/맹세하자**'이다. 그렇다면 이 논란의 의미는 완전히 뒤바뀐다. 즉 '한 사람이 모든 핏값을 지불하기로 **약속하자/맹세하자**, 다른 사람이 어떤 것도 받기를 **거부한다**'.

이 경우 그 광경은 전혀 다른 함축적 의미를 갖는다. 이는 아주 심각한 논란이다. 살인을 범한 희생자의 가족에게 몸값을 지불함으로써 피를 보상할 수 있다. 그렇지만 이것은 반좌법反座法으로 시행된 원래의 규율이 완화된 형태이다. 고대법에 따르면, 살인자의 살인 대가는 오직 자기 피로써만 치러야 했다.

여기에서 살인자는 모든 죗값을 지불하기로 맹세한다. 그러나 피해를 입은 상대방은 아무것도 받지 않으려고 거부한다. 다시 말해서 그가 살인자의 피를 요구하기 때문이며, 따라서 그는 상대방에 대해 엄정한 권리를 가지고 있다. 이 poiné를 제공하는 자의 목숨이 경각에 달려 있다. 그리하면 왜 군중들이 열광하고 양편으로 나뉘는지 이해할 수 있다. 그리고 장로회의가 소집되고, 전령들이 돌아다니는 이유 등도 이해된다. 우리는 이 기술자가 이용한 방책을 상상할 수 있다. 즉 희생자의 주검 앞에서 이루어지는 한 사람의 제의와 상대방의 거부, 이 광경을 눈앞에 그릴 수 있다. 그래서 eúkhesthai는 여기서 '어떤 일을 했다고 단언하다'를 의미하지 않고, 과거 사건의 기술을 목표로 하지 않는다. 그것은 다른 모든 곳에서처럼 '무엇을 약속(맹세)하다', '(지키지 않으면) 신의 처벌을 받는다는 조건으로 서원하다'를 의미한다.

어떤 번역이나 사전도 이와 같은 해석을 제시하지 않는다. 이 해석이 필수적인 것 같다. 그러므로 eúkhomai는 과거를 지칭하거나 수행한 사건이 아니라 오직 현재나 미래의 상황을 지칭할 뿐이다.

이제 명사 eûkhos를 간단히 살펴보자. 이 명사는 호메로스에서 늘 출현하지만, 여성 eukhé는 차후에 널리 사용된다. 파생어 eukhôlé와 관련해서 eûkhos를 고찰해 보자.

eûkhos의 통상적 번역은 '승리', '개선'이다. 이미 그리스인도 다양한

동의어를 인정한다. 헤시키오스는 eukhōlḗ를 eukhḗ(기도), kaíkhēsis(자랑), thusía(희생), níkē(승리), térpsis(쾌락), khará(기쁨)로 주석한다. eûkhos가 사용되는 일반 구문에서 이것은 언제나 증여 동사 '주다', '허락하다', '거절하다' 등의 목적어로 사용된다. 다음에서 그 한 예를 볼 수 있다(『일리아스』 5권 285행). "그대는 옆구리를 정통으로 맞았으니 생각컨대 필시 오래 버티지는 못하리라. 그대는 내게 큰 영광(még' eûkhos)을 주었도다"(마종의 번역). eûkhos는 '승리'인가, '영광'인가? 어느 것도 아니다. 왜냐하면 전쟁에서 전사는 '서원'을 하는데, 단 한 가지 서원만 한다. 즉 승리를 쟁취하겠다는 서원뿐이다. 전사에게 '서원'을 허락한다는 것은 '승리'를 주는 것과 의미가 같다. 용법의 조건이 이처럼 눈에 띄는 의미전이를 설명한다. 따라서 eûkhos를 '서원'의 의미로 귀착시킬 수 있고, eukhōlḗ는 더욱 구체적으로 '헌납'의 동기, 즉 헌신의 동기를 가리킨다.

　제사의식에서 eúkhesthai는 사람들이 신에게 요구한 은총을 받기 위해 신에게 헌납하기로 약속하는 것을 가리킨다. 여기서 두 가지 의미가 분리된다. 즉 한 가지는 신에게 약속한 헌납물을 엄숙하게 보증하는 것, 즉 eúkhesthai hiereîon(희생제물을 서원으로 약속하다; 라틴어 uouere templum)이고, 다른 하나는 기대하는 은총을 분명히 말로 표명하는 것, 즉 eúkhesthai thánaton phugeîn이다. 다시 말해서 '신에게 죽음에서 벗어나게 해달라고 은총을 구하는 것'이다. eukhōlḗ의 의미진화는 이 동사의 의미발달과 평행한다. 즉 허풍스러운 자랑으로 간주될 수 있는 상황에서 엄숙하게 공개적으로 표명하는 진실한 단언이라는 의미이다. 그리하여 이 단언은 가장 용기 있는 단언이 된다. 예컨대 eukhōlḗ áriston eînai(가장 용감하게 달려들겠다고 장담하다)는 자기 우월성을 보증하는 과장된 허풍이 있는 단언이다.

따라서 eúkhomai의 종교적 의미는 '신에게 서약/서원을 발화하다'이며, 이 서약은 은총으로 보상받을 수 있을 것으로 소망하는 서약이다. 그 어떤 것도 '기도하다'로 번역할 수 없다. 이 번역은 전체 용법과도 부합하지 않을 뿐 아니라 특정한 예와도 일치하지 않는다.

출발점으로 되돌아가서, 이제 eúkhesthai이 spéndein과 어떻게 서로 결부되는지를 알 수 있다. 여기에서는 '의식'儀式과 '신화'神話가 밀접하게 연관된다. 발화행위는 헌납의 행위와 의미작용이 동일하다. 이 두 가지 행위는 모두 두 민족과 두 군대를 구속하는 서약의 선서를 수반하는 까닭이다. 안전보장의 의식으로서 spondé는 있을 수 있는 불행과 약속의 위반으로부터 당사자들을 지켜 준다. 또한 eukhé도 발화로 표명하는 동일한 언어행위이다. 이것은 공개적이고 엄숙하고, 심지어 과장기가 있는 발화이며, 두 당사자가 서약하기 때문에 상황에 적합한 발화이다. 서약은 당연히 deuotio이기 때문이다. 다시 말해서 우리가 살펴본 대로, 그리스어 hórkos는 서약한 말을 어기는 경우에 전능한 신의 보복을 예상하면서 신에게 헌신한다는 의미이다.

분명한 은총을 대가로 신에게 이 헌신을 보증하는 것을 공언한다. 즉 사람들은 미래의 전능한 신에게 몸을 미리 맡긴다. 마찬가지로 서약을 분명한 형식으로 발화하면서부터 그는 이미 '헌납한' 존재가 된다. 이 모든 사실은 서로 연관되며, 기본 용법(호메로스는 이 관용에 대한 귀중한 증언이다)에 나타나는 이들 동사의 의미가 서로를 인정하고 필요로 한다는 것은 우연이 아니다. 이러한 고정 성구를 통해서 진정 인도유럽적이고 다수의 인도유럽사회에 공통된 제도의 흔적을 발견한다.

5장_기도와 간구

요약

이미 연구한 *prek- 외에 '기도하다'를 가리키는 여러 용어로 인도유럽어들을 제한적으로 비교할 수 있다. 히타이트어 maltāi-(기도하다)와 친근 관계가 있는 형태의 존재를 입증해 주는 히타이트어-슬라브어-발트어-아르메니아어(-게르만어?)의 원래 방언군과 관련지어 보면, 이란어, 켈트어, 그리스어는 모두 어근 *gʰʷedh-(기도하다/원하다)에서 파생된 용어를 보여 준다.

어원학자들은 그리스어 lité, líssomai(기도/기도하다)와 라틴어 litare(길조를 얻다/신을 달래다/진정시키다)의 의미 차이에 무척 난감했다. 그렇지만 어기의 실질적 동일성 때문에 어쩔 수 없이 비교하지 않을 수 없다. 호메로스에서 '기도'로 아주 모호하게 번역되는 lité는 원래 '보상을 얻기 위한 기도나 보상의 승낙'(그래서 eukhōlé(헌납의 기도)와 대립된다)을 의미한다는 사실을 알면 이 난점은 해소된다. 그리스어 lité와 라틴어 litare의 어원 관계는 속죄贖罪라는 공통 관념 내에서 나타난다.

라틴어와 그리스어에서 '간구하다', '간구하는 자'를 가리키는 단어는 이 간구를 특징짓는 몸짓을 가리키는, 구체적 의미의 어근에서 파생되었다. 라틴어 supplex는 어원적으로는 '~의 발 아래(sub) 몸을 굽히다(*plek-)'를 의미한다. 분명 supplicium의 기원은 간구의 물질적 헌납, 헌납물을 가리켰고 보상의 헌납(물)이 신체적 고통인 경우에는 '체형', '형벌'을 의미했다.

호메로스의 여러 예들(예컨대 『오디세이아』 5권 445~450행; 9권 266~269행)에 나오는 그리스어 hikétēs(간구하는 자)는 hikánō(도달하다/만지다/접촉하다)와 비교할 수 있다. 사실상 간구의 몸짓은 간구를 듣는 상대방의 몸을 **만지는** 것이기 때문이다.

헌납과 기원으로 이루어지는 모든 의식 행사는 희생제사를 통해 인간과 신이 서로 관계를 맺는다. 그러나 이 행위와 발화가 대립되거나 행위에 발화가 추가되면, 이 발화는 행위를 통해 영향을 행사하고 보완된다. 지금까지 우리가 살핀 용어들을 통해 고찰한 것은 인간과 신 관계의 '실천적' 측면이었다. 모든 곳에서 '희생제사를 드리는 것'은 '행위'로 제시되어 있다. 라틴어 sacrificare, sacrum facere(희생제사를 거행하다)와, facere와 명사 탈격 tauro facere(황소로 제사를 드리다)든지, 그리스어 rhézein(행하다), 인도이란어 kar-(행하다)든지 모두 그렇다. 그렇지만 모든 종교적 '행위'에는 '기도'가 따르며, 이들은 완전한 제사의식을 구성하는 두 요소이다. 즉 신의 세계에 접근하는 두 가지 수단이다.

'기도'는 많은 인도유럽어에 공통된 단어를 거의 발견할 수 없다. 이들 단어 가운데 하나를 여기에서 연구했는데, 그 단어는 어근 *prek-에서 유래한다. 이 어근의 파생어 precor, *prex, preces는 여러 의미 영역에 속한다. 이 어근을 재론하는 것은 단지 precor(얻으려고 노력하다/적절한 말로 권리가 있는 것을 요구하다)의 고유 의미를 상기하기 위한 것이다. 이 과정은 발화라는 매개를 필요로 한다. 고대 로마의 관용 표현에는 '무엇을 구하려고, 얻으려고 노력하다'를 의미하는 동사 quaeso(quaero)가 흔히 동사 precor와 연관되기 때문이다.

히타이트어 동사 maltāi(기원을 낭송하다/기도하다)와 중성 파생어 maldeššar(기도/기원)를 동일시하면서 많은 언어에 공통으로 나타나는 인도유럽어 용어가 밝혀졌다.[1]

이 히타이트어 동사는 발트어와 슬라브어에만 있던 형태와 관련되며, 달리 특별한 관계가 없었던 방언들과도 이상하게 서로 연관된다. 히타이트어 maltāi-와 리투아니아어 meldžiù melsti(기도하다), maldà(기도), 또 고대 슬라브어 moljǫ와 중동형 moliti(sę)를 비교해 보자. 이들은 『복음서』의 δέομαι(기도하다), παρακαλῶ(도움을 청하다)와 προσευχομαι(기도하다)를 각각 번역한 것이다. 그리고 폴란드어 modlič się(기도하다), modla(기도), 체코어 modla(우상/신전)와도 비교해 보자. 따라서 발트어와 슬라브어의 현재형은 *meld-yō로 확인된다. 어기의 끝자음의 음성 차이를 제외하면, 아르메니아어 małcʿem(나는 기도한다/나는 간청한다)과도 비교할 수 있다. 이 단어의 tʿ는 *t나 *th에서 근거한다. 따라서 d/t(h)가 교체된 것이며, 이처럼 의미적 관계가 있는 곳에는 이를 인정해야 한다. 모든 언어에서 명확히 드러나는 '기도하다', '기도문을 낭송하다', '간청하다'라는 의미 덕택에 히타이트어, 발트어, 슬라브어를 한 단어군으로 분류하고, 또한 의미가 약화되었지만 독일어 melden, 고대 고지 독일어 meldōn, meldjan(말하다/표명하다)의 단어족도 추가시킬 수 있다. 여기서 히타이트어가 종교 제도

---

1) 『파리 언어학회 논고』 33, 1932, p. 133.

의 용어를 재구하는 데 직접 이용가능한 증거를 제공하는 것은 매우 드문 예이다.

또 다른 어휘 단위는 *ghʷedh-(기도하다/원하다)로 제시된다. 이 어휘 단위에는 이란어군의 고대 페르시아어 jadiya-, 아베스타어 jadya-((신에게) 기도로 간청하다), 소그디아나어 ā-gad-ak(서원)가 포함된다. 인도유럽어의 동부 영역의 반대 극지방인 서부 영역에 아일랜드어 guidim(요구하다/기도하다), guide(기도)가 있다. 이 두 언어 영역 사이에 그리스어 형태가 있는데, 이는 둘로 나뉜다. 하나는 pothéō(원하다/후회하다)이고, 다른 하나는 théssasthai(간청하다)이다.

게르만어는 '기도'를 가리키는 고유 용어가 있는데, 고트어 bidjan(요구하다/기도하다), bida(요구/기도)이다. 그러나 이들 형태가 두 단어군, 즉 독일어 bitten과 beten을 형성하는 까닭에 게르만어의 내적, 외적 관계는 복잡하다. 두 가지 어원 가능성이 고찰되었다. 즉 한편으로 라틴어 fido와 그리스어 peíthō의 단어족(제1권 140쪽 이하 참조)과의 관련성이고, 다른 한편으로 *bhedh-에서 유래하는 고대 색슨어 knio-beda((무릎을 꿇은) 기도)와 산스크리트어 jñu-bādh-(무릎을 꿇은)의 비교이다.

문제는 그리스어에 독특한 명사형이다. '기도' 또는 '간청'은 명사 파생동사 líssomai(기도하다/간청하다)의 기어基語인 그리스어 lité로 표현된다. 이와 아주 유사한——심지어는 같은——형태인 라틴어 litare를 비교할 필요가 있다. 그러나 이 동사 litare는 뜻이 꽤 다른데, 헌납자에 대해 말할 때는 '간청하다'가 아니라 제사의 결과로 '길조를 얻다'를 의미하고, 희생 제물(짐승)에 대해 말할 때는 '길조를 나타내 보이다'를 의미한다. 그래서 litare의 의미가 확장되어 '신을 달래다', '원하는 것을 신에게서 얻다', '신을 진정시키다'를 의미한다. 이 의미 차이가 아주 확연해서 그리스어 lité와 라틴어 litare의 관계를 설정하는 것이 주저된다. 라틴인은 그리스어와 라틴어의 용어의 친근관계를 의식했으며, 몇몇 라틴 주석가들도 이 라틴어 그리스어 차용어로 해설하고 있다. ……alii ex Graeco, a precibus quas illi λιτάs dicunt(다른 사람들은 그리스 출신인데, 이들은 기도를 litás로 부른다; 페스투스 103, 13). 페스투스의 지적에 따르면 litare는 그리스어 lité에 나타나는 *lita의 명사 파생동사로 간주된다.

이 점에 대해 아직도 견해가 양분된다. 에르누-메이예의 사전은 그리스어 차용어로 생각하나 의심쩍어서 그 의미는 전혀 언급하지 않는다. 호프만J. B. Hofmann은 litare를 그리스어 차용어로 간주하고, litare가 '간청하다'의 의미였고, 그 후 sacrificare와 대립적으로 '호의적으로 간청의 헌납을 하다', '헌납물을 바치다'라는 의미로 추정하여 의미차를 설명한다. 그러나 이는 별로 설득력이 없다.

우리도 litare가 *litā의 명사 파생동사이며, 이 명사 자체는 그리스어 lité에서 차용되었다고 생각한다. 그러나 그리스어 lité(기도/간청)와 라틴어 litare(길조를 얻다)의 의미 차이는 관례적으로 공인된 번역에 만족하면, 여전히 극복할 수 없다. 그래서 여기서는 특히 그리스어 lité, lissomai의 의미를 상세히 설명하는 것이 과제다. '간청하다'는 의미는 지나치게 단순하기 때문이다. 이 '간청'이 목표로 하는 것은 과연 무엇인가? 그것은 어떤 태도에서 연유하는가?

lité를 좀더 자세히 정의하려면, 『일리아스』의 유명한 구절(9권 500행 이하)로 되돌아가야 한다. 여기서는 기도의 여신들(Litai)이 아킬레우스에게 사자로 왔을 때, 신의 사람들로 언급된다. 포이닉스는 아킬레우스에게 분노를 잊고, 무기를 다시 들라고 간청한다.

"그대는 결코 무자비한 마음을 가져서는 아니 되오. 덕과 명예와 힘에 있어 더 위대한 신들의 마음도 돌릴 수 있는 법이오. 그래서 사람이 죄를 짓거나 잘못을 저질렀을 때는……그들에게 간청하러(lissómenoi) 가지요. 기도[사죄]의 여신들(Litai)은 제우스의 딸들이지만……오류의 여신(미망의 여신/맹목의 여신, Atē) 뒤를 열심히 따라다니는 것이 그들의 일이오. ……그러나 오류의 여신은 힘이 세고 걸음이 날래므로 기도의 여신들을 크게 앞질러 온 대지 위를 돌아다니며 인간들에게 해를 끼치지요. 그러면 기도의 여신들이 이를 고치기 위해 뒤따라가지요. 이때 가까이 다가오는 제우스의 딸들을 공경하는 자에게는 큰 이익을 주고 기도도 들어주지만, 그들을 따돌리고 완강히 거부할 때는 그들은 크로소스의 아들 제우스에게 가서 그자가 넘어져 죗값을 치르도록 오류의 여신(Atē)이 그를 따라다니게 해달라고 간청하지요"(마종의 번역). 이 구절에서 lissómai의 의미에 대한 귀중한 암시를 두 가지 끌어낼 수 있다. 사람들이 말을 위반하거나 잘못으로 죄를 지었을 때, 신들에게 '간청한다'(lissómenoi, 501행). 따라서 이 간청(litḗ)은 신에게 저지른 잘못에 대한 사죄를 얻으려는 경향이 있다. 기도의 여신들의 역할을 이와 같은 관점에서 해석할 수 있다. 요컨대 이 알레고리는 미망으로 죄를 범했기에 고통을 받는 자에게 기도의 여신(Litḗ)이 치료해 주고, 그의 서원을 들어준다는 의미이다. 그러나 그가 기도의 여신을 거부하면, 여신은 제우스의 형벌을 가져다줄 것이다. litḗ는 신에게 범한 무례함을 보상해야 한다. 신들에게만 하는 것이 아니다. 크리세스가 아폴론의 화환을 감아 매고, 황금 홀을 들고, 엄숙한 걸음걸이로 화려하게 출현한다. 그는 모든 아카이아인에게 간청했다(elísseto). "그대들이 프리아모스의 도시를 함락하고, 무사히 귀국하는 것을 올림포스의 궁전에 사는 신들께서 부디 허락해 주시기를! 다만 제우스의 아드님이신 아폴론을 두려워하여 내 사랑하는 딸을 돌려주고 대신 몸값을 받아 주시오"(『일리아스』1

권 8~21행). 이것은 아카이아인이 아폴론의 사제에게 모욕을 주었기 때문인데, 신은 그에 대한 대가를 요구한다. 크리세스의 lité는 보상의 요구다. 또 제우스의 아들 아킬레우스에게 저지른 모욕에 대해 테티스가 제우스에게 간청하는 것(lissoméne)도 마찬가지다(1권 502행 이하). 또는 노인들과 부모와 아내가 멜레아그로스에게 노여움을 잊게 하기 위해 그에게 비는 간청(9권 553행 이하)도 마찬가지다. 또한 메넬라오스에게 화를 풀라고 간청하는 안틸로코스(23권 608행 이하)도 마찬가지다. 이와 동일한 개념으로 환원되는 다른 구절도 많이 있다. 그래서 lité는 eûkhos 및 eukhólé와 다르다.

요컨대 lité는 신이나 인간에게 저지른 모욕을 보상하기 위해서나 자신을 위해 신에게서 모욕에 대한 보상을 얻으려고 하는 기도이다.

이제 라틴어 litare와 그리스어 líssómai의 상호관계를 복원할 수 있다. 중간 형태 라틴어 *litā는 그리스어 lité와 똑같이 '모욕한 신에게 보상하기 위한 기도'를 의미할 것이다. 명사 파생동사 litare에는 '신에게 보상의 헌납을 수락하게 하다'라는 개념을 엿볼 수 있는데, 이는 사실상 이 단어의 관례적 용법이다. 신은 속죄의 희생제사를 헌납받은 후에 좋은 징조를 보임으로써 헌납을 수락했음을 표현한다(플라우투스, 『소 카르타고인』 489; 티투스 리비우스, 『로마사』 27, 23 참조).

동일 의미를 지닌 용어들의 의미작용은 다른 언어로 넘어가면 바뀌는 경향이 있다. 모든 언어에 기도와 간청의 개념은 거의 비슷하지만, 오직 감정의 강도만 다른 것을 알 수 있다. 이와 같이 번역하면 이들 고대 용어에서 특정한 의미가치가 제거된다. 그래서 애초에 의미 차이가 있는 것으로 인식했던 단어의 통일된 의미를 확인할 수 있다. 왜곡된 번역을 교정하려면, 살아 있는 용법을 언제나 계속해서 접하고, 거기에서 착상을 얻을 필요가 있다.

두 고전어의 간청 표현은 다르지만, 오늘날보다는 고대 세계에서 훨씬 의미가 명확했다. 왜냐하면 이 표현은 물질적 의미가 있기 때문인데, 오늘날 이들 용어는 이 의미를 더 이상 나타내지 않지만, 아직도 그 흔적을 찾아볼 수 있다.

라틴어 동사 supplicare(간청하다)는 형용사 supplex에 기초해 형성되었고, 이 형용사에서 또한 명사 supplicium도 파생되었다. 이 명사는 아주 특이한 의미로 발전했다.[2]

sub + plex에서 유래하는 supplex는 두 가지 해석이 가능하다. 우선 라틴 주석가들이 명시적으로 제시하는 해석은 -plex와 동사 placare를 비교하는 것이다. 라틴 시인(페스투스, 『요약』 309에서 인용)에서 나오는 합성어 분리법에 의하면, sub uos placo로 예시하고, vobis supplico로 주석한다.

그러나 이 해석은 음성적으로 난점이 있다. plācō는 여기에 장음 ā가 있는데, 이것은 -plex가 가정하는 단음 a가 아니다. 사실상 plācō는 상태동사 placeo(나는 기분이 유쾌하다)에서 근거하고, 여기에서 plācō(나는 유쾌하게 만든다), '나는 수락하게 한다'가 생겨났다. 라틴인의 언어 감정과 이 어원을 일치시키려면 placeo와 -plex의 관계를 더욱 상정할 수 없다.

supplex의 의미를 진정하게 해명하려면, 이것이 속하는 -plex로 구성된 형용사, 즉 그리스어 ha-ploûs, di-ploûs와 대응하는 sim-plex, du-plex 등의 계열에서 찾아야 한다. (im)-plicare와 t-가 접미사화된 현재형 plecto,

---

2) 이 라틴어 사실들은 전체적으로 하인츠R. Heinze의 연구, 『라틴어 사전학 고문서지』*Archiv für lateinische Lexikographie*, t. XV, p. 89 이하에 설명되어 있다.

amplector 등에 확인되는 명사형 *plek-은 -plex에서 인지할 수 있다. 그 개념은 분명 '굽히다', '구부리다'이다. 예컨대 simplex는 '단 한 번 굽힌 것, 구부린 것'이고, plecto(굽히다/접다)는 실을 짜고, 감고 짠 실 전체를 묶는 것을 가르킨다. 또 amplector는 문자적으로는 '~주위에 자신을 구부리다'를 의미하고, 여기에서 '포옹하다'가 생겨났다. com-plex(어디로 굽혀진/휘어진), 다시 말해 '~와 밀접하게 연관되는'에도 이 -plex를 발견할 수 있다. 이것이 complex의 일차 의미이다. 그 후 기독교 시대의 라틴어에서 complex는 '나쁜, 사악한 행동과 연관된'의 뜻과, '무엇에 책임이 있는', '공범의' complice의 뜻으로 의미가 축소되었다.

　　supplex를 이 계열에 통합시키면, 이것은 간구하는 자의 위치나 자세를 묘사한다. 즉 '~의 발 아래 몸을 굽힌 자'를 가리킨다. 따라서 현재형 supplico, supplicare는 'supplex의 위치를 취하다'를 의미한다.

　　중성명사 supplicium에서는 이 관점이 완전히 변한다. 고대 라틴어 시기로부터 플라우투스 이후까지 supplicium은 '형벌', '고문'만을 의미했다. supplicium과 supplicare 사이에는 이미 프랑스어 supplice(형벌)와 supplier(간구하다) 사이 같은 의미 차이가 생겼다.

　　supplicium의 역사는 아주 특이하며, 그 단초는 다음과 같이 생각할 수 있다. supplicium은 문자적 의미 'supplex라는 사실', 'supplex로 행동하는 것'에서 출발해서, 우선 사물에(실제로는 헌납물에) 적용되었고, 이 때문에 supplex는 신에게 복종하는 태도를 가리켰다. 이 (최초의) supplicium의 의미와 더불어 supplicare(신에게 헌납물을 바치다)와 supplicatio(헌납/기도/신의 분노를 가라앉히기 위한 제사)의 의미가 나란히 생겨났다.

　　그리하여 이미 supplex에는 어원이 드러내지 않는 내포 의미가 있는데, 이 의미는 '간구', '간청'의 특수한 정황, 즉 신의 노여움을 진정시키려는 의도에서 유래한다. 아주 이른 시기에 자세히 알 수 없는 사용 조건에서 이 의미족에 속하는 용어 전체가 신을 진정시키는 개념으로 의미가 축소되었다.

그 후 사람들이 인간관계에도 이들 용어를 같은 의미로 은유적으로 사용했다. 예컨대 플라우투스, 『거래상』991의 supplici sibi sumat quid uolt ipse ob hanc iniuriam(그분에게 범한 불의에 대한 보상으로 그분이 supplicium으로서 원하는 것을 취하게 하소서)이다. 모욕을 당한 자는 supplicium을 '취한다'(sumat!). 이 예를 통해서 왜 supplicium이 dare(주다), sumere(자신을 위해 취하다)와 함께 이미 고전적이 된 구문을 구성하는지 이해할 수 있다. 일례를 들면, 테렌티우스, 『자학자』*Heaut.*[3] 138의 ……illi de me supplicium dabo(나에 대한 대가代價로 그에게 벌을 줄 것이다) 같은 것이다. 여기에서 de me는 supplicium이 대가라는 것을 보여 준다. supplicium의 구문은 사실상 poenas dare에 사용된 poena의 구문이다. 이 조건에서 사용된 supplicium은 그 후부터 특수한 의미를 지니게 되었다. 그것은 잘못에 대한 대가를 신체적으로 보상해야 하는 상황에 한해 전형적으로 이용되는 '보상'을 의미한다.

따라서 종교적 용법의 조건이 어떻게 그 후 법적 의미로 의미가 고정되었는지를 잘 보여 준다. supplicium은 placere(진정시키다)의 한 방편이다. 이리하여 supplicium과 supplicatio의 의미는 단절되었다. 특수한 정황이 단어족을 해체시켜 그 중 어떤 단어를 다른 의미군에 편입시킨 것을 알 수 있다.

---

3) 원제목은 *Heautontimoroumenos*이며, 자신의 아들을 국외로 쫓아낸 아버지가 스스로에게 벌을 과하는 이야기로 구성된 희곡이다.—옮긴이

이 개념을 나타내는 라틴어 사실을 간략히 분석했고, 그리스어 용어로 넘어가자. 그리스어에서 이 개념은 행위자 명사 hikétēs(간구하는 자)로 표현되었는데, 이것은 고전적 형태이고, 그 후에도 사용되었다. 반면 변이형 híktōr, hiktḗr는 비극 작품에만 국한되어 나타난다. 파생어는 부가어(형용사) hikertḗruis(hikétēs에 관한; 사실상 '간구하는 자를 보호하는 기능을 지닌'의 의미)와 명사 파생동사 hiketeúō(hikétēs이다; 라틴어 supplico와 같은 의미가치이고)이다.

명사 hikétēs는 híkō(오다/도착하다)에서 파생되었고, 현재형 hikánō, hiknéomai도 역시 híkō에서 생겨났다. 형태론적 관점에서 이 파생법은 규칙적이다. 그러나 이들 현재형은 단지 '도착하다'란 단순한 개념을 가리킬 뿐이다.

'도착하다'와 '간구하는 자'라는 아주 명확한 개념의 의미관계를 상정할 수 있는가? 빌헬름 슐츠Wilhelm Schulze 같은 비교언어학자는 hikétēs는 이들 동사와는 아무 관계가 없고, 다른 어근 *ik-(어두의 기음이 없다)와 관련지어야 한다고 주장했다.[4] 예를 들면 그리스어 αἰτεῖσθαι προσύχεσθαι를 번역한 고트어 aihtron(구걸하다/애원하다/간청하다)의 어근과 결부지어야 한다는 것이다. 이는 의미상으로 hikétē와 비교할 수 있지만 난점이 있다. 슐츠는 hikétē의 어두 기음이 híkō와의 이차적 비교에서 기인하는 것으로 가정한 것이 틀림없다. 그리스어 내에서 다른 설명이 가능하지 않다면, hikétēs에 대한 이 설명을 따라야 할 것이다. 그런데 hikétēs와 híkō의 형태적 관계는 음성적으로나 형태론적으로 상당히 밀접하다. 형태의 외적 단일성은 명백하지만, 문제는 의미이다.

---

4) 『서사시의 문제』 *Quaestiones epicae*, 1982, p. 493.

híkō를 한결같이 '도착하다'로 번역한다. dómon hikésthai(자기 집에 도착하다)란 표현은 호메로스에 나오는 아주 진부한 표현이다. 하지만 가장 빈번한 용법이 반드시 의미심장한 것은 아니지만, 여러 이유 때문에 일반화된 용법이 최초 의미가치의 특징적 요소를 소멸시키는 경우도 있다.

이 동사는 아주 다양한 의미를 보여 주며, 이들은 거의 고찰된 바가 없다. 예컨대 "누구든지 혼자 앞으로 달려 나가 트로이인과 싸우려 하지도 말며……하나 누구든지 자기의 전차에서 적의 전차에 닿게 되면(híkētai) 창을 던지도록 하라"(『일리아스』 4권 303행 이하), "희생제물의 연기가 하늘에 닿았다(híke)"(1권 317행)이다. 또한 kléos(『일리아스』 8권 192행; 『오디세이아』 9권 20행)와 함께 사용되어 영광이 하늘에 '이른다'. hiknéomai처럼 híkō의 의미를 특정화하는 것이 있다. hikánō는 생생한 감정, 느낌을 지시하는 용어가 주어이다. 예컨대 분노(『일리아스』 9권 525행), 슬픔/고뇌(ókhos, 23권 47행; 2권 171행 등)이다. 그래서 고뇌가 영웅의 마음에 '와 닿는다'. 그리고 신체적 감각(13권 711행)도 주어로 사용된다. 예컨대 피곤이 양무릎에 '이르렀다'.

일상적 표현 dómon hikésthai의 완전한 의미 효력은 이 의미, 즉 '(이동이나 노력의 끝에) 자기 집에 도착하다'에 기초해서 생겨난다.

몇몇 예문에는 더욱 명확한 의도가 나타난다. "지금 내가 그대의 무릎에 '이르러'(tā sà goúnath' hikánomai) 있는 것은 혹시 그대가 단명한 내 아들을 위해 방패와 투구를……만들어 주실까 하여"(『일리아스』 18권 457행). 이 동사는 '도달하다'의 의미를 잘 보여 주지만, 동시에 hikétēs의 의미로 의미가 변한다. "그래서 내가 그대의 무릎을 잡고 **그대에게 간청하는** 거예요." 『오디세이아』의 긴 구절에서 분리되었던 개념들이 분명하게 재구성된다. 폭풍이 오디세우스를 내동댕이쳤던 강가에서, 강의 신에게 드리는 기도를 보자. "내가……고대하던 그대에게 왔나이다(hikánō). 지금 내가 천신만고 끝에 그대의 흐름과 그대의 무릎에 다가온(hikánō) 것처럼, 떠돌아다니다가 다가온(hikétai) 사람은 누구든 불사신들께도 존귀한 존재일 것이오." 끝행은 동사 hikánō와 hikétēs의 관계를 완벽하게 보여 준다. "나를 불쌍히 여기소서, 왕이여, 나는 그대의 탄원자라는 것을 공언하나이다"(『오디세이아』 5권 445행 이하). 이에 대한 명백한 시사를 얻으려면, 이 구절 전체를 읽는 것으로 충분하다. 이들 용어의 연쇄는 hikánō와 hikétēs의 두 개념이 연관된 것으로 생각했다는 것을 보여 준다. 이리하여 hikétēs의 조어법이 정당화된다. 즉 그것은 híkō의 행위자 명사라는 점이다. 단지 한 예문으로만 결론을 내릴 수는 없다. 아주 명백한 다른 예도 있다. "우리는 마침내 그대의 무릎에 이르렀소(hikómetha).……그대는 신들을 두려워하시오! 우리는 그대의 hikétai요"(『오디세이아』 9권 267~269행).

우리는 hikétēs를 어근에서 파생된 행위자 명사로 인정하고, híkō는 이 어근의 현재 어간이라고 결론짓는다.

용법의 사용 조건 때문에 이처럼 의미발달이 특이하게 유도되었다. '간구하는 자'라는 의미는 서사시에 있는 전쟁의 관습으로 설명된다. 즉 적에게 쫓겨서 죽임을 피하려는 자는 목숨을 구하기 위해서 상대 적수가 결전에서 그를 창으로 찔러서 상처를 입히기 전에 적의 무릎에 매달려 애원해야 한다. 예컨대 『일리아스』 21권 65행에서 아킬레우스는 리카온에게 창을 던져 그를 노린다. 그러나 리카온은 이를 피하여 그에게 달려가 무릎을 붙잡고 소리친다. "나는 그대의 무릎을 잡고, 그대에게 간구하는 자(hikétēs)가 되었습니다." 따라서 행위자 명사 hikétēs가 '간구하는 자'의 의미로 바뀐 것은 동사 hikésthai와 goúnata(무릎에 닿다/잡다/이르다)의 결합 때문이다.

6장_징조와 전조의 라틴 어휘

요약

라틴어에는 문어 용법으로 신의 창조, 즉 계시를 가리키기 위해 구별 없이 사용되는 용어가 아주 많은 것이 특징이다. 그러나 어원을 분석하면 다음 용어들의 의미가 문헌기 이전에 분화되었다는 것을 포착하게 된다.

- omen: 진실한 전조
- monstrum: 비정상적인 것으로 경고를 나타내는 피조물; moneo(경고하다)
- ostentum: 관찰자의 면전에서(obs-) 시야에 펼쳐지는(*ten-) 현상
- portentum: 시각에 보이는(por-) 미래를 계시하는 광대한 전망
- prodigium: 신적 권위(aio; Aius 참조)를 가지고 공개적으로(prod-) 발화되어 전조로 기능하는 말

징조 및 전조[1]와 관련되는 용어에 대한 검토는 이들 용어가 라틴어에서 상대적으로 풍부하기 때문에 라틴어에 국한할 것이다. 이 점에서 보면

라틴어는 그리스어와 대조되고, 또한 다른 인도유럽어와 더욱더 확연하게 대조된다. 그리스어에는 téras(신적 징조/신적 전조/기적)만이 발견될 뿐이며, 어원도 명확하지 않다. 다른 언어들에는 아주 특징적으로 나타나는 지칭조차 없다.

의미는 명확하지만 일반적으로 조어법이 분명한 일련의 단어를 라틴어에서 이용할 수 있는데, 그 주요 용어는 miraculum, omen, monstrum, ostentum, portentum, prodigium이다. 이 여섯 용어에 대응하는 그리스어는 단지 téras뿐이다. 이 그리스어 용어는 여섯 어휘 단위로 나뉘어진 라틴어의 의미표상 전체를 포괄한다. sēmeîon, sêma는 초자연적 현상에 적용되더라도 오직 '기호' 일반을 가리키며, 라틴어 signum과 대응하기 때문에 고찰하지 않을 것이다.

우선 정확한 의미작용에 의거해서 라틴어에서 이들 용어 각각의 의미 경계를 정해야 한다. 일반적으로 이들은 일상적 용법에서는 서로 대치가 가능하다. 이와 관련해서 세르비우스, 『아이네이아스 주해』*ad Aen.* [2] Ⅲ, 366은 Confusa plerumque ponuntur(대부분의 경우 이들을 구별하지 않고 사용한다)라고 기록한다. 현대의 사가史家들도 이러한 견해를 지지한다. 동일한 현상을 이야기하기 위해 이들 단어는 몇 줄 건너서 교대로 구별 없이 사용된다. 문헌학자들에게 그 결정권을 넘기도록 하겠다.

---

1) 역사적이고 종교적인 이 문제에 대한 전체적 조망에 대해서는 레몽 블로흐Raymond Bloch, 『고대 고전기의 전조들』*Prodiges dans l'antiquité classique*, Paris, 1963을 참조. 이 저서의 pp. 79~80, 845에서도 라틴어 용어법을 역시 다루고 있다.

2) 세르비우스Servius Maurus Honoratus: 4세기 말의 라틴 문법가이자 스콜라 학자. 문학과 역사에 대한 박식한 지식의 소유자였다. 그는 주로 비르길리우스의 작품에 대한 방대한 주해서를 쓴 것으로 유명하다. ─옮긴이

징조에 대해 로마인들이 가졌던 의미표상에 의거하여 이들 용어가 분명히 구별되지는 않지만, 우리는 각 용어의 어원적 의미작용을 분석하고, 이로부터 배울 수 있는 것이 무엇인가를 밝히려는 것이다.

ōmen을 제외하고는 이들은 모두 라틴어의 형태론적 구성을 가지며, 이차적으로 형성된 어휘이다.

ōmen의 단어 구성은 어간이 모음 ō로 축약된 것이 난점이다. 이로 인해 몇 가지 재구 가능성이 생기는데, 사실 어원론자들이 재구형을 가정했어도 어느 가능성도 증명된 것 같지는 않다. 그렇지만 우리는 ō-men의 의미와 형태 구성을 제약 없이 설명할 수 있는 비교를 제시하려고 한다. 라틴어 어기의 ō-는 히타이트어 동사 어간 hā-(믿다/진실된 것으로 간주하다)와 직접 비교된다. 따라서 ōmen은 '진리의 선포'로 해석할 수 있다. 결정적 상황에서 발화된 우발적 말은 ōmen으로, 진정한 전조로, 운명의 징조로 받아들인다. 이것은 상서로운 '길조'의 말, 운명을 예고하는 말이다. 이에 대한 많은 예가 키케로의 『점술론』*De diuinatione* I, 46에 보고되어 있다.

중성 monstrum은 현대의 monstrare와 분명히 연결된다. 그러나 아주 분명히 드러나는 의미상의 차이가 있다. monstrum과 monstrare 중 어느 것이 선행하는지를 선험적으로 결정할 수는 없다. 그렇지만 monstrare가 형태론적 이유로, 즉 -strum으로 구성된 명사형이라는 점 때문에 monstrum의 명사 파생 동사일 개연성이 있다. 그러나 전통 초기부터 이 두 용어는 공통점이 전혀 없다. monstrare는 '나타내 보이다', '제시하다'와 거의 비슷한 의미이다. 반면 monstrum은 일반적으로 '일상적인 것에서 벗어난 사물'을 가리키며, 그래서 때로는 흉측한 것, 사물의 자연적인 질서를 역겹게 위반한 것, '괴물'을 가리킨다. 비르길리우스가 말한 monstrum horrendum(공포의 괴물)이다.

라틴인은 이 단어의 형태 구성을 의식했다. 이들은 monstrum이 moneo에서 파생된 monstrum과 같다고 밝히고 있다. monstrum이 존재했든 그렇지 않았든 monstrum과 monstrare가 moneo와 연관된 것이 확실하다. moneo에 근거한다면, monstrum의 의미는 무엇인가? 이 관계를 찾아내기 위해 종교적 성찰을 통해서 의미작용이 아직도 왜곡되지 않은 명사 파생동사 monstrare를 이용할 수 있다. 이것은 일반적으로 '보이다/제시하다'montrer로 번역하나 이는 아주 간략한 등가어이다. 더욱이 '보이다/제시하다'를 의미하는 훨씬 보편적인 다른 동사 ostendo가 있다. 그 의미 차이는 다음과 같다. 즉 monstrare는 사물을 '보이다/제시하다'보다는 교사敎師가 하듯이 '품행을 가르치다', '따라야 할 방도를 규정하다'를 의미한다. 예컨대 qui tibi nequiquam saepe monstraui bene(너에게 그렇게 자주 좋은 교훈을 헛되이 가르쳐 준 나(플라우투스, 『바케스자매』Bacc. 133), quotiens monstraui tibi ut……(얼마나 수없이 ~하라고 네게 권고했던가……; 『메나에크미 형제』Men. 788), non periclumst ne quid recte monstres(그대가 훌륭한 권고를 주는 데는 아무 위험이 없다; 『프세우돌루스』289). 따라서 monstrare로부터 monstrum으로 소급해 올라가서, 종교적 용법 때문에 사라진 문자적 의미를 탐구하면, monstrum은 신이 내려 준 '권고', '충고', '경고'로 이해해야 한다. 그런데 신들은 전조와 징조로 의사를 표시하는데, 이 전조나 징조는 인간들이 이해하는 데 혼란을 불러일으킨다. 신의 '경고'는 초자연적 존재나 사물의 모습을 취한다. 이는 페스투스가 말하는 바와 같다. "자연계로부터 벗어난 것을 monstra로 부른다. 예컨대 다리가 달린 뱀, 네 날개를 가진 새, 머리가 두 개인 사람 등이다." 신적 전능만이 이처럼 '경고'를 드러낸다. 이러한 이유로 monstrum의 의미가 지칭에서 소멸되었다. 단지 전조의 원리에서 '괴물'은 신적 '교훈', '경고'를 나타낸다는 사실을 제외하면, monstrum이라는 형태는 '흉측스러운', '괴물 같은'의 개념을 전혀 요구하지 않는다.

이처럼 일차적 의미를 명시하면, monstrum을 ostentum, portentum 과 구별하는 데 도움이 된다. 왜냐하면 후자의 두 용어에서 '보이다', '지시 하다'의 의미가 아직은 막연하나마 남아 있기 때문이다.

ostentum과 portentum은 분명한 용법 차이는 없다. 동일한 현상이 상서로운 사건을 예고하든 그렇지 않든, 이 두 용어 중 어느 것으로도 구별 없이 지칭할 수 있다. 두 동사의 현재 ostendo와 portendo를 고찰해 보자. 이들은 사용 빈도가 아주 불균형하다. 즉 ostendo는 광범하게 확인되지만 portendo는 portentum처럼 전조의 영역에 국한된 것으로 나타난다. 반면 ostendo와 ostentum의 의미 편차는 명확하지 않지만, monstrare와 monstrum의 편차와 성질이 동일하다.

인도이란어 tan-, 그리스어 teínō와 친근관계가 있는 단순동사 ten-do(펼치다)는 인도유럽어 어근 *ten-(펼치다)에서 파생했다. 이처럼 구체적 뜻으로 사용된 용법은 동사 접두사에 의해 의미가 더욱 명확해진다. 즉 ob-/obs-는 일반적으로 행위가 '어떤 것과 우연히 부딪쳐서', '길을 방해하듯이 반대 방향으로' 일어났음을 가리킨다. obuiam(도중에/앞에) 참조. 이 동사 접두사는 또한 고대의 예문에서 완전한 의미 효력이 나타나는데, 예컨대 카토 농업서의 예이다. ager qui soli ostentus erit(태양에 노출된 밭). 여기서 ostentus는 물론 '~와 부딪힐 정도로 넓게 펼쳐진'을 의미한다. 이 의미관계는 ostendo를 글자 그대로 설명하고, 용법의 일부만을 내포하는 종교적 의미도 설명해 준다. 즉 전조로서 ostentum은 '정면에 펼쳐진', '눈앞에 제시된' 것으로서 '보여진', '제시된'을 뜻할 뿐 아니라 '(해석해야 되는 징조로서) 시야에 일어난'을 의미한다. 타키투스는 전조를 이야기하면서

obtendo와 ostentum을 연결 짓는다(『역사』 3권 56장).

portendo를 고찰해 보자. 여기서 본질적인 것은 동사 접두사 por-이며, 남아 있는 예는 거의 없지만, 남아 있는 것은 모두 의미심장하다. 예컨대 porrigo(펴다/확장하다; 무엇을 제시하다/제공하다), polluo(더럽히다/신성을 모독하다), polliceo(r)(약속하다)이다. 동사 polluceo와 porricio는 헌납물과 관련된다. 이들은 portendo와 함께 접두사 por-가 있는 예인데, 놀라운 사실은 이들 모두가 종교 영역에 속한다는 점이다. polliceo(r)의 일상적 용법만이 예외이다. liceo는 '경매에 부쳐지다'를 의미하고, liceor는 '경매하다', '경매를 통해 획득하다'를 의미한다. 동사 접두사 por-는 polliceor에, '경매로 팔다/요구한 가격보다 더 비싸게 제시하다'라는 어원 의미를 부여한다(플라우투스, 『거래상』 439 참조). 여기에서 일상적 의미인 '약속하다'가 생겨났다.

사전은 공통 기원 때문에 pro-, prae-와 동일하거나 거의 동일한 의미를 por-에 부여한다. 그러나 이 동사 접두사는 동의가 아니다. 왜냐하면 라틴어에서 이들은 형태가 다르며, 더욱이 자유로이 교체되지 않는다는 점 때문이다. pro-, prae-, por-가 각기 의미경계를 획정하는 고유한 특징들이 있는 것으로 가정해야 한다. pro-와 prae-의 의미차는 상세한 분석의 대상이 된 바 있다.[3] 이제 여기서 문제는 por-가 어떻게 정의되는가를 탐색하는 것이다.

이 접두사를 porrigo에서 볼 수 있는데, 이 단어의 고유 의미는 '길이대로 끝까지 펼치다', '발전시키다', '연장하다', '늘이다'이다. 그래서

---

3) 「라틴어 선치사들의 논리 체계」 Le système sublogique des prépositions en latin, 『코펜하겐 언어학회지』 Travaux de Cercle linguistique de Copenhague, Vol. V, 1949, pp. 177~185. 『일반 언어학의 여러 문제 1』 Problèmes de linguistique générale 1, Paris, 1966, pp. 132~139에 다시 게재됨.

동사 접두사 por-는 '전체 크기로 펼치다', '늘어 놓다'의 개념을 함축한다. porricio(〈 *por-iacio)가 헌납 동사의 뜻을 가진 것은 '던지다'(iacio)가 동사 접두사 por-((제단의) 넓이 전체로)에 의해 상세화되기 때문이다. 예컨대 사실상 희생제물의 내장(exta) ──이것을 제단 위에 펼쳐 놓는다(porricere)──을 가지고 제사를 진행한다. si sacruficem summo Ioui atque in manibus exta teneam ut poriciam(지고의 유피테르에게 희생제사를 지내고, 손에 내장을 잡고 제단 위에 놓는다고 하더라도……; 플라우투스, 『소 카르타고인』 265). inter caesa et porrecta는 고정 성구로서 원래의 의미는 '(희생제물의) 절단과 제단 위의 진열 사이에'이지만, 숙어로는 '최후의 순간에'를 뜻한다(키케로, 『아티쿠스에게 보내는 편지』*Att.* 5, 18, I). 이와 동일한 의미표상이 polluceo에서 밝혀지는데, 이는 옛 종교 언어에 속하는 동사로서 '희생제물로 풍성한 잔치를 베풀다'(daps와 함께 사용됨; 카토, 『농경론』 132)를 의미하고, 또한 '희생제물의 남은 것을 상 위에 내놓다'도 의미한다. 여기서는 동사 luceo의 의미를 더 이상 인지할 수 없으나 동사 접두사 por-는 분명히 음식들이 헌납의 상이나 주인의 상 전체에 가득 펼쳐 놓은 것을 가리킨다. 이러한 이유로 pollucere, polluctura가 언제나 호사로운 향연이라는 개념을 연상시킨다. polluo(*luo라는 형태는 없고 단지 lutum(진흙탕)만 있다)는 '완전히 더럽히다', '신성모독하다'와 거의 같은 의미를 갖는다.

지금으로서는 por-tendo의 특수 의미는 전조를 나타내는 다른 동사들과, 특히 ostendo와 대립시키면 밝혀진다. portendere, portentum은 지속적으로 전개되는 사건을 예고하는 전조들을 가리킨다. 이 의미가 티투스 리비우스가 수집한 다음 예에 나온다. dii immortales ……auguriis auspiciisque et per nocturnos etiam uisus omnia laeta ac prospera portendunt(불멸의 신들은 일치하는 전조들과 심지어 밤의 환상들을 통해서 우리에게 만사가 유리하고 좋은 결과를 낳을 것이라고 예고한다;『로마사』26, 41, 18); ominatur, quibus quondam auspiciis patres eorum ad Aegates pugnauerint insulas, ea illis exeuntibus in aciem portendisse deos(신들이, 그들의 조상들이 아에가테스 섬에서 싸웠을 때 조상들에게 내린 것과 똑같은 비호를 전쟁 때에 보장했다는 것을 그는 전조로 내세운다; 30, 32, 9); di immortales mihi sacrificanti precantique ut hoc bellum mihi, senatui uobisque feliciter eueniret, laeta omnia prosperque portendere(내가 희생제사를 드린 불멸의 신들에게, 전쟁이 내게, 원로원에게, 그대에게 유리하게 돌아가도록 간청했다. 그들은 내게 만사가 유리하고도 좋은 결과를 낳으리라는 전조를 보여 주었다; 31, 7). 복점에서 사용되는 언어의 정식화된 표현을 보자. *omnia* laeta prosperaque protendere(만사형통하도록 앞으로 펼치다). 사실상 portenta의 예들은 전체적인 전망을 예고한다. 그래서 portentum은 ostentum과는 다르게 단지 한 사건만 아니라 전체 파노라마의 전조를 보여 주며, 지속적 전망하에서 미래를 거의 그대로 보여 준다.

prodigium이란 용어는 라틴어 내에서 분석될 수 있다는 의미에서 검토가 용이한 것 같지만, 형태의 구성요소 자체를 해석해야 된다는 점에서는 검토가 매우 어렵다.

이 용어는 *prod-(모음 앞에서 사용되는 형태로서, por-와 짝을 이룬다. prod-eo(전진하다) 참조)와 ag-에서 파생된 명사형 -agium으로 분석이 확정된다. 그러면 어근 ag-는 어떤 어근인가? 학자들은 ago(밀다/부추기다)의 어기 ag-를 분리하는 데는 동의하지만, 명사 adagio와 쌍립어 adagium(속담/격언)의 ag-는 어근으로 생각한다. prod-igium의 i와 대조적으로 그 내부에 a가 있기 때문에 그 어형은 후기에 만들어진 것이 틀림없다. 그래서 prodigium과 adagio는 둘 다 라틴어 aio(말하다)의 어근과 결부된다.

이제부터 prodigium을 어떤 의미로 축자적으로 해석할까? 어근 *ag-(말하다)는 라틴어 이외의 언어에서는 분명히 확인되지 않는다는 점을 인정해야 한다. 학자들은 그리스어 ê(~라고 그는 말한다)를 고대의 *ēg-t라고 설명하지만, 단일 모음으로 구성된 이 어기의 재구는 다소 불확실하다. 아르메니아어 aṙ-ac(격언투의 말)와 비교 가능성이 있으나 이를 제의한 메이예도 동사 asem(나는 말한다)과는 대조적으로 -ac의 음성 불규칙성을 주장한다.

라틴 주석가들에 따르면, adagio(adagium)는 의미상으로 그리스어 prooímion(서곡/서론)과 대응한다고 한다. 문헌상의 예가 없기 때문에 이를 확증하기는 어렵다. 단지 바로의 uetus adagio est(그것은 오래된 격언이다)에만 확인된다.

adagio가 adagium으로 의미가 전이된 것은 adagium과 동의 관계에 있는 prouerbium(속담)에 대한 유추 때문인 것으로 보인다. 그러나 이 의미는 그리스어 prooímion, 즉 음악의 '서곡'이나 수사학의 '서론'과 일치하지 않는다. 『4대 비극』 작품에서 비유적인 의미로, 사건에 대한 '서곡을 알리는' 것으로 나타난다. phroímia pónōn(불행의 서곡들; 아이스킬로스)는 곧 불행을 예고하는 것이란 의미이다. 따라서 adagio는 연설에 활력을 불어 넣기 위해서 서론에서 인용하는 격언으로 해석해야겠지만, 이 해석은 불확실하다.

이제 prodigium과 aio의 관계를 고찰해 보자. 사전은 aio에 오직 '말하다'의 의미만 부여한다. 다른 발화 동사들과 관련해서 aio의 의미를 특정화해야 한다. 도나투스의 특이한 관찰을 주목해 보자. 그는 aio가 inuisa, uana, contemnenda, falsa, 즉 불쾌하고, 쓸모없고, 비열하고, 잘못된 일에 적용된다고 말한다.

이 동사의 주요 용법을 훑어보기로 하자. aio의 기능 가운데 한 가지는 nego와 의미가 대립하는 것이다. 즉 '예라고 말하는' 것으로, '아니오라고 말하는' 것과 대립된다. 또한 빈번히 출현하는 표현으로 ut aiunt(사람들이 말하듯이)가 있는데, 이것은 소문, 풍문을 이야기하기 위해 사용되거나 통속적이거나 격언투의 고정 성구를 도입하기 위해 사용된다. 그리고 문자 그대로 말을 인용하기 위해서도 사용된다. 예컨대 키케로의 말을 그대로 반복하고자 할 때 ut ait Cicero(키케로가 말하는 바처럼)처럼 사용된다. 또한 ait는 말을 원문대로 보고하기 위해 삽입구로도 사용된다. 그러나 다른 동사는 안 된다.

법률 언어에 사용되는 관례적인 고정 성구에서 흔히 aiod는 1인칭으로 나타난다. 가이우스에 따르면, 소유권 회복을 표현하는 정식화된 관용표현은 다음과 같다. hunc ego hominem ex iure Quiritium meum esso aio(본인은 로마 시민법에 의거해서 이 사람이 본인 소유라는 것을 선언한다). 이 고정표현은 플라우투스뿐만 아니라 키케로에서도 두 사람이 동일 물건의 소유권을 주장하는 경우에, 여러 번 반복해서 출현한다(hominem 대신에 fundum(토지)이 나타나는 변이형도 있다). 예컨대 ego idem aio meum(본인은 이것을 본인의 것으로 주장한다)이다. aio의 주어가 법 자체일 수도 있다. 예컨대 uti lex ait(법이 말하듯이/규정하듯이)나 울피아누스[4]의 글에 나오는 lex Iulia ait(율리우스법은 (다음과 같이) 규정한다)나 uti mos ait(관습(법)은 규정한다) 같은 예이다.

---

4) 도미티우스 울피아누스Domitius Ulpianus(170? ~ 228년): 로마의 대법률가 중 한 사람으로, 법률가 파피아누스의 제자다. 약 280여 권에 달하는 책을 지었으나 일부만이 전해 내려온다. 그의 저작 중 상당 부분이 유스티누스의 『법률요강』Digesta Iustiniani에 포함되어 있다. ─옮긴이

이런 것이 aio의 주요 용법으로, 이들은 그 자체만으로도 충분한 일반적 의미작용으로 즉시 분류된다. 더욱이 aio에서 신의 명칭 아이우스Aius[5)를 가리키는 명사가 파생되었다. 아이우스는 때로는 단독으로 명명되거나, 때로는 아이우스 로쿠티우스Aius Locutius로 명명되는데, 이 신은 널리 알려져 있고, 밤의 침묵 속에서 골족의 침입을 로마인에게 예고한다. 바로는 이 신의 명칭을 이처럼 부르게 된 연유를 다음과 같이 밝힌다. Aius deus appellatus araque ei statuta quod eo in loco diuinitus uox edita est(아이우스 신은 이처럼 명명되었고, 그를 위해 제단이 건립되었다. 그 이유는 이곳에 신에게서 내려온 목소리가 들렸기 때문이다; 티투스 리비우스, 『로마사』 5, 50, 52 참조).

동사 aio의 특징적 기능에 의거해서, 파생명사 Aius가 Locutius로 다시 명명되어 명칭이 중복되고 의미가 명백해진 것을 고려해 볼 때, aio는 말parole을 구성하는 발화문énoncé을 가리키며, 따라서 이 발화문은 그 자체로 권위가 있다고 말할 수 있다.

aio가 권위의 발화행위를 의미한다는 사실은 가장 진부한 뜻에서 생겨난 것이다. 이는 왜 법률 표현에 필수적으로 사용되는 용어가 dico가 아니라 aio인가에 대한 이유다. 이 동사는 견해나 신조를 표명하는 것이 아니라 구속의 의미를 지닌 권위 있는 진술이다. 바로 여기에서 lex ait란 표현이 생겨났고, lex dicit란 표현은 나타나지 않는다. 마찬가지로 제삼자의 말을 인용할 때 Liuius ait(리비우스가 말하듯이)라고 쓰는 것은 그의 말이 권위가 있는 것으로 인정하는 경우에만 가능하다.

---

5) 아이우스는 아이우스 로쿠엔스Aius Loquens로도 불린다. 로마인들에게 골족의 도래를 알려 준 신이다.―옮긴이

aio가 nego와 대립되고, '예라고 말하다'를 의미한다는 것을 살펴보았다. 이것은 단호하고, 긍정적 단언의 의미를 갖는다. aio를 발화하는 자는 자신의 책임 아래 진리를 주장한다. 신 아이우스가 이처럼 명명된 것은, quod diuinitus uox edita est, 즉 신의 목소리가 들렸기 때문이다. 그의 이름은 *Dicius가 아니라 Aius인데, 그것은 권위에 찬 목소리이기 때문이다. aio는 언제나 비인칭 발화행위를 가리키며, 이 발화행위가 초자연적 행위자, 법, 신과 관련된다는 사실에서 권위를 가진 발화행위이다. 라틴어 aio의 내포 의미와 그리스어 phēmi의 내포 의미 사이에 유추가 있다는 점에 유의하자.

이제 ag-의 의미를 규정했으므로 prodigium이 무엇을 의미하는지 살펴보자.

티투스 리비우스(『로마사』 1, 31)의 보고에 따르면, 툴루스 왕[6] 치하에서 일어난 prodigium에 대한 묘사를 참조하면 유용하다. 사비니족을 대파한 후에, 왕과 원로원 의원들에게 알바누스 산에 돌로 된 비가 내렸다고 알려 왔다. 이 전조를 확인하기 위해(ad id uisendum prodigium) 사람들이 파견되었다. 이들은 실제로 우박과 흡사한 큰 돌비가 떨어지는 것을 보았다. 뿐만 아니라 이들은 또한 산봉우리를 둘러싸는 숲에서 큰 목소리가 올라와서 알바누스족에게 거족적인 의례에 따라 희생제사를 거행하도록 명하는 소리(uisi etiam audire uocem ingentem)를 들은 것으로 생각했다. 이 전조(ad eodem prodigo)에 이어서 로마인들은 알바누스 산의 하늘의 목소리(uoce caelesti)가 명한 바에 따라서 그랬건 장점腸占을 치는 승려들aruspices의 권고에 따라서 그랬건, 9일 동안 기도제를 올렸다.

---

6) 툴루스 왕Tullus Hostilius(기원전 672~640년) : 고대 로마의 제3대 왕.—옮긴이

이 문헌은 prodigium에 대한 어원적 해설을 포함하는 듯이 보인다.

우리는 Aius와 신의 목소리의 연관성을 살펴 보았다. 이와 마찬가지로 prodigium은 신의 목소리(-agium)의 발성(prod-)이 특징인데, 이는 위에 인용된 prodigium에 동반되는 여러 정황에 의거한 것이다. 기원상 prodigium은 여러 다른 징조 가운데 소리를 들리게 만드는 신의 음성으로서의 '전조'였을 것이다. 이것이 aio의 고유 의미에 기초한 해석을 뒷받침할 수 있는 타당한 사실이다.

7장_종교와 미신

요약

인도유럽인은 별개의 제도로서 종교라는 보편적으로 편재하는 실체를 상상할 수 없었다. 때문에 그들은 종교를 지칭하는 용어가 없었다. 종교란 명칭이 출현하는 언어에서 이 명칭의 형성 과정을 추적하는 것은 매우 흥미롭다.

헤로토토스에 나오는 thrēskeíē란 용어는 원래 그리스 이오니아 방언에서 제사의식의 규례를 준수하는 것을 가리켰다. 아티카 그리스어에 없던 thrēskeí는 후기에 와서 출현하며(기원전 1세기), 신앙과 관례적 실천의 총체로서 '종교'를 가리켰다.

라틴어 rligio의 기원보다 더욱 논란이 분분하고 오래된 것은 없다. 의미적·형태론적 이유로 이 단어는 relegere(다시 수집하다/새로운 선택을 위해 다시 취하다)와 관계가 있다는 점을 여기서 증명하고자 한다. 이처럼 religio(종교적 가책)는 원래는 주관적 성향을 지니고, 종교적 성격을 띠며, 두려움과 관련된 반성적 행위를 가리켰다. 이를 religare(다시 결합시키다/다시 연관 짓다)로 해석하는 것은 역사적으로 볼 때 잘못된 해석으로, 기독교인들이 지어낸 것이다. 그러나 이 해석은 이 개념을 혁신하는 데 매우 중요한 역할을 했다. 그 결과 religio는 '의무', 즉 신자와 하느님의 객관적 결속의 의미가 되었다.

또한 미신의 명칭도 아주 혼란스럽다. superstes(생존한 자, 증인)과 superstitiosus(점쟁이) 사이에서 superstitio를 어떻게 정의할 수 있을까? 기원상으로 볼 때 이 용어는 상실되고 없는 것을 사후에 입증하는 능력, 보이지 않는 것을 밝혀 드러내는 능력을 가리켰다. 이 용어가 경멸적 의미로 발달한 것은 로마 시대에 생겨난 점쟁이, 마술사, 모든 종류의 '견자'見者에 대한 불신不信 때문인 것으로 설명된다.

예측할 수 없는 경로를 통해 그 후에 **종교-미신**religion-superstition의 기본 쌍이 형성된 것을 알 수 있다.

이 마지막 몇 장에서 조사된 모든 어휘자료는 한 가지 핵심적 개념, 즉 '종교'religion 개념에서 파생된다. 인도유럽어 어휘에 기반해서 '종교' 현상을 어떻게 정의할 수 있을까?

'종교'를 지칭하는 공통된 인도유럽어 용어는 없다. 이는 즉각 확인된다. 또한 역사 시기의 많은 인도유럽어에도 그 용어가 없었다. 이는 놀랄 일이 전혀 아니다. 일정한 명칭을 가질 수 없는 것은 이 개념의 성질 자체에서 유래한다.

종교가 제도라는 것이 사실이라면, 이 제도는 다른 제도들과 분명하게 분리되지도 않고, 이들 제도의 외부에도 존립할 수 없다. 종교의 경계가 분명히 확정된 일정한 영역이 있고, 종교에 속한 것과 종교에 외적인 것을 알 수 있다면 종교를 생각할 수 있고, 따라서 그것을 명명할 수도 있다. 그런데 인도유럽 문명권에서는 모든 것이 종교에 물들어 있고, 모든 것이 신의 세력에 대한 징조이거나 작용이거나 그 반영이다. 특수한 신앙 결사체를 제외하고는 제사의식과 신앙 전체에 적용되는 특정 용어의 필요성을 느끼지 않았다. 이러한 이유로 '종교'를 가리키는 용어는 각기 독자적으로 형성되었다. 우리는 이들 용어의 고유한 참된 의미를 이해할 수 있는지 확신하지 못한다. 산스크리트어 dharma(규율)나 고대 슬라브어 věra(신앙)를 '종교'로 번역하면, 외삽extrapolation의 오류를 범하는 것이 아닐까? '종교'와 동일한 의미를 지니는 용어로 간주되는 그리스어와 라틴어 용어를 하나씩 검토해 보자.

그리스어 단어 thrēskeía는 원래 제사의식과 신앙심을 동시에 가리켰다. 이 단어의 역사는 그리스어에서 특이하다. 반 헤르텐에 따르면,[1] thrēskeía는 이방의 제사의식에만 적용된다는 것이다. 사실상 아우구스투스 시대에 이 단어는 토착 제사든 이방의 제사든 모든 제사의식을 가리키는 오래된 단어였다. 그것은 헤로도토스에 최초로 출현하며, 그 후 전통에서 완전히 소멸되었다가 스트라본 시대에 가서 재출현했다. 이때에 문헌상으로나 명문에서 예가 점차 많이 나온다. 이것은 원래 이오니아어 어휘로서 아티카어에는 없었지만, 그 후에 새로운 모습으로 일반화되었는데, 신앙과 제사관행 전체를 지칭하는 가장 적절한 용어였다.

최초의 용법은 thrēskeíē가 2회, 현재형 thrēskeúein이 2회로 모두 헤로도토스의 『역사』 2권에 나온다. 이들은 계율과 관련 있다. 예컨대 "리비아와 이웃하는 이집트인은 희생제사의 '규례'와 특히 암소고기를 못 먹게

---

1) 반 헤르텐J. Van Herten, 『Threskeía, eulábeia, hikétès』, 박사학위 논문, Utrecht, 1934. 풍부한 문헌자료와 이 단어의 자세한 역사에 대해서는 루이 로베르Louis Robert, 『비명과 문헌학적 연구』Etudes épigraphiques et philologiques, 1938, p. 226 이하 참조.

금지시킨 것을 잘 견디지 못하였다"(2권 18장, 르그랑의 번역).[2]

헤로도토스는 다른 곳에서 이집트 사제들이 준수해야 하는 신체의 정화 규칙을 지적한다. 그리고 그는 덧붙여 말하기를 "그들은 다른 천 가지의 thrēskeías를 준수한다"(2권 37장). 이것은 사제들에게 강제적으로 부과된 관행이다. 이와 같은 것이 또한 동사 thrēskeúō의 의미(2권 64장과 65장)로서 '종교 규범을 꼼꼼하게 따르다'란 의미이다. 이것은 언제나 이집트인들에게 해당되는 것이다. 따라서 이 동사의 기본 관념은 '준수'의 관념이며, 실천적 개념이지 신앙의 개념은 아니다. 산발적 증거 덕택에 이 단어의 역사를 더욱 거슬러 올라갈 수 있다. 명사 thrēskeía는 아주 이상하게도 -skō로 된 현재형에서 파생되었는데, 이 형태는 헤시키오스의 주석에서 볼 수 있다. θρήσκω·νοῶ와 θράσκειν·ἀναμιμνήκειν(다시 회상시키다)이다. thréskō는 다시 분석할 수 있다. 이것은 threó에 기초하고, 이 형태는 ἐνθρεῖν·φυλάσσειν(지키다/준수하다)에서 확인된다. 이 일련의 형태에 관련 형태를 또 추가할 수 있다. *threó-는 어근 *ther-를 가정하는데, 이로써 이것은 부정否定 형용사 atherés와 연관된다. 이 형용사는 anóēton(무분별한/어리석은)으로 주석되며, 더욱 흥미로운 점은 이를 또한 anósion(신앙심이 없는)으로 주석한다는 것이다. 마지막으로 atherés는 호메로스 그리스어 현재형 atherízō(중요시하지 않다/무시하다)의 기원이다.

이 모든 언어자료는 서로 연관되고, thrēskeía란 단어 자체가 환기시키는 개념을 온전하게 만든다. '준수', '종교적 관행의 규례' 개념이 그것이다. 이것은 의례에 대한 관심, 즉 규례에 성실하게 몰두하는 것을 나타내는

---

2) 『역사』*Histoires*, 르그랑P. E. Legrand 옮김, Paris, Les Belles-Lettres, Vol. Ⅱ 1932~1954(서문과 분석적 색인 각각 1권씩 추가됨).—옮긴이

동사 어간과 관련이 있다. 이것은 전체로서의 '종교' 개념을 나타내는 것이 아니라 제사의식의 의무에 복종하는 것을 가리킨다.

＊　　＊　　＊

이제 모든 점에서 아주 중요한 두번째 용어를 살펴보자. 이 용어는 라틴어 religio로, 모든 서구어에서 유일하고도 일관되게 사용되는 단어로서 지금까지 남아 있다. 이것은 등가어도 없고 대치어도 결코 없는 용어이다.

　religio는 무엇을 의미하는가? 이는 고대로부터 논란이 되었다. 고대 주석가들 사이에도 일치된 견해가 없었다. 현대의 학자들도 의견이 나뉘어 있다. 두 가지 해석이 번갈아 입증되고, 새로운 옹호자들이 나타나지만, 학자들은 선택을 결정하지 못하고, 이 두 해석을 망설인다. 그 중 한 가지 해석은 키케로가 제시했다. 뒤의 텍스트에서 그는 religio를 legere(모으다/수집하다)와 결부짓는다. 또 다른 해석은 락탄티우스[3]와 테르툴리아누스[4]가 제시했는데, 이들은 religio를 ligare(결속하다)로 설명한다. 오늘날에도 연구자들은 legere와 ligare 중 어느 한 해석을 지지하는 것으로 견해가 나뉜다.

　주요한 연구만을 인용해 보다. 키케로의 설명은 오토W. Otto[5]에 이어

---

3) 락탄티우스Lactantius(기원 250년 경): 초기 기독교의 변증론자 가운데 한 사람. 저작으로『신의 작품』De opificio Dei,『신론』Divinae Institutiones,『신의 분노』De Ira Dei 등이 있다. 기독교적 인간주의의 토대를 닦은『신론』이 가장 유명하다.—옮긴이

4) 테르툴리아누스Septimius Florens Tertullianus(165~220년): 기독교 라틴어를 만들어 냈다고 할 정도로 많은 기독교 저작을 라틴어로 썼다. 역시 기독교 변증론자이다.『변증론』Apologeticum,『세례에 대하여』De Baptismo,『반국가론』Ad Nationes 등이 있다.—옮긴이

5)『종교학 고문서지』Archiv für Religionswissenschaft, XII, 533; XIV, 406에 나오는 religio와 superstitio에 관한 연구.

호프만[6]이 지지한다. 이와 반대로 에르누-메이예의 어원사전은 religare 를 분명히 지지하고, 파울리-비소바Pauly-Wissowa 사전[7]의 항목 religio도 마 찬가지다. 다른 학자들의 태도는 불확실하다. 예컨대 파울러W. Fowler[8]는 religio의 의미를 훌륭히 기술하고 있으나 어원은 '이 두 해석 가운데 어느 것도 일리가 있다'는 콘웨이Conway의 견해를 인용한다.

다음은 모든 논의를 좌우하는 키케로의 작품(『신성론』*De natura deorum* II, 28, 72)이다. Qui autem omnia quae ad cultum deorum pertinerent diligenter retractarent et tantquam relegerent, sunt dicti religiosi ex relegendo ut elegantes ex eligendo, ex diligendo diligentes. His enim in uerbis omnibus inest uis legendi eadem quae in religioso(신들의 제사와 관련되는 모든 일을 열심히 전념해서 반복하는(retraciarent) 자들, 말하자면 relegerent한 자들은 relegiosi로 불렸다. 이것은 relegere에서 파생된 것이다. 이 는 elegantes가 eligere에서, diligentes가 diligere에서 파생된 것과 같다. 이들 단 어는 사실상 모두 religiosus와 똑같이 legere를 의미한다).

이와 반대로 락탄티우스에게 종교는 인간을 신과 '결속시키는' 신앙 의 '사슬'이다. uniculo pietatis obstricti et religati sumus(우리는 신앙의 족 쇄(사슬)에 매이고 묶여 있다). 코베르트는 락탄티우스의 견해를 택했다. 그 는 religio를 '인간에 외재적인 힘이며, 시기, 장소, 사물과 관련된 금기이고, 의지를 박탈당한 인간이 이 금지로 얽매이고 구속된다'로 정의한다.

우선 religio가 실제로 가리키는 것이 무엇이며, 그 고유하고 일관된 용

---

6) 『라틴어 어원사전』*Lat. étym. Wb.*, I, 352.
7) 저자 코베르트M. Kobbert는 이 주제에 대해 자신이 쓴 학위논문(1910)의 가장 핵심 부분을 여기에 서 재론하고 있다.
8) 제3차 종교사 국제학회 『발표논집』 2권.

법이 무엇인가를 살펴야 한다. 가장 두드러진 예들 중 몇 가지만 언급해도 충분할 것이다. 원래 religio는 '종교' 전체를 포괄적으로 가리키는 것은 아니었다. 이 사실은 확실하다.

아키우스[9]가 쓴 비극 문헌 ——이것은 상실되었다—— 의 옛 단편에 두 행이 보존되어 있다.

Nunc, Calcas, finem religionum fac:

desiste exercitum morari meque ab domuitione, tuo obsceno omine

(칼카스여, 그대의 religiones를 끝마쳐라. 군대를 지체시키는 것을 멈추고, 그대의 사악한 전조로 내가 집으로 돌아가는 것을 더 이상 방해하지 말라.)

(노니우스Non. 357, 6 = 『아스튀아낙스』*Astyanax* 단편집, V, 리벡Ribbeck 판.)[10]

불길한 징조에서 생겨난 점쟁이 칼카스의 religiones는 군대를 그 자리에 머무르게 강제하고, 이 영웅이 집에 돌아가는 것을 방해한다. religio는 점복 언어에 속하는 용어로서 'omina와 관련되는 마음의 거리낌'을 가리키며, 주관적 심성을 가리킨다. 이 의미가 또한 '세속화된' religio의 용법에도 나타나는 주요 특징이다.

플라우투스의 『쿠르쿨리오』*Curculio* 350에 uocat me ad cenam; religio fuit, denegare uolui(그는 나를 저녁 식사에 초대했지만, **마음이 꺼림칙해서** 거절하려고 했다)가 나온다. 테렌티우스(『안드로스의 처녀』941)에서 크레

---

9) 루키우스 아키우스Lucius Accius(기원전 170~86년): 로마의 초기 비극 작가. 그의 작품은 오직 단편들로만 남아 있다(약 700행). 비극 작품으로 『안드로메다』*Andromeda*, 『아트레우스』*Atreus* 등이 있고, 역사를 다룬 희곡 『브루투스』*Brutus*, 『데키우스』*Decius* 등이 있다.—옮긴이

10) 리벡O. Ribbeck, 『로마 비극 단편집』*Tragicorum Romanorum Fragmenta*, 1962(재판).—옮긴이

메스는 한 처녀를 만나게 되는데, 그녀는 잃어버린 것으로 생각했던 딸이었다. 그는 그녀의 정체를 인정하기를 망설인다. At mihi unus scrupulus restat, qui me male habet(나를 고통스럽게 하는 마음의 거리낌이 아직 내게 남아 있구나)라고 말한다. 그러자 처녀가 말한다. dignus es cum tua religione, odio: nodum in scripo quaeris(그대는 마음의 religio 때문에 미움을 받고도 남을 것입니다. 그대는 어려움이 없는 곳에서 어려움을 찾으니 말입니다; 직역하면 '그대는 골풀에서 리본을 찾는다'이다). 여기에서 religio는 scrupulus를 대신한다. 여기에서 religio est(거리낌을 갖다)와, religioni est(종교적 가책을 갖다), religio tenet(종교적 가책, 경외심을 가지다)가 생겨났고, 부정법절도 생겨났다. religioni est quibusdam porta Carmentali egredi((그러한 상황에서) 사람들은 카르멘탈리스의 문을 통해서 빠져 나가는 데 꺼림칙함을 느꼈다; 페스투스, 수고 285 M.).

그 용법은 고전 시기를 통해 일정하다. 예컨대 선거 중에 최초의 투표 감시원이 갑자기 죽자 모든 선거 절차가 연기된다. 그렇지만 그라쿠스는 rem illam in religionem populo uenisse(이 일이 사람들의 마음속에 '불안감', 즉 거리낌을 일으키긴 하지만; 키케로, 『신성론』*Nat. Deorum* II, 4, 10)라고 말하면서도 선거를 계속 추진하기로 결정한다. 이 단어는 흔히 종교적 현상과 관련해서 티투스 리비우스의 작품에 빈번히 나온다. 예컨대 quod demouendis statu suo sacris religionem facere posset(제사의식의 위치를 바꾸면 마음의 거리낌을 가져올 수도 있다; 『로마사』 IX, 29, 10) 같은 것인데, 이는 헤라클레스의 제사를 폐지한 포티티족Potitii[11]의 처벌에 대한 지적이다. adeo minimis etiam rebus praua religio inserit deos(타락한 양심의 거리낌

---

11) 헤라클레스를 숭배하는 라티움의 고대 로마족의 일파. ─ 옮긴이

은 신들조차도 사소한 일과 연루시키는 것이 사실이기 때문에; XXVII, 23, 2).

키케로는 케레스[12]의 제사는 선조의 서원에 따라 제례의식을 아주 세심하게 배려하여 거행해야 한다고 말한다. sacra Cereris summa maiores nostri religione confici caerimoniaque uoluerunt(『발부스 변호론』*Balb.*[13] 24, 55).

다른 많은 예에서 찾아볼 수 있는 religio의 의미는 파생어 religiosus (제사에 세심히 마음을 쓰는, 배려하는, 제사의례에 대한 의식意識을 중요하게 여기는)의 의미로 확인된다. religiosus가 제사에도 사용될 수 있다는 것을 로마 현학자들은 가르친다. religiosum quod propter sanctitatem aliquam remotum ac sepositum a nobis sit(sanctitas 때문에 우리에게서 벗어나 멀어진 것이 religiosum이다; 마수리우스 사비누스,[14] 아울루스 겔리우스, 『아티카의 밤』*N.A.* 4, 9). religiosum esse Gallus Aelius ait quod homini facere non liceat, ut si id faciat contra deorum uoluntatem uideatur facere(인간에게 허용되지 않은 것이어서 이를 행하는 경우 신의 의지에 반하는 것으로 생각되는 것이 religiosum이다; 페스투스, 278쪽, 뮌헨판).

요컨대 religio는 하지 못하게 가로막는 망설임, 방해하는 거리낌이며, 행위하도록 유도하거나 제사를 드리도록 부추기는 감정이 아니다. 고대의 이 명백한 용법으로 증명되는 의미는 religio에 한 가지 해석만을 부여한

---

12) 케레스Ceres: 로마 신화에서 풍요를 상징하는 신. 그리스의 데메테르와 동일한 기능을 수행하는 라틴 신이다.—옮긴이

13) 원제는 Pro L. Balbo oratio이다.—옮긴이

14) 마수리우스 사비누스Masurius Sabinus: 클라우디우스 네로 황제(서기 14~37년) 시기의 로마 법률가. 사비누스 학파의 이름이 이 법률가에게서 기원한다. 겔리우스의 『아티카의 밤』은 앞의 각주에서 지적했듯이 문법, 철학, 법률, 역사, 문학, 전기 등의 다양한 작품에서 글을 뽑아 수록한 문집으로서 여기에 사비누스의 글이 수록되어 있다.—옮긴이

다. 키케로가 religio를 legere와 관련 지으면서 내린 해석이 그것이다.

　religio의 형태를 더 자세히 고찰해 보자. religio를 ligare로 해석하는 것이 과연 가능한가? 우리 대답은 몇 가지 이유 때문에 부정적이다.

　① ligare에서 파생된 추상명사 *ligio는 없다. religare의 추상명사는 religatio이다. 이와 반대로 legere와 대응하는 단어 legio에 대한 결정적인 증거는 있다.

　② -io로 된 추상명사는 일반적으로 제3활용동사에 근거하여 형성되며, 다음의 제1활용동사가 아니라는 점을 지적받은 적은 없다. ex-cidio, regio, dicio, usu-capio, legi-rupio(rumpere), de-liquio(linquere), obliuio(*obliuere, obliuisci)와 legio 같은 동사이다.

　③ 고대 작가에서 발췌한 다음 인용문만이 이 문제를 즉시 해결할 수 있다. religentem esse opportet, religiosus nefas (nefuas?)(religiosus가 아니라 religens가 되어야 한다; 니기디우스 피굴루스[15] 아울루스 겔리우스, 『아티카의 밤』 4, 9, 11). 마지막 단어(nefas)의 문헌 전통이 상실된 것은 문제되지 않는다. lego, legere에서 파생된 형태 religentem은 분명히 religiosus의 기원을 가르쳐 준다.

　religio와 legere의 관계 설정을 위해 동사 *religere가 분사 religens 이외에 또 다른 증거를 남겼더라면, 이 모든 근거들은 벌써 예전에 나왔을 것이다. 그러나 intelligo(분별하다/이해하다)와 diligo(선택하다/구별하다)처럼 동일한 어형의 동사도 분석해 볼 수 있다. 키케로는 이미 위에 인용한 구절에서 이들 동사를 비교한 바 있다. his enim uerbis omnibus inest uis

---

15) 니기디우스 피굴루스Nigidius Figulus(기원전 98~45년): 키케로 시기의 대학자. 문법, 자연과학, 신학 등에 대한 글을 썼다. 바로와 같은 반열에 드는 대학자로 유명했다.—옮긴이

legendi eadem quae in religioso(이 모든 단어들(diligio, intelligo)에는 religiosus 의 의미와 동일한 legere의 의미가 있다).

실제로 legere(수집하다/자기에게 가져오다/인식하다)는 많은 구체적 대상에 적용되는 동사로서 동사 접두사와 함께 사고의 과정과 감정의 태도를 가리키는 용어이다. lego의 반의어는 neg-ligo(배려하지 않다/관심을 가지지 않다)로 표현된다. diligo는 '선택적으로 수집하다', '평가하다', '좋아하다'를 의미한다. 또 intelligo는 '선별적으로 수집하다', '성찰에 의해 파악하다, 이해하다'를 의미한다. '지성', '이해'는 선택과 종합의 능력이 아닌가?

이 비교로부터 religere(다시 모으다)의 의미를 추론할 수 있다. 그것은 '새로이 선택하기 위해 다시 취하다', '과거의 방식을 재검토하다'라는 뜻이다. 이것이 종교적인 '거리낌', '가책'의 정확한 정의이다. 니기디우스 피굴루스는 종교적 문제를 '배려하는 것'은 religens가 되는 데 필요한 것인 만큼, religiosus가 되는 것, 마음의 거리낌(가책)에 이르는 것은 좋지 않다고 말한다. 선택한 것을 다시 시작하는 것(키케로에 따르면 retractare), 이 선택의 결과 결정한 것을 재검토하여 수정하는 것, 이것이 religio의 고유한 의미이다. 이것은 내면의 심적 선행善行을 가리키며, 사물의 객관적 속성이나 신앙과 실천적 관행의 집합체를 가리키는 것은 아니다. 기원에서 볼 때 로마의 religio는 본질적으로 주관적인 것이다. religio를 religare로 해석하는 자들은 기독교 저작자들뿐이라는 것은 우연이 아니다. 락탄티우스는 이 점을 강조한다. nomen religionis a uinculo pietatis esse deductum, quod hominem sibi Deus religauerit et pietate constrinxerit(religio란 용어는 신앙심의 결속에서 유래한다. 왜냐하면 하나님께서 자기와 인간을 결속시키고, 인간을 신앙심으로 매어 놓기 때문이다). religio의 의미 내용 자체가 변화되었다. 이교도의 종교의식과 관련해서 기독교인의 새로운 믿음을 특징짓는 것은 신앙심의 결속, 신에 대한 신자의 의지, 고유한 의미의 신에 대한 '의무'이다. religio의 개념은 하나님에 대한 인간의 관계라는 개념에 근거해서 재구성되었다. 그래서 이는 고대 로마의 religio와는 전혀 다르며, 근대적 의미를 예비하는 개념이다. 이것이 religio의 기원과 역사의 본질적 내용이며, 이 단어의 용법과 형태가 가르쳐 주는 바다.

　religio의 의미 분석 덕택에 로마인에게 (이것의) 반의어로 간주되었던 용어 super-stitio의 의미가 쉽게 밝혀진다. 사실상 '종교'의 개념은 '미신'의 개념과 대조된다.

　'미신'은 아주 이상한 개념으로, 오직 일정 문명권의 특정 시기에만 출현한다. 정신이 종교 현상과 분리되고 신앙이나 제사의식의 정상적 형식과 과장된 형식을 분별할 수 있게 된 이후에 출현했다. 이와 같은 태도를 관찰할 수 있는 사회는 단 두 곳밖에 없고, 이 태도를 표현하는 용어들은 서로 독자적으로 생겨났다.

　그리스에서 미신 개념은 합성어 deisidaimonía로 표현되고, 원래 'daímones를 두려워하는'을 의미하는 deisidaímōn에서 파생된 추상명사이다. 역사를 통해 이 합성어는 서로 다른 두 의미가 있었다. 그 하나는 신들은 두려워해야 하기 때문에 '신들(daímones)을 두려워하는', '종교를 경외하고 그 관례를 숭배하는'의 뜻이다. 그 후 두 차례의 의미변화를 거친 결과로 '미신을 믿는'을 의미하게 되었다. 또 다른 의미는 daímon이 가진 '귀신', '마귀'라는 의미다. 이 밖에도 종교적 관행이 점차 엄밀한 계율로 복잡해지자 여기에 주술과 이방의 영향이 가미되었다. 이와 함께 종교적 성사聖事와는 별도로 진정한 제사의식과 순수 형식주의의 관례를 구별하려는 철학파들이 출현했다.

그리스어에서 이 의미의 진화과정을 추적하는 것은 흥미로운 일이다. 그렇지만 그것은 꽤 후기에 와서 이 의미에 대한 인식이 제한되면서 생겨난 것이다.

이와 반대로 superstitio란 단어는 파생 형용사 superstitiosus와 더불어 대립 개념인 religio와 동일한 운명을 겪었다. 현대인에게 이 용어의 개념은 확고하다. 그렇지만 의미작용이 그렇게 명확히 드러나는 것은 아니다. 한편으로 이 단어는 라틴어에서도 여러 가지 뜻이 있다. 그러나 그 어느 뜻도 이 합성어의 구성요소의 의미와 일치하지 않는다. super와 stare로부터 '미신'의 의미가 어떻게 파생되었는지는 알 수 없다.

그 형태를 보면, superstitio는 superstes(살아남은)에 대응하는 추상명사여야 한다. 그러나 이들의 의미를 어떻게 관련지어야 하는가? 왜냐하면 superstes는 '살아남은'을 의미할 뿐만 아니라 명확히 확인된 용법에서는 '증인'도 의미하기 때문이다. 이와 동일한 난점이 superstitio와 이와 관련 있는 superstitiosus에도 제기된다. superstitio가 어떤 방도로 '미신'을 뜻하게 되었다고 인정하더라도 superstitiosus가 '미신을 믿는'이 아니라 '점쟁이', '예언자'의 의미였다는 사실을 어떻게 상정할 수 있는가?

이제 이 문제의 복잡성을 이해할 수 있다. 이는 조어법에 국한된 문제이지만 신앙의 역사에도 중요한 결과를 초래하는 문제이기도 하다. 이러한 이유로 이 단어는 많은 연구와 논의의 대상이 되었고, 다양한 의미로 해석되었다. 이 논의의 주요 내용을 이해하기 위해 그 해석들을 간략히 요약해 보자.

ⓐ superstes(살아남은)를 문자대로 해석하면 superstitio를 '생존', '존속'이다. 이 경우 superstitio는 고찰 시기에 남아 있는 옛 신앙의 '잔존이

나 흔적'을 가리킨다. 우리 견해로는 이 해석은 역사적 오해에 입각해 있다. 그것은 나머지 것과 조화되지 않는 과거의 남은 흔적들을 종교에서 분별해 내려는 19세기와 근대 인종지학자들의 비판정신과 사고태도를 고대인과 역사전통 이전 시기에 적용시키는 것이다. 더욱이 이런 해석으로는 superstitiosus의 특수 의미를 설명할 수 없다.

ⓑ 앞에서 인용한 오토Otto의 religio 연구도 역시 superstitio를 고찰했다. 저자는 가장 오랜 옛 작가들에 나타난 이 단어의 의미를 정의했지만, 이를 라틴어 어휘 자료로 설명하지 않았다. 그는 superstitio가 단순히 그리스어 ēkstasis(황홀경)의 라틴어 직역이라고 한다. 이것은 아주 놀랄 만한 결론이다. 왜냐하면 ēkstasis의 형태와 개념은 superstitio와 아무 관계가 없기 때문이다. 접두사 ek-는 super와 대응하지 않는다. 주술이나 마법은 ēkstasis의 의미와는 상관이 없다. 마지막으로 라틴어에 superstitio가 출현한 시기는 이 단어 형성에 미친 모든 철학적 영향을 배제한다. 사실상 이 해석은 지지할 수 없다.

ⓒ 뮐러–그라우파Müller-Graupa에 따르면,[16] superstes는 '죽은 자의 정령'을 가리키는 완곡표현인데, 그것은 죽은 자들이 여전히 살아 있기 때문이라고 한다. 그래서 이들은 언제나 출현할 수도 있다. 여기에서 superstitio(Dämonenwesen, 귀신의 본체)와 또한 '귀신에 대한 믿음'이 생겨났고, superstitiosus는 '귀신적 요소들로 가득 찬', '사악한 정령에게 사로잡힌'을 의미하게 되었다. 그 후 이성주의 시대에 이 단어는 유령에 대한 신앙을 가리켰다고 한다. 이 저자는 이 설명을 쇼펜하우어A. Schopenhauer가 제시한 적이 있다는 점을 알고 있다. 쇼펜하우어에게 죽은 자들은 운명

---

16) 『말』*Glotta*, XIX, 1930, p. 63.

을 다하고도 '살아남아 있다'(superstites)는 것이다. 그래서 superstitio는
superstites의 특성이라는 것이다.

　이 견해는 근거가 전혀 없다. superstes는 결코 죽음과 관계가 없다. 죽
은 자가 이런 방식으로 '살아남는'다거나 superstes로 수식되었다는 것은
있을 수 없다. 로마 종교에서 죽은 자들이 생명이 있다면, 그것은 잔존하는
생명이 아니라 본질이 다른 생명이다. 끝으로 superstitio는 귀신에 대한 믿
음을 가리키는 것이 아니다. superstitio란 개념에 악마적 요소와 귀신적 요
소가 이처럼 끼어들었다는 것은 탁상공론이다.

　ⓓ 또 다른 설명이 있는데, 마르가당Margadant[17]은 superstes가 '증인'이
라는 고유 의미에서 출발하며, superstitiosus도 '점쟁이', '예언자'의 의미에
근거한다고 한다. '증인'의 의미인 superstes가 'qui diuinitus testatur', 즉
'신의 증인인 자'라는 중간 의미를 거쳐 superstites(wahrsagend, 예언자의)
의 의미로 바뀌었다고 한다. 이 견해는 아주 이상하다. 신의 영역에 '증거'
개념을 개입시켜도 안 되고, 법적 사실을 견자와 관련지어서도 안 된다. 로
마인의 눈에 미래를 예언하는 능력을 부여받은 자는 기독교의 '순교자'처
럼 신의 '증인'으로 비치는 것이 아니다. 더욱이 superstitio의 고유 의미로
부터 반드시 해석할 필요가 없다.

　ⓔ 플링크-링코미스Flinck-Linkomies가 마지막 해석을 제안했다.[18] 즉
superstitio는 우월성(Überlegenheit, super-stare, 위에 있다)의 의미에서 '예
언자적 능력', '마법'의 중간 과정을 거쳐 '미신'의 의미가 되었다고 한다.
왜 '우월성' 개념이 '마법' 개념에 이르게 되었는지, 어떻게 '마법'의 의미

---

17) 『인도게르만어 연구』*Indogermanische Forschung*, 48, 1930, p. 284.
18) 잡지 『아르크토스』*Arctos*, 2, p. 73.

에서 '미신'의 의미로 전이되었는지는 알 수 없다.

　　지금 논의하는 문제의 현재 상황은 이와 같다. 여기서도 다른 모든 유사한 경우와 마찬가지로 해석이 모든 의미를 합리적으로 조화시켜 이들 의미에 적용되고, 이 해석이 이 단어의 구성요소의 정확한 의미작용에 근거하는 경우에 한해서 이 해석을 받아들일 수 있다.

　　첫 용어와 끝 용어 superstes와 superstitiosus를 먼저 논의해 보자. superstitio는 여기서 해명하려는 의미로 이미 그 의미가 고정된 명사만을 제공한다. 사실상 기저 용어 superstes와 이차적 파생어 superstitiosus는 의미차가 있고, 이 차이가 그 고유의 의미작용을 알려 줄 것이다.

　　superstare의 형용사 superstes가 어떻게 '살아남은'을 의미할까? 그것은 super의 의미에서 기인한다. super는 고유한 의미로 '위에'를 가리킬 뿐만 아니라 '넘어서', '초월해서'를 의미한다. 그리하여 경우에 따라, 전면으로 튀어나온 것을 덮거나 돌출부를 형성하는 것을 가리킨다. 예컨대 satis superque는 '충분히 그리고 더 이상으로', '충분하게 그리고 이보다 더욱 많이'를 뜻하고, supercilium은 '천장 위에'를 뜻할 뿐만 아니라 위로 돌출된 부분으로 천장을 보호한다. '우월성' 개념 자체는 '위에' 있는 것을 나타낼 뿐만 아니라 그 이상의 것, 그 밑에 있는 것과 관련해서 그 이상으로 진전된 것을 나타낸다. 마찬가지로 superstare는 '저 너머', '저쪽에 위치하다', '저 너머에 존속하다'를 의미하며, 실제로는 '남은 것을 파멸시키는 사건 저 너머'를 가리킨다. 집안에 죽음이 닥쳤다. superstites는 죽음의 사건 저 너머에서 생존한다. 위험, 고난, 어려운 난국을 극복한 자, 그것을 모면하고 계속 생존한 자는 superstes이다. 플라우투스의 작중 인물이 여자에게 말한다. ut uiro tuo semper sis superstes(청컨대 그대는 그대 남편이 죽은 후에도 영원히 살아남아 있기를;『카시나』*Cas.* 817~818).

이것만이 superstes의 유일한 용법은 아니다. '~을 넘어 생존하는'
은 '불행, 죽음을 모면하고 살아남은'을 의미할 뿐 아니라 '어떤 사건을
겪은 뒤 이 사건을 **넘어** 생존하는'을 의미하며, 따라서 사건에 대한 '증
인'의 의미가 될 수 있다. 또한 '사물이나 사실 위(super)에 있는(stat), 그
것을 목격한, 거기에 임석한'을 뜻한다. 이것이 사건과 관련해 처해 있
는 '증인'의 상황이다. 벌써 여기서 '증인'으로서 superstes에 대한 해석
을 볼 수 있으며, 이는 여러 곳에서 확인된다. 예컨대 플라우투스의 상실
된 희곡 단편에 Nunc mihi licet quiduis loqui: nemo hic adest superstes
(그 인물이 말하길, 이제 내가 말하고자 하는 모든 것을 말할 권리가 생겼다)
가 나온다. 또한 "**증인**이 없으므로 나는 자유로이 말할 수 있다"(플라우
투스,『아르테모네』*Artemone*, 페스투스 394, 37)이다. 이 용법은 고립된 것
이 아니다. 다른 증거도 이 용법이 아주 오래되었음을 확인해 준다. 인
용한 페스투스의 책에서 superstes는 '증인들', '임석한 자들'을 가리킨
다. superstes, testes, praesentes significat; cuius rei testimonium est quod
superstitibus praesentibus ii inter quos controuersia est unidicias sumere
iubentu(superstites는 testes, praesentes를 의미한다. 이에 대한 증거는 분쟁이
일어난 자들이 증인들이 임석한 가운데서(superstitibus praesentibus) 송사를 작
성하라는 명령을 받는다는 것이다). 키케로는 도로의 축성祝聖 때 관례적으
로 사용하던 고대의 관용표현을 되풀이한다. utrisque superstitibus istam
uiam dico(양쪽의 증인들 앞에서 이 길을 축성한다;『무레나를 위한 변론』*Pro
Murena*, 12). 세르비우스도 이를 확증한다. superstes praesentem significat
(superstes는 praesentum을 의미한다;『아이네이아스 주해』*ad. Aen.* Ⅲ, 339).

이제 superstes와 testis의 차이를 알 수 있다. 어원적으로 testis는 '삼

자'(*terstis)로서 두 이해 당사자가 관련된 사건에 임석한 자를 가리킨다. 이 관념은 공통 인도유럽어 시기까지 거슬러 올라간다. 산스크리트어 텍스트에는 "두 사람이 임석해 있을 때마다 미트라는 거기에 3자로 있다"고 한다. 그래서 미트라 신은 본질적으로 '증인'이다. 그러나 superstes는 때로 '~을 넘어서 생존한' 자로서──살아남은 자인 동시에 증인이다──때로 '그 일에 달라붙어 있는 자', 거기에 현존하는 자로서의 '증인'을 묘사한다.

이제 superstitio, 즉 superstes의 특성이 이론적으로 무엇을 의미하는지, 무엇을 의미해야 되는지를 알 수 있다. 그것은 '증인'으로서 '임석하는 특성'이 될 것이다. 이 추정된 의미와 역사적으로 확인한 의미의 관계를 해명하는 일이 남았다. superstitio는 사실상 hariolatio(예견/예언), '점쟁이'라는 사실과 흔히 연관된다. 더욱 빈번히 superstitiosus는 hariolus(점쟁이)와 함께 사용된다. 플라우투스는 이를 잘 보여 준다. 애꾸눈 식객이 본인의 신체 결함을 설명한다. "나는 전투에서 눈 하나를 잃었소." 다른 자가 대답한다. "전투에서 잃었건 네 얼굴에 던진 항아리에 맞아서 그랬건 외눈이라는 것에 개의치 않겠다."──식객이 소리친다. "이 사람은 예언자구나. 바로 알아맞히다니!"(superstitiosus hic quidem est; uera praedicat, 『쿠르쿨리오』*Curc.* 397). '진리'는 사람들이 목격하지 못한 것을 '알아맞히는' 것이다. 마찬가지로 illic homo superstitiosust(이 사람은 예언을 한다; 『암피트루오』*Amph.* 322)도 그렇다. 『닻줄』*Rudens* 1139 이하에는 한 여자가 문제시된다. 인물을 중 한 사람이 말한다.

──Quid si ista aut superstitiosa aut hariolast atque omnia quidquid inerit uera dicet?(이 여자가 superstitiosa나 hariola라면, (이 상자 속에 있는) 모든 것을 진실되게 말할 수 있지 않을까?)

——Non feret, nisi uera dicet : nequiquam hariolabitur(그녀가 진실을 말하지 않으면 그렇게 할 수 없을 것이다. 마법은 거기에 아무 소용이 없다).

해결책이 여기에서 발견된다. superstitiosus는 'superstitio의 능력을 부여받은' 자, qui uera praedicat(진실을 예언하는) 자, 즉 점쟁이, 예언자, 과거사를 실제로 있었던 것처럼 말하는 자이다. 이들 예에서 '예언'은 미래가 아니라 과거에 적용된다. superstitio는 과거를 목격했던 것(superstes)처럼 알게 해주는 천리안의 재능이다. 이러한 이유로 superstitiosus는 '견자' 見者에게 부여된 '투시력'의 속성, 즉 임석(목격)하지 않은 사건의 '증인'의 특성을 나타낸다.

이 단어의 일반적 용법은 언제나 hariolus와 연관된다. 그러나 이것이 (마법적인) '임석', '현존'의 의미를 획득한 것은 예언자의 언어에서였다. 게다가 이들 단어가 전문적 의미작용을 얻은 것도 언제나 이와 같은 특수 어휘 내였다. 이에 대한 한 예를 프랑스어 단어 voyant(투시력이 있는)에서 볼 수 있다. 그러나 이것은 정상 시력을 넘어서 '투시력이 있는'을 의미한다.

이리하여 용어들이 규칙적으로 배열된다. 즉 superstes(일어난 일에 임석했기에(목격했기에) **증인으로** 간주되는 자), superstitio(현존의 재능), 즉 '현장에 있었던 것처럼 증언할 수 있는 능력', superstitiosus(과거에 현존했던 것으로 만드는 **현존의 재능**이 구비된 자)이며, 이것이 플라우투스에게서 확인할 수 있는 의미이다.

그러나 현대적 의미는 어떻게 설명해야 할까? 사실상 이 의미는 이 단어의 의미사意味史의 최후에 출현한다. 방금 기술한 의미 ——예언자의 언어에서 분명 생겨났다——로부터 우리가 친숙한 의미에 이르기까지 진화 과정을 추적해 보자. 로마인은 예언 행위에 두려움을 느꼈다. 그들은 예언 행위를 사기 놀음으로 간주했다. 마법사와 예언자는 경멸받았고, 게다가 이들이 이방의 나라에서 왔기 때문에 더욱 멸시받았다. 이런 이유로 superstitio는 비난받는 행위와 연루되어 불쾌한 색채를 띠게 되었다. 그것은 일찍부터 쓸데없고, 비천하고, 합리적 정신이 없는 것으로 간주된 사이비 종교의 관행으로 설명되었다. 공적인 복점관을 믿는 로마인은 마법, 예언, 유치한 것으로 판단되는 행위에 의지하는 것을 비난했다. 이 시기에 '경멸받는 종교적 신앙'이라는 의미에 근거해서 새로운 형용사가 기저 단어에서 파생되었다. 그 형용사는 superstitiosus(superstitio에 빠진), 'superstitio에 영향을 받은'이다. 여기서 religio와 대조해 superstitio의 새로운 개념이 생겨났다. 그리고 새 형용사 superstitiosus(미신을 믿는)가 생겨났는데, 이것은 이와 동일한 형태 구성을 하는 religiosus의 대조어로서, 그 최초의 의미와는 아주 다른 의미를 갖게 되었다. 그러나 religio, 즉 종교적 거리낌, 진정한 의미의 제사를 superstitio, 즉 종교의 타락하고 부패한 형태와 구별한 것은 이성주의적인 로마인의 명석한 철학적 시각이었다.

이리하여 일차적으로 세속적 신앙을 반영했고, 그 후 신앙에 대한 전통적인 로마인의 태도를 반영하는 superstitio의 두 의미의 관계가 차례로 명확히 밝혀졌다.

옮긴이 해제

뱅베니스트의 이 저서는 몇 가지 점에서 언어학뿐만 아니라 인접과학에도 중요한 시사점을 던져 준다. 언어학의 관점에 국한해서 그의 연구가 갖는 의의를 모색해 보자.

언어학적 관점에서 볼 때, 이 연구는 어휘 연구 방법론의 새로운 혁신을 보여 준다. 이는 서너 가지 점에서 그렇다. 첫째, 의미 재구의 방법을 제시했다는 점에서 의의가 크다. 언어학에서 전통적 재구는 음운 대응을 통한 형태 재구였다. 형태 재구는 일정한 규칙에 의거해 정형화된 방법이 있었다. 그러나 의미 재구는 한번도 시도된 적이 없는 문제였다. 그것은 의미 변화가 다양한 요인의 영향을 받아 예측할 수 없는 방식으로 일어나기 때문이다. 이 의미 재구는 어원을 밝히는 문제와는 별개의 문제이다. 뱅베니스트는 『인도유럽사회의 제도·문화 어휘 연구』를 통해 이 의미 재구의 방법을 실증적으로 증명해 보인다. 그 방법적 기본 원리는 그의 『일반언어학의 여러 문제』1권*Problèmes de linguistique générale I*에 실린 논문 「재구의 의미론적 문제」(24장)를 참조하면 된다. 그 원리는 다음과 같다.

우리가 사용하려는 유일한 원칙은 —— 이를 인정된 것으로 간주하자—언어 형태의 '의미'는 형태의 용법(emplois) 전체와 분포 그리고 여기에서 유래하는 결합 유형에 의해 정의된다는 것이다. 서로 다른 의미를 지닌 동일한 형태소의 존재 유무는, 이 두 의미로 단일 의미를 복구하는 용례가 있는지 자문해야 한다. 해답은 미리 주어진 것이 아니라 오직 이 형태가 잘 나타나는 문맥 전체에 대한 세밀한 연구에 의해서만 대답할 수 있다.[1]

그런데 이 원리 자체는 전혀 통시적 방법이 아니다. 용례, 분포, 관계 유형 등의 조작 개념은 극히 공시적이며, 구조적인 것이다. 역사적 자료와 광범위한 이들 자료의 비교를 통해서 관련 의미를 추적하고, 그들의 상호 관계를 규명하여, 의미 발달의 유형을 확립하면서 의미의 단일성을 확증하는 과정에서 이용되는 필수적인 조작 개념은 모두 공시적인 것이다. 이는 마치 소쉬르F. Saussure의 『인도유럽어 원시 모음 체계에 관한 논고』*Mémoire sur le système des voyelles primitifs des langues indo-européennes*(1886)의 방법과 흡사하다. 소쉬르는 이 연구에서 광범위한 역사적 자료를 통해서 인도유럽어 어근의 형태론적 구성 원리를 밝히면서 공시적 '체계'système의 개념을 이용했던 것이다.

뱅베니스트는 이 저서에서 인도유럽사회의 다양한 제도어휘의 자료 가운데서 선택한 문제의 성질에 따라 동일한 언어 공시태 내에서 의미관계를 확립하는 한편, 고대의 선사로 거슬러 올라가기 위해 통시태의 관점에 위치하면서 복잡하고 객관화와 형식화가 어려운 의미화 과정의 세부적 절차를 확인하고, 그 원리를 추출해 내려고 노력한다.

---

1) 에밀 뱅베니스트, 『일반언어학의 여러 문제』 1권, 김현권 옮김, 지만지, 2012, 570쪽.

둘째로 뱅베니스트가 이 저서에서 사용한 제도어휘의 의미작용(signi-fication) 연구는 기존의 재구 방법과는 정반대가 된다. 비교 연구는 두 가지 관점에서 행해질 수 있는데, 회고적 관점과 전망적 관점이다. 전통적 비교언어학에서는 현대 또는 후대의 표현형에 기초해서 과거로 소급해 올라가 공통 원형을 재구하는 회고적 방안이 전부였다. 그러나 뱅베니스트는 이와 반대 방향으로 전망적 관점을 도입하여 의미 재구 문제를 추적하였다. 다시 말해서 기존에 확정된 인도유럽어 형태와 의미로부터 출발해서 여기에서 파생된 여러 형태와 의미를, 방언적 분화에 따른 형태와 의미의 분화 경로와 절차, 그리고 이 분화의 결과 생겨난 새로운 형태군과 의미군 자체를 추적하는 것이다. 이러한 통시언어학의 전망적 관점에 대해서는 소쉬르가 그의 『일반언어학 강의』*Cours de linguistique générale*(1916)의 제5부 「회고 언어학의 문제: 결론」에서 언급한 바 있으나 실제로 이러한 방식의 연구를 실증적으로 제시한 학자는 없었다. 회고적 관점에서는 언어사항들의 비교와 역사의 재구가 원자론적으로 될 가능성이 있고, 언어사항들의 관계 유형의 구조와 기능을 탐색하지 못한다. 그것은 비교가 언제나 개별적 사실들의 비교로 그쳤기 때문이다. 그러나 전망적 관점에서 비교와 역사 구성은 자칫 잘못하면 소쉬르가 지적한 대로 '단순한 서술'이 되거나 '문헌들의 비판적 고증'에 그치기 쉽다. 그러나 뱅베니스트는 이러한 약점을 극복한다. 이것은 철저히 공시적이면서 구조적일 때만 비로소 가능하다. 그에 따르면 공통 인도유럽어에서 유래하는 다양한 요소가 개별 언어의 독자적 구조 내에서 결합되면서 이들 요소가 각기 다른 방식으로 변형되고, 이들이 한정하는 새로운 **대립 체계 내에서 과거와는 다른 새로운 가치**를 획득한다는 것이다. 다시 말해서 어떤 의미가 기존의 가치를 상실하고 새로운 가치를 획득하면서 의미작용이 변하는 것은 바로 각 언어에 고유한 의미구조 내에서 이루어진다는 것이다. 따라서 그의 의미작용의 연구 방식은 다분히 구조기능적이다. 구조기능적인 통시론은 음운론의 분야에서 —— 그러나 회고적으로 —— 시도된 바 있다.[2] 또 의미 분야에서는 코세리우E. Coseriu, 「구조 의미론을 위하여」Pour une sémantique structurale (1962) *Tralili*, II, 1에 의해 극히 간략한 프로그램으로 제시된 바 있다. 그러나 뱅베니스트처럼 광범위한 체계적 연구는 새로운 것이다.

뱅베니스트는 이 책의 서문에서 다음과 같이 연구의 목적과 방법을 밝히고 있다. "연구의 출발점은 일반적으로 인도유럽어들 중 어느 한 언어에서 풍부한 의미가치valeur를 지닌 용어들을 선택하는 것이다. 그리고 이 언어 자료를 중심으로 형태와 의미의 특성, 그리고 이들의 현재 관계의 대립을 직접 조사한 후, 유사 형태의 비교를 통해서 이 자료가 흔히는 심한 변화를 겪었지만 정확히 언급되는 문맥을 재구성하는 것이다. 이와 같은 방식으로 언어진화로 인해 해체된 전체 언어사실을 원상으로 복원시켜 숨겨진 구조를 드러내고, 전문기술적인 용법으로 인해 생긴 상이점들을 단일 원리로 귀착시킴과 동시에 이들 언어에서 그 구분 체계가 어떻게 재조직되었고, 또 이로 인해 그 의미적 기재가 어떻게 혁신되었는지를 밝혀 보고자 한다." 그는 이 방법적 원리를 인도유럽사회의 여러 제도, 즉 법, 정치, 종교, 경제, 혼인 제도, 일반 사회구조의 기반 등 여러 영역에서 나타나는 핵심적 제도용어에 적용하여 분석하고 있다. 이러한 제도어휘 연구 역시 새로운 것이다.

전통적인 인도유럽어학에서 어휘 연구는 인도유럽어에 공통으로 나

---

2) 마르티네A. Martinet, 『음성변화의 경제성』*Economie des changements phonétiques*(1955), 오드리쿠르A. G. Haudricourt · 쥘랑A. G. Juilland, 『불어 음성체계의 구조 역사 시론』*Essai pour une histoire structurale du phonétique français*(1949).

타나는 소수의 기본 공통 어휘(수사, 기본 생활 어휘, 친족 어휘 등)를 대상으로 하였으나 그는 언어, 사회, 문화의 관계에 관심을 가지고, 언어를 통해 선사의 사회제도를 복원해 보려고 시도한 것이다. 그런데 그의 제도용어 연구는 인도유럽어의 언어선사고생물학linguistic paleontology에서 연구하는 어휘와는 방법과 의미 영역이 다르다. 인도유럽어학의 한 영역으로 이른바 언어선사고생물학은 선사 시기와 역사 시기의 언어와 문화 관계를 연구하는 분야다. 과거에는 재구 방법을 원용하여 여러 인도유럽 민족의 특성이나 관습을 비교하여 공통된 자질을 추출하여 문화를 재구하려고 하였다. 그러나 인종지학적인 잔재에만 근거하여 과거 문화를 재구하기는 어려울뿐더러 신뢰성 또한 떨어진다. 그러므로 이 방법은 인류학적, 인종지학적, 고고학적 발견에 상당히 의지하였고, 그 근거를 일차적으로 여기에서 찾았다.

또 다른 방법은 방대하게 모은 어휘와 의미 자료를 이용하여 재구를 통해 재구된 어휘와 의미를 이용하여 인도유럽사회의 문화를 재구하는 것이다. 뱅베니스트의 시도는 과거의 어휘 연구와는 달리 이러한 방법적 원리를 제시한 새로운 연구로 볼 수 있다. 원시 인도유럽사회를 지배한 사회적 기반과 제도어휘를 통해서 구전口傳 사회의 특이한 구조를 발굴하고 해석함으로써 고고학, 인류학, 신화학, 사회·경제학, 법학 등에 중요한 시사를 던져 주고 있다. '인도유럽어', 그리고 '인도유럽사회'의 개념은 언어학적 개념이며, 언어학에 기반을 두고 있다. 그것은 역사·사회·문화적 개념이 아니다. 그리하여 뱅베니스트는 언어자료를 통해서 언어학적 접근 방법으로 실제적인 문화의 여러 측면에 대한 연구를 확장해 나간다. 이러한 면에서 볼 때 문화에 대한 언어학적 연구는 고고학, 인류학과는 구별되는 것이다. 이러한 연구의 싹은 앙투안 메이예A. Meillet, 『역사 언어학과 일반

언어학』1권*Linguistique historique et Linguistique générale 1*(1921)[3]의 이곳저곳에서 엿볼 수 있다.

그런데 그의 제도어휘 연구는 여러 언어에 나타나는 제도용어와 공통어의 목록을 작성하는 것이 목적이 아니라 앞에서 지적했다시피 이들 용어의 상호 관계를 규명하여, 의미 진화와 재구 방식을 일반화하고, 이를 지배하는 원리를 찾아보려는 데 있다. 그 원리는 다음과 같이 그가 행한 연구의 세번째 새로운 면모이다.

셋째로 뱅베니스트는 전통적으로 의미론에서 논의 대상이 되었던 '지칭'désignation과 '의미작용'signification의 관계를 명시적으로 설정하여, 이 둘을 명백히 분리시켰다. 다시 말해서 어휘와 그것이 지칭하는 사물의 명칭 사이에는 직접적인 관계가 없고, 이 둘은 오직 의미작용이라는 매개를 통해 중개된다고 주장했다. 그는 이 원리를 어휘의 진화과정을 지배하는 일반적인 법칙으로 제시한다.

언어선사고생물학에서는 과거처럼 언어 외적인 포착할 수 없는 실체를 재구하려고 해서는 안 되며, 외적인 사물과 이를 지칭하는 용어 자체를 구별하고, 또 이들 용어를 그 의미작용 가운데서 연구해야만 이 실체에 대한 정확한 이해에 도달할 수 있다고 주장한다. 따라서 문제는 이들 용어를 재구하는 것이 아니라 의미작용을 재구하는 것이 중요한 것이다. 그러나 과거의 어휘 연구는 사물이나 이 사물을 직접 가리키는 지칭만을 대상으로 하였고, 의미작용에 대한 연구는 도외시하였다. 그것은 공통된 형태와 여기에서 파생된 것으로 판단되는 표현형의 의미가 서로 전혀 다른 것으로 판단되고, 또 표현형 자체의 의미도 너무 상이하고 복잡해서 그들의

---

3) 앙투안 메이예, 『일반언어학과 역사언어학』, 김현권 옮김, 만남, 1997.

관계를 연결 짓는 것이 거의 불가능하거나 가능하더라도 상상적인 추론에 입각한 것이었다. 언어 외적 사물에 의존하거나 그렇지 못한 경우 언어학자 자신의 언어에 기초한 주관적인 해석이나 상황에만 의지하여 의미관계를 분석한다는 것은 언어학적인 방법이 아니다. 그리하여 그가 추천하는 방법은 바로 용례에 대한 엄밀한 분석과 분포에 기초한 의미관계의 기술이며, 이 방법을 통해서 외적 판단에 기울거나 내적 주관에서 벗어날 수 있게 해준다. 그만큼 의미작용은 포착하기 어렵고 방법적 객관성을 확보키 어렵다. 바로 이 방법을 통해서 뱅베니스트는 전통적인 공시태와 통시태의 이원성을 극복하고 있다. 바로 이것이 그가 이 연구에서 보여 주는 마지막 기여이다.

그는 광범위한 언어자료의 비교를 통해 통시태를 넘어서 언어의 공시적 구조 자체를 탐구한다. "비교와 통시적 분석에 의해 애초에 지칭désignation만 존재하던 곳에서 의미작용signification을 밝혀 내는 것이 문제이다. 그래서 시간 차원은 바로 해설 차원이 되는 것이다." 그의 통시태는 공시적 구조 해명을 위한 방법이다. 시간과 공간의 무한한 과거와 넓은 영역에 분산되어 나타나는 역사적 **언어 화석**化石에 기초하여, 그 화석이 살아 존재했던 **생물학적 환경**을 구성하고 해석하는 작업이 언어선사고생물학이 아닌가?

인간이 살면서 만들어 낸 문화에 대한 이러한 인종지학적 의미론은 인간의 발화행위와 개념적 공간이 구성하는 우주관을 밝혀 줄 수도 있다. 뱅베니스트는 고대 구술사회가 만들어 낸 독특한 언어표현 양식의 분석을 통해 고대 사회에서 인간의 발화행위가 갖는 사회·문화 제도적 의미를 발견해 낸다. 아울러 그의 발화행위énonciation 이론의 기초이자 준거를 이 저작의 개별적 연구 곳곳에서 발견하고, 그의 이론의 흔적과 적용, 해석을 수 없이 만날 수 있다. 이러한 점에서 그는 다시 랑그와 파롤이라는 전통적 이원성을 극복하고, 총체적 인간 현상으로서 언어가 갖는 다양한 모습을 밝혀 드러낸다.

본문에 인용된 고전들 중 호메로스의 『일리아스』와 『오디세이아』에서 인용한 구절들은 가능하면 천병희가 옮긴 책(『오뒷세이아』[2006]와 『일리아스』[2007])을 사용했다. 그리고 터프스Tufts 대학 페르스우스 프로젝트Perseus Project의 Greek & Roman Materials의 원문과 영어 번역본을 참조했다. 그러나 뱅베니스트가 별도로 인용하는 번역본이나 단어나 용어의 개념과 의미를 분석하면서 기존의 번역본이나 사전의 오류를 지적하는 경우에는 별도로 번역을 이용하지 않고 직접 번역했다. 그 외의 번역은 모두 옮긴이가 번역했다.

참조한 주요 연구서와 인도유럽어 사전은 다음과 같다.

Buck, C. D., 1949, *A Dictionary of Selected Synonyms in the Principal Indo-European Languages: A Contribution to the History of Ideas*, Chicago & London: Chicago Univ. Press.

Gamkrelidze, T. V. and Ivanov, V. V., 1995, *Indo-European and the Indo-Europeans: A Reconstruction and Historical Analysis of a Proto-Language and a Proto-Culture*, N. Y./ Mouton: W. de Gruyter.

Meillet, A., 1908, *Introduction à l'étude comparative des langues indo-européennes*, Paris: Hachette.

Pokorny, J., 1959, *Indogermanisches Etymologisches Wörterbuch*. I, II. Band, Bern/München: Francke Verlag

Polome, E. C. & Winter, W.(eds), 1992, *Reconstructing Languages and Cultures*, Mouton: W. de Gruyter.

인도유럽어 목록표

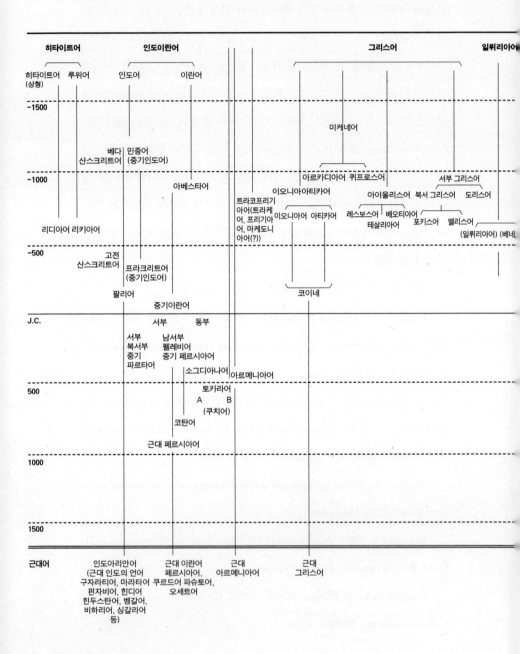

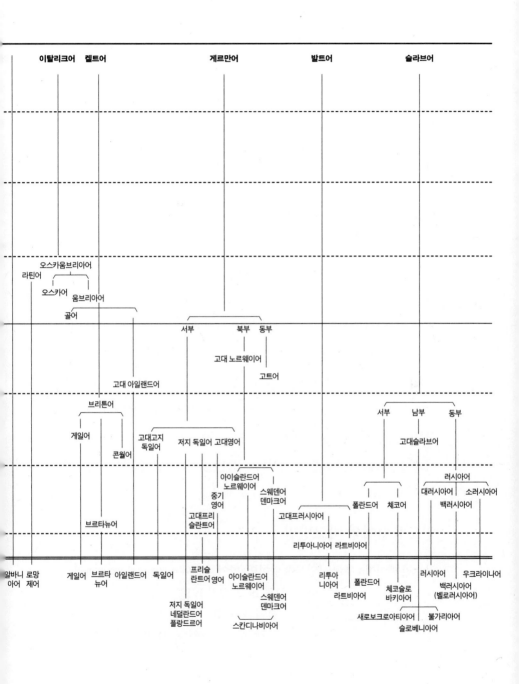

| 이탈리크어 | 렐트어 | | 게르만어 | | 발트어 | 슬라브어 |

오스카움브리아어
라틴어
오스카어 움브리아어
골어

서부　북부　동부

고대 노르웨이어

고트어

고대 아일랜드어

서부　남부　동부

브리튼어

고대슬라브어

게일어

고대고지
독일어　저지 독일어 고대영어

콘월어

고대프리
슬란트어

아이슬란드어
노르웨이어
중기
영어

스웨덴어
덴마크어

러시아어
대러시아어　소러시아어
백러시아어

브르타뉴어

고대프리
슬란트어

폴란드어　체코어

고대프러시아어

리투아니아어 라트비아어

알바니 로망
아아 제어

게일어 브르타 아일랜드어 독일어
뉴어

프리슬
란트어 영어

아이슬란드어
노르웨이어

스웨덴어
덴마크어

리투아
니아어

폴란드어

러시아어 우크라이나어
백러시아어
(벨로러시아어)

저지 독일어
네덜란드어
플랑드르어

스칸디나비아어

라트비아어

체코슬로
바키아어

새로보크로아티아어 불가리아어
슬로베니아어

인용문헌

인도유럽어가 최초로 확인된 개략적 연대가 언급된 앞의 표(좌측의 연대 순서 참조)는 메이예A. Meillet와 코엥M. Cohen, 『세계의 언어』*Les Langues du Monde*(신판 1952년 방드리에스J. Vendryes 작성, 초판 1924 뱅베니스트E. Benveniste 개정)의 제1장 「인도유럽어들」에 의거해 작성한 것이다. 언어지도를 참조하고, 앞의 표와 더 많은 참고문헌을 좀더 자세하게 보완하려면 저서를 참조할 것(표에서 '트라케어'와 '프리기아어'를 별도로 표시하지 않았다. 이 두 언어는 예전처럼 '트라코프리기아어'의 어군으로 더 이상 분류하지 않는다. 그리고 '베네치아어'는 오랫동안 일리리아어로 간주되었으나 사실은 이탈리크 어군에 속하며, 역시 표에 표시하지 않았다. 또한 '에트루리아어'는 히타이트 어와 친근관계가 있을 가능성은 있다. 이 언어도 표시하지 않았다).

인도유럽어와 비교방법

앙투안 메이예A. Meillet, 『인도유럽어의 방언』*Les dialectes indo-européens*, 파리, 1908, 제2판 1922, 신판 1950.

_____, 『인도유럽어 비교연구 입문』*Introduction à l'étude comparative des langues indo-européennes*, 제8판, 파리, 1937.

_____, 『역사언어학의 비교방법』*La méthode comparative en linguistique historique*, 오슬로/파리, 1925.

율리우스 포코르니J. Pokorny, 『인도게르만어 어원 사전』*Indogermanisches etymologisches Wörterbuch*, 베른, 1949~1959.

오토 슈라더O. Schrader · 알폰즈 네링A. Nehring, 『인도게르만어 고대문화 사물 어휘집』*Reallexikon der indogermanischen Altertumskunde*, 2판, 알폰즈 네링 출간, 베를린, 1917~1929.

지아코모 데보토G. Devoto, 『인도유럽어의 기원』*Origini indoeuropee*, 플로렌스, 1963.

인도아리안어

만프레드 마이로퍼M. Mayrhofer, 『고대인도어 어원사전 요람』*Kurzgefasstes etymologisches Wörterbuch des Altindischen*, 하이델베르크, 1953 이후 속간.

이란어

크리스티앙 바르톨로메Chr. Bartholomae, 『고대 이란어 사전』*Altiranisches Wörter-buch*, 스트라스부르, 1904.

그리스어

할마르 프리스크H. Frisk, 『그리스어 어원사전』*Griechisches etymologisches Wörterbuch*, 하이델베르크, 1954 이후 속간.

라틴어

알프레드 에르누A. Ernout · 앙투안 메이예A. Meillet, 『라틴어 어원사전』*Dictionnaire étymologique de la langue latine*, 4° éd. 개정판 Paris, 1959.

요한 밥티스트 호프만J. B. Hofmann, 『라틴어 어원사전』*Lateinisches etymologisches Wörterbuch*, 하이델베르크, 1938.

게르만어(고트어)

지그문트 파이스트S. Feist, 『고트어 비교 사전』*Vergleichendes Wörterbuch der gotischen Sprache*, 3판, 레이드, 1939.

페르낭 모세F. Mossé, 『고트어 메뉴얼』*Manuel de la langue gotique*, 파리, 1942, 2판 (1956).

발트어(리투아니아어)

에른스트 프랭켈E. Fraenkel, 『리투아니아어 어원사전』*Litauisches etymologiches Wörterbuch*, 하이델베르크, 1955 이후 속간.

슬라브어

막스 파스머M. Vasmer, 『러시아어 어원사전』*Russisches etymologisches Wörterbuch*, 하이델베르크, 1950 이후 속간.

* 이 책의 인쇄 중에 출간된 다음 몇몇 저서는 이용할 수 없었다.

피에르 샹트렌P. Chantraine, 『그리스어 어원사전』*Dictionnaire étymologique de la langur grecque*, I권(A-Δ), 파리, 1968.

루이 제르네L. Gernet, 『고대 그리스 인류학』*Anthropologie de la Grèce antique*, 파리, 1968.

조르주 뒤메질G. Dumezil, 『로마의 관념』*Idées romaines*, 파리, 1969.

내용 찾아보기

인용문 찾아보기

---

1) II라는 표시가 없는 아라비아 숫자는 제1권의 쪽수임.

고트어(그리고 그리스어)

움브리아어

산스크리트어

이란어

a. 아베스타어

『아베스타경』

연구 어휘 찾아보기

404

히타이트어

draviṇas- (1권) 231

dyauṣpitā (1권) 331

dyāvā pṛthivī (1권) 351

gir (1권) 245, 247

gṛṇāti (1권) 245

gūrta- (1권) 245

har(ya-) (1권) 247

hav- (2권) 272, 280

hotar- (2권) 280

hotra- (2권) 280

Iṣ(i-) (2권) 242

iṣayati (2권) 242

iṣiraḥ (2권) 241~242, 247~248

jāmātar (1권) 311

jani- (1권) 295

janitva(-vana) (1권) 295~297

jantu- (1권) 361~388

jarant- (2권) 63

jarati (2권) 63

jās-pati- (1권) 116

jāti (1권) 314

jñu-bādh- (1권) 311

juhoti (2권) 279~280

kar-(kṛ-) (1권) 213 | (2권) 307

krátu- (2권) 104

krīṇāti- (1권) 154

kṣat(t)ra- (2권) 20~21

kṣat(t)riya- (1권) 341, 348 | (2권) 21

laghú- (1권) 60

lota- (1권) 206

lotra- (1권) 206

mahāmaha (1권) 276

mahiṣī (1권) 263

māna- (1권) 365

mātā-pitarā(u) (1권) 351

mātar- (1권) 259

mātula- (1권) 321

(ni-)mayate (1권) 117

mīḍha- (1권) 199~200

mīḍhvas- (1권) 199~200

mithu- (1권) 105, 121

mithuna- (1권) 229

mitra- (1권) 105, 119, 121, 229, 351

napāt(-tṛ-) (1권) 311, 323

naptī- (1권) 283

nar- (1권) 57, 296

nāri- (1권) 296

nay- (1권) 293

oh- (2권) 291, 293, 295

ojaḥ (2권) 183, 190, 193

paṇa- (1권) 437

pañca (1권) 405

pari-kṣit- (1권) 46

paśu- (1권) 55~56, 58

patiḥ (1권) 104, 106, 374

patir dan (1권) 363, 375

patitva(na)- (1권) 295

patyate (1권) 110

pitāmaha- (1권) 276

pitar- (1권) 255, 312

pitṛvya- (1권) 316, 320

pitrya- (1권) 329

pradā- (1권) 293

prāt-(vivāka-) (2권) 201~202

pṛcchati (2권) 201~202

priya-(-ā) (1권) 400~401

pūr- (1권) 318

puruṣa- (2권) 196

raghu- (1권) 60

rāj(an)- (1권) 349 | (2권) 11~13, 18~19, 24, 27, 35, 40

rājanya- (1권) 341, 348~349

이란어(군)

1. 아베스타어

414

81

kharízesthai (1권) 247

khelōné (1권) 326

khéō (2권) 262, 274, 280

khērōstés (1권) 100

khoé (2권) 261, 271

khoîros (1권) 35

khrémata (1권) 241

khreopheilétēs (1권) 241

kléos (1권) 202 | (2권) 72~74, 83~84,
    317

klēronómos(-eîn) (1권) 101~102

Klutaiméstra (1권) 159

koíranos(-eîn) (1권) 125, 138~141, 371 |
    (2권) 114

kómē (1권) 381, 389

korónē (1권) 326

kr(ai)aínein (2권) 42~53

kratai- (1권) 101, 103

krataiós (2권) 89~90

krateîn (2권) 90, 98, 102

kraterônux (2권) 100

kraterós(kart-) (2권) 89~90, 98~105

krátistos(kart-) (2권) 98~99, 103

krátos (2권) 78, 89~90, 94~99, 102~106

kratúnein (kart-) (2권) 102

kratús (2권) 89~90, 102~105

kreíssōn (2권) 90, 103

kudáinein (2권) 73, 84

kudálimos (2권) 73, 84

kudiáneira (2권) 73

kûdos (2권) 66, 72~88

kudrós(-istos) (2권) 73, 84

kueîn (2권) 229

kúrios (1권) 306 | (2권) 229~230

lāgétās (2권) 121

lai(w)ós (1권) 319

Lao-(-médōn, etc.) (2권) 119

laós (1권) 138, 192 | (2권) 113~120

lā(w)iton (2권) 118

leíbdēn (2권) 274

leíbō (1권) 261, 271~274

leípō (1권) 221, 230, 239 | (2권) 16

léis (1권) 206

léistōr (1권) 206

léitē(létē) (2권) 118

leitoárkhai (2권) 118

léiton (2권) 117~119

leitoreúō (2권) 118

leitourgós(-ía) (2권) 119

léizomai (1권) 206

lētízomai (1권) 206

léloipa(-ós) (1권) 230

lētêres (2권) 118

líba(-ós) (2권) 273~274

libás(-ádion) (2권) 274

libázesthai (2권) 274

líssomai (2권) 306, 309

lité (2권) 306, 309~312

loibé (2권) 272, 275, 278

mákhimoi (1권) 354

médea (2권) 159, 162, 165

médesthai(méd-) (2권) 159

médimnos (2권) 159, 162

médōn(-éōn) (2권) 159, 163~166

meîrax(-ákion) (1권) 301

Menélaos (2권) 119

mésodmē(-mnē) (1권) 365, 376

méstōr (2권) 159

métēr (1권) 259, 320, 322, 333

mētróïs (1권) 332

mētropátōr (1권) 328

pipráskō (1권) 163~164, 169, 226

piropatara (myc.) (1권) 433

piroweko (myc.) (1권) 433

pisteúō (1권) 141

pístis (1권) 141

pistós (1권) 141

pistoûn (1권) 141

poimḗn laṓn (2권) 113~116, 120~121

poinḗ (1권) 81, 156 | (2권) 54, 64~65, 69~71, 136, 221, 301~303

pokízō (1권) 73

pókos (1권) 73

pōleîn (1권) 163~164, 166, 437

pōléomai (1권) 164

pólis (1권) 380~381, 389, 443, 448~449

polítēs (1권) 449

pósis (1권) 104, 301

pothéō (2권) 309

pôü (1권) 48

prâgma (1권) 170, 177~178

pragmateúesthai (1권) 177

pragmateutḗs (1권) 177

príasthai (1권) 154~156

probaínō (1권) 43, 49~51, 53

próbasi (1권) 46

próbasis (1권) 42, 51~52, 68, 71~72

próbata(-on) (1권) 42, 44~47, 49~54, 71~72

pródomos (1권) 366

próthuron (1권) 386

psakás(-alon) (1권) 27

qasireu (myc.) (2권) 28

qasirewija (myc.) (2권) 28

qoukoro (myc.) (1권) 49

rawaketa (myc.) (2권) 121

rhézein (2권) 307

satrápēs (2권) 22

sébomai (2권) 256

selḗnē (1권) 373

sêma (2권) 320

sēmeîon (2권) 320

semnós (2권) 256

skâpton (2권) 36

sképtō (2권) 38

skêptron (2권) 36~40

skholḗ (1권) 176

skípōn (2권) 36

Sklavēnoí (byz.) (1권) 440

Sklávoi (byz.) (1권) 441

spéndō(-omai) (2권) 262~263, 265, 267~268, 271, 277, 278~280, 292

spondḗ (2권) 262~265, 267, 269, 271~272, 280, 294, 305

sthenarós (2권) 98, 105

sthénos (2권) 89~91

stratēgós (1권) 184

subósion (1권) 48

subṓtēs (1권) 48~49

súmbolon (1권) 418

sunómnumi (2권) 210

suqota (myc.) (1권) 49

sûs (1권) 35

tálanta(-on) (1권) 45

tata (1권) 258

téras (2권) 176, 320

théeion (theîon) (2권) 287

theîos (2권) 130, 248, 287

thêlus (1권) 24~25, 36~37

themeília (2권) 128

thémethla (2권) 128

thémis (1권) 390~391 | (2권) 124, 128~134, 143, 198

3. b. 프리슬란트어

3. c. 영어

α) 고대, 중기 영어
(별도의 표시 없으면 고대 영어임)

siraplis (1권) 237

swints (2권) 227

tauto (1권) 446

2. 라트비아어

sidrabs (1권) 237

svēts (2권) 227

uôsvis (1권) 304

versis (1권) 23

3. 리투아니아어

algà (1권) 158

anukas (1권) 287

avýnas (1권) 275

dieverìs (1권) 307

draugas (1권) 133

draugē (1권) 133

draugè (1권) 133

drutas (1권) 131

dvesiu (2권) 287

imù, im̃ti (1권) 102, 165

išduoti (1권) 293

karias (1권) 136

laũkas (1권) 386

laukè (1권) 386

maldà (2권) 308

meldžiù, melsti (2권) 308

nepte (고대 리투아니아어) (1권) 283

nepuotis (고대 리투아니아어) (1권) 283

paršas (1권) 37

pat (1권) 108~109

pats (1권) 107

pekus (1권) 55

peĨnas (1권) 437

pilis (1권) 449

pirm-delú (1권) 37

piřšti (2권) 201~202, 204

prašýti (2권) 201~202

sesuras (1권) 304

sidābras (1권) 237

sunus (1권) 288

svainé (1권) 406

sváinis (1권) 406

šventas (2권) 226

tautà (1권) 446

uošve (1권) 304

uošvis (1권) 304

vedù (1권) 292

veřšis (1권) 23

vēš-pats (1권) 106~107, 363, 379

슬라브어(군)

1. 남부 슬라브어

baju, -ati (2권) 174

baliji (2권) 174, 177

běda (1권) 147~148

běditi (1권) 141

bogŭ (1권) 60

bogynji (1권) 60

bratrŭ, bratŭ (1권) 260

cěljǫ (2권) 233

cělŭ (2권) 233

čudo (2권) 72, 86

čuti (2권) 86

darŭ (1권) 78

děverŭ (1권) 306

dobrŭ (1권) 59

dobrynji (1권) 59

domŭ (1권) 363

drevo (1권) 129

drugŭ (1권) 133